摹廬叢著

文史考古論叢

陳直著

中華書局

圖書在版編目（CIP）數據

文史考古論叢/陳直著. —北京：中華書局，2018.11
（摹廬叢著）
ISBN 978-7-101-13304-2

Ⅰ.文… Ⅱ.陳… Ⅲ.①文史-中國-文集②考古學-中國-文集 Ⅳ.①C52②K870.4-53

中國版本圖書館 CIP 數據核字（2018）第 128587 號

書　　名	文史考古論叢
著　　者	陳　直
叢　書　名	摹廬叢著
責任編輯	葛洪春
出版發行	中華書局
	（北京市豐臺區太平橋西里 38 號　100073）
	http://www.zhbc.com.cn
	E-mail：zhbc@zhbc.com.cn
印　　刷	北京瑞古冠中印刷廠
版　　次	2018 年 11 月北京第 1 版
	2018 年 11 月北京第 1 次印刷
規　　格	開本/850×1168 毫米　1/32
	印張 16⅝　插頁 3　字數 410 千字
印　　數	1-2000 册
國際書號	ISBN 978-7-101-13304-2
定　　價	66.00 元

居延漢簡甲編釋文訂誤

此書計訂正釋文三百三十餘簡，兼採及家保之兄之說。

古籍迻聞

此為先考孝廉君讀書之心得，由不肯加以敍述增補，其中精說不少，書品小記一篇尤精。

秦漢瓦當概述

此書搜集秦漢瓦當傳世及發掘諸品，分為宮殿、宮署、祠墓、書語、雜類五類敍述。板瓦六另目附載，最後加以綜論，傳世瓦矣。大略祖備，七易其稿，方始寫定。

敦煌漢簡平議

勞榦彙合沙畹、王國維、賀昌群諸家之說，戍敦煌漢簡校文一卷，附在居延漢簡釋文部份之後。予觀集諸家之說，加以論斷，辭多

陳直先生手迹

《摹廬叢著》整理説明

陳直先生（一九〇一————一九八〇），字進宧，又作進宜，江蘇鎮江人，是中國當代著名的歷史學家和考古學家。生前曾任西北大學歷史系教授、中國考古學會第一屆理事會理事、中國秦漢史研究會籌備組組長、陝西省社會科學學會聯合會顧問、陝西省歷史學會顧問。

陳直先生出生於一個貧苦的書香人家，幾代精研經史訓詁之學，所以自小打下深厚的舊學功底。他一直以王國維先生的私淑弟子自居，自學成名。他把"二重證據法"引入秦漢史研究中，以文物資料證史，開闢出一條治學新途徑，成爲二十世紀中國秦漢史研究的一面旗幟。

先生著述等身，經他本人多次修訂補充，統編爲《摹廬叢著》，以紀念其早逝的母親。所收之書從二十世紀五十年代起至九十年代前半期止，大體都已出版問世，對秦漢史研究起到巨大的推動作用。

今年正值陳直先生逝世二十五周年，鑒於原書出版比較散亂，且絕大多數作品今天已難以獲見，爲了紀念陳直先生，也爲了滿足學術研究需要，特以先生手定稿本爲準，局部作了一些調整

和補充,現整套《叢著》包括以下十一種作品:

一、《史記新證》

二、《漢書新證》

三、《關中秦漢陶録》

四、《居延漢簡研究》

五、《兩漢經濟史料論叢》

六、《文史考古論叢》

七、《讀子日札》

八、《讀金日札》

九、《三輔黃圖校證》

十、《弄瓦翁古籍箋證》

十一、《摹廬詩稿》

其調整部分是,將《文史考古論叢》中凡已見於他書的論文,一律刪去;而涉及古籍整理校訂的五篇論文抽出,另擬名爲《弄瓦翁古籍箋證》,與《三輔黃圖校證》合併出版。補入的則是陳直先生的詩作,今以國家圖書館所藏的《摹廬詩稿》取代已出版的節本《摹廬詩約》,使讀者能較全面地瞭解陳先生的文學藝術才能,以及詩中所反映的治學特色和史學觀點。

本叢書的整理,除《讀子日札》、《讀金日札》和《摹廬詩稿》三種特請周曉陸先生整理外,其餘均由本人負責完成。

此番受陳直先生遺屬陳治成夫婦的委託,整理《摹廬叢著》,作爲摹廬弟子責無旁貸。特別值得説明的是,該集的出版得到了中華書局總編輯李岩先生、副總編輯徐俊先生的大力支持,也得到了古代文獻編輯室主任李解民先生和責任編輯王勗女士的熱忱幫助,我謹代表陳先生的遺屬、朋友和弟子致以最深切的謝意和敬意。

周天游

二〇〇五年八月二十六日於西安

原　序

　　余自二十七歲先慈逝世後,即別號摹廬,慕慈親也。維時先考孝廉君尚健在,恐傷老懷,特隱約其詞耳。因此,余全部著述總稱爲《摹廬叢著》。其論文性質各篇,原題爲《述學叢編》。現改易今名,内容分文學、史學、考古三部分,共有百篇左近,兹選出六十餘篇,已發表者約占百分之四十五。大凡入選者,有關於典章制度,文物掌故,並釐訂他人文字之謬誤。文學部分《楚辭解要》一篇,現根據少作《楚辭拾遺》重加校補,其餘皆解放以後所撰。

　　在黨和毛主席正確領導之下,方能獲得區區之成果。然自憾學習不深入,讀書又狹隘,錯誤當然難免,希望閲者同志多提出意見,是則拜禱以求者也。

目　録

楚辭解要

自　序

　　憶我在二十六歲時，始治屈賦，著有《楚辭拾遺》一卷，曾自寫印兩次。後大東書局又采與洪興祖《楚辭補注》、戴震《屈原賦注》、蕭尺木《離騷圖》合印，稱爲《楚辭四種》，忽忽已三十二年矣。彼時楚文物尚未發現，在今日視之，有引證之必要，乃加以整理，改名《楚辭解要》。自 1940 年長沙戰國時楚墓葬陸續被盜，後經中國科學院考古所之正式發掘，所出銅、玉、漆、陶、竹、木各器，其花紋、繪畫、雕刻，無不精緻絶倫。加以前此壽春所出各銅器，去年信陽所出漆器、竹簡等，楚國文物，燦然大備。知楚國由於經濟之發展，反映出文化之高度成就，與屈原之作品，有互相聯帶不可分割之關係。屈原各篇作品之中，以《天問》最爲難通，清代丁晏有《天問校箋》，頗多創解。我之此書，對《天問》亦特加注視。以爲《天問》後段，如“伯林雉經”、“彭鏗斟雉”、“兄有噬犬”等句，皆説楚事，或與楚國有關之事。充分表現出屈子之愛國思想。獨怪王逸章句，頗多望文生訓。如“驚女采薇鹿何祐”一句，以現存古籍而論，尚有四五處，可以肯定爲伯夷叔齊之事，而王逸模棱其辭。王逸在東漢時，所存古籍，不啻多於現今千百倍，能加以稽合研究，對於古史發揮之功效極大，則難解者不至如今日抱殘守缺之多。本書中引有吉鳳池先生解説數條，吉先生名城，一字曾甫；丹陽人，爲同郡之前輩，長於經學，著述甚豐，可惜子嗣先卒，其遺稿亦無從訪問。先生曾告我擬有《屈賦新解》之作，未知已否成書。然以當日所親聞“雷開何順”一條觀之，已屬有驚人創見，並附記始末於此。

1958 年 6 月，鎮江陳直

撰於西大新村

離　騷

帝高陽之苗裔兮，朕皇考曰伯庸。

王逸《章句》：皇，美也，父死稱考。《詩》曰：“既右烈考。”伯庸，字也，屈原言我父伯庸，體有善德，以忠輔楚，世有令名，以及於己。

丹陽吉鳳池先生云：伯庸爲屈子之遠祖，非屈子之父名。劉向《九嘆》云“伊伯庸之末胄兮，諒皇直之屈原”可證。直按：吉説是也。《禮記·曲禮》云：“父曰皇考。”《祭法》云：“大夫立三廟，曰考廟，曰王考廟，曰皇考廟。”鄭注：“皇考，曾祖也。”以《祭法》證之，皇考殆即屈子之曾祖矣。

攝提貞於孟陬兮，惟庚寅吾以降。

王逸《章句》：貞，正也。

直按：貞當作卜字解。劉向《九嘆》云：“兆出名曰正則兮,卦發字曰靈均。"可證屈子之名,因卜兆而得也。

皇覽揆余初度兮,肇錫余以嘉名。

　　洪興祖《補注》:覽一作鑒,一本余下有於字。

　　直按:洪《補注》覽一作鑒是也。《文選》卷十潘岳《西征賦》云:"皇鑒揆余之忠誠,俄命余以末班。"李善注引《楚辭》曰:"皇鑒揆余於初度。"是潘岳、李善所見之一本,與洪興祖均相同。肇即兆字之假借,《虞書》肇十有二州,《尚書大傳》肇作兆。屈子蓋本名平字原,因在伯庸祖廟卜兆得名曰正則,字曰靈均也。

朝搴阰之木蘭兮,夕攬洲之宿莽。

　　王逸《章句》:阰,山名。草冬生不死,楚人名之曰宿莽也。

　　直按:《金石萃編》卷二十七北魏孝文帝《吊比干碑文》云:"登此巖而悵望兮,眺扶桑以延佇。"知北魏時,阰字寫作從山,其理較長,漢代作阰者,蓋假借字。又按:《方言》:"蘇,芥草也,南楚江湘之間謂之莽。"

指九天以為正兮,夫唯靈修之故也。

　　王逸《章句》:靈,神也。修,遠也,能神明遠見者君德也。

　　直按:北魏孝文帝《吊比干碑文》云:"敫重陽之帝宮兮,凝精魄於旋曦,扈陽曜而靈修兮,豈傳說之足奇。"探索碑文詞意,是以靈修為神明,不以為象君德,此為北魏時人之見解,與漢代不同。又《楚辭》以靈字名者甚多,如靈修、靈氛、靈保、靈瑣之類,而屈子本身又字靈均,冠以靈字,蓋楚人之習俗語,有信鬼、敬神、重巫之表示。

曰鯀婞直以亡身兮。

王逸《章句》:"婞,很也。"洪興祖《補注》:"婞,直也。《九章》亦云:'行婞直而不豫兮,鯀功用而不就。'"

直按:北魏《吊比干碑文》云:"嘉茲婞節。"與洪氏《補注》義相近。

巫咸將夕降兮。

王逸《章句》:巫咸,古神巫也,當殷中宗之世。

直按:長沙戰國楚墓中,出土有女巫夔鳳絹畫,右畫女巫禱祝,左畫鳳夔相鬥形狀。(見《偉大的中國藝術傳統圖錄》第一輯,三十四頁。)又有楚國繒帛書,所書皆巫祝之語。(見一九五五年《文物參考資料》七期,二十四頁)皆楚人好巫之證。屈子因楚俗好巫,便連想殷代之巫咸。

爲余駕飛龍兮,雜瑤象以爲車。

直按:《九歌·湘君》云:"駕飛龍兮北征,遭吾道兮洞庭。"辭義與此相同。又按:《小校經閣金文》卷十五,八十八頁,有《上太山鏡銘》云:"駕飛龍,乘浮雲,上太山,見神人。"駕飛龍蓋先秦兩漢人之習俗語。

九　歌

雲中君

洪興祖《補注》:雲中君,雲神豐隆也,一曰屏翳。

吉鳳池先生云:雲中君謂祀楚雲夢之神,分言之爲雲中夢中。直按：吉先生解題，較洪氏《補注》爲長。

蹇將憺兮壽宮。

王逸《章句》：壽宮，供神之處，祠祀皆欲得壽，故名壽宮也。

洪興祖《補注》：漢武帝置壽宮神君，臣瓚注：壽宮，奉神之宮。直按：《呂氏春秋·知接篇》云："桓公蒙衣袂而絕乎壽宮。"高誘沣："壽宮，寢室也。"是壽宮之名，春秋時已有之。

猋遠舉兮雲中，覽冀州兮有餘。

王逸《章句》：雲神所在高邈，乃望於冀州，尚復見於他方也。

直按：雲中君覽望下地，何以屈子但舉冀州，楚國又不在冀州範圍之內，是一問題。王逸章句謂尚復見於他方，是曲爲之説。《淮南子·泰族訓》云："周之衰也，戎伐凡伯於楚邱以歸，故得道則以百里之地令於諸侯，失道則以天下之大，畏於冀州。"《鹽鐵論·論功篇》云："凡伯囚執而使不通。"又云："先帝爲萬世度，恐有冀州之累。"據此舉冀州之名，即可以代表九州，此爲先秦西漢人之習俗語，至東漢時，即已消失。

築室兮水中，葺之兮荷蓋。

直按：《漢鐃歌十八曲·擁離》云："擁離趾中可築室，何用葺之蕙以蘭。"蓋仿此語。

高駝兮衝天。

洪興祖《補注》：駝一作馳。

直按：漢代它也二字，篆體相似。如“呼池塞尉”印，即呼沱塞也。（見《封泥考略》卷四，五十五頁）駝馳兩字，在漢時可以通用，故王逸不注。

縆瑟兮交鼓，簫鍾兮瑤簴。

洪興祖《補注》：簫一作蕭。

直按：《容齋五筆》云：“蕭鍾一本作摭鍾，以手擊鍾也。”瑤疑爲搖字假借，《招魂》云“鏗鍾搖簴”可證。蓋本篇縆交摭搖鳴穴六字義例均相同也。又漢代鐘鼓之鐘，可假借作鍾，鍾鈁之鍾，與鐘字則不通用。本篇摭鍾，及招魂鏗鍾，皆爲鐘字之假借，蓋爲漢人寫本之真面目也。

傳芭兮代舞。

王逸《章句》：芭，巫所持香草名也。洪興祖《補注》：芭一作巴。

直按：謂以巴渝之舞代楚舞也，芭一作巴，與玄兔或作玄菟正同。

天　問

曰遂古之初，誰傳道之。

王逸《章句》：遂，往也。初，始也。

直按：遂古二字，不見於其他古籍。疑三皇以燧人爲最古，故有此稱。司馬貞補《史記·三皇本紀》，引譙周《古史考》，以燧人氏鑽燧出火，教人熟食，在伏羲之前，爲三皇之首。

鴟龜曳銜，鮌何聽焉。

　　直按：王嘉《拾遺記》云："禹盡力溝洫，導川夷岳，黃龍曳尾於前，玄龜負青泥於後。"《天問》以爲鮌事，《拾遺記》雖爲晉人著作，所據或出於先秦古籍。

羿焉彈日，烏焉解羽。

　　直按：《説文》弓部彈字，引《楚辭》云："夫羿焉彈日也。"與今本異。又按：《易林》云："十烏俱飛，羿得九雌。"與諸説微異。

啓代益作后，卒然離蠥

　　洪興祖《補注》：蠥一作孽。

　　直按：一本作孽是也。《尚書大傳》云："維王后元祀，帝令大禹，步於上帝，爰用五事，建用王極，一時則有服妖龜孽，二時則有詩妖介蟲之孽，三時則有草妖倮蟲之孽，四時則有鼓妖，五時則有脂夜之妖。"《天問》蓋謂啓繼禹爲后，能離此五妖孽也。

皆歸射鞠，而無害厥躬。

　　王逸《章句》：射，行也。鞠，窮也。言有扈氏所行皆歸於窮惡，故啓誅之。

　　直按：牛運震《金石圖》卷二云："嵩山啓母廟石闕銘，兩闕畫像凡四段，其一畫索球（球亦爲踘），而蹋踘者二人，坐而睊視者一人，跪者一人，不曉所謂。"予謂此皆啓母及啓之事，《天問》射鞠，與畫像之蹋踘，正相符合，其事已不可考。《漢書・藝文志》兵技巧，有《蹴鞠》二十五篇。《荆楚歲時記》："蹋鞠，鞠形如球，以皮韋爲之，黃帝時戲，見劉向《別録》。"是蹋鞠之制,流傳已久,合上文"何啓惟憂,而能拘是達"觀之,似爲益干啓位,啓殺益事。《晉書·束皙傳》本有此說,今本《竹書》並無此文。意同觀射鞠,因有代啓之意,反爲啓所制,故云無害厥躬也。

釋舟陵行,何以遷之。

直按:陵疑陸字之誤,即《論語》所謂"羿善射,奡盪舟"也,《帝王世紀》云:"奡多力能陸地行舟。"家墨移兄邦福云:《左傳定六年》云:"子期又以陵師。"杜注:"陵師即陸師。"此云陵行,即楚人之陸行也。

吳獲迄古,南嶽是止。

王逸《章句》:獲,得也。迄,至也。

直按:吳獲疑吳太伯之名,與武發、叔旦一例。

該秉季德,厥父是臧。

王逸《章句》:該,包也。秉,持也。父謂契也。季,末也。臧,善也。

直按:今本《竹書紀年》云:"帝泄十二年,殷侯子亥,賓於有易,有易殺而放之。"徐文靖箋云:"子亥遷殷見《世本》,子亥爲冥子,遷殷在夏后帝前三十三年,至是三十八年矣。"亥爲冥子,《世本》作核,《史記》作振,即核字傳寫之誤字。《漢書·古今人表》作垓,《天問》作該,惟《竹書》作亥,與殷墟甲骨文所稱"高祖王亥"正合。

胡終弊於有扈,牧夫牛羊。

直按:《淮南子》云:"有扈以義而亡。"高誘注云:"有扈夏啓之庶兄,以堯舜舉賢,啓獨與子,故反啓,啓亡之。"殷侯子亥,在帝泄時,與有扈時代不合,疑爲有易之誤。扈又作户,與易字篆形相近,故易致誤。

干協時舞,何以懷之,平脅曼膚,何以肥之。

王逸《章句》:言紂爲無道,諸侯背叛,天下乖離。當懷憂癯瘦,而反形體曼澤,獨何以能平脅肥盛乎。

直按:《山海經·海外西經》云:"形天與帝至此争神,帝斷其首,乃以乳爲目,以臍爲口,操干戚以舞。"《山經》此條恐有缺文,與何帝争神,則不能詳,《天問》即指此事。次於牧夫牛羊之後,當與王亥事有連,惜古籍淪亡,無從考核。又按:《淮南子·地形訓》云:"西方有形殘之尸。"高誘注云:"以兩乳爲目,肥臍爲口,操干戚以舞。"與《山海經》同。《天問》言其頭已斷,僅平於脅,而何曼澤肥碩若是也。

恒秉季德,焉得夫樸牛。

王逸《章句》:恒,常也。季,末也。樸,大也。言湯能秉承契之末德,修而弘之,天嘉其志,出田獵得大牛之瑞也。

直按:戩壽堂所藏殷虚文字,有"高祖王恒"之名,王國維氏考恒即《天問》之"恒秉季德"是也。予謂王恒與王亥,皆爲季之子,季當爲冥之字無疑。《山海經·大荒東經》云:"困民之國,有人曰王亥,託於有易,河伯僕牛,有易殺王亥,取僕牛。"《天問》僕牛即樸牛,與僕牛相通,惟《天問》以樸牛爲王恒事,與《山海經》異。殷代兄弟相傳,王恒蓋繼王亥而爲商侯者,疑王恒無子,故仍傳位於亥子上甲微,史特略王恒耳。

何往營班禄,不但還來。

王逸《章句》：言湯往田獵，不但馳驅還來也。

直按：王恒爲商侯，至有易蓋有班爵禄之事，遂爲所害。

昏微遵迹，有狄不寧。

王逸《章句》：昏，暗也，遵，循也。

直按：今本《竹書紀年》云："帝泄十六年，殷侯微以河伯之師伐有易（河伯古諸侯國，疑即《穆天子傳》之河宗），殺其君綿臣。"沈約注云："殷侯子亥賓於有易而淫焉，有易之君綿臣，殺而放之，故殷上甲微假師於河伯，以伐有易滅之，殺其君綿臣。"昏應爲上甲微之字，與昭明、王恒取義相同。上甲微爲殷代復興之主，故在殷墟甲骨文中，祭禮特別隆重，用牲至二百頭之多。有狄即有易之假借字，易牙，《論衡·譴告篇》作狄牙，《説文》逖古文作逷。《史記》簡逖作簡逷，又作簡易，是易狄二字古通之明證。

何乞彼小臣，而吉妃是得。

直按：《吕氏春秋·尊師篇》云："湯師小臣。"高誘注云："小臣謂伊尹。"與《天問》正同。疑小臣爲伊尹之初官，非卑謙稱也（《墨子·尚賢篇》下、《吕氏春秋·知度篇》並同）。又金文有小臣艅鼎，蓋商周之間，實有此官。

湯出重泉。

王逸《章句》：重泉，地名也。

直按：《太公金匱》云：（馬驌《繹史》引）"桀怒湯，以諛臣趙梁計，召而囚之鈞臺，置之重泉。"又《史記·秦本紀》云："秦簡公以六年塹洛城、重泉。"合肥龔氏藏大良造商鞅量，亦有臨重泉等字，雖爲戰國時地名，疑因殷周之舊。洪興祖《補注》僅引《漢書·地理志》，蓋未深考也。又按：《史記·六國表》云："湯起於亳。"徐廣注："京兆杜陵有亳亭。"杜陵與重泉，漢時皆爲三輔，則湯出重泉之説，益信而有徵。

昭后成游，南土爰底。

直按：成游，謂昭王作方城之游也。《左傳僖四年》云："楚國方城以爲城，漢水以爲池。"又朱仲子方成鼎，亦省城作成。屈子楚人，故詳言其地理如此。

厥利維何，逢彼白雉。

王逸《章句》：言昭王南游，何以利於楚乎。以爲越裳氏獻白雉，昭王德不能致，欲親往逢迎之。

直按：今本《竹書紀年》云：昭王十九年，天大曀，雉兔皆驚，喪六師於漢，王陟。《天問》當即指此。

雷開何順，而錫封之。

王逸《章句》：雷開佞人也，阿順於紂，乃賜之金玉而封之也。

吉鳳池先生云：雷開當爲累啓之誤字，因漢避啓字改爲開，累啓即微子也，錫封者謂封於宋也，與上文"比干何逆，而抑沉之"，正相聯貫。直按：漢代避啓爲開，此例甚多。如漆雕啓之爲漆雕開，啓母之爲開母之類皆是。但《天問》如"啓代益作后"，"何啓離憂"等句，亦皆作啓，經過漢人傳寫時，體例亦不一致。又按：《荀子·成相篇》云："比干見刳箕子累。"是箕子亦可以稱累。揚雄《反離騷》稱屈子爲湘累。《漢書》蘇林注云："死非其罪曰累。"是亡國羈旅之臣，皆可目之以累，足爲吉説之左證。

遷藏就岐何所依。

　　王逸《章句》：言太王始與百姓徙其寶藏，來就岐下。

　　直按：《莊子·田子方篇》云：“文王觀於臧，見一丈夫釣，而其釣莫釣，文王欲舉而授之政，稱曰臧丈人。”李奇注云：“臧，地名。”《天問》之遷藏就岐，藏與臧字相通，謂文王由藏遷於岐邑也。

伯林雉經，維其何故。

　　王逸《章句》：伯，長也。林，君也。謂晉太子申生，爲後母驪姬所譖，遂雉經而自殺也。

　　直按：伯林雉經，至又使至代之，八句皆爲一事。王逸解伯林爲申生，然申生爲晉太子，非君也。《九章》直稱申生，不稱伯林。“皇天集命”，“受禮天下”二句，亦與申生不合。伯林當作霸君解，疑指楚靈王事。《左傳昭十三年》記載，靈王以陳蔡不羹人作亂，五月癸亥自縊於乾谿。楚公子比自立，公子棄疾（楚平王）殺公子比。《天問》之“受禮天下，又使至代之”，謂平王殺公子比，代靈王而爲楚王也。

何卒官湯，尊食宗緒。

　　家保之兄邦懷云：王逸注伊尹佐湯命，終爲天子，以王者禮樂，祭祀其先祖。洪《補注》云：“官湯猶言相湯也，尊食，廟食也。”殷墟甲骨文，紀伊尹從享成湯者，其文再見（兩辭均見《殷墟書契前編》卷上，二十二頁），與洪說正合。直按：《國語·魯語》云：“商人禘舜而祖契，冥而宗湯。”是商人以湯爲宗，故云尊食宗緒也。

勛闔夢生，少離散亡。

　　王逸《章句》：勋，功也。闔，吴王闔間也。夢，闔間祖父爲壽夢也。

　　直按：闔疑鬮字之誤。《左傳》："若敖娶於䣌，生鬮伯比，若敖卒，從其母畜於䣌。淫於䣌子之女，生子文，棄之夢中，有虎乳之。"是勋鬮夢生之一證。與末章云："丘陵爰出子文。"名姓各互見也。自此以下六句，皆牽連楚國之事。

何壯武厲，能流厥嚴。

　　王逸《章句》：壯，大也。言闔間少小離亡，何能壯大。

　　直按：當讀爲"何壯武厲，能流厥莊"。莊，大也。漢人避莊字，改爲嚴字。《史記·楚世家》云："穆王子莊王侣立。"《新序》云："荆人卞和得玉璞而獻之荆厲王，使工尹相之曰石也，王以和爲謾，而斷其左足，厲王薨，武王即位。王又使工尹相之曰石也，又以爲謾而斷其右足。"《史記》無厲王，以《韓非子·外儲説》證之，即蚡冒之謚。《天問》何爲語助詞，莊、武、厲，皆楚之三王也。其次序在其他文獻，則爲厲、武、莊。

彭鏗斟雉帝何饗。

　　直按：《史記·楚世家》云："陸終氏六子，三曰彭祖。"楚亦爲高陽陸終之後，《天問》次彭鏗於何壯武厲之後，蓋與楚同祖也。

中央共牧后何怒。

　　王逸《章句》：牧，草名也。后，君也。

　　直按：牧當作攻。《古鉢文》有幣陵右司馬攻、左里攻等鉢，又有臣攻帶鉤。家墨移兄邦福據《説文》攻字，引《尚書·立政》，常伯作常故。許叔重所據，當爲壁中古文尚書，今日視之，皆爲晚周時詭異文字。余謂《天問》之中央共牧，即中央共伯之誤文也。今本《竹書紀年》云：“厲王十三年，王在彘，共伯和攝行天子事。”與《史記·周本紀》異。《索隱》注引《魯連子》云：“共伯名和，好行仁義，諸侯賢之。周厲王無道，國人作難，王奔於彘，諸侯奉和以行天子事，號曰共和。”端方所藏師和父敦，疑即爲共伯和所鑄器。《周本紀》又云：“召公曰，昔吾驟諫王，王不從以及於難。今殺王太子，王以我爲仇而懟懟怒乎。夫事君者險而不仇，懟怨而不怒，況事王乎。”是又厲王后何怒之證也。又按：《春秋繁露·五行相生篇》云：“中央者土，君官也。”中央比君，當爲先秦兩漢人之習俗語。

鷔女采薇鹿何祐。

直按：《古微書》引譙周《古史考》云：“夷齊采薇，有婦人難之曰，子義不食周粟，此亦周之草木也。於是餓死。”又按：《金樓子·興亡篇》云：“伯夷叔齊，餓於首陽，依麋鹿以爲群，叔齊起害鹿，鹿死，伯夷恚之而死。”（丁氏《天問校箋》，此條考之已詳，再爲補遺。）

兄有噬犬弟何欲，易之以百兩卒無祿。

王逸《章句》：兄謂秦伯也。噬犬，嚙犬也。弟，秦伯弟鍼也，言秦伯有嚙犬，弟鍼欲請之。又云：言秦伯不肯與鍼犬，鍼以百兩金易之，又不聽，因逐鍼而奪其爵祿也。洪興祖《補注》：《春秋》昭元年夏，秦伯之弟鍼出奔晉。《晉語》曰：“秦后子來仕，其車千乘。”后子即鍼也。直按：犬當爲兕字，

篆文形近而誤。《呂氏春秋・至忠篇》云：“荊哀王獵於雲
夢，（《說苑・立節篇》、《太平御覽》卷八百九十引《渚宮舊
事》，皆有此事，大致相同，惟荊哀王皆作楚莊王。）射隨兕中
之，申公子培劫王而奪之，王曰，何其暴而不敬也，命吏誅之。
左右大夫皆進諫曰，子培，賢者也，此必有故，願察之也。不
出三月，子培疾而死。荊興師戰於兩棠，大勝晉師，歸而賞有
功者。申公子培之弟進請賞於吏曰，人之有功也於軍旅，臣
兄之有功也於車下，王曰，何謂也，對曰，臣之兄嘗讀故記，
曰，殺隨兕者不出三月，是以臣之兄驚懼而爭之，故伏其罪而
死。王令人發平府，而視之於故記果有，乃厚賞之。”《天問》
所云，完全與此相合。次於伯夷之後，且爲楚國之事，曰兄
弟，曰百兩，曰無祿，無不相符。百兩爲百輛省文，指車而言，
即申公子培之弟所云“臣兄之有功也於車下”。無祿即庶人
不祿之義。《招魂》云：“抑鶩若通兮，引車右還，與王趨夢兮
課後先，君王親發兮憚青兕。”蓋亦指荊哀王射隨兕之事而
言。《招魂》作青兕，並無誤字，本文作“兄有噬犬”，其誤已
久，觀王逸《章句》訓噬犬爲嚙犬，可以證明。

厥嚴不奉帝何求。

　　王逸《章句》：言楚王惑信讒佞，其威嚴當日墮，不可復
奉成，雖從天帝求福，神無如之何。

　　直按：嚴亦莊字，爲漢人避諱所改。楚莊稱霸，威振華
夏，言不奉莊王之德，又何求於他帝也。又按：《漢書・古今
人表》，楚莊王亦改作楚嚴王。

荊勛作師夫何長。

　　直按：夫非語助詞，指吳王夫差也，此段無夫字句法。
《史記·楚世家》云：“昭王二十七年春，吳伐陳，楚王救之，
軍城父。”是荆劋作師之證也。《吳世家》云：“夫差十四年七
月，吳王與晉定公爭長，吳王曰，於周室我爲長。晉定公曰，
於姬姓我爲伯。”是又夫差何長之證也。

吳光爭國，久余是勝。

　　直按：余謂餘昧也。新莽《萊子侯封冢記》，亦省餘作
余。《史記·吳世家》，徐廣注云：“餘昧生光，是爲闔閭。”言
吳王光與吳王僚爭國既久，餘昧之後終勝也。

九　章

登崑崙兮食玉英（涉江）

　　直按：《小校經閣金文》卷十五，九十頁，有《上太山鏡
銘》云：“上太山，見神人，食玉英，飲醴泉，駕交龍，乘浮云。”
食玉英三字，蓋爲先秦兩漢人之習俗語。

奉先功以照下兮，明法度之嫌疑。（惜往日）

　　直按：秦權文云：“乃詔丞相狀、綰，法度量，則不壹，嫌
疑者皆壹之。”與本篇詞彙相似。

遠　游

其小無内兮，其大無垠。

　　直按：此篇恐爲後人擬託，前人多已言之。本文蓋取

《莊子·天下篇》"至大無外,謂之大一,至小無内,謂之小一"等語,雜湊成文。

招　魂

豺狼從目,往來侁侁些。

　　直按:從目當讀爲縱目。《大招》云"豕首縱目"可證。

像設君室,静閑安些。

　　王逸《章句》:像,法也。

　　直按:像謂木偶像也。

高堂邃宇,檻層軒些。

　　王逸《章句》:邃,深也。宇,屋也。

　　直按:《詩》:"終南何有,有紀有堂。"毛傳:"紀,基也。"本文謂邃宇有高基也。

翡翠珠被,爛齊光些。

　　王逸《章句》:齊,同也。

　　直按:《説文》云:"鐕銻,火齊珠也。"本文謂珠被光彩絢爛如火齊也。

大苦鹹酸,辛甘行些。

　　王逸《章句》:大苦,豉也。洪興祖《補注》:秦漢以來,始有豉之名,逸説非也,大苦蓋苦味之甚者爾。

　　直按:下文有"和酸若苦,陳吴羹些",以此互證,洪説是也。

露鷄臛蠵,厲而不爽些。

王逸《章句》:露鷄,露栖之鷄也。厲,烈也。爽,敗也。楚人名羹敗曰爽。

直按:《鹽鐵論·散不足篇》云:"煎魚切肝,羊淹鷄寒。"與本文露鷄相似,蓋即後代之凍鷄或風鷄。"厲而不爽些",與下文"麗而不奇些"句法相同。王逸《章句》:"不奇,奇也。"本文亦當解作不爽,爽也。爽謂爽適於口也。

瑶漿蜜勺,實羽觴些。

直按:羽觴之名,《世說新語》稱束皙引逸詩云:"羽觴隨波流。"不類西周人語氣,恐不可靠。正式始見於《招魂》,及《漢書·外戚班倢伃傳》之"酌羽觴兮銷憂"。長沙仰天湖所出楚竹簡,有"龍觴一塁"之文,蓋羽觴上畫龍文,故改稱龍觴。羽觴因器形如人面,又如飛鳥,以此得名。漢代一名爲杯,《漢書·高祖紀》"分我一杯羹"是也。唐人名曰側耳杯,見於上文顏師古注。近日俗稱爲耳杯,此日人所加之名稱,於古並無徵也。長沙戰國楚墓中,出土彩畫漆耳杯,以數百計,或有刻紀年銘文,及工人名字者,與漢代耳杯完全相同,特無兩耳涂黄金者。信陽長臺關楚墓中發現羽觴亦多,皆與本文時代相當,可以互相印證。羽觴之爲用,可以酌酒,可以盛羹,本文用以盛漿蜜,亦與實際作用相符合。蜜勺者,以一勺之蜜,實於羽觴中也。王逸《章句》訓勺爲沾,義恐失之。

挫糟凍飲,酎清涼些。

王逸《章句》:挫,捉也。

直按:挫疑銼字假借,謂挫糟成糜爲凍飲也。

衽若交竿,撫案下些。

直按:張衡《西京賦》云:"跳丸劍之揮霍,走索上而相逢。"李善注:"索上長繩,係兩頭於梁,舉其中央,各從一頭,上交相度,所謂舞絙也。"本文所指,疑即走索之戲。又長沙戰國楚墓中出土有楚木杖及木案。

竽瑟狂會。

直按:西安漢城內,曾出漢鏡銘文云:"常毋事,日有憙,竽瑟會,美人侍。"竽瑟會三字,蓋先秦兩漢人之習俗語。

晉制犀比,費白日些。

王逸《章句》:比,集也。

直按:《漢書·匈奴傳》:"黃金犀毗。"孟康注:"腰中大帶也。"顏師古注:"犀毗胡帶之鈎,亦曰鮮卑。"

鏗鍾搖簴,揳梓瑟些。

直按:《長沙古物聞見記》卷上,三十三頁,有長沙戰國楚墓出土木瑟略云:"瑟共二十五弦,嶽面弦痕,明顯可辨,其長合今市尺三尺一寸二分,承弦及嶽,皆有弦痕,則非明器,但其制特小,豈《明堂位》所謂小瑟歟?"又1956年長沙楊家灣楚墓葬中,1957年信陽長臺關楚墓葬中,1973年長沙馬王堆一號漢墓中,皆出有漆瑟一具,可見楚人之好鼓瑟,與本文正相符合,不僅如文獻上所紀載邯鄲鼓瑟也。

蘭膏明燭,華燈錯些。

直按:錯,謂以黃金塗燈也。

大　招

二八接舞,投詩賦只。

　　直按:春秋時所謂七穆賦詩,登高能賦,皆以賦字爲動
　　詞。本文賦爲名詞,與詩對舉,蓋楚人之賦也。

姣麗施只。

　　王逸《章句》:既好有智無所不施也。

　　直按:施當作西施解。

小腰秀頸,若鮮卑只。

　　直按:《三國·魏志》:"鮮卑東胡之族,別保鮮卑山,因
　　號焉,自爲冒頓所破,遠處遼東塞外,不與餘國争衡,建武中
　　始與漢通。"據本文戰國末期,已有鮮卑之名,謂好女之腰
　　頸,與鮮卑人相似也。洛陽北魏貴族墓中,所出女俑,無不細
　　腰秀頸,元氏固鮮卑族也。

美冒衆流,德澤章只,先威後文,善美明只,魂乎歸來,賞
罰當只。

　　王逸《章句》:言楚國有美善之化,覆冒群下流於衆庶。

　　直按:冒謂蚡冒也。《史記·楚世家》云:"霄敖六年卒,
　　子熊眴立,是爲蚡冒。"又云:"楚武王子文王立始都郢。"宣
　　王子威王,即懷王之父。本文稱先威後文,言威文二王之德,
　　足以比蚡冒也。

名聲若日,照四海只,德譽配天,萬民理只,北至幽陵,南
交阯只,西薄羊腸,東窮海只。

王逸《章句》:言楚王方建道德,名聲光輝,若日之明,照見四海,盡知賢愚。

直按:本段因述楚先王功德,而念及遠祖高陽也。《大戴禮·五帝德篇》云:"高陽乘龍而至四海,北至於幽陵,南至於交阯,西濟於流沙,東至於蟠木,日月所照,莫不砥礪。"《史記·五帝本紀》亦同。《集解》引《山海經·海外經》:"東海度索山有大桃樹,屈蟠三千里,謂之蟠木。"本文之東窮海只,可證即指蟠木而言。

1926年初稿,1958年整理,1976年大寒又手錄一通。

弄瓦翁記。

漢詩作品之斷代

一、東光（武帝時）

《樂府詩集》卷二十七，有《東光》古辭，引智匠《古今樂録》云：“張永元《嘉技録》云：‘《東光》舊但弦無音，宋識造其歌聲。’”

　　　東光乎，倉梧何不乎，倉梧多腐粟，無益諸軍糧，諸軍游蕩子，早行多悲傷。

此詩黃節先生解釋爲東方已光，蒼梧何不光，蓋因瘴氣之故，其說甚是。當爲武帝伐兩粵時，軍士厭戰之歌辭，確爲西漢作品，《古今樂録》說爲宋識所造，恐不可信。

二、薤露、蒿里（西漢）

崔豹《古今注》云：“《薤露》、《蒿里》，並哀歌也。本出田橫門人，橫自殺，門人傷之，爲作悲歌。至孝武時，李延年乃分爲二章二曲，《薤露》送王公貴人，《蒿里》送士大夫庶人，使挽柩者歌之，亦呼爲挽歌。”按：崔說是也。現存兩歌，雖不能定爲田橫門客當時作品，確爲西漢作品，則毫無疑義。在西漢時蒿里或稱爲下里，《漢書·周亞夫傳》："爲父買工官尚方甲盾五百被，下里可以葬者。"《韓延壽傳》："賣偶車馬下里僞物者，棄之市道。"是其明證。蒿里始見於《漢書》廣陵厲王歌云："蒿里召兮郭門閲。"東漢時《夏承碑》云："痛沉蒿里。"張叔敬朱書陶盆文云："地下擊犆卿，耗里伍長等。"（耗爲蒿字之假借。）曹操有《薤露》、《蒿里》二行，則東漢末期，仍用此體。廣陵厲王歌中，用蒿里二字，而不用薤露，可見在西漢時以《薤露》送王公，《蒿里》送士庶，並無嚴格之區別。兩首各自爲韻，並無聯繫之痕迹，似非李延年所分開，此亦與崔説不合者也。薤露與蒿里，本義相對舉，近人解者，謂蒿里爲槁里之假借，殊未可信。若考兩歌之來源，不是田橫門客之首創，而是在楚歌基礎上加以變化。《文選》六臣注卷四十五，宋玉對楚王問云："客有歌於郢中者，其始曰下里巴人，國中屬而和者數千人。其爲陽阿薤露，國中屬而和者數百人。其爲陽春白雪，國中屬而和者數十人。"蒿露之曲，則甚明顯，由橫門客，蓋仿楚聲而爲辭也。

三、烏生（西漢）

《樂府詩集》卷二十八，載《烏生》古辭云：

> 烏生八九子，端坐秦氏桂樹間，唶我！秦氏家有游遨蕩子，工用睢陽强，蘇合彈，左手持强彈，兩丸出入烏東西。唶我！一丸即發中烏身，烏死魂魄飛揚上天，阿母生烏子時，乃在南山岩石間。唶我！人民安知烏子處，蹊徑窈窕安從通。

白鹿乃在上林西苑中，射工尚復得白鹿脯。嗟我！黃鵠摩天極高飛，後宮尚得烹煮之，鯉魚乃在洛水深淵中，釣鈎尚得鯉魚口。嗟我！人民生各各有壽命，死生何須複道前後。

此詩所用南山岩石間，及白鹿乃在上林西苑中，皆爲西漢眼前事，東漢即不用此等語句，詩爲西漢時作品無疑。鯉魚乃在洛水深淵中一句，與東漢詩直稱洛陽者不同。睢陽兩漢皆屬梁國，睢陽出強弓，與蘇合香可以製成彈丸，均不見於他書。嗟我是表聲字，《説文》："嗟，大聲。"北音無入聲，當讀如鼉錯之錯，嗟我疑讀爲"錯啊"。

四、婦病、東門、孤兒三行（西漢）

漢樂府中，以《婦病》、《東門》、《孤兒》三行，最爲詰屈古奧，句讀難通，當爲西漢時作品。與《陌上桑》、《董嬌嬈》，氣味迥乎不同。我將此三篇讀法、解法、看法，分述如下：

《婦病行》云：

　　婦病連年累歲，傳呼丈人前一言，當言未及得言，不知泪下一何翩翩。屬累君兩三孤子，莫我兒飢且寒。有過慎莫笪笞，行當折搖，思復念之。亂曰，抱時無衣，襦復無裏。閉門塞牖，舍孤兒到市，道逢親交，泣坐不能起。從乞求與孤買餌，對交啼泣，泪不可止，我欲不傷悲不能已。探懷中錢持授交，入門見孤啼，索其母抱，徘徊空舍中。行復爾耳，棄置勿復道。

此篇首段大意，叙病婦臨終前，與夫之遺囑，邀其老父來作證

明。君即指夫而言,亂曰以下,叙婦没之後,其夫凄凉行乞養孤兒
情狀。近人解者,皆以爲婦之老父代養孤兒,實爲錯誤。筥笿即
撻笿假借,折摇即折夭假借,(用聞一多氏《樂府校箋》説。)襦復
即襦複之假借,與《孤兒行》之冬無複襦正同。舍即捨之假借。
對交啼泣,交指親交而言,探懷中錢持授交,謂借貸親交之錢,因
悲傷而又持還也。返家之後,見孤幼不知其母已没,仍啼索母抱
也。棄置勿復道,用枚乘詩句(枚詩作棄捐勿復道),交、抱、道三
字爲韻。兩漢時錢與泉字,雖互相通用,但錢幣之錢,無寫作泉
者,漢碑陰出錢題名及《漢書·王嘉傳》等均可證,本詩作錢字,
亦極適合。又西漢人夫婦家常窮愁瑣語,存於現今者,有□宣與
婦書,與本詩成爲雙絶,今並附録於後,所謂奇文共欣賞也。《居
延漢簡釋文》卷四,二頁,有簡文云:"宣伏地再拜請幼孫少婦足
下,甚苦,塞上暑時,願幼孫少婦,足衣彌食,慎塞上,宜幸得幼孫
力,過行邊,毋它急。幼都以閏月七日,與長史君俱之居延,言丈
人毋它急,發卒不當得見幼孫不(否)也,不足數來記,宣以十一
日對候官未決,謹因使奉書,伏地再拜,幼孫少婦足下。(下略)"
此簡原文古質,釋文恐有誤字,幼都當爲幼孫少婦之兄弟,丈人指
幼孫之父而言。與本詩之傳呼丈人前一言,皆以丈人爲妻父之
稱,與後代俗稱相同。足下爲漢代男女通稱,亦僅於此書見之。

　　《東門行》云:

　　　　出東門,不顧歸,來入門,悵欲悲。盎中無斗米儲,還視
　　架上無懸衣,拔劍東門去,舍中兒母(一作女)牽衣啼。他家
　　但願富貴,賤妾與君共餔糜。上用倉浪天故,下當用此黄口
　　兒。今非,咄!行!吾去爲遲,白髮時下難久居。

出東門，不顧歸，來入門，悵欲悲。盎中無斗儲，還視桁上無懸衣一解。拔劍出門去，兒女牽衣啼，他家但願富貴，賤妾與君共餔糜二解。共餔糜，上用倉浪天，下爲黃口小兒。今時清廉，難犯教言，君復自愛莫爲非三解。今時清廉，難犯教言，君復自愛莫爲非。行！吾去爲遲，平慎行，望君歸四解。

此篇樂府古題要解言："士有貧不安其居者，拔劍將去，妻子牽衣留之，願共餔糜，不求富貴，且曰今時清廉不可爲非也。"余按：《方言》卷五："罃瓴謂之盎，自關而西，或謂之盆、或謂之盎。"本詩之盎中無斗米儲，與關西人方言相合，疑爲關西人之作品（西漢時關西，指函谷關以西地區）。上用倉浪天故，下當用此黃口兒，即上當愧天，下當俯念小兒之意。黃口二字，始見於《淮南子·氾論訓》，繼見於《鹽鐵論·散不足篇》，爲西漢人稱小兒之習俗語。魏曹丕《艷歌何嘗行》云："約身奉事君，禮節不可虧，上慚滄浪之天，下顧黃口小兒。"又《大牆上蒿行》云："上有滄浪之天，今我難得久來視，下有蠕蠕之地，今我難得久來履。"第一首直用本篇之辭，第二首變化本篇之辭，反比原文清晰而易解。即可引曹丕之詩，作爲本篇之箋注。妻雖止之，其夫還是出行，所謂白髮時下難久居，其時蓋已垂老。觀魏晉所奏，曰今時清廉難犯教言，教即官教，以西漢各階段而論，似指宣昭元時代而言。

《孤兒行》云：

孤兒生，孤子遇，生命當獨苦。父母在時，乘堅車，駕駟馬。父母已去，兄嫂令我行賈，南到九江，東到齊與魯。臘月來歸，不敢自言苦，頭多蟣虱，面目多塵，大兄言辦飯，大嫂言視馬。上高堂，行取殿下堂，孤兒淚下如雨。使我朝行汲，暮得水來歸，手為錯，足下無菲。愴愴履霜，中多蒺藜，拔斷蒺藜，腸月中愴欲悲，淚下渫渫，清涕纍纍。冬無複襦，夏無單衣，居生不樂，不如早去，下從地下黃泉，春氣動，草萌芽，三月蠶桑，六月收瓜。將是瓜車，來到還家，瓜車反覆，助我者少，啗瓜者多。願還我蒂。兄與嫂嚴，獨且急歸，當興校計。亂曰：里中一何澆澆，願欲寄尺書，將與地下父母，兄嫂難與久居。

此篇以中多蒺藜，拔斷蒺藜兩句來推斷，應為關西人作品。《本草經》卷七云："蒺藜出馮翊平澤中。"即後人所稱沙苑蒺藜是也。馮翊即今之同州，古人描寫風土物產，皆就眼前而言。九江位置在南方，齊魯位置在東方，作者就其地形方位實寫，並不以本身所在地方為標準。西漢人皆喜泛稱齊人魯人，如《漢書‧公孫宏傳》云"齊人多詐"，《儒林傳》云"《公羊》為齊學，《穀梁》為魯學"之類，東漢人此等名稱，已漸稀見，故定此詩為西漢作品。孤子遇生，或作孤兒遇生，前人皆斷此四字為句。余按：當讀為孤兒生、孤兒遇，生命當獨苦，遇苦二字為韻。願還我蒂，此句頗奇突，近人解釋謂孤兒無法禁止別人吃瓜，但要求還給他瓜蒂，以便點數，說頗可通。

綜上三詩，《婦病行》是描寫小市民妻亡家破慘淡情況，《東門行》是描寫知識分子貧居失業情況，《孤兒行》是描寫富商沒落之家庭情況。事景愈瑣碎，辭句愈真樸，後人能擬此題，不能得其古味。漢代《相逢行》及《長安有狹邪行》，先總說兄弟三人，兩兄皆宦成名立，惟說三弟皆云無官職，或云無所為。其原因丈夫往往憐其少子，養成游閑公子狀態，殆其父母故世之後，身無一技之長，必然遭到涉世之顛沛流離。《孤兒行》敘述其兄嫂尚有馬匹，有房屋，還算素封之家，而孤兒本身，則一無所有，與《相逢》《狹邪》兩行，有不可分割之聯繫。至於《東門行》兩説今時清廉，不敢爲非，作者寫出貧士失職，轍軻不平之氣概，正反映出當時之不清廉。三詩所提出的問題，表面上是家庭問題，實際上是社會問題。

五、辛延年羽林郎（西漢末期）

舊説辛延年爲後漢人，因詩中耳後大秦珠一句而定案。《後漢書·西域傳》云："大秦土多金銀奇貨，有夜光璧，明月珠。"再加以大秦王安敦入貢，事在後漢，因此近代學者，皆主此説。然大秦之名稱，雖見於《後漢書》，但可能始於西漢後期。

余疑辛延年爲西漢末期人者，先研究他的姓，因辛氏爲隴西大族，辛武賢、辛慶忌父子最爲知名。后辛氏多爲王莽所殺害，至東漢時，辛氏之聞人極少。再研究他的名，東漢時不用復名，延年二字，在西漢時用作人名者，極爲普遍，如李延年、杜延年、張延年（見《漢書·張安世傳》）、乘馬延年之類（見《漢書·溝洫志》）。東漢人從無用延年作名字者，辛延年亦不能例外。東漢去西漢雖不遠，然在人名形式上有很多變化。如名不侵、未央、何傷、毋傷、延年、延世、不滿、得意等字樣（以上僅略舉數例），在東漢中名中，絶不易見到。到了三國又偶然有名延年者，如作《秦女休行》之左延年是也。

　　羽林郎,《漢書・百官表》云:"羽林掌送從,次期門,武帝太初元年初置,名曰建章營騎,更名羽林騎。"又《通典》卷二十八《職官十》云:"宣帝令中郎將騎都尉監羽林,謂之羽林中郎將,領郎百人,謂之羽林郎。"本篇標題稱爲羽林郎,當爲宣帝以後所製之樂府,然與馮子都無涉。辛延年因名實相近,借用爲題,等於後代填詞之詞牌也。本詩另有重要關鍵,即馮子都是否官執金吾問題。詩中一再强調不意金吾子,及多謝金吾子。《漢書・霍光傳》僅言:"光愛幸監奴馮子都。"又言:"百官但事馮子都、王子方。"所謂監奴者史無注文,當爲某監之官奴,如栘中監(見《蘇武傳》)駿馬監之類(見《傅介子傳》)。黃縣丁氏所藏孫成買地券,自稱爲左駿厩官大奴孫成是也(左駿厩監官奴之簡稱)。馮子都確未官執金吾,故不見於《漢書・百官表》,但執金吾有丞有掾屬,馮子都可能由監奴被霍光擢升至執金吾丞之類,亦未可知。例如後代有官太常博士者,在倡和投贈詩題中可以稱爲某太常,果如馮子都曾官執金吾丞之屬,則亦可夸大稱爲金吾子矣。又《漢書・宣帝紀》,地節三年詔書云:"長安男子馮殷等,謀爲大逆。"余按漢制,有爵而黜革者,稱爲士伍,刑徒稱爲大男(見《居延漢簡釋文》四四九頁簡文云:復作大男叢市)。一般人民,稱爲男子,因貧鬻民爵,因罪削去民爵者,亦稱爲男子。漢廷詔書,稱馮殷爲長安男子,當屬於因罪削去民爵類型,與本詩又不相同。總之本詩稱馮子都爲金吾子,不是泛稱,在當時作者必有依據,這是可以補《漢書》之不及,並非與《漢書》背道而馳的。朱秬堂疑此詩爲諷竇景而作,東漢耿、竇、梁諸氏,皆爲驕橫之外戚,若耿秉亦曾官執金吾,朱氏何不云爲諷耿秉而作,知此説未可信也。

本詩首句，昔有霍家奴，丁福保氏引宋刻《玉臺新詠》、《樂府詩集》，校改作霍家姝。並云古之士之美者亦曰姝，然《霍光傳》明云監奴，原文不能決定爲姝字之誤。

六、平陵東（王莽時）

《樂府詩集》卷二十八，《平陵東》古辭云：

> 平陵東，松柏桐，不知何人劫義公。劫義公在高堂下，交錢百萬兩走馬。兩走馬，亦誠難，顧見追吏心中惻。心中惻，血出漉，歸告我家賣黃犢。

崔豹《古今注》云：“《平陵東》，漢翟義門人所作也。”樂府解題云：“義，丞相方進之少子，字文仲，爲東郡太守，以王莽方篡漢，舉兵誅之，不克見害，門人作歌以怨之也。”余按《漢書·翟義傳》云：“於是吏士精銳，遂圍攻義於圉城，破之。義與劉信棄軍庸亡至固始界中，捕得義，尸磔陳都市。”《王莽傳》亦云：“居攝二年十二月，王邑等破翟義於圉。”本詩是叙述翟義在東郡兵敗之後，逃往東平陵，又爲人所劫，義之吏士，出錢馬向劫主贖出，詩中叙追吏在後，情勢緊迫，不得不家賣黃犢。與《翟義傳》所云之棄軍庸亡，正相符合。《漢書·地理志》，東平陵屬濟南郡，在春秋時本名平陵，與東郡相近。至翟義覆軍之圉縣，殉難之固始，在西漢時均屬淮陽國。義被難之後，門人將在東平陵被劫一段，作歌紀念，其事雖不見於《漢書》，亦理之所恒有也。聞一多氏《樂府詩箋》云：“平陵當爲昭帝之平陵，玩詩意全不類，詩但言盜劫人爲質，令其家輸財物以贖，如今綁票者所爲，因疑義公爲我公之誤字，説者遂以爲翟義事。"以我所見，實則本事不誤。

七、陌上桑（東漢初期）

《陌上桑》本事有兩説，崔豹《古今注》云："邯鄲女子姓秦名羅敷，爲邑人千乘王仁妻，仁後爲趙王家令，羅敷出采桑陌上，趙王登臺，見而悦之，因飲酒欲奪之，羅敷乃彈箏作《陌上桑》之歌以自明焉。"而《樂府解題》則曰："羅敷采桑，爲使君所邀，羅敷盛夸其夫以拒之。"二説不同，以詩中"使君從南來，五馬立踟躕，使君遣吏往，問此誰家姝"及"十五府小史，二十朝大夫，三十侍中郎，四十專城居"等句觀之，與《樂府解題》後説相近，而朱子又疑使君即羅敷之夫，與崔豹説雖不同，當亦有所本。羅敷二字，義不連屬，敷當爲紺字同聲假借，《漢書・昌邑王賀傳》"臣敞故知執金吾嚴延年字長孫女羅紺"是也。羅敷之夫王仁爲千乘人，與邯鄲不屬於一郡，崔豹所謂邑人則爲誤字。

東漢無趙國，此事及詩之作品，亦比較爲早，至遲在東漢初期，因雞鳴詩之"黃金絡馬頭"，已引用此詩爲成句，古詩爲焦仲卿妻作，已有"東家有賢女，自名秦羅敷"兩句。左延年《秦女休行》，有"秦氏有好女，自名爲女休"，及"女休前置詞"等句，或用本詩之成句，或仿本詩之句調，皆其明證。且蠶桑之利，在東漢初年，始到江南（見《後漢書・衛颯傳》注）。羅敷采桑，叙趙王之事，可見尚在北方。其事應在西漢，作品則在其後也。蕭子顯《日出東南隅行》云："出入東城里，上下洛西橋。"是以羅敷采桑，爲東漢時事矣，説恐未確。

漢代古樂府多詠秦氏事，凡有三見，一秦羅敷陌上采桑事，二左延年《秦女休行》，三《烏生》詩，而《烏生》詩尤古，首句云："烏生八九子，端坐秦氏桂樹間。"雖爲詩人比興所託，而秦氏或亦指秦羅敷家而言，可見羅敷采桑艷事流傳之廣。

<h1 style="text-align:center">八、宋子侯董嬌饒（東漢）</h1>

丁福保氏《全漢詩》云：嬌饒諸本或作嬌嬈，蓋以相沿俗字誤改，今仍從宋刻《玉臺新詠》、《藝文類聚》、《樂府詩集》作嬌饒。余按西安漢城遺址，曾出土"張嬈"印，又出丁嬈穿帶印，其一面爲妾嬈二字（皆吳興沈氏藏）。可證嬈字在漢代本作嬈，此詩作饒者爲假借字，丁氏指嬌嬈爲傳寫之誤字非也。

本詩首句："洛陽城東路，桃李生路傍。"明顯爲東漢作品，宋子侯是字非名也。

<h1 style="text-align:center">九、相逢行與長安狹斜行兩詩之相似（東漢）</h1>

《相逢》與《長安有狹斜》兩行，皆以描寫兄弟三人及三婦爲主要人物，語氣多相似，爲齊梁人"三婦艷"之所本，《相逢行》云：

相逢狹路間，道隘不容車，如何兩少年，挾轂問君家。君家誠易知，易知復難忘，黃金爲君門，白玉爲君堂。堂上置樽酒，使作邯鄲倡，中庭生桂樹，華燈何煌煌。兄弟兩三人，中子侍中郎，五日一來歸，道上自生光。黃金絡馬頭，觀者滿路旁，入門時左顧，但見雙鴛鴦。鴛鴦七十二，羅列自成行，音聲何噰噰，鶴鳴東西廂。大婦織羅綺，中婦織流黃，小婦無所作，挾瑟上高堂。丈人且安坐，調絲未遽央。

此詩與《雞鳴》詩，句意亦多相同，《雞鳴》詩中之"黃金爲君門，碧玉爲軒堂，上有雙樽酒，作使邯鄲倡。劉王碧青甓（當指淮南王劉安），後出郭門王（此句未解）。舍後有方池，池中雙鴛鴦，鴛鴦七十二，羅列自成行，鳴聲何啾啾，聞我殿東廂。兄弟四五人，皆爲侍中郎，五日一時（疑歸字之誤）來，觀者滿路旁，黃金絡馬頭，頴頴何煌煌"等十八句，與《相逢行》幾同十分之九。

《長安有狹邪行》云：

> 長安有狹邪，狹邪不容車，適逢兩少年，夾轂問君家。君家新市旁，易知復難忘。大子二千石，中子孝廉郎，小子無官職，衣冠仕洛陽。三子具入室，室中自生光，大婦織綺紵，中婦織流黃，小婦無所爲，挾瑟上高堂。丈人且徐徐，調弦詎未央。

此詩與《相逢行》又大同小異，換言之，《雞鳴》與《長安有狹邪》，兩詩合併，即成爲《相逢行》。昔人所謂古者言公，人人可用，每篇不一定皆標署作者之姓名，在流傳歌頌或宴會奏樂時，可以隨意增減，故表現略有異同。此等異同，是原本之流傳，非鈔本之錯誤，在漢鏡銘中，可以證明出變化之痕迹。如漢代人民戍邊之苦，妻子在家思念，託情於鏡銘有云："秋風起，予志悲，久不見，侍前稀。"（見《古鏡圖錄》卷中，四頁。）又有一鏡銘云："道路遠，侍前稀，昔同起，予志悲。"（見《小校經閣金文》卷十五，九頁。）西安漢城遺址又出土一漢鏡銘云："君行卒，予志悲，久不見，侍前稀。"（拓本。）在三首鏡銘之中，辭句皆相似。若爲詩體，則成爲同一類型大同小異之三首古詩。上述《相逢》、《鷄鳴》、《長安有狹邪》三詩之大體相似,蓋同此理。

　　三詩皆摹寫弟兄三人,長子中子,皆官二千石,或由舉孝廉拜郎中。摹寫少子,則爲衣冠楚楚十足之鄉紳。摹寫三婦,則大婦二婦,織羅綺及流黃,三婦則無所爲,以挾瑟調絲,侍奉堂上之老人爲歡樂。曹丕《艷歌何嘗行》云:"長兄爲二千石,中兄被貂裘,小弟雖無官爵,鞍馬馺馺,往來王侯長者游。"亦按照漢詩之規律,不加變革。又《長安有狹邪行》云"小子無官職,衣冠仕洛陽",説此詩者,認爲既無官職,何以又云仕洛陽,在詞句中顯有矛盾。不知衣冠仕洛陽一句,係總結上文,與大子二千石,中子孝廉郎二句聯貫一氣,原文並無錯誤。

　　兩晉南北朝詩擬《相逢》、《長安有狹邪》兩行,又演變出"三婦艷"名稱來,其中言兄弟三人及三婦的,略舉如下:

　　大兄珥金璫,中兄振纓緌。伏臘一來歸,鄰里生光輝。小弟無所作,鬥鷄東陌遠。

　　　　　　　　　　　　　　　　　　（荀昶擬《相逢狹路間》）

　　大婦織紈綺,中婦織羅衣,小婦無所作,挾瑟弄音徽。丈人且却坐,梁塵將欲飛。

　　　　　　　　　　　　　　　　　　（同上）

　　大婦掃玉墀,中婦結羅幃,小婦獨無事,對鏡畫蛾眉。良人且安卧,夜長方自私。

　　　　　　　　　　　　　　　　　　（沈約擬《三婦》）

　　大婦刺方領,中婦抱嬰兒,小婦尚嬌稚,端坐吹參差。丈人無遽起,神鳳且來儀。

（張率《相逢行》）

大婦弦初切，中婦管方吹，小婦多姿態，含笑逼清卮。

（吳均《三婦艷》）

大息組綑緼，中息佩陸離，小息尚青綺，總丱游南皮。

（梁武帝擬《長安有狹邪》十韻）

大婦理金翠，中婦事玉觴，小婦獨閑暇，調笙游曲池。丈人少徘徊，鳳吹方參差。

（同上）

上述各詩，皆描寫三弟與三婦，無所事事，仍墨守漢詩之成規，不加變革。而《相逢行》所述之地區，則有不同。有指爲邯鄲者，如荀昶擬《相逢狹路間》詩云：“朝發邯鄲邑，暮宿井陘間。”梁武帝詠《長安有狹邪》云：“我宅邯鄲右，易憶復可知。”有指爲長安者，如張率《相逢行》云：“相逢夕陰街，獨趨尚冠里。”蓋皆傳聞之異辭。

十、古絶句之隱語（東漢）

《玉臺新詠》卷十，載古絶句四首，第一首云：

藁砧今何在？山上復有山。何當大刀頭，破鏡飛上天。

樂府解題謂此詩純用隱語，藁砧今何在，指夫而言。山上復有山隱出字，何當大刀頭隱環字，破鏡飛上天隱圓字是也。蓋爲夫遠戍邊塞，其妻子相思相念之作。西漢正戍卒戍邊之苦，見於《漢書》賈誼、鼂錯、賈捐之等傳，及《鹽鐵論》之《備胡》、《執務》等篇。戍邊之法令，見於應劭《漢官儀》，已詳見枚乘雜詩爲寫人民戍邊之苦而作篇中。東漢戍卒之制度雖廢,邊屯之防守如故,征募殊名,實際則一。

以下三首云:

> 日暮秋云陰,江水清且深,何用通音信,蓮花玳瑁簪。

> 菟絲從長風,根莖無斷絕,無情尚不離,有情安可別。

> 南山一樹桂,上有雙鴛鴦,千年長交頸,歡慶不相忘。

此三首與第一首相比,古質之氣味,相差很遠,疑非同一時期之作品,經後人拼湊成四首者。《蓮花玳瑁簪》,本於《鐃歌十八曲》之《有所思》;《南山一樹桂》,本於《烏生八九子》。

十一、古詩十九首中生年不滿百作者之時代(東漢)

《文選·古詩十九首》第十四首云:"生年不滿百,常懷千歲憂。"最末兩句,則爲"仙人王子喬,難可與等期"。蓋爲東漢中期以後作品。與《西門行》"自非仙人王子喬,計會壽命難與期",又《吟嘆曲》,專詠王子喬事,皆同期作品。李善注引《列仙傳》:"王子喬者,太子晉也,道人浮丘公,接以上嵩高山。"屈子《遠游》云:"軒轅不可攀援兮,吾將從王喬而娛戲。"(此篇疑爲漢人擬託。)楚辭《惜誦》云:"赤松王喬皆在旁。"《淮南子》云:"王喬赤松,去塵埃之間,離群匿之紛。"西漢人引用王子喬事尚不普遍,東漢以來,則已盛稱,至六朝人則又改稱王子晉。北魏云峰山鄭道昭題名,以王子晉與安期生對舉是也。東漢所以盛稱王子喬者,其原因或以王喬官葉令,雙鳧飛鳧一段神話,便牽連到古之王子喬亦未可知。證之《古鏡圖録》卷中十八頁，有袁氏鏡云："仙人子喬赤松子。"又同書十九頁，有袁氏鏡云："仙人子喬侍左右。"《簠齋藏鏡》卷上二十二頁，有王氏鏡云："上有仙人子喬赤松子。"上述三鏡，皆用四神獸圖案，爲東漢中期以來之形式。又浙江紹興出土漢鏡，有王子喬、赤松子題名，鏡繪車馬人物四分式圖案，則爲東漢末期作品，與本詩年代，均可互相印證。又曹操《氣出唱》第二首云："來者爲誰，赤松王喬。"《秋胡行》第二首云："赤松王喬，亦云得道。"曹丕《折楊柳行》云："王喬假虛辭，赤松垂空言。"王粲《俞兒舞歌》云："子孫受百禄，常與松喬游。"雖到建安末期，所引用詞彙，風氣仍然相似，晉代游仙諸作，則不然矣。

十二、論江南可采蓮（東漢）

《宋書·樂志》載《江南可采蓮》爲古辭，故選詩者列入漢詩，以余觀之，當爲東漢末期，江南人之作品。漢代以蓮花入詩者，始見於古絶句之"蓮花玳瑁簪"，及本詩之"江南可采蓮，蓮葉何田田"。以蓮花入畫者，始見於東漢建寧元年馬衛將五風里番延壽瓦筩，上有飛馬及蓮花像。又余在西安得一陶倉，上畫粉墨蓮花，與此詩時代，均可互相印證。古代詩畫中用蓮花，有兩種性質，一是芙蕖，描寫男女相戀之情；二是寶相花，屬於佛像觀念。本詩則合於前者類型。漢代詩歌，描寫相戀之辭，始重采桑，至東漢末期，進演爲采蓮，南朝又進化爲采菱（戰國時惟楚國有采菱歌曲，見楚辭《招魂》）。又按《古今樂録》："梁天監十一年冬，武帝改西曲，製《江南上雲樂》十四曲，《江南弄》七曲，其三曰《采蓮曲》，其五曰《采菱曲》。"蓋皆由《江南可采蓮》一詩,而加蛻化,如吳均之《采蓮詩》,梁武帝及昭明太子之《采蓮曲》,皆其最著者。

十三、秦女休行之事迹(東漢末期)

《樂府詩集》卷六十一,有左延年《秦女休行》云:

步出上西門,望望秦氏廬,秦氏有好女,自名爲女休。休年十四五,爲宗行報仇,左執白楊刃,右據宛魯矛。仇家便東南,仆僵秦女休。女休西上山,上山四五里,關吏呵問女休,女休前置詞,平生爲燕王婦,於今爲詔獄囚。平生衣參差,當今無領襦,明知殺人當死,兄言快快,弟言無道憂。女休堅辭,爲宗報仇死不疑。殺人都市中,徼我都巷西,丞卿羅(一本下有列字,則與東向坐合爲七字一句),東向坐。女休凄凄曳梏前,兩徒夾我持刀,刀五尺餘。刀未下,朣朧擊鼓赦書下。

又按《太平御覽》卷四百八十一,引袁山松《後漢書》,樂府左延年《秦女休行》曰:

始出上西門,遙望秦氏家,秦氏有好女,自名曰女休,女休年十五,爲宗行報仇,左執白楊刃,右據宛魯矛。仇家東南疆,女休西上山,上山四五里,關吏不得休。女休前置詞,生爲燕王婦,今爲詔獄囚,刀矛未及下,朣朧擊鼓赦書下。

兩詩相比,前詩古質,且有誤字,後詩易解。所以有兩首者,前者疑爲本辭,後者疑爲魏晉時樂府所奏。大意是秦女休爲燕王婦,替族人報仇,逃至西山,爲關吏所執,已論罪,逢赦書特免。此事亦見於曹植《鼙舞歌·精微篇》："關東有賢女,自字蘇來卿,壯年報父仇,身没垂功名,女休逢赦書,白刃幾在頸,俱上列仙籍,去死獨就生。"(見《宋書·樂志》。)曹植所云女休逢赦,即本詩之秦女休。曹植詩又云："黄初發和氣,明堂德教施,治道致太平,禮樂風俗移,刑措民無枉,怨女復何爲。"可證秦女休爲黄初以前之事,袁山松既收入《後漢書》,秦女休之事,在東漢末年無疑。《晉書·樂志》云:"黄初中柴玉(柴玉亦見《三國魏志·杜夔傳》)、左延年以新聲被寵。"並可證本詩或作於魏初,追詠東漢時事。又按東漢無燕王,是否有誤字,未敢確定。晉傅玄有《秦女休行》,所詠爲龐烈婦爲父母報仇事,蓋借用事實相類之樂府爲標題,李白之《秦女休行》,則用本事渲染,與傅玄之作品不同。

十四、焦仲卿妻詩(與建安時代正相適應)

詩序云:"漢末建安中,廬江府小吏焦仲卿妻劉氏。"按:小吏爲府吏身份之名詞,當在有秩、書佐以下,如鈴下(見《續漢書·輿服志》及《孟璇碑》等)、幹之類。(見《漢官》及《景君碑陰》,則省寫作午。)《漢書》尹翁歸、王尊傳皆云"爲郡小吏"是也。小吏又作小史,《陌上桑》云:"十五府小史,二十朝大夫。"《隸釋》卷十二,有《相府小史夏堪碑》,與小吏名異實同,與漢印文中少内相近。

"孔雀東南飛,五里一徘徊。"按:此詩本於《艷歌何嘗行》之"五里一反顧,六里一徘徊"。特《艷歌行》所指爲雙白鵠,此則變爲孔雀耳。

"云有第三郎,窈窕世無雙,年始十八九,便言多令才。"下文
又有"云有第五郎,嬌逸未有婚"。按:先云第三郎,繼又云第五
郎,前人解者疑第三郎爲縣令之子,第五郎爲太守之子,因劉母拒
絕縣令後,太守又遣縣丞及主簿爲媒也。余謂前後所言,皆太守
之子,因第一次請縣令作媒說第三郎未成,繼又請縣丞及府主簿
作媒,改說第五郎也。

"說有蘭家女,承籍有宦官。"前人對於蘭家女,疑爲誤字,余
謂蘭家女即指劉蘭芝而言,蘭家女等於蘭姑娘,江南習俗,鄉村中
往往稱人之後名,或小名以代其姓,直至近世猶然。

"青雀白鵠舫,四角龍子幡。"按西漢時期多稱鴻鵠及黃鵠、
雙鴻鵠,如高祖之"鴻鵠高飛,一舉千里",枚乘之"願爲雙鴻鵠",
蘇武之"願爲雙黃鵠",烏孫公主歌之"願爲黃鵠返故鄉",翟子威
歌之"誰云者,兩黃鵠"。至《雙白鵠》詩(即《艷歌何嘗行》),始
用白鵠二字,此爲再見。《雙白鵠》歌,亦疑爲東漢初期作品,此
等風氣,隨時代之口頭語而轉變,遂演成爲代表時代性之詞彙,其
初並無定義也。

"交廣市鮭珍。"按:《續漢書·郡國志》:"交州治蒼梧郡廣
信。注引《漢官》曰,刺史治。"疑因交州治廣信,東漢時已有交廣
名稱。孫權黃武五年,在交州中又分置廣州,而交廣二字,遂爲魏
晉人以來連稱。如王範著有《交廣春秋》,及《晉書·石崇傳》所
謂徙交廣是也。前人因詩中已見交廣二字,有疑爲吳時或晉時作
品者,其實不然。鮭爲蝦菜之總稱,本詩之鮭珍,蓋指海錯等珍
品,爲太守家之聘禮。

"從人四五百,鬱鬱登郡門。"按:《續漢書·百官志》:"河南

尹員吏九百二十九人。"太守府之員吏,當次於河南尹,可見掾吏人數之多。本詩從人,指太守府之執事,如斗食、五百之類。所云四五百人,並不夸大。登作來字解,爲登來省文,蓋用齊語也。

"新婦入青廬。"聞一多氏《樂府詩箋》,引《世說新語·假譎篇》云:"魏武帝少時,嘗與袁紹好爲游俠,觀人新婚,因潛入主人園中,夜叫呼云,有偷兒賊,青廬中人皆出現,帝乃抽刀劼婦,與紹還。"按:聞說是也,青廬二字,始見於漢末時期,與本詩時代正相適合。

"兩家求合葬。"按:合葬二字,雖見於《禮記》,然帝王之盛行合葬,迭見於《史記·秦本紀》。一般人之合葬,以近時發掘情況而論,見於西漢中期,至東漢乃大行。謝惠連《祭古冢文》云:"以木爲椁,中有二棺,正方兩頭無和。"以木椁而合葬則爲西漢時葬儀。《隸釋》卷十二,《相府小史夏堪碑》云:"聘謝氏,並靈合葬,古命有之。"此尤爲東漢末期盛行合葬之證。

此詩共一千七百四十五字,三百四十九句。有一個特點,即不拘定兩句用一韻,故結算詩句,成爲奇數。以詩中白鵠舫、交廣、青廬、合葬等字面觀之,皆爲東漢人之習俗語,與詩序所說漢末建安中,時代無不吻合。(詩序當爲後人所追加,距成詩時亦不過遠,因蘭芝姓劉,僅載於詩序也。)

漢詩中之習俗語與古器物之聯繫

余撰《兩漢經濟史料論叢》、《漢書新證》、《鹽鐵論解要》等書，皆多取材於兩漢之古器物，互相印證，因皆爲出土之直接史料，比較文獻更爲可信。兩漢詩篇及樂府，所用之習俗語，亦多與古物相合。現用札記式羅列於後，亦間有關於古籍考證者，一並附錄如次。

《大風歌》，按《漢書·高祖紀》："發沛中兒得百二十人，教之歌，酒酣，上擊筑自歌曰：大風起兮雲飛揚，威加海內兮歸故鄉，安得猛士兮守四方。"《禮樂志》云："初高祖既定天下，過沛，與故人父老相樂，醉酒歡哀，作風起之詩，令沛中僮百二十人習而歌之。"《藝文志》云："高祖歌詩二篇。"蓋指《大風歌》及《鴻鵠歌》而言。《文選》題云《漢高帝歌》一首，皆無《大風歌》之名。又按：《金石萃編》漢十七，沛縣歌風臺，有大風歌刻石，標題爲"漢高祖皇帝歌"，相傳爲曹喜書，篆體與三體石經相近，雖不能確定時代，然觀其標題不稱爲"大風歌"，而稱爲"漢高祖皇帝歌"，與《文選》相同，可定爲六朝以上之古刻。在古籍上稱爲"大風歌"者，則始於《藝文類聚》。又《太平御覽》卷五百三十九，引此歌猛士作壯士，以《漢書》及石刻證之，當以猛士爲正確。高祖與項羽皆爲楚人，所作皆爲楚歌，高祖《鴻鵠》，且自稱楚歌，尤爲明證。表面與楚辭相近，實則爲楚地流傳之聲調，屈子不過集楚聲之大成。項羽《垓下歌》亦本無題目，與高祖《大風》《鴻鵠》正同，歌題皆後人所加。虞姬和歌見於《楚漢春秋》，形同五言絕句，望而知爲僞託，王伯厚反以爲真品，誤矣。《楚漢春秋》原書久佚，《御覽》各類書中所引，往往有後人假託者夾雜其內，如許負漢高祖封爲鳴雌亭侯一語，西漢無亭侯之稱，其爲東漢人所附益可知。虞姬和歌，尤作僞之顯著者。（見丁福保《全漢詩》卷一，一頁，以下簡稱幾卷幾頁。）

漢武帝《西極天馬歌》云：“涉流沙兮四夷服。”按：《小校經閣金文》卷十五，四十一頁，有龍氏鏡銘云：“龍氏作鏡四夷服，多賀國家人民息。”又同卷五十一頁，有周仲鏡云：“周仲作鏡四夷服，多賀國家人民息。”蓋四夷服三字，爲兩漢人之習俗語。（卷一，二頁。）

廣陵厲王胥歌云：“蒿里召兮郭門閱。”按：《蒿里》即田橫門人挽歌之一，與《薤露》歌正同，蒿、薤義相對舉，近人有解蒿里爲蒺里者恐非，郭門謂墓中之郭門，本椁墓以近年發掘情況推測，始於戰國，盛行於西漢初中期，與廣陵厲王時代正相當，閱應讀如閼。（卷二，四頁。）

郊祀歌《練時日》云：“左蒼龍，右白虎，靈之來，神哉沛。”按：《澄秋館吉金圖錄》六十四頁，有尚方鏡銘云：“尚方御鏡大無傷，左龍右虎辟不羊，朱鳥玄武順陰陽。”在漢鏡中，有龍、虎、朱雀、玄武四種圖象者，謂之四神，最爲普遍，茲僅略舉一例。（卷一，五頁。）

郊祀歌《天地》云：“九歌畢奏斐然殊，鳴琴竽瑟會軒朱。”按：

西安漢城曾出漢鏡銘云：“常毋事，日有憙，竽瑟會，美人侍。”（卷一，六頁。）

郊祀歌《景星》云：“河魚供鯉醇犧牲。”按：即漢《艷歌》之“天公出美酒，河伯供鯉魚”。（卷一，七頁。）

郊祀歌《象載瑜》云：“赤雁集，六紛員，殊翁雜，五彩文。”按：翁謂鳧翁也，《急就篇》云：“春草雞翹鳧翁濯。”言赤雁之文彩，與鳧翁雜文有異也。（卷一，八頁。）

《鐃歌十八曲·遠如期》云：“大樂萬歲，與天無極。”按：西安漢城出土“與天無極”瓦極多，或有省寫作“與天毋亟”者，又有分書“與天”及“無極”在兩半瓦者，蓋爲漢人之習俗語。（卷一，十一頁。）

蔡邕《飲馬長城窟行》云：“客從東方來，遺我雙鯉魚，呼兒烹鯉魚，中有尺素書。”聞一多氏《樂府詩箋》云：“雙鯉魚，藏書之函也，其物以兩木板爲之，一底一蓋，刻綫三道，鑿方孔一，綫所以通繩，孔所以受封泥，鯉魚畫在木板上。”按：聞説是也。濟南曾出漢陶罌，底有刻文云：“酒一斛鯉魚一雙。”（未著録。）是漢代以鯉魚爲吉祥圖案，故漢洗中亦畫有雙魚形。（陶鬴內畫魚形，始於新石器時代，西安半坡遺址中所出可證。）本詩之中有尺素書，蓋由陳勝之魚腹藏書，而流傳變爲口頭語。（卷二，十三頁。）

酈炎《見志》詩云：“陳平敖里社，韓信釣河曲。”按：《金石索·金索》六，三百九十，有尚方仙人鏡云：“浮游天下敖四海。”本詩敖里社即傲游里社之意。（卷二，十二頁。）

辛延年《羽林郎》云：“貽我青銅鏡，結我紅羅裾。”按：青銅鏡名稱，始見於本詩。漢鏡銘僅云：“漢有嘉銅出丹陽，和以銀錫清而明。"又云："清冶銅華以爲鏡。"又云："煉冶鉛華清而明。"皆言合金之劑，惟不明言青銅。又按：《博古圖》卷二十九，十五頁，有唐武德五年鑒云："揚州總管府造青銅鏡一面。"此爲青銅二字之再見。（卷二，十五頁。）

《安世房中歌》云："海內有姦，紛亂東北，詔撫成（疑戎字之誤）師，武臣承德。行樂交逆，簫勺群慝，肅爲濟哉，蓋定燕國。"按：《漢書·高祖紀》，五年滅燕王臧荼，十二年征燕王盧綰。此詩之燕國，指盧綰而言，《房中歌》之作，亦當在此時。（卷三，一頁。）

無名氏古詩，"置書懷袖中，三歲字不滅"。按：本詩之書，即指紙而言。《後漢書·賈逵傳》云："逵自選公羊嚴顏諸生高才者二十人，教以《左氏》，與簡紙經傳各一通。"章懷注："竹簡及紙也。"又《北堂書鈔》卷一百四引馬融與竇伯可書云："孟陵來賜書，見手書歡喜何量，書雖兩紙八行，行七字。"又同卷引崔瑗與葛元甫書云："貧不及素，但以紙耳。"皆與本詩相同，時代亦相當。若謂木簡，則不便長期置懷袖中也。（卷三，八頁。）

古詩云："請説銅爐器，崔巍象南山，上枝以松柏，下根據銅盤。"按：漢代銅爐，爐蓋象山者，只有博山爐，本詩似指博山爐形式。又古歌云："朱火颺烟霧，博山吐微香。"則明言博山爐矣。在傳世漢代博山爐，有"天興子孫，富貴昌宜"一器，最爲著名。（見《金石索·金索》三，二百五。）其餘大率無銘文者俱多，陶奩蓋亦有仿博山爐式者。（卷三，八頁。）

古詩云："十五從軍征，八十始得歸。"按：《居延漢簡釋文》卷三，四十頁，有簡文云："顯美騎士並廷里輔憲年十四。"又四十八頁,有簡文云:"葆鸞鳥大昌里不更李惲年十六。"此戍卒最小之年齡,大率爲應募士,非正卒也,與本詩十五從軍征之句正合。又卷三,三十七頁,有"□□上造王福年六十",三十八頁,有"鵩得武安里黃壽年六十五"各簡文,此爲木簡中戍卒最大之年齡。大率爲邊郡人,且爲隊長候長之類,尚未見有八十在邊未歸者,本詩恐有夸大之言。(卷三,九頁。)

《刺巴郡守》詩云:"府記欲得錢,語窮乞請期。"按:漢代泉、錢二字,有時可以通用,如錢府亦可稱爲泉府。王莽則用泉字,不用錢字。兩漢人關於計數則必用錢字,不用泉字,本詩與《病婦行》皆其例也。東漢碑陰,記出錢人名,皆作錢字,尤爲顯著。(卷三,十一頁。)

《箜篌引》,崔豹《古今注》曰:"朝鮮津卒霍里子高妻麗玉所作也。"按:本詩蓋爲武帝未開樂浪、真番諸郡以前作品,故仍總稱爲朝鮮。(卷四,一頁。)

《平陵東》云:"兩走馬,亦誠難,顧見追吏心中惻。"按:《金石萃編》卷十九,漢武梁祠畫象,有前母子、後母子、追吏騎、死人,題字共四榜。追吏名稱,與此正合。(卷四,二頁。)

《平調曲》云:"仙人騎白鹿,髮短耳何長,導我上太華,攬芝獲赤幢。"按:《小校經閣金文》卷十五,九十二頁,有上華山鏡銘云:"上華山,鳳皇集,見神鮮(仙),保長久,壽萬年,周復始。"此鏡爲四神獸紋,蓋東漢中期以後物,本詩當亦與鏡爲同時代作品。(卷四,三頁。)

《相逢行》云:"丈人且安坐,調絲未遽央。"《長安有狹邪行》云:"丈人且徐徐,調絲詎未央。"按:漢代丈人有三解,一爲長老之稱,《漢書·蘇武傳》云“漢天子我丈人行也”,樂浪彩篋畫像,稱丁蘭爲父所刻之木偶像,題曰“木丈人”,皆是也。二爲妻父之稱,《婦病行》云“婦病連年累歲,傳呼丈人前一言”是也。三爲兒婦稱翁,本詩之丈人且安坐是也。(卷四,四頁。)

《隴西行》云:“鳳皇鳴啾啾,一母將九雛,顧視世間人,爲樂甚獨殊。”聞一多氏《樂府詩箋》,引《西京雜記》中山王《文木賦》曰“鳳將九子”是也。按:《續考古圖》卷三,十二頁,有漢九雛鳳爐,蓋漢人之習俗語。(卷四,五頁。)

《步出夏門行》云:“過謁王父母,乃在太山隅,離天四五里,道逢赤松俱。”按:《小校經閣金文》卷十五,九十頁,有上太山鏡銘云:“上太山,見神人,食玉英,飲醴泉。駕交龍,乘浮云。宜官秩,保子孫,貴富昌,樂未央。”又同書四十三頁,有盉氏仙人鏡云:“盉氏作鏡真大好,上有東王父,西王母,仙人子喬赤松子。”王子喬與赤松子在鏡銘上爲東漢物,花紋多爲車馬人物,紹興所出各鏡,是其代表作品。本詩時代,當亦與之相同。(卷四,五頁。)

《西門行》云:“飲醇酒,炙肥牛。”按:《十鐘山房印舉》舉二,十九頁,有漢印文曰:“肥美香,炙牛羊。”蓋漢人之習俗語。(卷四,五頁。)

《雁門太守行》云:“孝和帝在時,洛陽令王君,本自益州廣漢蜀民,少行宦學,通五經論。”按:《後漢書》及《華陽國志》,皆言王渙字稚子,舉茂材,除溫令,遷兗州刺史,拜侍御史,遷洛陽令,皆不言官雁門太守,知本詩采用樂府之舊篇名耳。又《金石萃編》漢一,王稚子兩石闕,亦作官侍御史,河內縣令,兗州刺史,洛陽令，與《後漢書》本傳均同。（卷四，七頁。）

《艷歌行》云："故衣誰當補，新衣誰當綻，賴得賢主人，覽取爲吾綻。"按：《説文》有絬字，無綻字。韻中連用兩綻字，前人有謂古代用重韻，皆字義各別。如《曹全碑銘》，既云"人給足"，又云"君高升，極鼎足"是也。以本詩而論，兩綻字字義均相同，知舊説恐有未必然耳。（卷四，七頁。）

《艷歌》云："青龍前鋪席，白虎持榼壺，南斗工鼓瑟，北斗吹笙竽。"按：《古鏡圖録》卷上，四頁，有建安十年朱氏鏡云："朱雀玄武，白虎青龍，君宜高官，子孫蕃昌。"（卷四，八頁。）

《上留田行》，崔豹《古今注》云："上留田，地名也。"亦未言留田在何地，按留行疑爲表聲字。（卷四，八頁。）

《皚如山上雪》云："男兒重義氣，何用錢刀爲。"按：此詩獨《西京雜記》以爲卓文君作，是有可能的，因司馬相如以貲爲郎，故結語用錢刀相諷刺。（卷四，八頁。）

《前緩聲歌》云："長笛續短笛，欲令皇帝陛下三千萬歲。"按：曹丕《臨高臺》云："願今皇帝陛下三千萬歲。"蓋用此文，本詩一本萬下無歲字，非也。（卷四，十一頁。）

《樂府》云："行胡從何方，列國持何來，氍毹毾㲪五味香，迷迭艾蒳及都梁。"按：此詩詠漢代商人與西域互市事。《漢書·汲黯傳》注，應劭引《漢律》云："胡市吏民不得持兵器及鐵出關。"可見其他各品，皆可貿易。《北堂書鈔》卷一百三十四云："氍毹細者謂之毦毾。"又引班固與弟超書云："月支毦毾，大小相稱，但細好而已。"《釋名》釋床帳，有榻登施大床之前小榻之上，所以登床也，與氍毹類似之毦毾，音同而物異。又《太平御覽》卷九百八十二云："迷迭出大秦。"魏文帝、應瑒、陳琳,皆有《迷迭香賦》。又引《廣志》云："艾蒳出剽國。"左思《吳都賦》云："草則藿蒳豆蔲。"劉淵林注:"蒳,香樹也,葉如拼櫚而小,采其葉陰乾之,並鷄舌香食甚美。"又引《廣志》云："都梁出淮南。"盛弘之《荆州記》云："都梁有小山,其中生蘭草,俗謂蘭爲都梁。"(卷四,十四頁。)

《匈奴歌》云："失我祁連山,使我六畜不蕃息。"按:淳化一帶出土有"六畜蕃息"瓦當,環書,蓋爲漢人之習俗語。(卷五,四頁。)

《長安謠》云："伊徙雁,鹿徙菟,去牢與陳實無賈。"菟謂玄菟郡,漢人寫兔字有作本字者,如玄兔郡虎符是也,或寫作菟,見於唐扶頌是也。

桓帝時童謠云："舉秀才,不知書,察孝廉,父別居。"按:東漢因光武名秀,故避秀字,在碑刻中有無意用秀字者,如永和□臨封冢記,苗而不秀是也。東漢秀才皆改爲茂材,此託諸童謠,故不禁秀字。(卷五,七頁。)

曹操《氣出唱》云："華陰山自以爲大,高百丈,浮雲爲之蓋。"又云："多駕合坐萬歲,長宜子孫。"又云："乃到王母臺,金階玉爲堂,芝草生殿旁。"按:長宜子孫四字,見於漢洗、漢燈、漢鏡爲最多。東王公、西王母,見於東漢時鏡銘最多。(《全三國詩》卷一,四頁。)

曹操《陌上桑》云："食芝英,飲醴泉。"按:《小校經閣金文》卷十五,九十二頁,有上華山鏡云："食玉英,飲醴泉。"蓋東漢時之習俗語。(卷一,四頁。)

曹操《秋胡行》云："願登泰華山,神人共遠游。"按:《金石索·金索》六,三百九十六,有漢華山神人鏡銘云:"上華山,見神人,駕青龍,乘浮云。"蓋爲東漢人之習俗語。曹操所作游仙各詩,所用詞彙,無不與東漢後期古器物銘相合。(卷一,五頁。)

曹操《董逃歌》詞云:"鄭康成行酒,伏地氣絕。"按:阮氏《積古齋鐘鼎款識》卷九,十七頁,有"伏地"洗。又《居延漢簡釋文》卷四,二至四頁,有宣伏地再拜,鳳伏地言,成伏地百拜等簡文,漢人皆用爲書札之起句,與頓首相似,曹詩亦用當時之習俗語。(卷一,六頁。)

曹丕《臨高臺》云:"臨臺行高高以軒,下有水清且寒,中有黃鵠往且翻。行爲臣當盡忠,願今皇帝陛下三千歲,宜居此宮。鵠欲南游,雌不能隨,我欲躬銜汝,口噤不能開,欲負之毛衣摧頹,五里一顧,六里徘徊。"按:此詩前段竄改《漢鐃歌十八曲》中之《臨高臺》,後段竄改漢樂府之《雙白鵠》,在樂府中另成一種規格。(卷一,八頁。)

曹丕《雜詩》云:"吹我東南行,行行至吳會,吳會非我鄉,安得久留滯,棄置勿復陳,客子常畏人。"按:前人有以吳會指延陵季子封地而言,含有防陳思王奪嫡之意。(卷一,十二頁。)

曹丕《夏詩》云:"北坐高閣下,延賓作名倡。"按:《文選》繁欽與魏文帝牋云:"自左駛,史妠謇姐名倡,能識以來,耳目所見,僉曰詭異,未之聞也。"曹丕所詠,蓋即此事。(卷一,十二頁。)

曹植《妾薄命》六言詩云:"主人起舞娑盤。"按:張衡、傅毅,皆有《舞賦》,寫舞的姿態,曲盡其妙,舞時必以音樂伴奏,尤以鼓爲主體。兩賦中皆言有盤鼓之舞,其法羅列七盤於地,舞時以足踏之,與鼓聲相應和。沂南畫像中有七盤舞圖,與《文選》李善注，所引王粲《七釋》、卞蘭《許昌宮賦》所言情況均合。七盤舞大致起於東漢中期，與本詩時代正相適合。（卷二，二頁。）

曹植《飛龍篇》云：“壽同金石，永世難老。”按：《小校經閣金文》卷十五，八十四頁，有作佳鏡銘云：“作佳鏡哉真大好，上有仙人不知老，徘徊名山采神草，渴飲玉泉飢食棗，浮游天下敖四海，壽如金石爲國保兮。”與本詩壽同金石正相符合。（卷二，八頁。）

曹植《靈芝篇》云：“古時有虞舜，父母頑且嚚，盡孝於田壠，烝烝不違仁。伯瑜年七十，彩衣以娛親，慈母笞不痛，歔欷涕沾巾。丁蘭少失母，自傷早孤煢，刻木爲嚴親，朝夕致三牲。暴子見陵侮，犯罪以亡形，丈人爲泣血，免戾全其名。董永遭家貧，父老財無遺，舉假以供養，傭作致甘肥。責家填門至，不知何用歸，天靈感至德，神女爲秉機。”按：此詩所叙虞舜、韓伯瑜、丁蘭、董永四人，皆見於漢武梁祠畫像中。《金石萃編》卷十九，武梁祠畫像題字云：“帝舜名重華，耕於歷山，外養三年。”又云：“丁蘭二親終沒，立木爲父，鄰人假物，報乃供與。”又云：“柏榆□親年老，氣力稍衰，笞之不痛，心懷傷悲。”又云：“董永，千乘人也。”各孝子事迹，皆出於劉向《孝子傳》。惟本詩之伯瑜年七十，彩衣以娛親，似合韓伯瑜老萊子爲一事，亦古籍傳說之不同。本詩丁蘭早失母，又刻木爲父像，與武梁祠畫像，及樂浪出土彩畫漆篋均同，惟劉向《孝子傳》作刻木爲母像獨異。樂浪漆篋題木人爲“木丈人”，名稱極爲古質，與本詩丈人爲泣血，正相適合。（卷二，九頁。）

曹植《精微篇》云：“女休逢赦書，白刃幾在頸，俱上列仙籍，去死獨就生。”按：女休即秦女休，見左延年《秦女休行》。（卷二，十頁。）

漢詩之新發現

漢人手寫詩稿木簡

《漢晉西陲木簡匯編》二編，五十一頁，有漢人手寫木簡詩稿
一篇，詩無題目，張鳳氏題爲《風雨詩簡》，實有未妥。因詩中只
有風雲，並無雨字。余昔考爲王莽末期，隗囂賓客在天水時作品，
其原文云：

> 日不顯目兮黑雲多，月不可視兮風非（飛）沙，從恣（兹）
> 蒙水誠（成）江河，州流灌注兮轉揚波。辟（壁）柱摛到（顚
> 倒）忘（亡）相加，天門狹小路彭池（滂沱），無因以上如之何，
> 興章教海兮誠難過。

詩共八句，摹仿楚騷體，若刪去四兮字，則成爲七言古詩，每
句皆用韻，又與柏梁體相近。原詩句意古奧，假借字極多，可以看
到漢人詩篇之真面目。現代所傳漢詩，經過歷代人傳鈔時，將假
借字已逐漸以今文改正，故比較易解。但武帝《瓠子歌》，及《鐃
歌十八曲》、《郊祀》各歌，詞義詰屈，仍保存西漢原來之真面貌不
少，與本簡相仿佛。第二句從恣二字，有解爲從此者。末句教海
二字，有解爲叫喊或叫喚者，語氣皆可通。要考作者之時代及地

理,首先要研究蒙水所在地。按:《水經注》卷十七,渭水東過上
邽縣云:"藉水即洋水,北有濛水注焉,水出縣西北邽山,翼帶衆
流,積以成溪。"又引《山海經》云:"邽山濛水出焉,而南流注於
洋,謂是水也。"本簡詩中之蒙水,即濛水省文,是紀載天水當時
濛水泛濫情況,應無疑義。詩篇作於天水,亦無疑義。余昔客居
天水時,親登城北邽山,濛水藉水,并親見之。藉水又名魚龍河,
杜甫《秦州雜詩》所謂"水落魚龍夜,山空鳥鼠秋"是也。此詩疑
爲隗囂賓客之所作,證之《後漢書·隗囂傳》云:"及更始敗,三輔
耆老士大夫,皆奔歸囂,囂素謙恭愛士,傾身引接,爲布衣交。以
前王莽平河大尹長安谷恭爲掌野大夫,平陵范逡爲師友,趙秉、蘇
衡、鄭興爲祭酒,申屠剛、杜林爲持書,杜陵金丹之屬爲賓客,由此
名震西州。"蓋天水在隗囂時爲名流聚集之地。本簡中之天門,
余與馮仲翔氏,皆疑爲吳門之省文。《隗囂傳》注引《續漢書》云:
"王莽末天水童謠曰:'出吳門,望緹群,見一寒人,言欲上天,會
天可上,地上安得人。'囂少病寒,吳門,冀都門名也,有緹群山。"
詩中之無因以上如之何,與童謠之言欲上天,語氣尤合,因此疑爲
隗囂賓客所作,推斷當不致距離過遠。後作者或從軍敦煌,任戍
所官吏,偶寫此舊稿,隨手棄置,現與敦煌戍所烽火臺中公私簡札
同時出土,這是很自然的。

漢費鳳別碑紀事詩

　　《隸釋》卷九,載有東漢堂邑令《費鳳碑》,熹平六年九月立。
後有《費鳳別碑》,當係刻在碑陰,爲甘陵石勛所撰,是一篇五言

紀事詩,可謂別創一格,茲將全文照錄如下:

君舅家中孫甘陵石勛字子才,載馳載驅,來奔於喪庭,肝摧意悲,感切傷心,瞻彼碑誄,懷之好音。司馬慕藺相,南容復白圭,仰之以彌高,鑽之而彌堅,不堪哀且思,叙之詩一篇,庶幾昔子夏起夫子之所言。其辭曰:

君諱鳳字伯箾,梁相之元子,九江太守之長兄也。世德襲爵,銀艾相亞,恢遐祖之鴻軌,拓前代之休踪,邈逸越而難繼,非群愚之所頌。仁義本於心,慈孝著於性,言不失典術,行不越矩度,清潔皦爾,泥而不滓,恤憂矜危,施而不記,由近及遠,靡不覆載。故能闡令名而雲騰,揚盛聲而風布,踐郡右職,三貢獻計,辟州式部,忠以衛上。漢安二年,吳郡太守東海郭君,以君有逶迤之節,自公之操,年三十一,舉孝廉拜郎中,除陳國新平長,神化風靡,惠以流下,靜而爲治,匪煩匪擾,乾乾日稷,矜此黔首,功成事就,色斯高舉。宰司委職位(自此句起爲五言詩),思賢以自輔,玄懿守謙虛,白駒以逐隙。丹陽有越寇,没□□□□,命君討理之,試守故鄣長,蓋危亂有不讓,乂畏此之罔辜。(蓋危亂有不讓兩句,似爲六言詞句,恐洪氏鈔寫碑文時有誤,今不可考。)□□而□牧,爰止其師旅,歇若飛鷹鵜,鵜若夫虓虎。強者綏以德,弱者以仁撫。簡在上帝心,功訓而特紀,輶輿宰堂邑,期月而致道。視□□□□,遂據於卿尹,中表之恩情,兄弟與甥舅,蔦與女蘿性,樂松之茂好。聞君顯令名,舉宗爲歡喜,不悟奄忽終,藏形而匿景。耕夫釋耒耡,桑婦投鈎莒,道阻而且長,望遠泪如雨。策馬循大路,褰裳而涉洧,悠悠歌黍離,黃鳥集於楚,

惴惴之臨穴,送君於厚土。嗟嗟悲且傷,每食□不絕。夫人
篤舊好,不以存亡改,文耳感渭陽,淒愴益以甚,諸姑咸擗踴,
爰及君伯姊。孝孫字元宰,生不識考妣,追惟厥祖恩,蓬首斬
縗杖。世所不能爲,流稱於鄉黨,見吾若君存,剝裂而不已。
一別會無期,相去三千里,絕翰永慷慨,泣下不可止。

上述碑文,全篇是詩,別於其他碑銘,故自稱爲別碑。在別碑
詩序中,有十句五字者,已類於五言詩,正文前半叙事,有仁義本
於心等四句五言。自宰司委職位,思賢以自輔以下約六十句,全
爲五言詩,夾叙夾詩,可謂體例獨創,當目之爲紀事詩。與《劉熊
碑》後附之四言詩三章,風格迥乎不同。此詩原石既不存,原文
又湮沉在《隸釋》之中,歷來選詩家所不知,考古家又不注意到詩
篇,所以長期無人稱道,僅孫星衍據以選入《續古文苑》,亦未重
視爲五言詩潛在之遺產也。

漢詩真僞問題

柏梁臺聯句詩

　　《柏梁臺》聯句詩，始見於《古文苑》，及《藝文類聚》、《三秦記》，然南朝人聯句標題下，往往用“效柏梁體”四字，《文心雕龍·明詩篇》，亦涉及柏梁體制，據此則此詩在六朝時已極盛行。《日知錄》卷二十一略云：“漢武《柏梁臺》詩，本出《三秦記》，云是元封三年作，而考之於史，則多不符。《史記》及《漢書·孝景紀》中六年夏四月，梁王薨；《諸侯王表》，梁孝王武，立三十五年薨。孝景後元年，共王買嗣，七年薨。建元五年，平王襄嗣，四十年薨。又按：《孝武紀》，元鼎二年春起柏梁臺，是爲梁平王之二十二年，而梁孝王之薨，至此已二十九年，又七年始爲元封三年。又按：《百官公卿表》，郎中令，武帝太初元年更名光禄勛。典客，景帝中六年更名大行令，武帝太初元年更名大鴻臚。治粟内史，景帝後元年更名大農令，武帝太初元年更名大司農。中尉，武帝太初元年更名執金吾。内史，景帝二年分置左右内史，武帝太初元年更名京兆尹，左内史更名左馮翊。主爵中尉，景帝中六年更名都尉，武帝太初元年更名右扶風。凡此六官，皆太初以後之名，不應預書於元封之時。又按：《孝武紀》，太初元年冬十一月乙酉柏梁臺災，定官名在柏梁既災之後，又半歲始改官名，而大司馬大將軍衛青，則死於元封之五年，距此已二年矣。反復考證，無一合者，蓋是後人擬作，剽取武帝以來官名，及《梁孝王世家》乘輿駟馬之事以合之，而不悟時代之乖舛也。"丁福保氏《全漢詩》云："《柏梁詩》俗本，於每句官名之下，妄添人名，以致前後矛盾。顧亭林先生據其所注之名，駁其依託。今據《藝文類聚》，及宋本無注《古文苑》，刪其添入之名，仍復舊觀。"按：丁說是也，茲將後人添注之人名，分條詳考於下：

梁孝王，《漢書·梁孝王傳》，長子買爲梁王，是爲共王，立三年，景帝崩，共立七年卒。子平王襄立，《藝文類聚》所注之梁王，以時代考之，則當爲梁王襄。

丞相石慶，《漢書·百官公卿表》，元封五年九月丙申，御史大夫石慶爲丞相。

大將軍衛青，《百官表》，元狩四年，大將軍衛青爲大司馬。

御史大夫倪寬，《百官表》，元封元年，左內史倪寬爲御史大夫，八年卒。

太常周建德，《百官表》，元鼎五年，平曲侯周建德爲太常。

宗正劉安國，《百官表》，元鼎四年，宗正劉安國。

衛尉路博德，《百官表》，元鼎五年，衛尉路博德。

光禄勛徐自爲，《百官表》，元狩六年，郎中令徐自爲，十三年爲光禄勛。

廷尉杜周,《百官表》,元封二年,御史中丞杜周爲廷尉,一年免。

太僕公孫賀,《百官表》,建元六年,太僕賀,三十二年遷。

大鴻臚壺充國,《百官表》,太初元年,大鴻臚壺充國,又云:衛尉充國三年坐齋不謹棄市。壺充國又見《史記·大宛傳》,稱爲故鴻臚壺充國。

少府王温舒,《百官表》,元封二年,故中尉王温舒爲少府,三年遷。

大司農張成,《百官表》,元鼎六年,大司農張成。

執金吾中尉豹,《百官表》,元鼎六年,少府豹爲中尉。按:中尉改名執金吾,添注者與中尉連文,尤爲錯誤。

左馮翊盛宣,《百官表》,元封元年,御史中丞減宣爲左内史,六年免。按:減宣添注者誤作盛宣。

右扶風李成信,《百官表》,元鼎四年,右内史李成信。

京兆尹,《百官表》,自元鼎二年,至元封三年,無京兆尹人名,故添注者無可注,此爲最顯著之破綻。

詹事陳掌,《史記·陳丞相世家》:"曾孫陳掌,以衛氏親貴戚,願得續封陳氏,然終不得。"徐廣注:"陳掌者衛青之子婿。"按:陳掌亦見《衛青傳》,詹事非中二千石,故不見於《百官表》)。

本詩自典屬國以下,如大匠、大官令、上林令等官,皆不列於《百官表》,故無從添注人名。至於所添注人名,合於元封三年標準者,有倪寬、徐自爲、杜周、公孫賀、王温舒、減宣六人。又周建德以元鼎五年爲太常,劉安國以元鼎四年爲宗正,路博德以元鼎五年爲衛尉,張成以元鼎六年爲大司農,少府豹以元鼎六年爲執金吾,李成信以元鼎四年爲右扶風。《百官表》自周建德以下六人,皆不注遷調或罷免年數,以元鼎四年而論,距元封三年,則有六年。以元鼎六年而論,距元封三年,僅有四年,亦不能確實指出添注人名之非。他如石慶元封五年始爲丞相。壺充國太初元年始爲大鴻臚,則顯係添注人名之謬誤。原詩用韻多重疊,有二時字,二來字,二材字,二哉字,三治字,三之字,共二十六句,文字古奧,非後人所能偽爲。大鴻臚詩云:"郡國吏功差次之。"驟讀頗爲費解。按:《漢舊儀》(平津館輯本)云:"大鴻臚屬官有別火令,主治改火之事,郡邸長丞,治天下郡國上計者。"郡邸長丞雖見於《百官表》,未言管理天下郡國上計事宜,本詩獨云"郡國吏功差次之",説明兼管上計之制度,與《漢舊儀》正合。所謂差次之者,指大鴻臚掌諸侯及歸義蠻夷爲本職,管領郡國上計爲兼職,作偽者不能有此創見。又按:大官令詩云:"枇杷橘栗桃李梅。"大官令屬少府,《漢舊儀》云:"大官主飲酒,皆令丞治。"大官有獻丞,見《張安世傳》。以本詩證之,大官令不僅主造酒,兼主獻四時果實。《漢書·平帝紀》,元始元年,置少府海丞、果丞各一人。《百官表》不載,當屬於大官令,與本詩尤合。又連句之體,雖起於西漢中期,東漢至三國時,並無人摹仿。至西晉初始有賈充與李夫人連句詩(見《玉臺新詠》卷十)。到了南朝,始普遍盛行。

蘇李詩

《文選》載蘇武《骨肉緣枝葉》、《結髮爲夫妻》、《黃鵠一遠

別》、《燭燭晨明月》四首。第一首別弟兄，第二首別妻，三、四首
均別友人，相傳已久，比較可信。《漢書・蘇建傳》，言建有三子，
嘉爲奉車都尉，賢爲騎都尉，中子武，最知名。《蘇武傳》云："前
長君爲奉車，從至雍棫陽宮，扶輦下除，觸柱折轅，劾大不敬，伏劍
自刎，賜錢二百萬以葬。孺卿從祠河東后土，宦騎與黃門駙馬爭
船，推墮駙馬河中溺死，宦騎亡，詔使孺卿逐捕不得，惶恐飲藥而
死。來時太夫人已不幸，陵送葬至陽陵。子卿婦年少，聞已更嫁
矣。獨有女弟二人，兩女一男，今復十餘年，存亡不可知。"李陵
所説奉車爲武兄蘇嘉，孺卿爲武弟蘇賢，此段叙蘇武之家屬，極爲
完備。《骨肉緣枝葉》一首，即蘇武別兄嘉與弟賢之作也。至於
《古文苑》及《藝文類聚》，有答李陵《童童孤生柳》一首，《古文
苑》及《初學記》卷十八，又有蘇武別李陵《雙鳧俱北飛》一首，皆
爲後人擬託之作。然庾信《哀江南賦》有云："李陵之雙鳧永去，
蘇武之一雁空飛。"庾開府引用古事，極其慎重，縱爲擬作，最遲
在魏晉之世。

　　《文選》載李陵與蘇武《良時不再至》、《携手上河梁》、《嘉會
難再遇》三首，與蘇武《骨肉緣枝葉》等四首，同一可信。《漢書・
蘇武傳》云："初武與李陵俱爲侍中，武使匈奴，明年陵降。"據此
則《良時不再至》等三首，爲贈別蘇武奉使之作。又按：江文通
《擬古》三十首，第一首擬李都尉陵，旁注"從軍"二字，可證三首
之中，有一首是從軍詩題，縱非李陵之自題，當亦流傳已久。江文
通所見之本，與《文選》傳本不同。江文通《擬古》各篇，所有詩
題，皆是原題，故李都尉之從軍，亦當爲舊有之題無疑。至於《古
文苑》及《藝文類聚》，有李陵《有鳥西南飛》等八首，則應爲後人

擬作，似無疑義。丁福保氏《全漢詩》中收此八首，體例失之謹嚴矣。

又丁氏《全漢詩》中，所收《四皓歌》、虞美人《答項王歌》、司馬相如《琴歌》、《茅山父老歌》、漢昭帝《黃鵠》、《淋池》等歌，皆有疑義，似宜另入附錄爲佳。《琴歌》雖見於《玉臺新詠》，究屬不類相如手筆，實難據爲定論。《淋池》歌始見於《拾遺記》，《黃鵠》歌始見於《西京雜記》，皆云爲昭帝始元元年自作，其時劉弗陵才八歲，何能作此歌，兩篇氣韻，亦與西漢作品不類。

胡笳十八拍

《後漢書·列女董祀妻蔡琰傳》云："後感傷亂離，追懷悲憤，作詩二章。"第一章爲五言，第二章爲騷體，在劉宋時即已流行，當爲真品，後人有疑之者非也。若《胡笳十八拍》，則不可同日而語，今考《十八拍》之名，始見於唐劉商《胡笳曲序》（《樂府詩集》卷五十九卷之五引）：

> 蔡文姬善琴，能爲離鸞別鶴之操。胡虜犯中原，爲胡人所掠，入番爲王后，王甚重之。武帝與邕有舊，敕大將軍贖以歸漢。胡人思慕文姬，乃卷蘆爲吹笳，奏哀怨之音，後董生以琴寫胡笳聲爲十八拍，今之《胡笳弄》是也。

據劉商之序言，説明《胡笳十八拍》爲董生所作，董生未言爲何人，當非指陳留董祀而言，或有疑爲即李肇《國史補》所云，唐有董庭蘭，善大小胡笳。然此詩雖非東漢作品，亦非唐代作品，杜甫《同谷七哀歌》，風格實從十八拍變化，可見《胡笳十八拍》之名,在唐代即已盛行。

《十八拍》之名,繼見於《太平御覽》卷五百八十一,引《蔡琰別傳》云:

> 琰字文姬,先適河東衛仲道,夫亡無子,歸寧於家。漢末亂,爲胡騎所獲,在左賢王部伍中,春月登胡殿,感笳之音,作十八拍。

據《藝文類聚》卷四十四,亦引《蔡琰別傳》,前半與《御覽》所引完全相同,末數句作春月登胡殿,感笳之音,作詩言志曰:"胡笳動兮邊馬鳴,孤雁歸兮聲嚶嚶。"此兩句在《悲憤詩》之第二章,《蔡琰別傳》他無所見。章宗源在《隋書經籍志考證》内,羅列魏晉以來,各家別傳名稱,皆隋志所未著錄,《蔡琰別傳》,既與其他別傳同一類型,至遲不出晉代人所著。但歐陽詢爲唐初人,僅於別傳末引《悲憤詩》二句,並無《十八拍》之名稱。《太平御覽》引古書,往往變更原文,此例甚多,故疑"作《十八拍》"四字,並非別傳原本。

《十八拍》全詩,著錄於《樂府詩集》,詩集直稱爲蔡琰所作。在叙述中,亦引《蔡琰別傳》,與《藝文類聚》今本完全相同。後附唐代劉商擬作,每拍四句,詩意更爲清淺。《十八拍》決非真品,前人多已言之,與我之指摘,尚有不同,略舉三例如下:

一、《淳化閣帖》蔡琰書之不可靠。《閣帖》卷五,有蔡琰書,即《胡笳十八拍》之"我生之初尚無爲,我生之後漢祚衰"兩句,觀其用筆,當爲唐人摹仿章草之游戲作品,與現出木簡東漢時草隸,截然不同。

二、漢人習俗語之不合。第二拍云:"戎羯逼我兮爲室家。"兩漢人稱匈奴爲胡，或稱胡虜(《小校經閣金文》卷十五，漢鏡銘云：胡虜殄滅天下服)，或單稱爲虜(見《漢書·張湯傳》)，從無戎羯之稱。第十拍云："肝腸攪刺兮人莫我知。"攪字在漢詩中未見用過。

　　三、音調之不似漢詩。第十拍云："城頭烽火不曾滅，疆場征戰何時歇，殺氣朝朝衝塞門，胡風夜夜吹邊月。"此四句竟似七言仄聲律詩，與《木蘭詩》之"萬里赴戎機，關山度若飛，朔氣傳金柝，寒光照鐵衣"等句規格相似，殆爲六朝人之擬託無疑。

晉代應亨之詩選家誤以爲漢詩

　　《初學記》卷十四，有應亨《贈四王冠詩》並序，《漢詩說》及丁福保氏《全漢詩》，均列入東漢時代。詩序云："永平四年，外弟王景係兄弟四人並冠，故貽之詩曰：濟濟四令弟，妙年踐二九，令月惟吉日，成服加元首，人咸飾其容，鮮能離塵垢，雖無兕觥爵，杯醮傳旨酒。"余按：此晉代應亨之詩，而前人皆誤以爲漢詩者。《隋書·經籍志》集部注梁有南中郎長史《應亨集》二卷，次在樂廣秘紹之後，則爲西晉時人無疑。姚振宗《隋書經籍志考證》云："《唐書》經籍藝文志有《應亨集》二卷。"嚴可均《全晉文編》云："應亨，應貞從孫，爲著作郎，累遷南中郎長史，有集二卷。"嚴氏依據《北堂書鈔》有《讓著作表》，《初學記》、《太平御覽》有《與州將箋》、《應翊像贊序》、《贈四王冠詩序》，所錄凡四篇。又應亨《讓著作表》略云："自司隸校尉奉至臣父五世，著作不絕，邦族以爲美談。"據此則應亨爲東漢應奉之六世孫也。其所以致誤者，因詩序有永平四年字樣，一般人遂指爲漢明帝之年號。又晉惠帝永平僅一年，即改元元康，此序文之四年，當爲元年之誤字無疑。外弟即表弟，在兩漢人亦無此名稱。

張衡《四愁》、孔融《離合》詩的新解

一、張衡《四愁詩》

張衡《四愁詩》，始見於《文選》，其序言當亦爲衡所自作。四詩熟在人口，關於所詠美人投贈及還報之物品，雖屬寓託之言，然以出土古物之材料，結合文獻之紀載，互相參證，因此對於物産風俗，無不符合。李善《文選》注及五臣舊注，多所未諦，兹分別條析如次：

一思曰：

> 美人贈我金錯刀，何以報之英瓊瑶。

李善注云："王莽鑄大錢，又造錯刀，以金錯其文。《續漢書》，佩刀，諸侯王黃金錯環。"按：李善前注解爲金錯之刀幣，後注解爲金錯之佩刀，兩説搖擺不定。實則此詩本意，專指王莽所鑄"一刀平五千"而言。佩刀爲蜀漢工官所造，黃金錯文，有九帶者，亦見《後漢書·和熹鄧皇后傳》。倘依李善後説，解爲軍用佩刀，與美人投贈之情調，殊不融洽。現西安漢城遺址，王莽所鑄金錯刀，尚往往有出土者，一刀二字，用黃金錯文，故以此名。又《周禮》天官外府，鄭注："王莽泉布，多至十品，今存於民間多者有貨布大泉。"足證一刀平五千之金錯刀,在東漢時已留存不多,故張衡引以爲珍品。

又按:英瓊瑶三字,張衡雖本於《詩》之"尚之以瓊英乎而",在漢代瓊英稱爲玉英,武氏石室祥瑞圖題字,第一層十四榜,第五榜云:"玉英五常(下缺)。"玉英畫一方玉形。《山左金石志》引《瑞應圖》云:"五常並修,則玉英見。"東漢時迷信讖緯,皆以玉英爲祥瑞之品,張衡獨列爲服玩之品,是有其進步之意義。

二思曰:

美人贈我金琅玕,何以報之雙玉盤。

李善注云:"《禹貢》厥貢惟球琳琅玕。"按:《爾雅‧釋地》及《山海經‧海外西經》,並言琅玕出崑崙邱。《説文》琅字云:"琅玕似珠者。"《本草經》:"琅玕一名青珠。"《流沙墜簡考釋》釋三,自二十八至三十五,有漢時書簡簽七枚,類於後代之禮帖。第二十九簡文云:"臣承德叩頭,謹以玫瑰一再拜致問(面),大王(背)。"第三十四簡文云:"蘇且謹以黃琅玕一致問(面),春君(背)。"第三十五簡文云:"奉謹以琅玕一致問(面),春君幸毋相忘(背)。"蓋邊郡人民,隔地通訊,或同在一地修函致候時,多用琅玕一枚,伴函饋送,或包含有其人如玉之意。内邱似亦有類此習俗,惟不見於文獻之紀載。上述各書簡簽,雖無年代,當爲東漢時物,與張衡所處之時代,所詠之景物,並完全符合。王國維氏謂:"琅玕天生無圭角,略如珠形,今邙洛六朝古冢中,往往得色青而明之圓玉,中有穿如珠,連屬以爲釧,殆古之琅玕矣。"其説是也。各書簡簽所投贈者,一爲琅玕,二爲黃琅玕,三爲玫瑰。玫瑰見於司馬相如《子虛賦》,晉灼注:"火齊珠也。"張衡所詠之金琅玕,當即書籍簽之黃琅玕,名異實同。本詩金琅玕,一本作琴琅玕(《清異録》引本詩作青琅玕)。五臣注:"琴爲雅器。"琴與琅玕,固屬不連繫,《四愁詩》中言美人所贈,皆爲一物無二物者,體例亦不相符,作琴琅玕者爲誤字無疑。

三思曰:

> 美人贈我貂襜褕,何以報之明月珠。

按:《爾雅·釋器》:"衣蔽前謂之襜褕。"《方言》四:"襜褕,江淮、南楚謂之褴襦,自關以西謂之襜褕。"爲禪衣之一種。《玉篇》:"襜褕,直裾也。"直裾即是對襟,單衣只蔽前身,類於現時俗稱之圍腰。《居延漢簡釋文》八二頁,有簡文云:"□中不害日,彌卒周利謂鎮曰:令史扈卿,買錢皂服僬偷(襜褕)。"據此則皂色襜褕,爲漢代人民一般所穿之便服。又《漢書·外戚恩澤侯表》:"武安侯子(田)恬,元朔三年坐衣襜褕入宮不敬免。"據此襜褕爲很簡慢之便服。又《雋不疑傳》云:"始元五年有一男子乘黃犢車,建黃旒,衣黃襜褕,著黃帽。"據此黃色襜褕成爲統治階級之貴便服。本詩稱爲貂襜褕,則又變爲華美御冬之便服。蓋襜褕雖爲便服,有時從顏色褰裹,亦可以分別貴賤。張衡若云美人贈我皂襜褕,則與還報之明月珠,身價絶不能相稱。

四思曰:

> 美人贈我錦綉段,何以報之青玉案。

按:西漢齊郡臨淄,陳留襄邑,各設服官。臨淄產品爲縑縠之屬,襄邑所出,則爲錦緞。本詩之錦綉緞,應指陳留襄邑之產品而言。此時蜀錦尚未盛行。又按:《説文》:"案,几屬。"《周禮·考工記》:"夫人享諸侯,案十有二寸。"鄭注:"謂十有二列也。"長沙戰國楚墓中，出有漆案，高不盈尺。《居延漢簡釋文》三六〇頁，《將軍器記》有"大案七、小案七、大杯十一、小杯廿七、大盤十、小盤八"等之紀載。杯盤皆置於短案之上。《後漢書·梁鴻傳》之"舉桉齊眉"，本詩之青玉案，似皆指短几而言。乃曾鞏《耳目志》引呂少衞之説，云桉乃古椀字。然《説文》："䀌，小盂也。"《方言》："宋、楚、魏之間，盂謂之䀌。"《奇觚室金文述》卷六，卅七頁，有"右里啓䀌"。《德九藏匋》有"左里敀䀌"。西安曾出土有漢代陶䀌，䀌内底刻有"宜子孫"印文三字，外邊刻有"夗"一字，當即䀌字省文。自我國至兩漢，皆以椀與案分明爲二物，更未見有稱桉爲椀者，故章懷注《後漢書》時，對於梁鴻之"舉桉齊眉"，以爲人盡通曉，不須加注。直至宋人始創爲桉即椀字的解説，蓋意會爲後代供神前之大桉，未見有安置食具之短几也。

二、孔融《離合詩》

孔融所作郡姓名字《離合詩》，雖屬游戲筆墨，而體格奇創，注文所示離合名字，亦當爲融所自注。有些詰屈難通者，並非誤字，係用當時之隸體，後代由隸書改變成楷書，從楷書來研究本詩離合，當然有失之毫釐差以千里之處。予現在根據漢碑，分析字體，觀其離合蜕變之迹，無不符合。兹照録原詩，加以新的見解如次：

　　漁父屈節，水潛匿方。（離魚字。）與時進止，出行施張。（離日字。魚日合成魯。）

　　時字漢隸可寫作𣇵，因寺字上半似出字，下半似行字之右邊，或弛或張，故云出行施張也。本詩施爲弛字之假借，漢代施弛二字通用,猶弛刑徒或寫作施刑徒也。

　　　呂公磯釣,闔口渭旁。(離口字。)九域有聖,無土不王。
(離或字。口或合成國。)

　　漢代隸書,呂字多寫作𠮷,故云闔口渭旁,魏晉時國字,有簡寫作国者,如"丘解国"殘陶文是也。(見《德九藏陶》。)本詩之大義,是從域字離出土字,僅餘或字,合成國字,不用從王之国字,故聯文云無土不王也。

　　　好是正直,女回於匡。(離子字。)海外有截,隼逝鷹揚。
(離乙字。合成孔字。)

　　《隸釋》卷七,《漢荊州刺史度尚碑》云:"戺彼海外。"即截字之變體。從佳從乙,故本詩離乙字合子字,成爲孔字。隼字倒置爲霍,故云隼逝鷹揚也。若照楷書,即看不出截字可以離出乙字。

　　　六翮將奮,羽儀未彰。(離鬲字。)蛇龍之蟄,俾也可忘。
(離蟲字。合成融。)

　　《隸釋》卷四,《漢司隸校尉楊孟文石門頌》云:"虵蛭毒蝮。"虵即蛇字之變體,從蟲從也,本詩離蟲字合鬲字,成爲融字。蛇龍之蟄句,以虵字爲主體,既離出蟲字,故云俾也可忘。

　　　玫璇隱曜,美玉韜光。(去玉成文,不須合。)

　　　無名無譽,放言深藏。(離與字。)按轡安行,誰記路長。
(離才字,合成舉。)

　　舉字、按字,篆文均從手,當云離手字合成舉。原注作離才字合成舉,疑傳寫之誤字。

　　以上各句離合,組成"魯國孔融文舉"六字,後來潘岳仿此體,追念楊容姬,其尤著也。

漢鐃歌十八曲新解

《漢鐃歌十八曲》，雖不見於《漢書》，其詞句之詰屈，較郊祀歌爲尤古。因郊祀歌載在漢志，傳習者尚遞有注釋，若鐃歌魏晉以來，則向無解詁。後人多以畏難束之高閣，時代愈久，了解愈難。以崔豹《古今注》、智匠《古今樂録》、《宋書·樂志》諸說，綜合推測，有屬於軍樂者，有屬於宴飲樂者，亦有屬於賞賜諸侯王樂者。類型既雜，時代又不一致，但最遲者，不出於西漢宣元之際。沈約有云："樂人以音聲相傳，訓詁不可復解，凡古樂録，皆大字是辭，細字是聲，聲辭合寫，故致然耳。"此說最爲精當。現在所存十八曲歌辭，亦雜有表聲字，糾纏混合，有時頗難區別，漢鏡銘中亦有聲辭合寫者，例如昭明鏡云：

内而清而以而昭而明光而象而夫而日而月而□而

此鏡銘見《小校經閣金文》卷十六，四十四頁，鏡文本爲"内清白（此銘脱白字）以昭明，光象夫日月。"中間夾雜十一個而字，是表聲字，用而字表聲，亦無定義。余在西安所見昭明鏡，有而字者，不下十餘面，著録於其他考古書者，更數見不鮮，上述不過僅舉一例。昭明鏡皆爲西漢中晚期作品，與《鐃歌十八曲》時代正相適合。但在十八曲中表聲字所見不同，在鏡銘中表聲字則皆用而字，十八曲偶然見有表聲字，鏡銘則每字繫以表聲字，這是相異的一點。此類鏡銘，因有其他同文之銘，可以互相對勘，比較易解。若十八曲絕無相近之歌辭，故從事研究者，更萬分困難。今就管窺所得，先通句讀，次爲訓詁，在一篇之中，其易知者，或僅簡述，甚或略而不述。其所不知者，仍付闕知，不敢加以臆斷。清代治此學者，如莊述祖有《鐃歌句解》，王先謙有《鐃歌釋文箋注》，譚儀有《漢鐃歌十八曲集解》等書。而集解中所收有陳祚明、陳沆、莊述祖、張琦、龔自珍、劉履諸家之説。近人則以聞一多氏《樂府詩箋》最爲精審。余冠英氏之《樂府詩選》，十八曲注釋，多用聞説，只有《雉子斑》一首，尚有創見。余在本篇中皆有所采摭，惟聞氏用莊述祖《有所思》與《上邪》兩首合爲一篇之説，因言十八曲實止十七首。其實魏繆襲所撰魏鼓吹曲以《應帝期》當漢之《有所思》，以《太和》當漢之《上邪》。吳韋昭所撰吳鼓吹曲，以《從曆數》當漢之《有所思》，以《玄化》當漢之《上邪》。魏吳人去西漢未遠，並無以兩篇合一之説，此莊氏之失，而聞氏信之，殊不可從也。

一、朱鷺

朱鷺爲鼓飾，此篇爲宴飲時所奏之樂。

　　朱鷺，魚以烏，路訾耶，鷺何食？食茄下。不之食，不之吐，將以問諫者。

朱鷺，魚以烏。直按：《小校經閣金文》卷十三，十頁，有永元十三年鷺魚洗。《積古齋鐘鼎款識》卷九，二十三頁，有漢安二年魚鷺洗。兩洗左右分畫鷺魚各一，中間一行爲銘文，足證鷺魚在

漢時爲吉祥之圖象畫,本曲當亦同例,非如舊説鷺魚僅用爲鼓飾
也。魚以烏謂捕魚時發出上下相徵逐之烏烏聲音。莊述祖説,烏
爲歔字省文,《説文》云:"歔,心有所惡若吐也。"

路訾耶。聞一多氏《樂府詩箋》云:"路訾耶雖爲表聲字,然
與鷺鷥呀三字音相近。"其説是也。直按:此篇交錯用韻,烏吐爲
韻,下者爲韻。

食茄下。直按:《説文》云:"茄,荷也。"《漢書·揚雄傳·反
離騷》云:"衿芰茄之緑衣兮,被夫容之朱裳。"顔師古注云:"茄亦
荷字也,見張揖《古今字譜》。"

二、思悲翁

此篇描寫悲翁之妻與子爲賊所劫略情況。聞一多氏以爲悲
翁本人被掠,與余之見解尚有不同。

思悲翁,唐思,奪我美人侵以遇。悲翁也,但我思蓬首。
狗逐狡兔食交君。梟子五,梟母六,拉沓高飛暮安宿。

思悲翁。直按:此題或作思悲公,何承天作思裴翁,此説很可
能。悲爲裴字之假借,據何説因疑爲邊塞裴翁之妻子,爲匈奴虜
去,雁門云中人民,作爲此詩,代鳴不平,漢武帝時,被采詩官收
集,遂傳播於樂府,故在宴飲時歌奏,亦藉示不忘敵愾之意。《漢
書·藝文志》叙詩賦有燕代謳、雁門、雲中、隴西歌詩九篇,是其
明證。又按:《新唐書·宰相世系表》裴氏云:"非子之支孫,封
鄉因以爲氏,今聞喜城也。六世孫陵,乃去邑從衣爲裴,陵裔孫
蓋,漢水衡都尉、侍中,九世孫敦煌太守遵,自雲中從光武平隴蜀,

從居河東安邑。"《元和姓纂》亦同。又按:《金石萃編》漢三,有永和二年敦煌太守雲中裴岑紀功碑,足證在兩漢時,裴氏確居雲中,與《元和姓纂》、《新唐書・宰相世系表》吻合。裴氏既居雲中邊塞,與匈奴最爲接壤,其妻與子爲匈奴所虜亦常有之事。

唐思。直按:唐思,空思也。《莊子・田子方篇》云:"是求馬於唐肆也。"李注:"空也。"又《爾雅》"康瓠"李巡注:"康,空也。"蓋唐與康,康與空皆一聲之轉,此句言思翁空思也。奪我美人侵以遇。直按:美人指悲翁之妻而言,此句極爲明顯。侵以遇當爲侵以耦之假借。《爾雅・釋言》:"遇,耦也。"《釋名・釋親屬》:"耦,遇也。"謂偶其家室也。

但我思蓬首。直按:我,翁自謂也。蓬首指其妻,蓋用《詩》"自伯之東,首如飛蓬"之意,與上句耦首爲韻。

狗逐狡兔食交君。直按:狗逐狡兔喻被虜時倉皇情狀。食謂食時,《漢書・淮南王傳》云:"安爲離騷傳且受詔,日食時上。"又《居延漢簡釋文》卷一,六十六頁,有殘簡云:"黃昏時盡,乙卯日食時匹五束。"漢人以日中爲食時,是習俗語。交爲校字省文,《説文》云:"校,囚也。"《易》:"荷校滅耳。"若今枷項也。君指其妻而言,總言食時虜君帶刑具以去也。既以食時被虜,故下文云暮安宿也。

梟子五,梟母六。直按,此詩以漢代六博之習俗語相比喻。六博以梟爲貴,以散爲賤。《鹽鐵論・結和篇》云:"閭里常民,尚有梟散。"梟散二字,在西漢時本相連用,除見梟子、梟母以外,其中還隱有散字,喻離散之意。又按:《韓非子・外儲説》云:"齊宣王問匡倩曰,儒者博乎? 對曰,博者貴梟,勝者必殺梟,是殺其所

貴也。儒者以爲害義，故不博。"《戰國策·楚策》唐且見春申君
條云："夫梟棊之所以能爲者，以散棊佐之也，夫一梟之不勝五散
亦明矣，今君何不爲天下梟，而令臣等爲散乎。"可見梟散二字，
是先秦兩漢人之常語。《四川書象集》有六博圖，博者持六箸，以
唐且之言證之，當爲一梟五散。此篇獨云梟子五，梟母六蓋翁婦
共數則爲六人，去婦則爲五人也。余於此詩，解爲塞上裴翁之妻
與子爲匈奴所執，是一家之言，不强同於他人，故篇首仍稱爲描寫
悲翁之妻爲賊所劫略情況。

三、艾如張

　　此篇叙述羅捕黄雀，疑爲宴飲之樂。一作艾而張，而如兩字，
在漢代通用。

　　　　艾而張羅，夷於何，行成之，四時和。山出黄雀亦有羅，
　　　　雀以高飛奈雀何。爲何倚欲，誰肯磧室。

　　艾而張羅。直按：艾爲刈字之假借，《説文》云："刈，芟草
也。"將地面之草芟除，以便羅捕。

　　夷於何。直按：夷於何爲表聲字，夷爲咦字省文，《説文》云：
"咦，南陽謂大呼曰咦。"夷於何疑即咦如何之意。

　　行成之。直按：行當讀爲行列之行。

　　爲何倚欲。直按：聞氏云：倚欲當爲掎脚之假借。《周禮蟈
氏》，鄭注："置其所食之物於絹中，鳥來下則掎其脚。"

　　誰肯磧室。直按：磧字《説文》未收，疑爲幪字假借。《説文》
云："幪，蓋衣也。"此句謂鳥倦則飛入室中。誰肯磧室，使鳥不飛

入，與上句爲此倚欲正相聯繫。

四、上之回

上之回所中，益夏將至，將北以承甘泉宮。寒暑德，游石關，望諸國，月支臣，匈奴服，合從百官疾驅馳，千秋萬歲樂無極。

上之回所中。直按：《漢書·武帝紀》："元封四年冬十月，行幸雍，祠五畤，通回中道，遂北出蕭關。"此曲首句五字，曲名截取前三字，猶漢人稱《論語》首篇爲"學而"也，此例在十八曲篇名中最多。

益夏將至。聞氏云：益夏，疑謂盛夏，《廣雅·釋詁》云："溢，盛也。"

寒暑德。直按：《釋名·釋言語》云："德，得也，得，事宜也。"謂寒暑均得宜也。

游石關。直按：司馬相如《上林賦》云"蹶石關，歷封巒"是也。

月支臣。直按：漢代隸書，月字寫法與肉字不分。漢不知名銅器，上有"宜月"二字（見《小校經閣金文》卷十三，七十九頁），即宜肉也。

千秋萬歲樂無極。直按：此漢代通常之吉祥語。西安白氏藏有空心大磚，亦有"千秋萬歲樂無極"七字。至千秋萬歲瓦當，在西安漢城遺址，及濟南、諸城各地區，出土更爲普遍。

五、擁離

此篇亦作翁離。《釋名·釋姿容》云："擁,翁也,翁撫之也。"與離字殊不聯繫。疑爲宴飲之樂。

擁離趾中可築室,何用葺之蕙用蘭。擁離趾中。

擁離趾中可築室。直按:全篇大意說是雍縣離宮水沚中可以築室,試分別言之。擁與雍通,《戰國策·秦策》:"雍天下之國。"即擁字也。故雍離一變爲擁離,再變爲翁離。《漢書·地理志》,雍縣屬右扶風,即今之鳳翔縣地。《武帝紀》,元封四年冬十月行幸雍,祠五時是也。又按:《小校經閣金文》卷十一,五十頁,有棫棫陽宮厨鼎。《長安獲古編》卷二,八頁,有棫橐泉宮鼎蓋。《漢金文錄》卷一,三十一頁,有棫平陽宮鼎。棫陽宮、橐泉宮,皆在雍縣,見於《地理志》原注。《蘇武傳》亦言:"前長君爲奉車,從至雍棫陽宮。"獨《三輔黃圖》以棫陽宮秦昭王所作,在今歧州扶風縣東北。又《黃圖》記平陽封宮云:"武公元年,伐彭戲氏,至於華山下,居於平陽封宮。"然平陽宮鼎,上冠以雍字,則又爲雍州地名之泛稱。本曲之雍離,似亦泛指雍州境内之離宮而言。趾爲沚字之假借,《爾雅·釋水》:"水中可居者曰州,小州曰渚,小渚曰沚。"楚辭《九歌·湘夫人》曰:"築室兮水中,葺之兮荷蓋。"蓋此簡何用葺之蕙用蘭,即本於《九歌》也。蕙用蘭當作蕙與蘭解。此篇似非殘缺,但不入韻,十八曲中,亦有多句不入韻者,思悲翁前段最爲顯例。

六、戰城南

此篇爲軍樂，所謂鐃歌者，指此等曲而言。

　　戰城南，死郭北，野死不葬烏可食。爲我謂烏，且爲客豪，野死諒不葬，腐肉安能去子逃？水深激激，蒲葦冥冥，梟騎戰鬥死，駑馬裴回鳴。梁築室，何以南，何以北，禾黍不獲君何食？願爲忠臣安可得？思子良臣，良臣誠可思。朝行出攻，暮不夜歸。

　　且爲客豪。聞氏云：豪讀爲嚎，字一作號。《莊子·齊物論》云：“叫者嚎者。”即號哭也。野死諒不葬。直按：諒疑倞字之假借，讀如映。《小爾雅·廣言》云：“映，曬也。”野死當謂爲野尸，死與尸字通。

　　何以南，何以北，禾黍不獲君何食。吳闓生云：何南何北，即河南河北。其說是也。直按：以禾黍不獲君何食之句證之，此指武帝時邊郡屯田而言。余昔著《西漢屯戍研究》，曾考屯田種穀，有麥、穀、大麥、小麥、杭麥、穬麥、糜、稰穋、黃米、秫、胡麻等十一種名稱，皆據敦煌、居延兩木簡而加排次者。又《居延漢簡釋文》卷二，七十頁，有“記第二亭長舒，受代田倉臨粟二十六石”簡文（其他記代田倉粟者尤多，茲僅略舉一例）。又《釋文》卷三，三十五頁，記戍卒祭祠用品，有“雞一，黍米一斗，稷米一斗，酒二斗，鹽少半升”之簡文。可見居延屯區，是大量種禾，兼可種黍。此詩大意，禾黍不獲，則不能士飽馬騰，雖欲爲忠臣，不可得也。下文良臣，與忠臣同名異稱，猶《君馬黃》篇之美人與佳人，二者名異實同也。

七、巫山高

此篇疑描寫漢高祖都南鄭時軍士思歸之情,屬於軍樂類。舊
説有以宋玉巫山高唐之事相附會者,恐不可信。

> 巫山高,高以大,淮水深,難以逝。我欲東歸,害梁不爲,
> 我集無高曳。水何深,湯湯回回,臨水遠望,泣下沾衣。遠道
> 之人,心思歸,謂之何?

淮水深。直按:楚漢戰争時,高祖所用,多豐沛子弟,久戰思
歸,見於《漢書·韓信傳》。其時都於南鄭,屬於巴蜀地區,故歌
曲以巫山爲代表,與淮水互相對照。後高祖初擬都洛陽時,軍士
皆欲東歸,皆與此詩可以互證。此歌雖未必即爲西漢初作品。至
遲亦在西漢中期。

害梁不爲。直按:害,曷也,即何不爲橋梁,下文之水何深,即
水無梁之意。

我集無高曳。直按:《廣韻》:“集,衆也。”我集即我衆也。又
高曳,聞氏云:“疑篙栧二字之假借,即篙楫也。”其説是也。

八、上陵

此篇據《古今樂録》云:“漢章帝元和中,有宗廟,食舉六曲,
加重來,上陵二曲,爲上陵食舉。”《續漢書·禮儀志》云:“正月上
丁祀南郊,次北郊、明堂、高廟、世祖廟,謂之五供,禮畢以次上陵。

西都舊有上陵，東都之儀，太官上食，太常樂奏食舉。"按上兩說，皆指此爲西漢上陵時所奏之樂章，究其詞義，皆以神仙舟楫車馬爲題材，蓋爲宴飲之樂。上陵是描寫登覽在高敞平原，與下津義相對舉，以下又雜說鴻雁芝草各祥瑞事，試問西漢十一陵，現物存在，無有近水者。東漢録另有上陵樂曲，與此名同實異，《古今樂録》及《禮儀志》之說，似不可信。

　　上陵何美美，下津風以寒。問客從何來，言從水中央。桂樹爲君船，青絲爲君笮，木蘭爲君櫂，黃金錯其間。滄海之雀赤翅鴻，白雁隨山林，乍開乍合，曾不知日月明；醴泉之水，光澤何蔚蔚；芝爲車，龍爲馬，覽遨游，四海外。甘露初二年，芝生銅池中，仙人下來飲，延壽千萬歲。

　　上陵何美美。直按：上陵謂上登高陵。聞氏疑上陵爲上林之假借，徑將本文改爲上林何美美，林陵二字，古雖通用，然上林苑無作上陵苑者。在古籍中，如《史記·張釋之傳》，《漢書·百官公卿表》，《酷吏咸宣傳》，《九章算術·均輸篇》，《柏梁臺》聯句詩，《烏生》詩，無不作上林者，此例多不可枚舉。在於古物中，如上林瓦，上林鐙，上林諫銅鼎，建平上林漆杯，上林郎池印，《漢張遷碑》等，絕無假借作上陵者，聞氏之說，至不可信。

　　下津風以寒。直按：《説文》云："津，渡也。"黃金錯其間。直按：漢代銅器，多用涂金，此詩所叙楫棹，則爲木器，用金絲或銀絲鑲嵌，故云錯金。在銅器上鑲嵌金銀絲者，亦稱錯金。王莽一刀平五千錢，《漢書·食貨志》所謂一刀二字錯金是也。

　　滄海之雀赤翅鴻。直按：《漢書·武帝紀》，太始三年，行幸東海，獲赤雁，作朱雁之歌。《禮樂志·郊祀歌》第十八有象載瑜,一赤雁歌是也。

白雁隨山林。直按:西漢獲白雁,不見於古籍,西安漢城遺址六和堡曾出雁範,在側刻有"白雁雌"三大字,篆書略帶隸書,筆畫奇古,決爲西漢中期作品,余在《關中秦漢陶録》卷一已著録,與本篇正合。

醴泉之水,光澤何蔚蔚。直按:《小校經閣金文》卷十五,九十二頁,上有華山鏡銘云:"食玉英,飲醴泉,駕飛龍,乘浮云。"

覽遨游,四海外。直按:《小校經閣金文》卷十五,一十三頁,有尚方鏡銘云:"尚方作鏡真大好,上有仙人不知老,渴飲玉泉飢食棗,浮游天下遨四海,壽如金石國之保。"遨游四海,蓋爲兩漢人之習俗語,此鏡出土最多,僅略舉一例。

甘露初二年,芝生銅池中。直按:《漢書·宣帝紀》,神爵元年詔曰:"乃者神爵仍集,金芝九莖,產於函德殿銅池也。"與本篇正合,甘露爲宣帝紀年,此詩爲宣帝時作品,最爲明顯,所謂初二年者,即元二年也。

延壽千萬歲。直按:西安漢城遺址內出土有"延壽萬歲"瓦,當爲漢人之吉祥習俗語。

九、將進酒

此篇紀宴飲賦詩之事,聞氏云:《楚辭·招魂》曰:"結撰至思,蘭芳假些。人有所極,同心賦些。酎飲盡歡,樂先故些。"足以與此相發。

　　將進酒,乘大白。辨加哉,詩審博。放故歌,心所作,同陰氣,詩悉索,使禹良工觀者苦。

乘大白。直按:《漢書·叙傳》云:"皆飲滿舉白。"注白者罰爵之名。

辨加哉,詩審博。直按:此兩句概括《禮記·中庸》博學之,審問之,慎思之,明辨之,篤行之大義。加之嘉字省文。西安謝文清氏,藏有"加氣始降"、"加露沼沬"兩瓦當,均省嘉作加,嘉與佳通,故此詩一本作佳。

放故歌。直按:故歌指《安世房中歌》等而言,放當與放鄭聲之放同義。

同陰氣。聞氏云:同即同律之同。《周禮·太師》:"掌六律六同,以合陰陽之聲。陽聲黃鐘,太簇,姑洗,蕤賓,夷則,無射。陰聲大呂,應鐘,南呂,函鐘,小呂,夾鐘。"《周禮·典同》:"掌六律六同之和,以辨天地四方陰陽之聲。"故書同作銅。鄭司農云:"陽律以竹爲管,陰律以銅爲管,竹陽也,銅陰也,各順其性,凡十二律。"直按:同陰氣指樂府所奏之樂。再《續封泥考略》卷一,十一頁,有"樂府鐘官"封泥(鐘官與水衡都尉屬官之鐘官令不同),可證西漢樂府令署中,設有鐘官。此詩之同陰氣,或亦指奏鐘樂而言。

詩悉索。直按:《説文》云:"偠,聲也,讀若屑。"《爾雅·釋言》:"偠,聲也。"《玉篇》:"偠,小聲。"《説文通訓定聲》云:"蟋蟀亦連語狀蟲之聲,字或作蟋蟀,或作偠嘩。"本文之悉索,與偠嘩聲音相近。審博喻飲酒後賦詩風格之美,悉索喻奏樂後賦詩聲詠之美。

使禹良工觀者苦。直按:禹當爲工人之名。證之《小校經閣金文》卷十一，五七頁，有元朔三年工禹所造龍洲宮銅鼎。又同年有工禹所造龍洲宮銅熏爐。工禹與此詩時代相當，疑即其人。工禹爲當時良工，而且專爲銅工，故在歌詩中列舉其名，與上文同陰氣相呼應。苦字龔自珍以爲若字之誤，是也。郊禮歌《日出入》篇："使我心若。"若一作苦。兩字相似，傳寫易於混淆。馬融訓《尚書》迃若曰爲若順也，與本詩相通。

十、君馬黃

此篇爲君臣聚會宴飲之樂，以易之有騩句定之，應爲武帝時作品。

> 君馬黃，臣馬蒼，二馬同逐臣馬良。易之有騩蔡有赭，美人歸以南，駕車馳馬，美人傷我心。佳人歸以北，駕車馳馬，佳人安終極。

君馬黃，臣馬蒼。聞氏云：《漢書·高祖紀》："呂公曰，臣少好相人。"張晏注："古人相與語，多自稱臣，自卑下之道也，若今人相與言自稱僕也。"直按：漢人自卑稱臣，是不錯的，漢穿帶印，皆曰臣某某，但皆是單行用的，此詩君臣二字，互相對舉，與聞氏之説，顯有不同。

易之有騩蔡有赭。直按：《説文》云："騩，馬淺黑色。"《爾雅·釋畜》："彤白雜毛，騢。"郭舍人注馬氏《玉函山房輯佚書》："赤白雜毛，今赭白馬騢。"宋顏延之有《赭白馬賦》此騩、赭二字之普通解釋。又按：《漢書·張騫傳》云："初天子發書，易曰（書字當絶句，易作卜字解）：'神馬當從西北來。'得烏孫馬好，名曰天馬。及得宛汗血馬，益壯，更名烏孫馬曰西極馬，宛馬曰天馬。"顏師古引鄧展注："發易謂發《易》書以卜之也。"又按：《漢書‧西域傳》載武帝詔略云："古者卿大夫與謀，參以蓍龜，不吉不行。"又云："易之卦得大過，爻在九五……方士、太史治星望氣，及太卜龜蓍，皆以爲吉，匈奴必破，時不可再得也。"本詩易之，謂發書占之，蔡謂蓍龜也。《論語》臧文仲居蔡，何晏集解："龜出蔡地，因以爲名是也。"易之二字，易本書名，由名詞變爲動詞，與《漢書‧西域傳》正同。又按：《漢書‧禮樂志‧天馬歌》云："虎脊兩，化若鬼。"顏師古注："言其變化若鬼神。"余謂此顏氏之望文生訓，鬼即駓字之省文，謂顏色變化如駓馬也，即此詩之易之有駓。天馬歌又云："沾赤汗，沫流赭。"赭謂赤色，比天馬之沫赤如赭，非形容馬毛雜色如赭也，即此詩之蔡有赭。以《漢書‧武帝紀》《西域傳》及天馬兩歌綜合研究，知武帝每在出兵之前，必用易筮，或龜卜以定吉凶，此句完全指武帝獲天馬而言。因歌君臣之馬，而聯及烏孫大宛新獲之天馬，經余疏通證明，始無隔閡。陳沆解爲易州之地出駓馬、上蔡之地出赭白馬，後人多從其說，但易州出駓馬，上蔡出赭白馬，於古籍毫無根據，純屬想像之談，上下文均失去聯貫性，便全不可通。

美人傷我心。直按：美人與佳人，是文辭上之變化。漢鏡銘云："竽瑟會，美人侍。"又有"宜佳人"鏡，及"昭陽鏡成，宜佳人兮"鏡（此鏡未著録，西安漢宮遺址出土，吳興沈氏藏），二名並無區別。武帝《秋風辭》："懷佳人兮不能忘。"李延年歌云："北方有佳人，遺世而獨立。"其詞彙與美人亦不易區分。舊說以美人比君，以佳人比臣，恐未必然也。

十一、芳樹

此篇爲宴飲之樂,陸機《鼓吹賦》云:"詠悲翁之流思,怨高臺之難臨。"又云:"奏君馬,詠南城,慘巫山之遐險,歡芳栶之可榮。"芳栶當即芳樹,疑《藝文類聚》引陸賦之誤字。

芳樹日月君,亂如於風,芳樹不上無心温而鵠三而爲行臨蘭池,心中懷我悵,心不可匡,目不可顧,妒人之子愁殺人。君有他心,樂不可禁。王將何似。如孫如魚乎?悲矣。

芳樹日月君。直按:君疑星之誤字,西安漢城遺址曾出半瓦,繪有日月星圖案。或有以君字屬下句者,亦不可通。

亂如於風。聞氏云:如讀爲拿。枚乘《七發》云:"衆芳芬鬱,亂於五風,從容猗靡,消息陰陰。"此詩亂如於風,猶亂於五風。

芳樹不上無心温?直按:温下二而字,疑爲表聲字,與上述漢鏡銘而字相同,上下又有誤字,仍不能通其句讀。

行臨蘭池。直按:《史記·秦始皇本紀》云:"逢盜蘭池。"正義引《括地志》:"蘭池陂即古之蘭池,在咸陽縣界。"又按:《咸陽縣志》"蘭池宫當"瓦,出咸陽東鄉。蘭池作蘭沱,蓋假借字。此瓦自乾隆時即有出土,現今仍繼續發現。蘭池本爲秦宫,漢代依然存在,"蘭池宫當"瓦,則爲漢物。秦代宫殿至漢代保存者至多,如鳳翔所出"橐泉宫蘭",寶雞所出"羽陽千歲"兩瓦,皆漢物也。

心不可匡。直按:《爾雅·釋詁》云:"匡,滿也。"

妒人之子愁殺人。直按:古詩云:"白楊多悲風,蕭蕭愁殺人。"

如孫如魚乎。聞氏云："孫讀爲荪，一作荃。《九歌·少司命》：'荪獨宜兮爲民正。'《九章·抽思》：'數惟荪之多怒兮。'又'荪佯聾而不聞'，荪並一作荃。《莊子·外物篇》：'荃者所以在魚。'《釋文》引崔注曰：'荃音孫，香草也，可以餌魚。'如荪如魚者，謂彼妒人之子如香餌，王則如魚，將受其欺。行臨蘭池，即目生威，語拙樸而哀音動人，作者其陳皇后、班婕妤之流與。"直按：聞説是也。但荃亦可解作魚筌，不必泥於香餌，大意是比妒人之子如釣師，比王魚之在筌。漢代多女作家，如唐山夫人、班婕妤、徐淑、蔡文姬之類，人所共知，《藝文志》又有未央材人歌詩四篇，此詩似亦爲漢代女子作品。

十二、有所思

此爲男女相戀相絶之辭，當爲武帝平南越以後作品，亦爲宴飲之樂另一種類型。莊述祖謂與《上邪》疑本爲一篇，然在漢代原篇次，《有所思》在第十二，《上邪》在第十五。魏吳擬代篇次，《有所思》在第十，《上邪》在第十二，中間隔有《芳樹》一篇。總起來説，在漢代及魏吳時代，此兩篇皆不相聯繫，知莊氏之説，未必可信。

有所思，乃在大海南。何用問遺君，雙珠玳瑁簪，用玉紹繚之。聞君有他心，拉雜摧燒之，摧燒之，當風揚其灰。從今以往，勿復相思！相思與君絶，雞鳴狗吠，兄嫂當知之。妃呼豨，秋風肅肅晨風颸，東方須臾高知之。

何用問遺君。直按:《漢書‧酷吏郅都傳》云:"問遺無所受。"與本詩正合。又本詩《朱鷺》云"將以問諫者",亦做遺字解。

雙珠玳瑁簪。直按:古絶句云:"何用通音信,蓮花玳瑁簪。"

用玉紹繚之。直按:《説文》云:"紹一曰緊糾也。"

當風揚其灰。聞氏云:《史記‧龜策傳》云:"祝曰:……不信不誠,則燒玉靈揚其灰,以徵後龜。"

鷄鳴狗吠。直按:詩意謂婦已與夫絶,自怨自艾,歸寧母家,以清白自矢,故云鷄鳴狗吠,兄嫂當知之。梁時梁武帝、費昶、庾肩吾、王筠,皆有擬作,亦皆描寫離思,與此大意相似。

妃呼豨。直按:妃與斐同,朱氏《説文通訓定聲》云:"妃字在古韻,《楚辭‧遠游》叶歌、飛、夷、蛇、徊等字。"妃呼豨雖爲表聲字,疑與噫吁嘻三字聲音相近。

十三、雉子班

余冠英氏《樂府詩選》云:"此詩寫雉鳥親子死別的哀情,三次呼喚雉子,語調情感,大有區分。第一個雉子是愛撫,第二是叮嚀,最後是哀呼。"余以爲余説近是。與余氏意見不同者,句中有"王可思"、"被王送行所中"等語,或爲漢廷賞賜諸侯王之樂。

> 雉子班,如此之干,雉梁,無以吾翁孺。雉子! 知得雉子高蜚止,黄鵠蜚之以千里,王可思。雄來蜚從雌,視子趨一雉,雉子! 大駕馬騰,被王送行所中,堯羊蜚從王孫行。

雉子班。直按:西漢因呂后名雉,故改稱雉爲野鷄。《漢書‧谷永傳》云:"臣聞野鷄著怪,高宗深動。"西安漢城遺址六和堡曾出土有"野鶏"範題字(見余所著《關中秦漢陶錄》卷一),皆因避諱而改稱。但不得已仍用雉字,如《易》之"雉膏不食",《論語》之"山梁雌雉",屈子《天問》之"彭鏗斟雉帝何饗"均是也。班爲斑字假借,猶班固因虎斑得姓,本應作斑固也(劉宋《爨龍顔碑》寫班作斑,猶存古義)。

如此之干。直按:干爲翰字之假借,《淮南子・俶真訓》云:"浩浩瀚瀚。"即浩浩汗汗。《逸周書・王會篇》:"文翰,若翬雉,一名鷥風,周成王時蜀人獻之。"

雉梁。直按:雉梁即《詩》"維鵜在梁"之意。

無以吾翁孺。余氏云:"吾爲悟字省文,老雉語小雉,見老翁與小孩,皆要防備。"直按:漢印中有"周翁孺印"(吳興沈氏藏),翁孺二字連文,爲漢人之習俗語。

知得雉子高蜚止。余氏云:謂雉子被捕也。

黃鵠蜚之以千里。直按:雉子被捕,老雉羨黃鵠之高飛。

王可思。直按:王可思謂思高祖"鴻鵠高飛,一舉千里"之歌也。此句雜入漢廷賜諸侯王樂之語氣,與上句正相聯繫。

被王送行所中。直按:行所猶行在,《上之回》篇云"上之回所中",與此同義。堯羊蜚從王孫行。聞氏云:"堯羊當讀爲翱翔。"其説是也。

十四、聖人出

此篇爲宴飲之樂。

聖人出,陰陽和,美人出,游九河,佳人來,騑離哉。何,

駕六飛龍四時和。君之臣明獲不道,美人哉,宜天子,免甘星
巫樂甫始。美人子,含四海。

游九河。直按:楚辭《九歌》云:"與汝游兮九河。"

佳人來。直按:此詩與《君馬黃》篇,皆以美人與佳人平列,
作爲文辭上之變化。

騑離哉。直按:《説文》云:"騑騑行不止也。"離謂光彩陸
離也。

何。直按:何爲表聲字,疑讀與啊同,有人以何字屬上句者
恐非。

駕六飛龍四時和。直按:《艾如張》篇亦有"四時和"之句,柏
梁臺聯句武帝首句云"日月星辰和四時",與此詩辭句正相同,作
品時代亦相當,知聯句確非擬託。

君之臣明獲不道。直按:不道疑爲丕道之省文。

免甘星巫樂甫始。直按:《史記‧天官書》云:"在齊甘公。"
《正義》引《七録》云:"甘公楚人,戰國時作《天文星占》八卷。"此
句謂不用甘公之天文,及其他巫策,而采用樂府也。樂甫當讀爲
樂府。又按:《漢書‧百官表》,少府屬官有樂府令丞。再《續封
泥考略》卷一,十一頁,有"樂府鍾官"封泥。《張安世傳》,有樂府
音監及樂府游徼,此樂府令屬官之可考者。

美人子。直按:子疑于之誤字,于爲愉字假借。

含四海。直按:含與函通,爲涵字省文。

十五、上邪

此篇爲男女相戀,男子烏頭馬角自誓之辭,與有所思皆爲宴

飲樂中之同一類型。

上邪！我欲與君相知，長命無絶衰，山無陵江水爲竭，冬雷震震夏雨雪，天地合乃敢與君絶。

長命無絶衰。直按：楚辭《九歌·禮魂》云：“長無絶兮終古。”《漢書·禮樂志·郊祀歌》云：“託玄德長無衰。”皆與本詩相合。

十六、臨高臺

此篇爲宴飲之樂，陸機《鼓吹賦》云：“詠悲翁之流思，怨高臺之難臨。”士衡以爲怨詩，看不出哀怨之音，蓋晉人之傳説也。

臨高臺以軒，下有清水清且寒。江有香草目以蘭，黄鵠高飛離哉翻，關弓射鵠，令我主壽萬年。收中吾。

臨高臺以軒。直按：登高憑軒窗下，望見江水清且寒也。

江有香草目以蘭。直按：目以蘭猶言稱以蘭也。

收中吾。劉履曰：收中吾，疑曲調之餘聲如《樂録》所謂“羊無夷”、“伊那何”之類。

十七、遠如期

此篇記呼韓邪單于來朝，爲紀事之樂章，蓋宣帝時作品，與《上陵》篇時代相當。

遠如期，益如壽，處天左側。大樂萬歲，與天無極。雅樂陳，佳哉紛。單于自歸，動如驚心，虞心大佳，萬人還來，謁者引鄉殿陳，累世未嘗聞之，增壽萬年亦誠哉。

遠如期。直按：謂匈奴遠道如期來朝。《漢書·匈奴傳》卷下云：“（宣帝甘露二年）呼韓邪單于款五原塞願朝。三年正月，漢遣車騎都尉韓昌迎，發過所七郡，郡二千騎爲陳道上。單于正月朝天子於甘泉宮，漢寵以殊禮，位在諸侯王上，贊謁稱臣而不名。”此詩專紀其事。

處天左側。直按：《漢書·匈奴傳》云：“中行説令單于以尺二寸牘及印封皆令廣長大，倨鷔其辭，曰天地所生，日月所置，匈奴大單于，敬問漢皇帝無恙。”此詩處天左側，即指匈奴方位而言。

大樂萬歲。直按：西安漢城遺址，曾出“大萬樂當”瓦，與此詩語句相似。

與天無極。直按：西安漢城遺址，出土“與天無極”瓦當極多。又《簠齋藏鏡》卷下三頁，有宜文章鏡銘曰：“延年益壽去不羊，與天毋亟，如日之光。”與本詩均相同，蓋爲漢人吉祥習俗語（無極，瓦文亦有作毋亟者）。

謁者引鄉殿陳。直按：《漢書·百官表》云郎中令“屬官有大夫、郎、謁者”，“謁者掌賓贊受事，員七十人，秩比六百石，有僕射，秩比千石”。

十八、石留

何承天石留作石流，此篇句讀，最不可通。

石留凉陽凉，石水流爲沙，錫以微河爲香，向始蘇冷將風陽，北逝肯無敢與於揚，心邪懷蘭志金安薄北方，開留離蘭。

結束語

　　漢鐃歌十八曲,有屬於漢廷樂府所自作者,如《朱鷺》、《艾如張》、《上之回》、《擁離》、《戰城南》、《巫山高》、《上陵》、《將進酒》、《君馬黃》、《芳樹》、《雉子班》、《聖人出》、《臨高臺》、《遠如期》等十四篇是也。有疑屬於地方歌詩,由漢廷采入樂府者,如《思悲翁》、《有所思》、《上邪》等三篇是也。《石留》一篇,句讀難通,尚不能區分其性質。余之解詁心得,以《朱鷺》取證於漢銅器,以《思悲翁》爲《思裴翁》,爲西漢邊郡之詩,以《擁離》爲雍州之離宮,《巫山高》爲描寫高祖時戰士思歸之情,《君馬黃》所言易之有騹蔡有赭,以騹指天馬,蔡指蓍龜之類,皆爲前人所未道,陶詩所謂“奇文共欣賞,疑義相與析”者,仿佛近之。西漢時有廟堂之樂,有燕會之詩,在燕會歌曲中,君臣共聚,莊諧雜作,脫略形迹,如《君馬黃》之推重臣馬,《芳樹》之語涉宮闈,《有所思》與《上邪》兩篇,寫男女相戀相絕,相怨相誓之辭。家常瑣屑,亦可以被之管弦,正合風詩之義。猶之柏梁臺聯句,郭舍人之齒妃女唇、東方朔之窘迫詰屈,漢武亦不之罪。在清代治此學者,思想束縛,言必奏樂,於是有以美人比君者、佳人比臣者,支離附會,讕語連篇,就中以譚儀、王先謙兩家之注釋爲代表類型。獨莊述祖以《有所思》及《上邪》兩篇爲男女相倡答之辭,打破當時學術之錮網,確實難能可貴。但莊氏兩章本爲一章之説,與余意見尚有出入也。另撰篇名次第表,籍可以考見原詩之次序,對於解説全詩,在次第上也起有一定幫助之作用。

附鐃歌十八曲篇名次第對照表

曲名	西漢原來篇次	魏擬篇次	吳擬篇次	晉擬篇次	宋擬篇次	曲名異稱
朱鷺	1	1	1	1	1	
思悲翁	2	2	2	2	2	思悲公 思裴翁
艾如張	3	3	3	3		艾而張
上之回	4	4	4	4		
擁離	5	5	5	5	3	翁離
戰城南	6	6	6	6	4	
巫山高	7	7	7	7	5	
上陵	8	8	8	8	6	
將進酒	9	9	9	9	7	
君馬黃	10			13	8	
芳樹	11	11	11	11	9	
有所思	12	10	10	10	10	
雉子班	13			14	11	雉子斑
聖人出	14			15		
上邪	15	12	12	12	12	
臨高臺	16			16	13	
遠如期	17			17	14	遠期
石留	18			18	15	石流

上表魏擬鼓吹曲爲十二首,吳擬爲十二首,晉擬爲二十二首

（合於本篇目者有十八首），宋擬爲十五首。與西漢原詩對勘，在晉以前，《朱鷺》至《將進酒》，次第完全皆同。以下各篇，魏吳晉所擬代，皆是《有所思》在《芳樹》之前，這一點今本所傳漢詩次第，或有錯誤。

漢鏡銘文學上潛在的遺產

現在發現的銅鏡,以洛陽金村墓葬中鏡,及長沙楚鏡爲最古,皆戰國時物;次就是秦鏡。秦鏡包括戰國及始皇并滅六國後兩個時期的。這三種古鏡上面,都是鑄的圖象畫與圖案畫,有文字者絕少。到了兩漢,鑄造的藝術更加發展,有純用圖畫的,有銘詞兼圖畫的。收藏家一般是最珍貴有紀年的,其他,也有的偏重於花紋的研究,也有的偏重於書法的演變,獨於漢鏡的銘詞,考古者既不甚注意,文學家亦多忽略不談;其實漢鏡的銘詞,是兩漢文學上最美麗的作品,也是兩漢文學上潛在的遺產。茲選擇三十首類型不同,可以朗誦者,略加注解,以爲舉例發凡。

兩漢鏡銘,其體例有三言、四言、六言、七言及樂府歌辭式五種。何以獨無"五言"?或因當時五言歌謠流行,作者爲了有別於這些通俗作品,所以就避免了五言;實際四言、七言皆是"詩",六言類於"賦",尤其七言是當時創作的新體,故鏡銘文作者自稱爲"桼(七)言之紀從鏡始"(《小校經閣金文》卷十五)。其實,漢代鏡銘通體七字句叶韻的,根據羅振玉《漢兩京以來鏡銘集録》,還不在少,那麼,鏡銘對七言(七言與七言詩有別)有著一定的影響。

古代"言公"(見劉知兒《史通》),器物上不寫作者姓名,漢鏡亦同此例，最多只説明爲龍氏作鏡、張氏作鏡、周仲作鏡等類，未有正式題名爲某人作的。自東漢時文集之風盛行，作家的姓名始顯著；然漢碑文中，還幾乎是完全不寫姓名的，是其明證（現存司馬相如、揚子雲等賦，是著名的巨製，恐在當時傳鈔已特標以姓名）。漢鏡銘既無作者姓名，但作者必爲當時文學專家；鑄鏡的銅工，必然廣爲搜羅，成爲類稿，造鏡範時隨取隨用，略爲增減。其增減情況，一是視周圍銘文多少而定，遇有不能再刻時，即一句不完，亦必然中斷；二是視圖案花紋而定。例如尚方鏡銘有“青龍白虎辟不祥，朱鳥玄武順陰陽”，圖象中必然有龍虎龜雀四神，方用這等銘句，設或只有兩種，則必減省一句。至於大同小異，當是傳稿的文字不同，或作家自己的修改；至於有脱字有誤字，又當是作家本來不誤，由於銅工刻範時之誤。還有，漢鏡銘流傳最廣的，如尚方鏡通例是“尚方作鏡大無傷”，及“尚方作鏡真大好”兩種，未必皆屬於尚方令的官造。其情形可能是各地仿鑄的，也可能是尚方令自鑄的一部分剩餘，分售於各地。時風所尚，所以市面充斥。所謂地方性、時代性多屬於花紋形式的變化，對於鏡銘，則變化不大。

三言舉例如下：

　　長富貴，樂無事，日有喜，宜酒食。（《小校經閣金文》卷十五）

　　常富貴，宜酒食；竽瑟會，美人侍。（拓本）

　　日有喜，月有富，樂無事，常得意。美人會，竽瑟侍；商市程，萬物平；老復丁，復生寧。（《浣花拜石軒鏡録》卷一）

　　樂未央，日富昌，宜侯王。（《小校經閣金文》卷十五）

上泰山,見神人。食玉英,飲醴泉;駕飛龍,乘浮云;宜官秩,保子孫。(《小校經閣金文》卷十五)

以上鏡銘五首皆表現漢代貴族享樂求仙,長保富貴思想。

君行卒,子志悲,久不見,侍前希。(拓本)

秋風起,子志悲,久不見,侍前希。(《浣花拜石軒鏡錄》卷一)

道路遠,侍前希;昔同起,子志悲。(《小校經閣金文》卷十五)

此鏡銘三首,皆爲夫遠戍邊塞,妻子相思相念之詞,反映出漢代戍邊之苦的哀音。案應劭《漢官儀》:“民年二十三爲正卒,一歲以爲衛士,一歲爲材官騎士,年五十六老衰乃得免爲民。”合選爲亭長,內郡人爲材官,邊郡人爲騎士,皆包括戍卒而言。現從“居延木簡”中觀之,戍卒的籍貫,徵調遍於各郡國,年齡有至五十七歲還不得退伍的。鏡銘不一定出於戍卒妻子的作品,或爲文學專家所代擬;也不一定出於銅工的專造,或爲市鬻任人所選購;不然出土者何其多,銘文又何以大同小異如此(洪亮吉《北江詩話》,謂在關中亦得一品,與第三首同文)。因連憶及漢詩之“藥砧今何在,山上復有山,何當大刀頭,破鏡飛上天”一首,亦必爲戍卒妻子所作,與此鏡銘同一類型。合上五首鏡銘,互相對比,一爲享樂、一爲訴哀,可以見漢代階級矛盾之尖銳。

四言舉例如下:

昭陽鏡成,宜佳人兮!(拓本)

此西漢昭陽宮中所用之鏡,“陽成”二字爲韻、“佳兮”二字爲韻。

見日之光，天下大明。(《小檀欒室鏡影》卷三)

案“見日之光鏡”，在漢代鏡銘中，最爲普遍：有作“見日之光，長毋相忘”的；有作“見日之光，長樂未央”的；有作“見日之光，美人在旁”的。(均見《小檀欒室鏡影》卷三)並可看出：第一句式是固定的，第二句式是靈活更變的。

延年益壽，大樂未央。(《小檀欒室鏡影》卷三)

大樂富貴，千秋萬歲，宜酒食魚。(《小校經閣金文》卷十五)

此首與三言的“長富貴，宜酒食”詞意相似。

不日可曾，不日可思。(拓本)

此鏡銘頗難領會，試作兩解：“曾”爲“憎”字省文，即面目有時可憎，有時可思；或者“曾”指曾參，“思”指子思而言。謂不日可以比曾子，不日又可以比子思。

六言舉例如下：

內清質以昭明，光輝象夫日月。心忽揚而願忠，然難塞而不泄。潔精白而事君，□椀歡之奄明。彼玄錫之流澤，恐疏遠而日忘；懷氣美之窮嗌，外承歡之可說；慕窈窕之靈貴，願永思而毋絶。(《小校經閣金文》卷十六)

此鏡出土最多。有只用首四句的；又有並四句不完全的；又有以“潔精白而事君”爲起句的。每字中隔“而”字，不甚可解，縱有全文，脱落亦多。茲參照嚴可均《全後漢文》卷九十七的釋文，及其他同文各鏡，互相稽考，略通句讀；就可解者而論，氣勢完全與漢賦相近。去年洛陽漢墓葬群，出“昭明鏡”多片，多爲西漢時物。然傳世各鏡，有似武帝時豐腴寬博字體者，又有似東漢末期字體者,流傳普遍,不能判定爲同一個時期作品。

七言舉例如下:

　　七言之紀從鏡始,練冶銅華去其宰,長葆二親利孫子。(《小校經閣金文》卷十五)

　　七言之紀從鏡始,蒼龍居左白虎右,長葆孫子宜君子。(同上)

案原鏡銘七字作來,謂七言銘詞,從此鏡開始。"去其宰",當謂去其渣滓。若釋七言爲來言,便不可通。

　　新興辟雍建明堂,然于舉士比侯王,子孫復具治中央。(《古鏡圖錄》卷中)

案此王莽時作品。辟雍明堂,同時興建。然于爲匈奴王名。綜觀七言鏡銘諸作,當在王莽先後時代。

　　尚方作竟真大巧,上有仙人不知老,渴飲玉泉飢食棗,浮游天下敖四海。(《古鏡圖錄》卷中)

　　尚方作竟大毋傷,巧工刻之成文章,左龍右虎辟不祥,朱雀玄武順陰陽。(同上)

尚方鏡傳世最多,一仄聲,一平聲,千變萬化,大同小異,皆不出此範圍。

　　張氏作鏡宜侯王,家當大富樂未央。子孫備具居中央,長保二親世世昌。(《金石索》金文卷六)

　　李氏作鏡四夷服,多賀國家人民息。胡虜殄滅天下服,風雨時節五穀熟。(《小校經閣金文》卷十五)

某氏作鏡,亦有仄韻、平韻兩種規格。

　　漢有嘉銅出丹陽,和以銀錫清而明。左龍右虎辟不祥,

朱鳥玄武順陰陽。（拓本）

　　新有善銅出丹陽，和以銀錫清且明。左龍右虎掌三彭，朱鳥玄武順陰陽。（《善齋吉金録》卷二）

第一首爲漢代作品，第二首爲王莽時作品。“掌三彭”，《博古圖》卷二十八又有一鏡作“掌三光”，比較易於了解。

　　許氏作鏡自有紀，青龍白虎居左右。聖人周公魯孔子，作吏高遷車生耳。郡舉孝廉州博士，少不努力老乃悔。（《古鏡圖録》卷中）

此鏡銘舊説爲東漢士孫瑞作，恐不可信。出土地址多在齊魯，陝甘地區還未見有發現的。

樂府歌辭式舉例，如：

　　清冶銅華以爲鏡，照察衣服觀容貌，宜佳人。（《長安獲古編》卷二）

　　清冶銅華以爲鏡，照察衣服觀容貌。絲組雜還以爲信，宜佳人兮。（拓本）

“宜佳人鏡”銅質、文字、銘詞，三者均極精。

　　愁思曾結，欲見毋説，相思願毋絶。（《古鏡圖録》卷中）

　　君有行，妾有憂；行有日，反無期；願君强飯多勉之，仰天太息長相思。（《小校經閣金文》卷十五）

此兩鏡皆爲妻贈夫遠戍之詞，與上述“君行卒”三言銘文同一類型。纏綿悱惻，哀艷絶倫，比之江淹《别賦》“送君南浦，傷如之何！”陳義更深遠，措詞更高古。

　　侯氏作鏡世未有，令人吉利宜古市，當得好妻如旦己兮。（《長沙古物聞見記》卷下）

案《長沙古物聞見記》又有殘鏡，存“當得好妻如威央兮”八字。此兩鏡恐爲漢代婚姻不自由反映出來的作品，把它鈎稽出來，也是陶詩所謂“奇文共欣賞，疑義相與析”的意思。“威央”當讀如“威英”，無考，疑爲用晉文公得南之威事（南之威見《戰國策·魏策》）。“古市”即賈市，《小校經閣金文》卷十五載有“史氏鏡”銘云“辟去不祥宜賈市”可證。

上述各漢鏡銘，不但爲優秀古樸的作品，主要可以看出兩漢社會情況，尤其是戍邊的痛苦，哀怨連篇，這些寶貴的材料，在《漢書》裏是看不出來的。僅在《鹽鐵論·備胡篇》中，有簡單的叙述，發揚搜羅，還是有必要的。至於六朝鏡銘如“鸞鏡曉勻妝，漫把花鈿飾，真如綠水中，一朵芙蓉出”（見《金石索》金文卷六），唐鏡銘如“照日菱花出，臨池滿月生，官看巾帽整，妾映點妝成”（見《古鏡圖錄》卷中），神韻在“玉臺”、“香奩”之間，已失去社會意義，故略而不論。

1954 年 10 月於西北大學

陳延傑氏《詩品注》中存在的問題

南齊謝赫的《畫品》,梁鍾嶸的《詩品》,庾肩吾的《書品》,三種同爲南朝流傳最可寶貴的古籍,與《文心雕龍》,各有同工異曲之價值。予在三十年前,曾擬擇詩畫二品,加以箋釋,已略具規模,屢更兵亂,稿旋散佚。曾記憶葉長青氏所撰《詩品集注》,已采及鄙說。竊以爲《詩品》與《畫品》,凡上中兩品,多爲史傳習見之人,不難作注。下品人名,則有少數不見於文獻,著手比較困難。今見陳延傑氏所撰《詩品注》,其中魏晉南北朝史無傳記諸人,多未注出。予回憶舊稿,陳氏所未知者,大率皆可考索。茲將該書中存在的問題,分未注出人名,及糾正原注錯誤或補充重要材料者,列成兩部分,略述如下:

一、未注出人名者

宋參軍顧邁　宋參軍戴凱(四〇頁)

陳注:二人無所考。

按:《宋書·沈慶之傳》云:"慶之從弟法系,討蕭簡於廣州,前征北參軍顧邁,被徙在城内,善天文,云荆、江有大兵,城内由此固守,法系攻拔之,斬蕭簡,廣州平。"顧邁又見《劉穆之傳》云："吳郡顧邁，輕薄而有才能。"皆與《詩品》相合。
鍾嶸所稱"顧邁鴻飛"，蓋擇取邁詩中鴻飛二字而作品論，其
全篇今不可考。又《隋書·經籍志》集部，注梁有宋征北行
參軍《顧邁集》二十卷，亡。可證顧邁之全集，在隋代已經不
存，但邁官參軍，與《詩品》結銜正合。

　　又按：戴凱疑即爲撰《竹譜》之戴凱之，《竹譜》舊本僅題
晉武昌戴凱之撰。晁公武《郡齋讀書志》云："凱之字慶預，
仕履無考。"《百川學海》、《四庫全書提要》，皆因其説，予昔
考戴凱之當爲劉宋時人，《竹譜》"五嶺實繁"句自注云："臨
郡、寧浦爲南嶺。"沈約《宋書·州郡志》："越州有臨郡郡先
屬廣州，與百梁、艒蘇等八郡，皆新立之郡。"又《竹譜》："竹
之堪杖，莫尚於邛。"自注云："筇竹高節實中，出南廣邛都
縣。"《宋書·州郡志》："寧州有南廣郡，晉懷帝時分朱提
立。"屬縣無邛都縣，僅見於劉宋《爨龍顏碑》云："遷本號龍
驤將軍，領鎮蠻校尉寧州刺史邛都縣侯。"碑爲宋大明二年
立，據此邛都爲宋時暫置旋廢之縣，戴凱之爲宋時人，確無疑
義。又《隋書·經籍志》集部有《戴凱之集》六卷，次於宋宛
胊令《陽惠休集》之後，尤爲宋人之明證，與《詩品》所列宋參
軍戴凱正合，原文凱下應脱之字，猶本書之許瑤之，宋刻《玉
臺新詠》目錄標題則作許瑤是也。姚振宗《隋書經籍志考
證》，亦以戴凱之即《詩品》中之戴凱。

宋中書令史陵修之　宋典祠令任曇緒（六五頁）

　　陳注：陵、任二人，《宋書》無傳。
　　按：《陶淵明集》末尾有聯句一首，題爲淵明、愔之、循之

三人所共作,皆書名不書姓,循之予謂即《詩品》下品所列之
陵修之。漢魏六朝時,寫循修二字,最易混淆。例如《漢
書·陳湯傳》:“司隸奏湯無循行。”循行當爲修行之誤字。
《漢景君碑陰題名》,循行且寫作修行,此例多不勝枚舉。
《詩品》陵修之題爲宋人,與陶淵明時代正相符合,循之爲自
來注陶詩者所未詳。今不獨解決《詩品》問題,兼可解決陶
詩前人疑聯句不類淵明作品的真偽問題。

齊諸暨令顏則　齊秀才顧則心。(六八頁)

按:《南史·顏延之傳》,子竣,竣弟測,以文章見知,官
至錄事參軍。唐顏真卿《晉西平侯顏含碑》云:“延之弟師
伯,子浚,浚弟測臨淮太守。”《詩品》之諸暨令顏則,當爲顏
測之誤字,因涉及下文顧則心而致誤。惟顏測三處官階各不
相同。又《隋書·經籍志》集部,有宋大司馬錄事《顏測集》
十一卷,錄事銜名,與《南史·顏延之傳》略同,但《詩品》標
題爲齊人,《隋志》則題爲宋人,蓋爲宋末齊初人也。《顏含
碑》敘顏測爲臨淮太守,則當爲最後所歷之官。又本段品
文,有云“顏諸暨最荷家聲”,指荷顏延之之家聲而言,尤可
證顏則爲顏測傳寫之誤字。

又按:馮維訥《詩紀》,有顧則心《望廨前水竹》詩一首,
丁福保《全齊詩》編入卷四,並注《何遜集》亦載此詩,未知
孰是。

齊參軍毛伯成(六九頁)

按:齊當爲晉傳鈔之誤字。以《詩品》體例而論,上下均
爲南齊時人,不應有晉人夾雜其內,或此段自變其例,亦未可

知。本段品文："伯成文不全佳,亦多惆悵。"可見次序仍是原書,並無錯誤。《世說·言語篇》云："毛伯成既負其才氣,常稱寧爲蘭摧玉折,不作蕭艾敷榮。"劉孝標注引《征西僚屬名》曰："毛玄字伯成,潁川人,仕至征西將軍參軍。"與《詩品》官名、人名,均相符合。又《隋書·經籍志》集部,有晉《毛伯成集》一卷,總集又有《毛伯成詩》一卷。

齊端溪令卞録(七二頁)

按:卞録當爲卞鑠之誤字。《南史·丘巨源傳》云："劉融卞鑠,俱爲袁粲所賞,粲爲丹陽尹,卞鑠爲主簿。"《隋書·經籍志》集部,有《卞鑠集》十六卷,當即此人。

梁晉陵令孫察(七五頁)

按:《梁書·孫謙傳》云："從子廉,歷御史中丞,晉陵、吳興太守。"孫廉疑即爲孫察,《梁書》爲唐姚思廉撰,思廉爲陳吏部尚書姚察之子,思廉因避父諱,故改孫察爲孫廉,因廉察二字,意義相通。

陳氏應注而未注出者,計有顧邁、戴凱、陵修之、顏則、顧則心、毛伯成、卞鑠、孫察等八人,現均逐一考得,未詳者僅有任曇緒、區惠恭二人。又釋寶月品文中有東陽柴廓,人亦無考。

二、糾正注文錯誤或補充重要材料者

羌無故實(四頁)

按:此句本於《離騷》之"余以爲蘭可恃兮,羌無實而容長"，陳氏漏注。

故孔氏之門如用詩，則公幹升堂，思王入室，景陽潘陸，自可坐於廊廡之間矣。（二〇頁）

按：本段文字，句調摹仿揚子《法言·吾子篇》。原文云："詩人之賦麗以則，辭人之賦麗以淫，如孔門之用賦也，則賈誼升堂，相如入室矣。"陳氏反引《漢書·藝文志》作注，不知班固亦本於揚雄之言也。

晉黃門郎張協（二七頁）

陳注引《晉書》曰："張協字景陽，載之弟也。兄弟並守道不兢，以文自娛，少辟公府，後爲黃門侍郎，因託疾遂棄絶人事終於家。"按：《晉書》本傳云"協字景陽，少有雋才，與載齊名，辟公府掾，轉秘書郎，補華陰令"云云。節括原文，未爲不可，但公府掾三字連文，爲三公府掾屬之總稱，不能割裂減去掾字，此陳氏之誤引。

晉文學應璩（五七頁）

陳注：晉無應璩，恐是應貞之訛。《晉書·文苑傳》云："應貞字吉甫，汝南南頓人，魏侍中璩之子也，善談論，以才學稱。"

按：應璩已見中品，此處不應復見，陳氏疑爲應貞之訛，但璩貞二字，形既不相近，應貞且不官文學，陳氏之説，未可信也。應璩疑爲應瑒之誤字。《魏志·王粲傳》，汝南應瑒爲五官將文學，建安二十二年卒，瑒弟璩，璩子貞，咸以文學顯。官名相同，人名亦相似，晉字當爲魏字之誤。然鍾嶸排列次於歐陽建之後，所未解也。（當次於阮瑀之後。）

宋尚書令傅亮　今沈特進選詩載其數首(六二頁)

陳注引《隋書·經籍志》,沈約有《詩集鈔》十卷。按:《經籍志》總集類,《詩集鈔》十卷,謝靈運撰,非沈約撰,陳氏蓋沿姚振宗《考證》而致誤。

宋記室何長瑜　羊曜璠　宋詹事范曄(六三頁)

陳注:羊曜璠名璇之,泰山人,見《謝靈運傳》。

按:《宋書·謝靈運傳》云:"璇之字曜璠,爲臨川内史,後坐事誅。"《詩品》原文,羊曜璠人名上,當脱宋内史三字,爲傳鈔之誤。

宋御史蘇寶生　宋越騎戴法興(六三頁)

按:蘇寶生又見《南史·恩幸戴法興傳》:"董元嗣爲元凶勛考掠死,追贈員外散騎侍郎,使文士蘇寶生爲之誄焉。"寶生事迹,又見《南史·徐爰傳》。《隋書·經籍志》集部,有宋江寧令《蘇寶生集》四卷。

又按:《南史·恩幸戴法興傳》云:"法興能文章,頗傳於世。"陳注關於法興能文章重要之兩句,漏未引及。

齊惠休上人　齊道猷上人　齊釋寶月(六六頁)

按:馮氏《詩紀》云:"湯惠休字茂遠,初入沙門,名惠休,孝武帝命使還俗。本姓湯,位至揚州刺史(當作揚州從事)。"又《文選》江文通《擬古》三十首,最末一首,爲擬《休上人别怨》。李善注:"沙門惠休善屬文,徐湛之與之甚厚,世祖命使還俗,本姓湯,位至揚州從事。"《隋書·經籍書》集部,有宋宛朐令《湯惠休集》三卷。《詩品》齊字當爲宋字傳鈔之誤。

又按:《廬山記》載廬山諸道人游石門詩,有帛道猷所撰"陵峰采藥,觸興爲詩"一首,道猷蓋俗姓帛也。帛與白通,與《詩品》所稱"庾白二胡,亦有清句"正合。道猷蓋亦爲胡人也。又丁福保《全齊詩》卷七,注帛道猷本姓馮,山陰人,與《廬山記》又有不同。

又按:本段品文,有"庾白二胡,亦有清句"。陳注引權德輿《送清皎上人詩》云:"佳句已齊康寶月。"則寶月姓康非姓庾也。陳氏以庾爲康之誤字則是,以寶月姓康則非也。蓋庾確爲康字之誤,康寶月爲康居國人,故有此稱。晉宋時凡康居國僧來中土者,皆冠以康字,如《世説新語》之記康僧淵,《高僧傳》之記康曇諦是也。猶由天竺國來者,必加以竺字,如《世説》之記竺法深之類,《詩品》之康寶月,當亦同例。

齊正員郎鍾憲(六八頁)

陳注:鍾憲,嶸之從祖。

按:陳氏是依本段品文"余從祖正員常云"句作注。馮氏《詩紀》,有鍾憲《登群峰標望海》一首,丁福保《全齊詩》卷四,此詩注云:"亦見《謝朓集》,題云《和西曹望海》(西曹上當脱人姓一字)。"

齊朝請吳邁遠　齊朝請許瑤之(六九頁)

按:《隋書·經籍志》集部,有宋江州從事《吳邁遠集》一卷。本書稱朝請,當爲最後之官。又樂苑《詩品》謂齊有許瑤之長於短句詠物,與鍾嶸所評正同。許瑤之現存《自君之出矣》及《閨歸答鄰人》詩二首,每首皆四句,則短句也。又存有《詠楠榴枕》一首亦四句,則詠物也。可見者共有三首,陳注分別言短句詠物,僅列兩首。

齊韓蘭英(六九頁)

按:《金樓子・箴戒篇》云:"齊鬱林王初欲廢明帝,其文則內博士韓蘭英所作也。英號韓公,總知內事,始入爲後宮司儀。"《隋書・經籍志》集部,有宋後宮司儀《韓蘭英集》四卷,蓋宋末齊初人也。

齊記室王巾(七二頁)

陳注謂《詩品》各本皆誤王屮爲王巾,其說是也。按《隋書・經籍志》史部有王巾撰《法師傳》十卷,集部有《王巾集》十一卷。足證王屮誤作王巾,不獨《詩品》爲然。又《文選》五十九,王簡栖《頭陀寺碑》,李善注:"碑在鄂州,題云齊國錄事參軍。"又云:"齊朝起家鄂州從事,後爲輔國錄事參軍。"此王巾歷官之可考者。屮字《困學紀聞》音左,後人多從其說,予謂屮字當讀爲徹,古文又借爲草字。

齊諸暨令袁嘏(七三頁)

按:《南史・卞彬傳》云:"陳郡袁嘏,自重其文,建武末爲諸暨令,被王敬則賊所害。"

梁常侍虞羲　梁建陽令江洪(七四頁)

按:虞羲、江洪,均見《南史・王僧孺傳》。羲字士光,《文選・詠霍將軍北伐》詩,李善注作字子陽,與《詩品》相同。《隋書・經籍志》集部有齊前軍參軍《虞羲集》九卷,建陽令《江洪集》二卷。洪集卷短,與《詩品》"洪雖無多,亦能自迴出"之語,正相符合。

梁步兵鮑行卿(七五頁)

按：行卿附見《南史·鮑泉傳》。

以上十五項，或釐訂注文，或補充材料。細觀全注，詳於後代人之評詩，略於古代史傳之旁徵博引，因此疏忽之處，往往可見，鄙人則拉雜漫書，恐亦未必盡當也。

1962 年 10 月撰於西安西大新村

西漢齊魯人在學術上的貢獻

一、田何、伏生等的經學

《漢書·儒林傳》序云："漢興，言《易》自淄川田生；言《書》自濟南伏生；言《詩》於魯則申培公，於齊則轅固生，燕則韓太傅；言《禮》則魯高堂生；言《春秋》於齊則胡毋生，於趙則董仲舒。"蓋漢初《五經》，皆齊魯人所傳。又瑕丘江公治《穀梁》，齊人后蒼治《禮》，魯人毛萇傳《毛詩》，鄒氏夾氏治《春秋》，亦皆齊魯人所傳也。尤以《公羊》、《穀梁》二傳，成爲西漢齊學魯學兩大派。孔安國之《尚書傳》，毛公之《詩訓詁傳》，成爲西漢古文學兩大派。諸大師或辟其蘊叢，或啓其堂奧，薪火連綿，傳授不絕，奠定了東漢經術的基礎。鄭康成博貫群經，總集大成，亦從基礎上加以發展者。自秦代焚書以後，諸大師之學術思想，有開展者，如孔鮒率魯中諸儒持禮器往依陳涉，加入秦末農民起義軍是也。有保守者，如申公等人，名山事業，傳之其人，以備清時之待訪是也。又有託古三代，不滿現實，隱匿姓名，如魯兩生之拒絕從叔孫通是也。其講學方式，有集體講習者，如高祖舉兵圍魯時，魯中諸儒，尚弦誦不輟。有個體默誦者，如伏生腹笥一經，抱殘守缺，爲秦代烈焰所不能焚。有父子口授者，如公羊壽之治《春秋》，家學相承，單傳孤詣，爲秦代守尉所不能知。其學術派別，一方面重在以隸體寫經文，另一方面重在以口授著竹帛，微言大義，賴是以傳。又如孔安國之傳《尚書》，毛公之傳《詩》訓詁，皆以古文不得列於學官。其門生弟子，不從今文以趨時，不以古文而輟業，擯出於石渠論經之外，固未嘗以學術干利祿也。在西漢全期，齊魯人對於經學偉大的貢獻如此。

二、褚少孫的史學

褚少孫爲梁相褚大之孫，宣帝時爲博士，寓居沛，事大儒王式。（見《史記·孝武本紀·索隱》。）《漢書·儒林王式傳》，稱沛褚少孫，《胡母生傳》又稱蘭陵褚大，蓋少孫原籍蘭陵，寓居於沛縣者。褚先生補《史記》，後人皆譏爲狗尾續貂，雖不能與太史公並論，然續補在馮商、揚雄、劉向父子之前，時代最先，亦自可貴。今試作所補全部大概之分析，例如有記極重要之史料者，爲西門豹爲鄴令，禁止河伯取婦事；子產、子賤、西門豹，稱爲三不欺事。河伯取婦事，熟在人口，少孫所記，實爲始見。三不欺事，與漢《劉寬碑》所云“逾豹產”、《魯峻碑》所云“比踪豹產”之漢人習俗語正相符合。有記重要之制度者，如《三王世家》，補霍去病請立三王奏疏，及武帝制詔與策文，其公牘承轉層次，與《獨斷》及居延、敦煌兩簡亦相符合。有補充《史記》、《漢書》者，如《滑稽傳》補郭舍人救乳母，東方朔上書累三千牘，衛將軍延攬東郭先生三事。《田叔傳》補田仁、任安事，《梁孝王世家》補袁盎被刺事，《惠景侯者年表》補博陸侯霍光等四十四侯事，每一列侯，且具有小傳性質。足以輔翼史公，較班氏爲詳。又有西京遺聞軼事，不見於其他文獻者，如《日者傳》，記黃直、陳君夫之相馬，留長孺之相彘，滎陽褚氏之相牛，與伯樂相馬，浮丘相鶴，並傳於千古。其缺點有重復者，如《武帝紀》引用《封禪書》全文，《陳涉世家》引用《過秦論》，《史記》原書已見徵引，真成蛇足。有錯誤者，如《滑稽傳》武帝時征北海太守詣行在所，有文學卒史王生從行。證以《漢書》實爲龔遂官渤海太守時事。綜上所述，瑕不掩瑜，讀者自能審辨之，論其成績，應列爲西漢史學家之一也。

三、東方朔的文學

《漢書·公孫弘卜式兒寬傳》贊，叙武帝時人物有云："滑稽則東方朔、枚皋。"究其實際，東方朔長於散文，枚皋工於辭賦，二人皆具有優美的文學創作性，班氏所評，未爲確論。東方朔的作品，就《漢書》所録各篇而論，其上書自薦，馳騁游説，目無餘子，則蘇張縱横家之遺也。《諫起上林苑書》，息游觀，減工役，與司馬相如《諫獵書》相似。《化民有道對》，重農事，尚節儉，與賈誼《陳政事疏》相似。其《答客難》，揚雄摹擬之成爲《解嘲》。《非有先生論》，班固摹擬之成爲《答賓戲》。《庾辭隱語》，管輅摹擬之成爲《射覆辭》。就傳世之文而論，《七諫》一篇，合宋玉《九辯》、枚乘《七發》爲一體，上可與嚴夫子《哀時命》並美，下可與劉向《九嘆》相伯仲。至於本傳記有八言、七言上下，詩雖不傳，其體例不難揣測，七言開始於此時，八言前此未聞，與誡子之四言，共有三種體格。綜合詮衡,實亦西漢中期之作家也。至於《漢書·嚴安傳》,首尾僅叙事二句,專爲載上書事一篇而立傳,與《徐樂傳》體例相同,文字雅馴犀利,左思所謂“著論準《過秦》”者也,亦爲齊人可貴之作品。

四、倉公的醫學

西漢名醫,當以齊人倉公爲代表。太史公著《史記》,特與扁鵲並傳,其見最卓,《漢書》獨不爲倉公立傳,正顯示馬班優劣之點。倉公醫學,有理論,有處方,理論淵源於《素問》及《難經》,并兼采扁鵲針灸技術。例如齊御史成,自言病頭痛,倉公切其脈,得肝氣。肝氣濁而静,此内關之病。引脈法曰,脈長而弦,不得代四時者,其病主在於肝,和即經主病也。代則絡脈有過。經主病和者,其病得之筋髓裹。其代絶而脈賁者,病得之酒且内。《正義》引《素問》云:“得病於筋,肝之和也。”又云:“脈有不及,有太過,有經,有絡。和即經主病,代則絡有過也。《八十一難》云:關之前者,陽之動也,脈當見九分而浮。關以後者,陰之動也,脈當見一寸而沈。”此倉公之醫學理論,皆本於《靈樞》、《素問》及《難經》也。其處方約分爲三類。一用湯藥,治齊王嬰兒氣鬲病,則用下氣湯。治齊中大夫齲齒病,則用苦參湯。治菑川王美人懷子不乳病,則用莨蕩藥。治淳于司馬迵風病,治齊郎中令循涌疝病,治齊中御府長信病熱,則皆用火齊湯。二用丸藥,治齊章武里曹山跗病,則用半夏丸。三用針灸,治濟北王阿母足熱病,則刺足心各三所,治菑川王蹷上病,則刺足陽明脈左右各三所。蓋倉公精於內科,尤長於治小兒及婦人病。居延漢簡中,有傷寒四物湯。(見《居延漢簡釋文》五六三頁。)又有"當北燧卒馮毋護,三月乙酉病心腹,丸藥卅五"之紀載。(見《釋文》二四三頁。)敦煌漢簡中,有治久咳逆傷寒方,列脈案兼有藥味。(見《流沙墜簡考釋·方技類》。)居延簡爲西漢中晚期物,時代較後於倉公,方中皆用丸藥,知丸藥之創作,在公元前二世紀即已開始。《倉公傳》只列理論不列脈案者,因太史公本傳所録爲倉公奏對之文,在理論中已包括脈案。倉公所治各病,不列傷寒症者,因齊魯在中原地區,傷寒比較少見,與居延敦煌邊郡專患傷寒者,不可並論。綜觀倉公治症及處方,所治均係一切疑難雜症,與張仲景《金匱要略》相近,與《傷寒論》專治一門,尚有不同。倉公在醫方中,喜用單方,如苦參湯、芫華湯之類,亦與仲景不同。偉大的倉公醫學,在我國醫學史上,放射出最光輝的一頁。嗣後齊人私淑流傳,絡繹不絕,樓護父子誦習《本草經》,尤爲明證。

五、尹都尉的農學

《漢書·藝文志》,農家有《尹都尉》十四篇。注不知何世人。馬國翰輯《尹都尉》書序云:"考《氾勝之書》曰,驗美田至十九石,中田十三石,薄田一十石,尹譯取減法神農復加之。(此數句見《氾勝之書·區種法篇》。)尹譯疑都尉之名,意其爲漢成帝以前人。"馬説是也。余昔考《種葱篇》有殘文云:"曹公既與先生言,細人覘之,見其拔葱。"西漢時曹姓爲三公者,只有曹參,應爲曹參相齊時事,因定尹都尉爲西漢初齊人。曹參相齊時,招集英俊,如蓋公、蒯通、梁石君等，皆爲上賓，尹都尉爲曹參所禮，當亦在此時。景帝中二年，改郡守爲太守，郡尉爲都尉，尹譯之官都尉，蓋又在景帝時也。尹書久佚，《藝文類聚》、《太平御覽》皆有徵引，《齊民要術》卷二引有《種瓜篇》，卷三引有《種芥》、《種葵》、《種蓼》、《種蘘》、《種葱》等五篇。其叙瓜菜下種、剪枝、育苗、收穫等耕作之法甚備，與《氾勝之書》之《種瓜》、《種瓠》、《種芋》各篇皆相似，爲西漢農書僅存之零章斷句，最爲可貴。

六、徐伯、延年的水利學

《漢書·溝洫志》云："時鄭當時爲大司農，言異時關東漕粟從渭上度，六月罷。而渭水道九百餘里，時有難處，引渭穿渠，起長安旁南山下，至河三百餘里徑易，漕度可令三月罷。罷而渠下民田萬餘頃，又可得以溉，此損漕省卒，而益肥關中之地得穀。上以爲然，令齊人水工徐伯表，發卒數萬人穿漕渠，三歲而通，以漕大便利。"又云："齊人延年上書言，河出崑崙，經中國注渤海，是其地勢西北高而東南下也。可案圖書，觀地形，令水工準高下，開大河上領，出之胡中，東注之海，如此關東長無水災，北邊不憂匈奴。可以省堤防、備塞，士卒轉輸，胡寇侵盗，覆軍殺將暴骨原野之患。……此功壹成，萬世大利。書奏，上壯之。"徐伯對於關東漕運改道，引渭穿渠，不但當時官府漕運，得其便利，人民亦資水灌溉，慶獲豐收。延年建議，是根治黄河之法，見識遠大，在當時工作條件下，有一定困難。故武帝雖壯其言，迄未實行。

七、齊人的《九章算術》

《九章算術》中，余昔考證有一部分爲齊人的作品。《九章》著述的時代，在西漢中期，已有定論。卷六有算題云：“今有甲發長安五日至齊，乙發齊七日至長安。今乙發已先二日，甲乃發長安，問幾何日相逢。”卷七又有算題云：“今有良馬與駑馬發長安至齊，齊去長安三千里，良馬初日行一百九十三里，日增十三里，駑馬初日行九十七里，日減半里。良馬先至齊，復還迎駑馬，問幾何日相逢及各行幾何。”以上兩則算題，皆是假設，説由齊國到長安，或由長安到齊的日程。古人著書及所指，皆取譬眼前事物，如魯人稱泰山，秦人稱華岳之類，《九章》算題，亦不能例外，這是西漢中期齊人作品的明證。

八、宿伯年、霍巨孟的雕繪

陝西興平縣茂陵鎮霍去病墓上，舊存立體石刻畫象九件，計有馬踏匈奴、立馬、奔馬、石虎、石牛、石猪、猩猩抱熊（或名熊抱猪）、龍吸蛙、石人頭象等。1958 年，陝文管會又訪出石象、石蛙各一件，石魚二件。另出土有篆書“左司空”及“樂陵平原宿伯年、霍巨孟”隸書兩石刻題字。《漢書·百官表》，左司空令與右司空令，俱屬少府。與宗正屬官都司空令，皆有大部分刑徒，主造陶瓦。現傳世有“居攝二年都司空”瓦片及“右空”瓦當，是其明證。（見拙著《關中秦漢陶録》卷二。）現霍墓既出土有左司空題字,知霍墓全部雕刻,皆出於左司空令官署作品。樂陵平原宿伯年、霍巨孟二人,當爲左司空官署中之石工姓名,其身份應爲自由民而非刑徒。兩漢工人,有稱工者,如樂浪全部漆器中,稱髹工、畫工、雕工、黃涂工、供工、素工、上工、清工、造工是也。有稱師者,見吳郡鄭蔓銅鏡、鄭豫銅鏡是也。(前者見《小校經閣金文》卷十五、十六頁,後者見《漢三國六朝紀年鏡圖説》圖版三七。僅舉二例,其他見於漢碑中者尤多。)有稱匠者,見武氏石闕銘及曹魏正始弩機各題字是也。有僅稱姓名不稱工者,此例最爲普遍,如元平元年咸里周子才陶盒(見《陶錄》卷一),木明瓦筒題字(見《陶錄》卷二),吳君、公孫少、梁君賓、陳長君、侯長子、戚少中、吳子良、侯長君、猶君房各陶器題字是也。(以上各陶文,均見《季木藏陶》九一至九六頁。)霍墓宿伯年、霍巨孟兩人題名,正合於上述第四種類型。又漢代刑徒的題名,必稱爲徒,如三處閣刻石,題爲徒要本是也。(見陶宗儀《古刻叢鈔》。)因此推知宿伯年、霍巨孟二人之身份,爲自由民而非刑徒。或以工人設計及監督刑徒造作,亦未可知。特現在各石雕中,不能區別某一塊爲宿、霍二人的手藝耳。就霍墓全部石刻而言,皆係就自然形狀略刻數筆,而意態雄傑,迥非東漢盛行之綫條形式所可比擬。又《文選》卷十一,王延壽《魯靈光殿賦》云:

圖畫天地,品類群生,雜物奇怪,山神海靈。寫載其狀,託之丹青,千變萬化,事各繆形,隨色象類,曲得其情。上紀開闢,遂古之初,五龍比翼,人皇九頭,伏羲鱗身,女媧蛇軀,鴻荒樸略,厥狀睢盱。焕炳可觀,黃帝唐虞,軒冕以庸,衣裳有殊。下及三后,淫妃亂主,忠臣孝子,烈士貞女,賢愚成敗,靡不載叙。

魯靈光殿,爲漢景帝子魯恭王餘所建築,遭王莽之亂,西京宮殿,焚燬無遺,惟靈光殿因遠在魯國,巍然獨存。延壽此段所寫,爲魯靈光殿之壁畫。古代神祠有壁畫,始於戰國時代的楚國,見王逸《楚辭章句・天問篇》序。當景帝時已盛行壁畫,尚未行石刻畫象,觀其所畫,是品類群生。包括山海鳥獸人物各種圖象,主要在人物畫。其氣魄之沉雄偉大,在延壽賦中,不難加以想象,出於當時名畫工之手筆無疑。所畫如伏羲鱗身,女媧蛇軀,上古帝王,忠臣孝子等圖,對於東漢武梁祠畫象、魯峻石室畫象及近出沂南石室畫象的影響非常巨大。兩漢畫工,很少題名,此殆魯國無名氏的繪畫專家。

九、無名氏的書學

西漢石刻,傳世極稀,計有趙廿二年群臣上壽刻石,(見《捃古録》石文卷五。)中殿第廿八題字,(見《金石萃編》卷五。)五鳳二年刻石,(見同上。)西漢降命刻石,(又名遲元宗封冢記,見《陶齋藏石記》卷一。)巴州民楊瞳買地刻石、麃孝禹刻石,(均見《古石抱守録》。)魯六年北陛刻石,(北京大學藏石。)霍去病墓左司空刻石,平原樂陵宿伯年霍巨孟題名。(未著録。)加以王莽時期祝其卿、上谷府卿二墳壇題字,(見《金石萃編》卷五。)萊子侯刻石,(見《金石續編》卷二。)官工節碭周君長題名等十三種。(西安棗園村王莽九廟遺址出土,未著録。)(孟璇碑係東漢時物,樓護假貸刻石,朱博、王尊兩誦德殘碑三種,均係偽作,應予剔除。)

在十三種之中，屬於齊魯人的作品，佔有七種（五鳳、降命、麃孝禹、北陛、祝其卿、上谷府、萊子侯），等於百分之五十強。以時代而論，北陛在景帝時，五鳳在宣帝時，麃孝禹在成帝時，三種紀年最古。以字體而論，祝其卿、上谷府兩種，屬於篆書，其餘皆屬於古隸書，多不帶挑法。惟麃孝禹刻石，用筆如游絲宛轉，逸趣橫生，則另具一種風格。東漢石刻，留書人姓名者，本很少見，在西漢則更無此例。以上所述，皆成爲西漢齊魯無名氏的書家。至於齊境各地所出西漢時瓦當，則皆爲“千秋萬歲”四字，琅琊臺遺址所出，則爲“延年”半瓦，（均見羅振玉《秦漢瓦當文字》。）而“千秋萬歲”四字，每瓦所寫字形結構皆不重同，變化莫測。吳清卿曾評齊瓦優於秦瓦，至爲確論，亦皆西漢時代齊國無名氏書家之遺作也。

小　結

　　西漢時齊魯人對學術上貢獻，如此之偉大，其原因遠受孔子下官學到私學的影響。次則受荀卿游齊之影響，漢初齊魯經學大師，如申培公、毛萇，皆爲其再傳弟子。再次則受齊稷下先生之影響，稷下爲人才薈萃之地，百家爭鳴，不拘一格。醫學、農學、算學等，當必有從事研究者，在戰國時開燦爛之花，至西漢時結豐碩之果，其勢然也。余寫此文，對於經學、醫學，重在分析，不叙本事。褚少孫之史學，東方朔之文學，則是提出的新見解。尹都尉的農學，《九章》的算學，宿伯年等的雕繪，則是個人的新考證。尤其以徐伯、宿伯年、霍巨孟三人，皆出身於水工、石工，表現出高度技術水平,勞動人民之智慧創作。至於《漢書·藝文志》所載師氏的樂學,《律曆志》所載即墨徐萬且的曆學,《曹參傳》所載膠西蓋公的黃老學,其事實不够具體,故均略而不論。

太史公書名考

我少時讀《漢執金吾丞武榮碑》有云："傳講《孝經》、《論語》、《漢書》、《史記》。"知西漢的《太史公書》，在東漢末已改稱《史記》，與今名符合。及讀王靜安先生《太史公行年考》，根據《三國·魏志·王肅傳》，謂《史記》名稱，始於王肅，心竊以爲不然。憶余1941年春間，旅客昆明，候車赴渝，日多閒暇，輒至翠湖公園温理舊書。偶讀楊守敬《望堂金石記》，見摹刻《東海廟殘碑碑陰》，有"秦東門闕，事在《史記》"一語，知《史記》名稱，在東漢桓帝永壽元年已經開始。年來閱楊明照先生《〈太史公書〉稱〈史記〉考》（見《燕京學報》第二十六卷），指出《史記》名稱，開始於東漢靈獻之世，列舉五證，確有獨到之見解。但楊氏所考，尚未具體，因搜羅材料，共列九證；兼采楊氏之説，俾成定讞。其《武榮碑》一證，爲余與楊氏及其師陳季皋先生所共知。其《東海廟碑碑陰》、延篤《史記音義》、《風俗通義》、高誘《戰國策注》四種，則余所發現。他如蔡邕《獨斷》、荀悦《漢紀》、穎容《春秋例序》、高誘《吕氏春秋訓解》等四證，則節采楊氏之原説。至於《太史公書》以前古史中早已有過史記的名稱，與本篇無涉，不再商討。兹先論由《太史公書》轉變爲《史記》名稱的過程。

《史記·太史公自序》："凡百三十篇，五十二萬六千五百字，爲《太史公書》。"是司馬遷自定原名爲《太史公書》。嗣後西漢諸儒多沿用此名稱，故《漢書·藝文志》列《太史公書》於《春秋》類。一變爲《太史公記》，《漢書·楊惲傳》云"惲母司馬遷女也，惲始讀外祖《太史公記》"是也。再變爲《太史記》，《風俗通義·正失篇》云"謹案《太史記》，燕太子丹留秦，始皇遇之益不善，燕亦遂滅"是也。三變爲今稱《史記》。其他有稱《太史公傳》（見《史記·龜策傳》褚先生補）及《太史公》者（見楊子《法言·問神篇》），均屬在演變中多種的名稱。

《史記》在東漢和帝永元以前，仍普遍稱爲《太史公書》。王充《論衡》卷二十九《述作篇》云："《太史公書》劉子政序班叔皮傳，可謂述矣。"王充以章帝章和中卒。又《後漢書》列傳三十八《楊終傳》云："後受詔删《太史公書》爲十餘萬言。"楊終以永元十二年卒。是其明證。

《史記》名稱，有介於疑似之間，而後人誤爲從東漢初年即開始者，如《後漢書》列傳三十《班彪傳》云："彪既才高而好述作，遂專心史籍之間。武帝時司馬遷著《史記》，自太初以後，闕而不錄。後好事者，頗或綴集時事，然多鄙俗不足以踵繼其書。"後引班彪《後傳》略論曰："夫百家之書，猶可法也。若《左氏》、《國語》、《世本》、《戰國策》、《楚漢春秋》、《太史公書》，今之所以知古，後之所由觀前，聖人之耳目也。"《班彪傳》文所謂司馬遷著《史記》者，爲范蔚宗當時叙事之文；《後傳》係班彪原文，仍稱爲《太史公書》，可以證明。又《列仙傳·老子傳》引《史記》云："老子之子名宗，仕魏爲將軍，封於段干。"《西京雜記》云："司馬遷發憤作《史記》百三十篇。"兩書經魏晉人附益者多，不能據爲定論。

《史記》名稱,有謂始於班彪父子者,有謂始於王肅者,有謂始於兩晉者,有謂始於《隋書·經籍志》者,衆説紛紜,莫衷壹是。今據東漢的碑刻及其他可靠文獻材料,互參考證,決定開始於東漢桓帝之時。前後共羅引九證,分舉如下。

(一證)《漢東海廟碑陰》

《隸釋》卷二《漢東海廟碑碑陰》云:"闕者秦始皇所立名之秦東門闕,事在《史記》。"案《史記·秦始皇本紀》三十五年:"於是立石東海上朐界中以爲秦東門。"碑文所謂事在《史記》,即指此事。《東海廟碑》爲桓帝永壽元年立。《史記》之名稱,當以此爲最早。合下文《武榮碑》觀之,皆石刻中兩鐵證,故決定《史記》名稱的開始,在東漢桓帝之時。

(二證)《漢執金吾丞武榮碑》

《金石萃編》卷十二《漢執金吾丞武榮碑》云:"闕幘傳講《孝經》、《論語》、《漢書》、《史記》、《左氏》、《國語》,廣學甄微,靡不貫綜。"又云:"遭孝桓大憂,屯守玄武,戚哀悲忡,加遇害氣,遭疾隕靈。君即吳郡府卿之中子,敦煌長史之次弟也。"碑無年月,以碑文辭考之,武榮之卒,當在靈帝初年。武榮年三十六,舉孝廉,研究《史記》、《漢書》,當在桓帝初年可知。另以武氏石闕銘其《敦煌長史武斑碑》互考之,武榮爲武開明之子,武斑之弟。武斑以永嘉元年死,年二十五;碑以建和元年立。《武榮碑》雖無年月,立在靈帝初年可知。

(三證)延篤《史記音義》

司馬貞《史記索隱》後序云:"古今爲注解者絶鮮,音義亦希,始後漢延篤乃有《音義》一卷;又別有《章隱》五卷,不記作者何人。近代鮮有二家之本。"案《後漢書》列傳五十四《延篤傳》，篤以桓帝永康元年卒，不言著有《史記音義》。《隋書·經籍志》史部，亦不載此書，知在隋以前即已亡佚。章宗源《隋書經籍志考證》云：裴駰《集解》中引有《史記音隱》，司馬貞兩書並舉，足證延篤之書，標題可確定爲《史記音義》。證之《隋書·經籍志》，著録有宋徐廣《史記音義》十二卷；《索隱》後序亦云，裴駰又有《史記音義》，可知徐、裴兩書的命名，皆摹仿延篤《史記音義》而來。又《顏氏家訓·書證篇》，引延篤《戰國策音義》，其命名與《史記音義》正同。

（四證）蔡邕《獨斷》

蔡邕《獨斷》卷上："四代獄之別名：唐虞曰士官，《史記》曰皋陶爲理。"按《史記·五帝本紀》云："皋陶爲大理。"蔡邕所引，殆此文也。又按《後漢書·蔡邕傳》云："及董卓被誅，邕在司徒王允坐，言之而嘆。允勃然叱之，即付廷尉治罪。邕遂死獄中。"卓之被誅，在獻帝初平三年四月，蔡邕之死當略後數月。《邕傳》，死時年六十一歲。《獨斷》成書，當在靈帝末年。

（五證）荀悦《漢紀》

荀悦《漢紀》卷三十云："班彪舉茂才，爲徐令。彪子固字孟堅，明帝時爲郎。據太史公司馬遷《史記》，自高祖至於孝武，大功臣紹其後事，迄於孝平王莽之際，著帝紀表志傳以爲《漢書》，凡百篇。"荀悦又有時兼稱爲《太史公記》。《漢紀》卷十四云："司馬子長既遭李陵之禍，喟然而嘆，幽而發憤，遂著史記，始自黃帝，以及秦漢，爲《太史公記》。"其體例與應劭《風俗通義》相同。又按《漢紀》序云："建安三年詔給事中秘書監荀悦，鈔撰《漢書》，略舉其要,其五年書成。"是荀悅此書,成於建安五年,比較《獨斷》爲後。

(六證) 應劭《風俗通義》

應劭《風俗通義》佚文(嚴可均輯《全後漢文》卷三十七)云:"宮車晏駕。謹案《史記》曰:王稽謂范雎曰,夫事有不可知者,有不可奈何者。一旦宮車晏駕,是事不可知也。"嚴氏本條佚文是從《文選》卷十六《竟陵王行狀》李善注輯出。案應劭係節用《史記·范雎傳》文。

《風俗通義》佚文(盧文弨《群書拾補》第二十八種)云:"由余秦相也,見《史記》;漢有由章,至長沙太傅。"(引宋景文公筆記。)由余秦相,見《史記·秦本紀》,當爲本書《姓氏篇》佚文。

又《風俗通義》有稱《太史公記》者,如卷一"謹案《戰國策》、《太史公記》:秦孝公據殽函之固,擁雍州之地,君臣戮力,以窺周室"云云。按所引爲《史記·秦始皇本紀》贊,太史公又用賈誼《過秦論》上篇原文。又《風俗通義》有稱《太史記》者,如卷二:"謹案《太史記》燕太子丹與秦始皇:遇之益不善,丹恐而亡歸,歸求勇士荊軻、秦武陽函樊於期之首,貢督亢之地圖。秦王大悅,禮而見之,變起兩楹之間,事敗而荊軻立死。"按本條蓋節引《史記·刺客荊軻傳》文。又卷二:"謹案《太史記》:秦始皇欺於徐市之屬,求三山於海中,而不免沙丘之禍。"本條節引《史記·秦始皇本紀》文。應劭對《史記》又兼稱《太史公記》及《太史記》者,蓋《史記》之名初經改變,故隨手漫書,並不一致。又案《應劭》當卒於建安九年,見姚振宗《隋書經籍志考證》"漢書集解"條。《風俗通義》成書,當在靈帝時代。

（七證）穎容《春秋例序》

穎容《春秋例序》（《太平御覽》卷六百二引）云："漢興，博物治聞著述之士，有司馬遷、揚雄，漢所著作違義正者尤多闕略。舉一兩事以言之：遷《史記》不識畢公文王之子，而言與周同姓；揚雄《法言》，不識六十四卦，云所從來尚矣。"按《史記·魏世家》云："魏之先，畢公高之後也。畢公高與周同姓。"穎容所譏，當即此文。又《後漢書·儒林穎容傳》云："容字子嚴，陳國長平人，博學多通，善《左氏春秋》。……初平中避亂荆州，劉表以爲武陵太守，不肯起。著《春秋左氏條例》五萬餘言。建安中卒。"

（八證）高誘《呂氏春秋訓解》

《呂氏春秋》卷十六《先識覽》云："晉太史屠黍，見晉之亂也，以其圖法歸周。"高誘訓解云："屠黍，晉出公之太史也。出公，頃公之孫，定公之子也。《史記》曰，智伯攻出公，出公奔齊而道死焉。"按《史記·晉世家》云："智伯與韓魏趙共分范中行地，以爲邑。出公怒，告齊魯，欲以伐四卿。四卿恐，遂反攻出公。出公奔齊，道死。"高誘蓋節引此文。又按高誘，《後漢書》無傳；誘所撰《淮南子注》，自序謂成書於建安十七年；《呂氏春秋訓解》成書，當亦在建安十七年前後。

（九證）高誘《戰國策注》

高誘《戰國策注》卷二《西周策》云："秦召周君，周君難往。或爲周君謂魏王曰：秦召周君，將以使攻魏之南陽，王何不出於河南。"誘注："魏王，《史記》作韓王；河南，《史記》作南陽。"

卷五《秦策》云："伍子胥橐載而出昭關，夜行而晝伏，至於淩水。"高誘注："淩水，《史記》作陵水。"

卷八《齊策》云："盼子有功於國，百姓爲之用；嬰子不善，而用申縛。"高誘注："申縛，《史記》作申紀。"

高誘《戰國策注》，據士禮居影宋剡川姚氏刊本寫録。按《隋書·經籍志》，高誘注《戰國策》二十一篇；《崇文總目》，高誘注八篇，今存十篇（《四庫全書提要》云，高誘注二至四卷，六至十卷，共存八卷，方符合《崇文總目》之數），經宋人又加續注及校語，蕪雜不清，故有疑爲依託者，其實決非僞書。上述三條，經審慎甄別，確爲高氏之遺説。試舉《秦策》卷四，高誘注咸陽云："咸陽，秦都也。今長安都渭橋西北咸陽城，是也。"自是漢人語氣。又卷九《齊策》，高注所引《孟子》"子噲不得與人燕"一節，與今本亦異。高另著《孟子章句》，搜羅必有多本，其非僞託可知。

上述各證，始於東漢桓帝永壽元年，終於獻帝建安十七年。武榮當卒於靈帝初年，其傳習《史記》，必在早歲。桓帝初年即有《史記》名稱，灼然可信。其他如延篤之《史記音義》、應劭之《風俗通義》、潁容之《春秋例序》，著者皆無成書年月可考。不得已，只引用可考的卒年，是從最低的年限來估計的。他們著書引用《史記》，在桓、靈、獻三世，是毫無疑問的。東漢以後，《史記》名稱即已普遍流傳，不再研究。唐顏真卿《東方朔畫像讚》，仍稱《史記》爲《太史公書》，是魯公援用古稱，並非唐代的通稱。

漢晉人對《史記》的傳播及評價

一、漢晉人對《史記》的傳播

楊惲爲傳播《太史公書》之始。

《漢書》卷六十二《司馬遷傳》云："遷既死後，其書稍出。宣帝時，遷外孫平通侯楊惲，祖述其書，遂宣布焉。"又《漢書》卷六十六《楊敞附楊惲傳》云："惲母司馬遷女也。惲始讀外祖《太史公記》，頗爲春秋。"太史公自序説，當時有兩本，"藏之名山，副在京師"。所謂名山者，即是藏之於家。太史公卒後，正本當傳到楊敞家中，副本當存在漢廷天禄閣或石渠閣。褚少孫、劉向、馮商、揚雄等所續，即是根據副本，副本在當時已又録副本，太史公親手寫的副本，可能毁於王莽之亂。《漢書》這段記載，是説楊惲先讀《太史公書》，因而就學《春秋》。兩漢人的看法，《太史公書》是屬於《春秋》類，所以劉歆《七略》，編入《春秋》類，這一點痕迹，在《藝文志》中，還可以看出。

褚少孫、馮商爲續補《太史公書》之始，《史通》稱補《史記》者共有十五家。

　　《史記》卷一二八《龜策傳》："褚先生曰：臣以通經術，受業博士，治《春秋》，以高第爲郎，幸得宿衛，出入宮殿中，十有餘年，竊好太史公傳。"現《史記》低一格記載，皆褚先生所補。（姚振宗《隋書·經籍志考證》史部，褚先生所續，共十五篇。）《漢書》卷三十《藝文志》，春秋家有馮商所續太史公七篇。韋昭注："馮商，字子高，受詔續《太史公書》十餘篇，在班彪《別録》。"顏師古注引《七略》："馮商，陽陵人，治《易》事五鹿充宗，後事劉向，能屬文，與孟柳俱待詔，頗序列傳，未卒，病死。"《漢書》卷五十九《張湯傳》贊云："馮商稱張湯之先與留侯同祖，而司馬遷不言，故闕焉。"但《史記》已有《張湯傳》，可見馮商所補，有的是補充材料，有的是另作列傳。上述兩家的續補《史記》，已啓了司馬貞補《史記·三皇本紀》的先例。

　　《史通·正史篇》云："《史記》所書，年止太初，其後劉向、向子歆，及諸好事者，若馮商、衛衡、揚雄、史岑、梁審、肆仁、晉馮、段肅、金丹、馮衍、韋融、蕭奮、劉恂等相繼撰續，迄於哀平間，猶名《史記》。"浦注："馮商見《漢書·藝文志》，史岑見本書《人物篇》，（案史岑字孝山，《文選》有《出師頌》。）晉馮、段肅（案或作殷肅）見《班固傳》，馮衍自有傳，餘七人未詳。"案衛衡見《華陽國志·漢中士女志》云："衡字伯梁，南鄭人，少師事同郡樊季齊，郡九察孝廉，公府十辟，公車三徵，皆不就。"似即其人，然有可疑之端，樊季齊爲樊英，爲東漢中期人，衛衡既爲其弟子，則《史通》不得列其名在揚雄之上。《華陽國志》亦未言其續補《史記》事，但《後漢書》章懷注云：“好事者謂揚雄、劉歆、陽城衡、褚少孫、史孝山之徒也。”衛衡章懷注又作陽城衡，支離曼衍，究未能定其孰是。

桓寬《鹽鐵論》，爲引用《史記》節括原文之始。

《鹽鐵論·毀學篇》云：“大夫曰：司馬子長言，天下穰穰，皆爲利往，趙女不擇醜好，鄭嫗不擇遠近，商人不醜恥辱，戎士不愛死力，士不在親，事君不避其難，皆爲利禄也。”

案《史記》卷一百二十九《貨殖列傳》原文云：“故曰：天下熙熙，皆爲利來。天下攘攘，皆爲利往。夫千乘之王，萬家之侯，百室之君，尚猶患貧，而況匹夫編户之民乎！”《貨殖傳》又曰：“富者，人之情性，所不學而俱欲者也。故壯士在軍，攻城先登，陷陣却敵，斬將搴旗，前蒙矢石，不避湯火之難者，爲重賞使也。其在閭巷少年，攻剽椎埋，劫人作姦，掘冢鑄幣，任俠并兼，借交報仇，篡逐幽隱，不避法禁，走死地如鶩者，其實皆爲財用耳。今夫趙女鄭姬，設形容，揳鳴琴，揄長袂，躡利屣，目挑心招，出不遠千里，不擇老少者，奔富厚也。游閑公子，飾冠劍，連車騎，亦爲富貴容也。弋射漁獵，犯晨夜，冒霜雪，馳坑谷，不避猛獸之害，爲得味也。博戲馳逐，鬥雞走狗，作色相矜，必争勝者，重失負也。醫方諸食技術之人，焦神極能，爲重糈也。吏士舞文弄法，刻章偽書，不避刀鋸之誅者，没於賂遺也。農工商賈畜長，固求富益貨也。”以《鹽鐵論》所引，與《史記》原文兩相比較，僅是概括的大義。

案桓寬記御史大夫桑弘羊之言，是最早節括引用《史記·貨殖傳》文，事在昭帝始元六年，其時楊惲的正本，尚未宣布，副本存在京師，桑弘羊所見，當爲太史公的副本。太史公卒年未詳，當昭帝始元六年，太史公可能尚生存，則桑弘羊所引，或親聞於太史公亦未可知。即令此段非當時御史大夫之言，桓寬著書時加以潤色的，然亦在宣帝時代，爲最早引用《史記》的原文，加以節括，則是毫無疑義的。

劉向書録各序，爲引用《史記》原文之始。

上述桓寬《鹽鐵論》，記御史大夫之言，引用《史記·貨殖傳》，係節括原文，至於直用《史記》的原文，則始於劉向。劉向撰《管子書録》，全用《史記·管晏列傳》，管了部分原文，連"太史公曰"傳贊一段，亦鈔録無遺。又《孫卿子書録》，係節引《史記·孟子荀卿列傳》。《韓非子書録》，宋刻本雖不著劉向的姓名，疑亦爲劉向所撰，此篇全録《史記·老莊申韓列傳》，僅删去《說難》原文一篇。（以上各書録，見嚴可均《全漢文》卷三十七。）又《新序》卷十《善謀篇》"沛公與項籍俱受令於楚懷王"一節，"酈食其説漢王"一節，"漢三年項羽急圍漢王"一節，"漢六年正月封功臣"一節，"高皇帝五年婁敬説漢王都關中"一節，"張良徵請四皓"一節，與《史記》文字多同，不敢一定説劉向引用《史記》的原文，可能太史公與劉向同爲采用陸賈《楚漢春秋》的原文，惟張良徵請四皓一節，事實稍後，必爲劉向引用《史記·留侯世家》的原文無疑。

又案劉向《別録·列子書録》云："孝景皇帝時，貴黄老術，此書頗行於世，乃後遺落，散在民間，未有傳者，且多寓言，與莊周相類，故太史公司馬遷不爲列傳。"又《別録·叙申子》云："今民間所有上下二篇，中書六篇皆合，二篇已備，過太史公所記也。"足證劉向對於《史記》研究得相當深刻。
（以上均見嚴可均《全漢文》卷三十七。）疑劉向書錄各序，皆
集存在《別錄》之內，現《別錄》已亡，故僅分見於各書之首，
其實是一事也。

東平思王劉宇，爲求讀《太史公書》之始。

《漢書》卷八十《東平思王傳》云："後年來朝，上疏求諸
子及《太史公書》。上以問大將軍王鳳。對曰：臣聞諸侯朝
聘，考文章，正法度，非禮不言，今東平王幸得來朝，不思制節
謹度，以防危失，而求諸書，非朝聘之義也。諸子書或反經
術，非聖人，或明鬼神信物怪。《太史公書》，有戰國從橫權
譎之謀，漢興之初，謀臣奇策，天官災異，地形厄塞，皆不宜在
諸侯王，不可予。""對奏，天子如鳳言，遂不與。"看王鳳的語
氣，説《太史公書》，內中包括有縱橫家的權謀，有漢初謀臣
的奇策，還是掩飾的話，實在是《太史公書》富有强烈的反抗
性及人民性，若准許人人閲讀，是與統治階級有絕大危害的。
又《漢書》卷一《百叙傳》云："班斿以選受詔，進讀群書。上
器其能，賜以秘書之副。時書不布，自東平思王以叔父求太
史公諸子書，大將軍白不許，語在《東平王傳》。"與此紀載
相同。

西漢末期，《史記》的零章斷句，已爲傳播於邊郡之始。

《羅布淖爾考古記》第八章，二一一頁，有"人利則進不
利"（上下俱缺）的殘簡。黃文弼考爲疑出《史記·匈奴傳》，
其説甚是。《史記·匈奴傳》原文云："利則進，不利則退，不
羞遁走，苟利所在，不知禮義。"羅布淖爾出土的各木簡，開

始於宣帝時，最遲至西漢末期。此簡爲戍所官吏，偶憶及
《史記》原文，隨手信書，並非鈔寫全傳的性質。此等官吏，
可能來自京師，見過《史記》原本，然可以證明《史記》在西漢
末期，有一部分，已流傳於邊郡。

漢光武賜竇融擇鈔《史記》，則爲單卷別行之始。

　　《後漢書》卷二十三《竇融傳》云：“乃賜以外屬圖，及太
史公《五宗》、《外戚世家》、《魏其侯列傳》。”案竇融爲竇廣
國七世孫，竇嬰爲竇太后之侄，五宗爲景帝子十三人，皆與竇
融先世有關，一則因事實的需要，一則因卷帙太繁，故創爲單
卷別行的方法。又《後漢書·王景傳》云：“又以嘗修浚儀，
功業有成，乃賜景《山海經》、《河渠書》，及《禹貢圖》及錦帛
衣物。”王景，明帝時人，賜《河渠書》，亦單卷別行之繼續者。
又敦煌漢簡，有類似《史記·滑稽傳》淳于髡事的簡文，與今
本異同很大，有人亦指爲單卷別行，恐非是。

東漢初年，洛陽書店，可能有《史記》出售，爲民間流通
《史記》之始。

　　《後漢書》卷四十九《王充傳》云：“充少孤，鄉里稱孝。
後到京師，受業太學，師事扶風班彪。好博覽而不守章句。
家貧無書，常游洛陽市肆，閱所賣書，一見輒能誦憶，遂博通
衆流百家之言。”現在《論衡》中，有評《太史公書》的，有引用
《太史公書》原文而不注明的，這兩種類型均很多。他所讀
的《太史公書》，一部分可能是從洛陽書店中看來的，一部分
可能是從班彪家中借讀。

楊終刪定《史記》，則爲削繁之始。

《後漢書》卷四十八《楊終傳》云："後受詔删《太史公書》爲十餘萬言。"案楊終所删定的《史記》本，在漢以後的人，即未見過，其體例也不可考，既云受詔删定，當然所删的是不利於統治階級的文字。全部《史記》五十二萬餘字，經楊終此次删定，幾乎去了十分之七，因而有人説現存的《史記》不是太史公的原本，而是楊終的删本，現在《史記》約六十萬字，比太史公自述的五十二萬餘字，還要多出幾萬字，這是三國以來的學者就楊終的删本，而加以補充的。我看這種説法，是極端錯誤的。古代删定的書，與原書皆是同時並存，不是删本一出，原本就湮没不傳，例如楚太傅鐸椒，摘録《左傳》的《鐸氏微》，晉楊方有《吳越春秋削繁》，兩種在當時並行不悖，目下《左傳》及《吳越春秋》二書均存，而摘録削繁的書，反而不存，楊終的書，久經亡佚，决不能指現存的原書，而代頂替已佚的書，説此者不僅是好奇，而且是無識。

延篤爲注解《史記》之始。

司馬貞《史記索隱》後序云："古今爲注解者絶省，音義亦希，始後漢篤乃有音義一卷，又别有音隱五卷，不記作者何人，近代鮮有二家之本。"案《史記》漢人以爲謗書，多不敢注解，與《漢書》在東漢末期，已有服虔、應劭等家注解不同。延篤音義，《後漢書》卷六十四本傳亦未云及，知成書不久即已消失。余又疑延篤另著有《漢書音義》，兹不具論。現僅從裴駰集解中所引略見鱗爪而已。

東漢桓帝時，爲《太史公書》轉變爲《史記》名稱之始。

《金石萃編》卷十二《武榮碑》云："闕幘傳講《孝經》、

《論語》、《漢書》、《史記》。”《武榮碑》無年月，當立於桓帝時。又嚴可均《全後漢文》卷一百二《漢東海廟碑》云：“闕者秦始皇所立，名之秦東門闕，事在《史記》。”（以上所云，刻在碑陰。）碑爲熹平元年四月立，足證《太史公書》在東漢桓靈時代，已正式改稱《史記》。余另有專題考證一篇，列舉九證。王國維先生《太史公行年考》，謂《史記》名稱開始於曹魏時王肅，這是千慮的一失。

漢《張遷碑》文，叙張釋之事，爲碑刻引用《史記》，節括原文之始。

　　漢《張遷碑》云：“文景之間，有張釋之，建忠弼之謨，帝游上林，問禽狩所有，苑令不對，更問嗇夫，嗇夫事對，於是進嗇夫爲令，令退爲嗇夫，釋之議爲不可，苑令有公卿之才，嗇夫喋喋小吏，非社稷之重，上從言。”案《張遷碑》爲靈帝中平六年刻，此段文字，係總括《史記》語，因係碑文，不能直抄，所以在文字上略加變通。

高誘撰注《呂氏春秋》及《戰國策》，爲引用《史記》注釋古籍之始。

　　高誘《呂氏春秋》卷十六《先識覽》注引《史記》“智伯攻出公”事；《戰國策》卷二《周策》注“秦召周君”條；卷三《秦策》注“伍子胥出昭關”條；卷八《齊策》注“盼子有攻於國，百姓爲之用”條。高誘皆引證《史記》作注釋，爲引用《史記》作注最早的例子。

《漢舊儀》叙太史公求古諸侯史記，《博物志》有太史公的官籍，爲紀載太史公雜事之始。

《太平御覽》卷二百三十五引《漢舊儀》云："司馬遷父談，世爲太史。遷年十三，使乘傳行天下，求古諸侯之史記。"《博物志》載有太史公户籍云："茂陵顯武里大夫司馬遷，年廿八，三年六月乙卯除六百石。"（《史記索隱》注引。）案今本《博物志》不載此條，近人皆指爲是太史公的户籍，其實是官籍，記的除官年月日期，與居延敦煌各本簡戍卒的户籍，文法不同，而敦煌木簡有"本始六年三月乙酉到官"殘簡文與此相同。

《西京雜記》卷六云："漢承周史官，至武帝置太史，太史公司馬談世爲太史，遷年十三，使乘傳行天下，求古諸侯史記，讀孔氏古文，序世事，作傳百三十卷，五十萬字。談死子遷以世官復爲太史公，位在丞相下，天下上計，先上太史公，副上丞相，太史公序事，如古《春秋》法，司馬氏本古周史佚後也，作《景帝本紀》，極言其短，及武帝之過，帝怒而削去之，後坐舉李陵，陵降匈奴，下遷蠶室，有怨言，下獄死。宣帝以其官爲令，行太史公文書事而已，不復用其子孫。"案《西京雜記》此條蓋采用《漢舊儀》文。

《西京雜記》卷四又云："司馬遷發憤作《史記》百三十篇，先達稱爲良史之才，其以伯夷居列傳之首，以爲善而無報也，爲《項羽本紀》，以踞高位者，非關有德也，及其序屈原、賈誼，詞旨抑揚，悲而不傷，亦近代之偉才。"案此條觀其語氣，亦漢人所記，以近代兩字，可以斷之。

王莽對《史記》的利用。

《漢書》卷六十二《司馬遷傳》云："王莽時求封遷後，爲史通子。"王莽此舉,不是尊重太史公的而是利用太史公的,因太史公多采用《左氏傳》,這一點與王莽提倡經古文學最適合。現代人又有説《史記》是經劉歆改竄的,劉歆既僞作《周禮》、《左氏》兼及《史記》,何其能者多勞不憚煩如此。

二、漢晉人對《史記》的評價

評論《史記》最先的,當推揚雄《法言》,每以《史記》與《淮南子》同等齊觀。

　　揚子《法言·問神篇》云:"或曰:淮南太史公者,其多知與,曷其雜也。曰:雜乎雜,人病以多知爲雜,惟聖人爲不雜。"案揚雄的意思,俗人以爲蕪雜,通人不以爲蕪雜。雄在《法言》中,每以《淮南》與《史記》並舉,蓋當西漢時,以此兩書篇帙爲最巨。

　　又《寡見篇》云:"或問司馬子長有言曰:《五經》不如《老子》之約也,當年不能極其變,終身不能究其業。曰:若是則周公惑,孔子賊。"案揚雄引司馬遷之言,在《寡見篇》中,是譏其寡見。

　　又《重黎篇》云:"或問《周官》曰立事,《左氏》曰品藻,太史遷曰實録。"案班固《司馬遷傳》贊云:"自劉向、揚雄,博極群書,皆稱遷有良史之才,服其善序事理,辨而不華,質而不俚,其文直,其事核,不虛美,不隱惡,故謂之實録。"據此揚雄與劉向皆評《史記》爲實録,看法是一樣的。

　　又《君子篇》云:"淮南説之用,不如太史公之用也。太史公，聖人將有取焉，淮南鮮取焉爾。必也儒乎。乍出乍入，淮南也。文麗用寡，長卿也。多愛不忍，子長也。仲尼多愛，愛義也。子長多愛，愛奇也。"案揚雄此段評《史記》的價值，比《淮南》爲高，但有些地方，貪多不忍割舍。

《漢書》卷八十七《揚雄傳》云："及太史公記六國，歷楚漢，訖麟止，不與聖人同，是非頗謬於經。"案揚雄説《太史公書》，是非頗謬於經，所謂經者，指《春秋》經而言，《史記》在兩漢人的看法，列入《春秋》類，故揚雄亦有此言。

《漢書》卷八十七《揚雄傳》贊云："昔老聃著虛無之言兩篇，薄仁義，非禮學，然後好之者，尚以爲過於《五經》，自漢文景之君，及司馬遷皆有是言。"案此段是桓譚語，評論揚雄的《太玄》，比於老子，兼論及太史公等人推崇老子的《道德經》。

評論《史記》最豐富的，則爲王充《論衡》，有直接評論它的價值，有間接分析它的紀事。

《論衡·命禄篇》云："太史公曰：富貴不違貧賤，貧賤不違富貴，是爲從富貴爲貧賤，從貧賤爲富貴也。"

又《幸偶篇》云："閎籍孺之輩，無德薄才，以色稱媚，不宜愛而受寵，不當親而得附，非道理之宜，故太史公爲之作傳，邪人反道而受恩寵，與此同科，故合其名，謂之佞幸。"案《史記·佞幸傳》云，高祖時有籍孺，惠帝時有閎孺，王充簡稱爲閎籍孺，此段是説太史公有作《佞幸列傳》之必要。

又《禍虛篇》云："（蒙恬）吞藥自殺，太史公非之曰：夫秦初滅諸侯，天下未定，夷傷未瘳，而恬爲名將，不以此時强諫，救百姓之急，養老矜孤，修衆庶之和，阿意興功，此其子弟過誅，不亦宜乎，何與乃罪地脈也。夫蒙恬之言既非，而太史公非之亦未是。何則？蒙恬絕脈，罪之當死，地養萬物何過於人，而蒙恬絕其脈，知己有絕地脈之罪，不知地脈所以絕之過，自非如此，與不自非何以異。太史公爲非恬之爲名將，不能以強諫，故致此禍，夫當諫不諫，故致受死亡之戮，身任李陵坐下蠶室，如太史公之言，所任非其人，故殘身之戮，天命而至也，非蒙恬以不強諫，故致此禍，則己下蠶室，有非者矣。己無非，則其非蒙恬，非也。"又同篇云："作伯夷之傳，則善惡之行云，七十子之徒，仲尼獨薦顏淵爲好學，然回也屢空，糟糠不厭，卒夭死，天之報施善人如何哉？盜跖日殺不辜，肝人之肉，暴戾恣睢，聚黨數千，橫行天下，竟以壽終，是獨遵何哉？若是言之，顏回不當早夭，盜跖不當全活也，不怪顏淵不當夭，而獨謂蒙恬當死過矣。"案此文上一段，王充言蒙恬絕地脈之當死，太史公非之非也，下一段王充指太史公不怪顏淵當夭，獨怪蒙恬當死，又牽涉到太史公本身之蠶室則己有非，己無非則其非蒙恬非也，是《禍虛篇》中的辯證法，是匯合《史記》論贊兩三篇中的結論。

又《道虛篇》云："太史公與李少君同世並時，少君之死，臨尸者雖非太史公，足以見其實矣，如實不死，尸解而去，太史公宜紀其狀，不宜言死。"又云："世或言東方朔亦道人也，姓金氏，字曼倩，變姓易名，游宦漢朝，外有仕宦之名，內乃度世之人，此又虛也。夫朔與少君，並在武帝之時，太史公所及見也，……況朔無少君之方術效驗，世人何見謂之得道。案武帝之時，道人文成五利之輩，入海求仙人，索不死之藥，有道術之驗，故爲上所信，朔無入海之使，無奇怪之效也，如使有奇，不過少君之類及文成五利之輩耳。"案此兩段王充據《史記》述李少君之死，東方朔之未得道，辟神仙不死之妄誕。

又《超奇篇》云："若司馬子長、劉子政之徒，累積篇第，文以萬數，其過子雲（谷永）子高（唐林）遠矣，然而因成紀前，無胸中之造。"案王充所謂因成紀前，與班彪所説太史公采左氏《國語》，删《世本》、《戰國策》，據楚漢列國時事，意義相同。然《史記》因成紀前，正是《史記》長處，若不紀前，則不得稱爲《史記》。

又《超奇篇》云："（桓君山）作《新論》論世間事，辯照然否，虛妄之言，僞飾之辭，莫不證定。彼子長、子雲，説論之徒，君山爲甲。自君山以來，皆爲鴻眇之才。"案桓譚《新論》雖已不存，就嚴可均《全後漢文》輯本觀之，各篇體例，與《論衡》相似，王充與《新論》氣味相投，故作此高抬身價的議論。

又《超奇篇》云："（周長生）作《洞歷》十篇，上自黄帝，下至漢朝，鋒芒毛髮之事，莫不紀載，與太史公表紀相似類也，上通下達，故曰《洞歷》。"案本篇又云："周長生者，文士之雄也，在州爲刺史任安舉奏。"據此周長生與任安同爲武帝時人，與太史公同時。所作之《洞歷》，現無可考，觀王充所説的體例，確與《史記》表紀相類。

又《超奇篇》云："班叔皮續《太史公書》百篇以上，記事詳悉，義淺理備。觀讀之者以爲甲，而太史公乙。子男孟堅爲尚書郎,文比叔皮,非徒五百里也,乃夫周召魯衛之謂也。苟可高古,而班氏父子不足紀也。"案此段王充説班彪續《太史公書》有百篇,《後漢書·班彪傳》説有數十篇,觀王充所説,百篇已經寓目,究屬有多少,現在不能肯定。班固所作,未必全是父書,如有百篇,則班固可以不作,現可見者,《漢書》中《韋賢傳》、《翟方進傳》之後,皆有司徒掾班彪贊語,或者是班彪原本耳。

又《須頌篇》云:"高祖以來,著書非不講論。漢司馬長卿爲《封禪書》,文約不具,司馬子長,紀黃帝以至孝武,揚子雲録宣帝以至哀平,陳平仲紀光武,班孟堅頌孝明,漢家功德,頗可觀見。今上即命,未有襃載。"案王充此篇大旨,説漢家功德甚盛,在漢明帝以前,皆有歌頌的,論司馬遷紀黃帝以至孝武,亦評爲歌頌的文字,大失原書的本義。揚雄續《太史公書》,録宣帝以至哀平,其事實僅見於此,則爲最可寶貴的材料。

又《佚文篇》云:"班叔皮續《太史公書》,載鄉里人以爲惡戒,邪人枉道,繩墨所彈,安得避諱,是故子雲不爲財勸,叔皮不爲恩撓。"案班彪續《太史公書》,已經亡佚,載鄉里人一節,不知其始末。

又《實知篇》云:"太史公之見張良,似婦人之形矣";"太史公與張良,觀宣室之畫也"。(略括原文)案王充此段是述《史記·留侯世家》所稱張良貌如婦人女子,從宣室畫像看來,非真見其人。

又《定賢篇》云:"若太史公及劉子政之徒,有主領書記之職，則有博覽通達之名矣。"案王充此段大義，有好學深思的人，無掌管官府文書的機會，則亦不易通達。

又《書解篇》云："詩家魯申公、書家千乘歐陽、公孫（公孫似指《春秋》家公孫宏，此處有脫文），不遭太史公，世人不聞。"案王充此段的大義説魯申培公的詩學、歐陽和伯的書學，倘若太史公不寫入《儒林傳》，則世人不易知道二人的姓名，是總説作《儒林傳》偉大的意義。

又《案書篇》云："《禮記》造於孔子之堂，太史公漢之通人也，左氏之言，與二書合。"案此段文字恐有脫落，故上下不能貫通。

又《案書篇》云："公孫龍著《堅白》之論，析言剖辭，務折曲之言，無道理之較無益於治。齊有鄒衍之書，瀇洋無涯，其文少驗，多驚耳之言。""商鞅相秦，作《耕戰》之術，管仲相齊，造《輕重》之篇，富民豐國，強主弱敵，公賞罰，與鄒衍之書並言。而太史公兩紀，世人疑惑不知所從。"案這一段我與王充看法不同。《孟子荀卿列傳》，是戰國諸子百家爭鳴的總結，故説到鄒衍，鄒衍與商鞅管仲富國強兵的策略，當然有所不同，太史公重在紀事，重在實録，兩紀正是他的優點，設太史公不紀公孫龍、鄒衍二家的學術，則王充又必指爲稷下先生各種的學説不完備。王充論學，頗執偏見，所盛贊美者，班彪是他的老師，周長生、吳君高等是會稽郡的鄉賢，桓譚是與他著書體例相似的，對於太史公的評論，有時可從，有時胸有成見。

又《案書篇》云："《三代世表》言五帝三王，皆黄帝子孫，自黃帝轉相生,不更禀氣於天,作《殷本紀》言契母簡狄浴於川,遇玄鳥墜卵吞之,遂生契焉。及《周本紀》言后稷之母姜嫄,野出見大人迹,履之則妊身生后稷焉。夫觀《世表》則契與后稷,黃帝之子孫也,讀《殷周本紀》,則玄鳥大人之精氣也。二者不可兩傳。而太史公兼紀不別。"案《史記‧三代世表》,僅有名次,並不載事,簡狄、姜嫄之事,故只可叙於本紀,並非兼紀性質;又簡狄、姜嫄均見《詩‧大雅》及《商頌》。簡狄、姜嫄之時,父系氏族尚未成立,故有此種神話流傳,周代《大雅》、《商頌》作者因采以入詩,周秦以來,即盛行於書傳,何獨於太史公而怪之。

又《案書篇》云:"漢作書者多,司馬子長、揚子雲河漢也,其餘涇渭也。然而子長少臆中之説,子雲無世俗之論。"案王充此段是評論《史記》與揚子雲《法言》有同等價值,少臆中者含有不正確之義。

又《對作篇》云:"《五經》之興可謂作矣,《太史公書》、劉子政序、班叔皮傳,可謂述矣。"案王充此段是評論《史記》與劉向《新序》,及班彪的後傳,皆是述而不作的典籍。

又《對作篇》云:"若太史公之書,據許由不隱,燕太子丹不使日再中,讀見之者,莫不稱善。"案王充説許由不隱,蓋指《伯夷列傳》"余登箕山,其山蓋有許由冢云"。燕太子丹不使日再中,蓋指《刺客列傳》"燕太子曰,日已盡矣"而言。

班彪作後傳,兼論及《史記》的優缺點。

《後漢書》卷四十《班彪傳》云:"彪既才高而好述作,遂專心史籍之間。武帝時,司馬遷著《史記》,自太初以後,闕

而不録，後好事者，頗或綴集時事，然多鄙俗，不足以踵繼其
書。彪乃繼采前史遺事，傍貫異聞，作後傳數十篇，因斟酌前
史，而譏正得失。其略論曰：唐虞三代，詩書所及，世有史官，
以司典籍，暨於諸侯，國自有史，故孟子曰：楚之《檮杌》，晉
之《乘》，魯之《春秋》，其事一也。定哀之間，魯君子左邱明，
論集其文，作《左氏傳》三十篇，又撰異同，號曰《國語》二十
一篇，由是《乘》、《檮杌》之事遂暗，而《左氏》、《國語》獨章。
又有紀録黄帝以來，至春秋時帝王公侯卿大夫，號曰《世本》
一十五篇。春秋之後，七國並爭，秦並諸侯，則有《戰國策》
三十三篇。漢興定天下，太中大夫陸賈，記録時功，作《楚漢
春秋》九篇。孝武之世，太史令司馬遷采《左氏》、《國語》，删
《世本》、《戰國策》，據楚漢列國時事，上自黄帝，下訖獲麟，
作本紀、世家、列傳、書、表，凡百三十篇。……若《左氏》、
《國語》、《世本》、《戰國策》、《楚漢春秋》、《太史公書》，今之
所以知古，後之所由觀前，聖人之耳目也。司馬遷序帝王則
曰本紀，公侯傳國則曰世家，卿士特起則曰列傳，又進項羽、
陳涉，而黜淮南、衡山，細意委曲，條例不經。若遷之著作，采
獲古今，貫穿經傳，至廣博也，一人之精，文重思煩，故其書刊
落不盡，尚有盈辭，多不齊一，若序司馬相如，舉郡縣著其字，
至蕭、曹、陳平之屬，及董仲舒並時之人，不記其字，或縣而不
郡者，蓋不暇也。今此後篇，慎核其事，整齊其文，不爲世家，
唯紀傳而已。”

　　案班彪説太史公對於人的名字及所舉郡縣，體例參差不
齊，是疏於檢點之處。不知班彪所説的缺點，正是其優點。

太史公本仿《春秋》而作《史記》，以爲《公羊》長於例，《左氏》長於事，故各紀傳中，寓褒貶的地方，則用《公羊》之例，記事實的地方，則用《左氏》之事，一則博采衆長，二則消滅門户之見。《公羊·莊公十年傳》，解釋春秋稱國稱人的身份：“州不若國，國不若氏，氏不若人，人不若名，名不若字，字不若子。”《史記》標題，皆是用這種體例。例如稱子者有孔子世家，老子、孫子、孟子列傳；稱字者有項羽本紀，陳涉世家，伍子胥、屈原、韓長孺列傳（韓安國可能本應稱名，因太史公避其師孔安國諱，故改稱其字）；稱生者有賈生、酈生、韓生（嬰）、伏生、胡毋生、瑕丘江生之類（漢代博士稱先生，或簡稱先，或簡稱生，只有酈生非博士）；稱爵者有留侯、絳侯、商君、穰侯、孟嘗君、平原君、信陵君、春申君、淮陰侯、魏其侯、武安侯之類；稱官者有蕭相國、曹相國、陳丞相、張丞相、李將軍，衛將軍之類；稱別號者有萬石君、黥布、扁鵲、倉公之類。分析來看，以稱子爲最尊，稱字次之，正符合於《公羊》人不若名，名不若字，字不若子的意義（荀子不稱子，太史公對他的估價，不如孟子）。其餘稱官、稱爵、稱生，尚不能揣測太史公的心意，何者居上，何者居次。這種體例，漢晉以來的人對《史記》都不注意了。《漢書》標題，一律稱名，在表面上整齊劃一，是用他父親的方法，與《史記》的史才，距離很遠。後代修史，皆采取《漢書》形式，相沿既久，以爲應當如此，將太史公的春秋筆法，漠無聞見，甚或反唇相譏，是則班彪作俑之始。至於班彪所説蕭、曹、陳平、董仲舒諸人，皆不記其字，現在知道的只有曹參字伯敬，見《博物志》，其餘《漢書》亦不紀其字，班固的著述，根據班彪，可以推想到班彪，也不知其字，自己不知，反要求人知，亦屬臆説也。

班固《漢書》所論《史記》述作各點。

《漢書》卷一百《叙傳》云："漢紹堯運，以建帝業，至於六世，史臣乃追述功德，私作本紀，編於百王之末，廁於秦項之列，太初以後，闕而不録，故采撰前紀，綴集所聞，以爲《漢書》，起元高祖，終於孝平王莽之誅，十有二世，二百三十年，綜其行事，傍貫《五經》，上下洽通，爲春秋考紀表志傳凡百篇。"（《後漢書》卷四十《班固傳》亦引用此文。）《漢書》卷五十八《公孫弘卜式兒寬傳》贊云："文章則司馬遷、相如。"案兩漢人只稱太史公有良史之才，稱贊文章之美者，始見於此傳贊語。

《漢書》卷五十九《張湯傳》贊云："馮商稱張湯之先，與留侯同祖，而司馬遷不言，故闕焉。"案張湯與留侯同祖，所關並不重要，班固在此提出，是表明馮商續《太史公書》的情況。

《漢書》卷六十二《司馬遷傳》贊云："自古書契之作，而有史官，其載籍博矣。至孔氏纂之，上斷唐堯，下訖秦繆，唐虞以前，雖有遺文，其語不經，故言黄帝顓頊之事，未可明也。及孔子因魯史記而作《春秋》，而左邱明論輯其本事，以爲之傳，又撰異同爲《國語》。又有《世本》，録黄帝以來至春秋時，帝王公侯卿大夫祖世所出。春秋之後，七國並爭，秦兼諸侯，有《戰國策》。漢興伐秦定天下，有《楚漢春秋》。故司馬遷據《左氏》、《國語》，采《世本》、《戰國策》，述《楚漢春秋》，

接其後事，訖於天漢，其言秦漢詳矣。至於采經撫傳，分散數
家之事，甚多疏略，或有牴牾，亦其涉獵者廣博，貫穿經傳，馳
騁古今，上下數千載間，斯以勤矣。又其是非頗繆於聖人，論
大道則先黃老而後《六經》，序游俠則退處士而進奸雄，述貨
殖則崇勢利而羞賤貧，此其所蔽也。然自劉向、揚雄，博極群
書，皆稱遷有良史之才，服其善序事理，辨而不華，質而不俚，
其文直，其事核，不虛美，不隱惡，故謂之實錄。烏乎，以遷之
博物洽聞，而不能以智自全，既陷極刑，幽而發憤，書亦信矣。
迹其所以自傷悼，小雅巷伯之倫。夫唯大雅，既明且哲，能保
其身，難矣哉。"案班固此段，祖述於班彪後傳的略論，其云
論大道則先黃老而後《六經》，太史公推重黃老，不可否認
的，其根源是受他父親司馬談的影響，司馬談的道論，是由黃
子傳授的。其云序游俠則退處士而進奸雄，游俠與處士，根
本是矛盾的，若列傳表彰處士，則當如後代名爲獨行傳，不當
名爲游俠傳，其云述貨殖則崇勢利而羞賤貧，太史公叙貨殖
傳紀鹽鐵的發展，紀手工業的發達，紀商業貨品及中心城市，
正是千古的卓識。班固指摘其短，然他撰《漢書》時，對於游
俠貨殖兩傳，何以亦直書未改，豈非以子之矛，陷子之盾。

《漢書》卷八十八《儒林傳》云："司馬遷從安國問故，遷
書載《堯典》、《禹貢》、《洪範》、《微子》、《金縢》諸篇，多古文
説。"案所謂遷書多古文説者，謂解釋《尚書》，多用孔氏家
法，《尚書》的文字，仍用伏生今文本。

《漢書》卷一百《叙傳》云："烏乎史遷，薰胥以刑。幽而
發憤，乃思乃精。錯綜群言，古今是經。勒成一家，大略孔

明。"案此爲班固對太史公的總評，"大略孔明"，贊美中不無微詞。

《藝文類聚》卷十引班固《典引叙》云："永平十七年，臣與賈逵、傅毅、杜矩、展隆、郗萌等，召詣云龍門。小黃門趙宣，持《秦始皇帝本紀》，問臣等曰：太史遷下贊語中，寧有非耶。臣對此贊賈誼《過秦篇》云：向使子嬰有庸主之材，僅得中佐，秦之社稷，未宜絕也，此言非是耶。召臣入問本聞此論非耶，將見問意開瘠耶。臣具對素聞知狀。詔因曰：司馬遷著書成一家之言，揚名後世，至以身陷刑之故，反微文譏刺，貶損當世，非誼士也。司馬相如，夸行無節，但有浮華之詞，不周於用，至於疾病而遺忠，（所忠）主上求取其書，竟得頌述功德，言封禪事，忠臣效也，至是賢遷遠矣。"案《史記·秦始皇本紀》，太史公贊語，有"向使嬰有庸主之才，僅得中佐，山東雖亂，秦之地可全而有，宗廟之祀，未當絕也"，此爲太史公引用賈誼《過秦論》中語，東漢永平時，君臣辯論，只當論賈生之立言，不當論司馬遷之微引。

桓譚論《史記·三代世表》係仿《周譜》形式。

《意林》引桓譚《新論》云："太史公不典掌書記，則不能録悉古今；揚雄不貧，則不能作玄言。"

《梁書·劉杳傳》引桓譚《新論》云："太史《三世表》，旁行邪上，並仿《周譜》。"

《史記·武帝紀》，《索隱》引桓譚《新論》云："太史公造書，書成示東方朔，朔爲平定，因署其下太史公者，皆朔所加之也。"

案桓譚論太史公《三代世表》，形式是仿《周譜》，《周譜》現已不可見，桓譚所說，當然可信。《史記》各表中，當以《秦楚之際月表》及《漢興以來將相名臣年表》最爲創作。《將相表》每一格中，有順文，有倒文，倒文例子，統計起來，有官制的建立與罷廢，公卿的病死，公卿的得罪，公卿的罷免，公卿的誅殺六種體例。因表文分兩種格式，對讀者有很大便利。在後代人如作此表，可用朱墨二色筆區分，因竹簡諸多不便，故太史公獨創此種新奇辦法。桓譚固未論及這一點，一直到清代研究《史記》的人，也未注意到這一點。

張衡評論《史記·功臣表》的優點，不記三皇的缺點。

《後漢書》卷五十九《張衡傳》，衡作《應間》云：“故一介之策，各有攸建，子長諜之，爛然有第。”章懷注，謂《史記》著《功臣表》等。

又《張衡傳》注引《衡集》有《條上司馬遷班固所叙不合事》，文云：“《易》稱宓戲氏王天下，宓戲氏沒，神農氏作，神農氏沒，黃帝堯舜氏作，史遷獨載五帝，不紀三皇，今宜並録。”

又《張衡傳》注引《衡集》云：“帝系，黃帝產青陽、昌意，《周書》曰，乃命少暭清。清即青陽也，今宜實定之。”

案張衡贊美《史記·功臣表》的創作，與桓譚贊美《三代世系表》，見解相同，至於說《史記》宜立《三皇本紀》，不知太史公因三皇事迹邈遠難稽，所以不加紀録，後來司馬貞補作《三皇本紀》，是受了張衡的影響，反成畫蛇添足。

范升反對左氏，陳元擁護左氏，並皆涉及《史記》問題。

《後漢書》卷三十六《范升傳》云："時難者以太史公多引《左氏》,升又上太史公違戾《五經》,謬孔子言,及《左氏春秋》不可録三十一事。"

《後漢書》卷三十六《陳元傳》云："元竊見博士范升等,所議奏《左氏春秋》不可立,及太史公違戾凡四十五事。"

案范升在當時是反對《左氏》立學官的,因反對《左氏》,並牽涉到太史公。《史記》中引《左氏》的特多,遂指出太史公違戾《五經》的地方有三十一事,而《陳元傳》作四十五事,陳元是擁護《左氏》的,因而駁難范升之反對《左氏》。這種情形,與魏晉時申王難鄭、申鄭難王相仿佛,可惜范陳二人的互辨,現在無一條存在的。

潁容指摘《史記》的闕略。

潁容《春秋例》(《太平御覽》卷六百二,又六百十八引)云："漢興博物洽聞著述之士,前有司馬遷、揚雄,後有鄭眾、賈逵、班固,近即馬融、鄭玄,其所著作違義正者,遷尤多闕略,略舉一兩事以言之。遷《史記》不識畢公文王之子,而言與周同姓,揚雄《法言》,不識六十四卦,云所從來尚矣。"案《史記》畢公高與周同姓,見於《魏世家》,《索隱》云："《左傳》富辰説,文土之子十六國,有畢原豐郇,言畢公是文王之子,此云與周同姓,似不用《左氏》之説,馬融亦云,畢毛,文王庶子。"潁容是《左氏》專家,因太史公不從《左氏》之説,遂指爲闕略。

荀悦《漢紀》對於《史》、《漢》述作的紀事。

荀悦《漢紀》卷十四《孝武皇帝紀》云："司馬子長,既遭李陵之禍，喟然而嘆，幽而發憤，遂著《史記》，始自黃帝以及秦漢，爲《太史公記》。”

又荀悦《漢紀》卷三十《孝平皇帝紀》云：“彪子固，字孟堅，明帝時爲郎，據太史公司馬遷《史記》，自高祖至於孝武，大功臣紹其後事，迄於孝平王莽之際，著帝紀表志傳，以爲《漢書》凡百篇。”案這兩段僅爲荀悦的序事，於《史》、《漢》未有高下的評論。

仲長統評馬班爲述作之士。

《文選・王文憲集序》，李善注引《昌言》云云。王允指《史記》爲謗書。

《後漢書》卷六十下《蔡邕傳》云：“王允曰：昔武帝不殺司馬遷，使作謗書，流於後世。”案從王子師口氣中，看出《史記》是謗書，與班固典引所説“微文譏刺，貶損當世”情況正同，無怪東漢時傳習的仍少，不比《漢書》在東漢末期即有應服諸家注解的風行。

東漢人對《史記》名次排列在《漢書》之後。

《金石萃編》卷十二有《漢執金吾丞武榮碑》云：“闕幘傳講《孝經》、《論語》、《漢書》、《史記》、《左氏》、《國語》。”排列《史記》在《漢書》之後，都是因《史記》稱爲謗書的關係，不敢直估它的價值。

王肅對《史記》隱切看法。

《三國志・魏志》卷十三《王肅傳》云：“帝又問：司馬遷以受刑之故，内懷隱切，著《史記》非貶孝武，令人切齒。對曰：司馬遷記事，不虛美不隱惡。劉向、揚雄服其善叙事，有良史之才,謂之實錄。漢武帝聞其述《史記》,取孝景及己本紀覽之,於是大怒,削而投之,於今兩紀,有錄無書。後遭李陵事,遂下蠶室。此爲隱切在孝武而不在於史遷也。"案所謂隱切者,當爲隱恨而切齒的解釋,隱切二字爲漢魏人的術語,亦見《後漢書·蔡邕傳》。此王肅與魏明帝的辯論,根據王肅"於今兩紀有錄無書"的話,似今本《景帝本紀》非史公的原本。

韋昭稱贊《史記》采用《國語》。

　　韋昭《國語解序》云:"遭秦之亂,幽而復光,賈生史遷,頗綜述焉。"案韋昭此言,是贊美太史公研究《國語》,因《報任安書》中,有"左丘失明,厥有《國語》"二句,在事實上《史記》亦采用《國語》原文極多。

論斷班固、司馬遷的優劣,則有張輔、傅玄、袁宏三人的分析。

　　《晉書》卷六十《張輔傳》云:"又論班固、司馬遷云,遷之著述,辭約而事舉,叙三千年事,唯五十萬言,班固叙二百年事,乃八十萬言,煩省不同,不如遷一也。良史述事,善足以獎勸,惡足以鑒誡。人道之常,中流小事,亦無取焉。而班皆書之,不如二也。毁貶晁錯,傷忠臣之道,不如三也。遷既造創,固又因循,難易益不同矣。又遷爲蘇秦、張儀、范睢、蔡澤作傳,逞辭流離,亦足以明其大才,故述辨士則辭藻華靡,叙實錄則隱核名檢,此所以稱遷良史也。"張輔指出兩家的優劣,很中肯要,中流小事,謂《楊王孫傳》等類而言。

　　《意林》引傅玄《傅子》云:"班固《漢書》,因父得成,遂沒不言彪,殊異馬遷也。"案班彪所作後傳,據《論衡·超奇篇》說,彪續《太史公書》百篇以上,《後漢書·班彪傳》亦言後傳有數十篇,今本《漢書》中,只存韋賢、翟方進之後兩傳贊,究屬全部《漢書》後階段中,有班彪所作幾篇,現頗難指定,傅玄評其沒不言彪,誠爲確論。

袁宏《後漢紀》序云:"史遷剖別六家,建立十書,非徒記事而已,信足扶明義教,網羅治體,然未盡之。班固源流周贍,近乎通人之作,然因藉史遷,無所甄明。"案袁宏此段論馬班的優劣,說班固因藉史遷,無所甄明,其實班固《漢書》除因襲太史公以外,且多采用劉向父子的書,如《藝文志》節取《七略》之類是也。

葛洪論太史公之洽聞。

《抱朴子·內篇》十《明本》題云"而班固以史遷先黃老而後《六經》,以遷爲謬。夫遷之洽聞,旁綜幽隱,沙汰事物之臧否,覈實古人之邪正"云云。

郭璞論《史記·大宛傳》,引《山海經》的問題。

郭璞《山海經》序云:"司馬遷叙《大宛傳》,亦云自張騫使大夏之後,窮河源,惡睹所謂崑崙者乎,至《禹本紀》、《山海經》所有怪物,余不敢言也,不亦悲乎。若竹書不潛出於千載,以作徵於今日者,則山海之言,其幾乎廢矣。"案郭璞此段,說司馬遷不信《山海經》,因晉時所出竹書與《山海經》可以互證,然譏前人以未見之書,其評論亦未爲允當。

陶潛贊美太史公的文藝作品。

陶潛《感士不遇賦》序云:"昔董仲舒作《士不遇賦》,司

馬子長又爲之,余嘗以三餘之暇日,講習之暇,讀其文,慨然
惆悵久之。"(《陶集》卷六。)案此爲陶潛叙述摹仿太史公的
文章,自西漢以來,皆稱太史公的史才,不稱其文章,淵明獨
從詞賦角度來評價,尤爲創見。

又陶潛《讀史述九章序》云:"余讀《史記》,有所感而述
之。"案《讀史述》所述爲夷齊、箕子、管鮑、程杵、七十二弟
子、屈賈、韓非、魯二儒、張長公等九事,一方面讀其文辭,一
方面藉以感嘆身世。

小　結

我寫這篇文,初稿創於 1956 年 1 月,其中或作或輟,至本年 4
月份,才修補完成。關於傳播方面,分十五個節目來寫。《史記》
在西漢時期,是少數大官僚見的,是少數博士先生讀的,如桑弘
羊、王鳳等人,才可以見到,其餘則爲在天禄、石渠校書的人,才可
以讀到。漢廷雖憎恨其書,未嘗不珍重其書,且詔令續補其書。
《史通》所叙續補《太史公書》有十五家,又分爲官家所續及私人
所續兩種。總之,《史記》在西漢末期,在官僚則秘不示人,在私
家則傳播最速,如衛衡是隱居鄉里之人,也可以續補一部分,居延
是邊郡之地,也可以書寫一部分,他們所見,未必是全部,一傳一
節,互相口傳,漢廷愈秘密,則民間愈流傳。至於王莽求司馬遷之
後,封爲史通子,是利用他采用《左氏》及《國語》二部分,別有用
意的。關於評價方面,分十八個節目來寫,内中包括二十一家,爲
兩漢十二條、三國兩條、兩晉四條。評論以揚雄爲最早(劉向評

論,現無具體的文獻),是褒多貶少,次則是王充褒貶各半,班彪父子重點則在"論大道先黃老而後《六經》",實際太史公一面重老子,一面也重《六經》,重黃老是受他父親太史談《論六家要指》的影響,而《史記·孔子世家》序《五經》源流,司馬相如傳贊引《易》引《春秋》,《樂書》引《易》,《十二諸侯年表》序引《公羊春秋》説。此例多不勝舉,但太史公在《五經》中,尤注意《公羊春秋》,於論述六家要指,可以得到證明,書中屢説董子,太史公實爲發揮董學的,《史記》各傳的標題,稱子稱字,各各不同,尤取法於《公羊》的微言大義,然而《左氏》長於事,又不得不采用《左氏》及《國語》,無所謂先黃老而後《六經》也。張衡所論宜補《三皇本紀》,穎容所論不識畢公爲文王之子,郭璞所論不信《山海經》等語,皆屬繁瑣小節,無關大體。班固説太史公微文諷刺,王允直指爲謗書,東漢人排列名稱,又往往《漢書》在前,《史記》在後,荀悦《漢紀》,多取裁於《漢書》,不甚采用《史記》,可見《史記》一書,東漢時尚觸時忌,馬班優劣,尚得不到正確估價。至晉代去漢已遠,經張輔、傅玄、袁宏等人的論斷,始有定評。又《史記》自西漢以來,都是贊美他的實録,推重他的史才,不論及文辭的優美,只有班固説過"文章則司馬遷、相如"一句(《漢書·司馬遷傳》載《報任安書》,已經兼推重其文字,但未説明),到了陶潛才稱道他的《士不遇賦》,這一點爲魏晉以來的看法,與後代人看法是相同的。

南北朝譜牒形式的發現和索隱

一、譜牒的起源

　　譜牒的起源,當開始於父系氏族形成以後,萌芽於商周,發展於秦漢,昌盛於南北朝,流衍於隋唐,消沉於兩宋,明清因科舉籍貫關係,尚起殘餘的作用。商代甲骨文有衣祭,羅列商代先王,有條不紊,已啓譜牒的形式。《史記・太史公自序》、《漢書・班固叙傳》及《漢書・揚雄傳》,叙述世系獨詳,當係根據於家譜。兩晉至南北朝發達的原因,一是九品中正選人的關係,二是晉元帝渡江以後,北朝士族不願與南人通婚,皆以門望自高的關係。隋唐雖由進士科取士,寒族可以仕進,然林寶的《元和姓纂》這部綜合性的家譜著作,明顯的仍以門閥相夸耀。兩宋時門閥的風氣衰微,譜牒亦漸漸不講,但明清兩代童生應縣考時每縣學額有一定名數,設甲縣考生多而名額少,乙縣考生少而名額多,勢必有避多就少,冒移籍貫者,往往因籍貫關係,涉成訴訟,訟者又往往據家譜爭辯,是僅在譜牒中起殘餘作用,不起決定作用。

　　譜牒最先起於帝王家譜,《隋書・經籍志》史部載有《帝王世譜》及《世本》,《史記・三代世表》即取裁於《世本》。私人家譜的名稱,正式開始於《揚雄家牒》。

譜牒的形式,漢代分三種:一爲橫格製表,分代分格順序寫。《史記·三代世表》、《王子侯表》、《高惠以來功臣表》是其例;二爲以姓爲單位,先叙得姓的起源,再叙世系及官位,王符《潛夫論·氏族篇》、應劭《風俗通義·姓氏篇》是其例;三爲一貫連叙,除上述《史記·自序》、《漢書·叙傳》外,《漢孫叔敖碑陰》等是其例。南北朝是分行寫,或是連行寫,每一代低空一格,劉宋劉襲的墓志,北魏《薛孝通貽後券》(見後)是其例。唐代以姓爲單位魚貫連寫,林寶《元和姓纂》是其例。歐陽修《新唐書·宗室表》及《宰相世系表》,分代分格,遠取法於《史記》,近采摭於唐代遺留的家譜。明清私人的家譜,有沿用歐公《世系表》體例者,又有改爲每人半頁,詳記生卒年月官位妻子者,卷首有世系總表便於檢閱。

二、漢碑文中的譜牒學

漢代碑文無不叙述世系,通常是先叙得姓的起源,再叙高曾祖父的官位。最突出者,有《孫叔敖碑陰》及《趙寬碑》兩種,世系最爲詳悉,知道當日必根據於家譜,不啻漢人石刻的家譜。漢人家譜無一存者,今可以窺見大略,最爲可貴,茲分舉如下:

《漢孫叔敖碑》陰桓帝延熹三年五月立。見《隸釋》卷三,略云:

> 相君有三嗣。長君食邑固始,少子在江陵,中子居三(下缺)。相君卒後十餘世,有渤海太守字武伯,武伯有二

子,長子字伯尉,少子字仲尉,仕郡爲掾史。伯尉有一子字世伯,仲尉有二子,長子字孝伯,荆州從事,弟世信仕掾功曹。平哀之間,宗黨爲寇所殺。世伯子字子仲,有六男一女,大子字長都,次子蘭卿,次弟字仲陽,次弟字叔通,次弟字衛公,次弟字劉卿。孝伯子字文(下缺)亦有六男一女,大子字惠明,次弟字次卿,次弟字聖公,次弟字稚卿,次弟字彦卿,次弟字少都。

《漢三老趙寬碑》靈帝光和三年立,公元1940年青海樂都縣出土,略云:

其先蓋出自少皓,迄漢文景,有仲況者,官至少府。厥子聖爲諫議大夫,孫字翁仲新城長,弟君育生隴西上邽,育生充國字翁孫爲漢名將,封邑營平。元子印爲右曹中郎將,印弟襲爵,至孫欽尚敬武主,無子國除,元始二年復封曾孫纂爲侯。充國弟字子聲,爲侍中,子君游爲云中太守。子字游都,朔農都尉。弟次卿高平令,次子游護苑使者,子游卿幽州刺史。印陪葬杜陵,孫豐字叔奇,監渡遼營謁者,子孟元,次子仁爲敦煌太守。孟元子名寬字伯然,即充國之孫也。

兩碑叙述世系可謂特詳,這是漢代最可靠的譜牒文獻,所叙人物,大部分皆稱字不稱名,自是漢人爲尊者諱的一種風氣,在史傳裏看不出類此情形來。漢人譜牒,然亦有夸張失實者,如《金石萃編》卷十四載《漢張遷碑》略云:"高祖龍興有張良析珪於留,文景之間有張釋之建忠弼之謨,孝武帝時有張騫廣通風俗開定畿宇。"按之《漢書》,張良爲韓人,張釋之爲南陽堵陽人,張騫爲漢中城固人,三人世系,漠不相關,知撰文者必非依據張遷之家譜,與孫叔敖趙寬兩碑性質不同。

三、兩晉南北朝譜牒學的突興

兩晉南北朝譜牒學的突興，門閥的夸耀，是與九品中正選舉辦法，及晉元帝渡江以後，北人至南方自矜門望兩者分不開的。《文獻通考》卷二十八《選舉》云：

> 延康元年尚書陳群，以爲天朝選用，不盡人才，乃立九品官人之法。州郡皆置中正，以定其選，擇州郡之賢有識鑒者，爲之區別人物，第其高下，又制郡口十萬以上，歲察一人。馬端臨曰：州郡縣俱置大小中正，各取本處人在諸府公卿及臺省郎吏，有德充才盛者，爲之區別，所管人物，定爲九等。其有言行修著，則升進之，或以五升四，以六升五，或道義虧缺，則降下之，或自五退六，自六退七。是以吏部不能審核天下人才士庶，故委中正銓第等級，憑之授受，謂免乖失。及法弊也，唯能知其閥閱，非復辨其賢愚。所以劉毅云："下品無高門，上品無寒士。"

九品中正選舉辦法，既造成門閥之習，世家大族要保持他們特權，於是嚴士庶之別，以爲貴賤之分。於是士庶不通婚，高門不服役，起居動作，車服有別。這種人造的界限，雖帝王亦不能變更之。《宋書》五十七《蔡興宗傳》云：

> 宋文帝謂王弘曰：卿欲作士人，得就王球坐，若往詣球，可稱旨就席。球舉扇曰：若不得爾，弘還依事奏聞。帝曰：我便無如此何。

又《南史·賊臣·侯景傳》云：

　　初侯景於未發難時，曾白梁武帝，請婚王謝，帝以王謝高門非偶答之。景恚曰：會將吳兒女以配奴。及圍攻建業時，縱兵殺掠，棄尸塞路，富室豪家，恣意裒剝，子女妻妾，悉及軍營。

又《文選》卷四十沈約奏彈王源略云：

　　風聞東海王源，嫁女與富陽滿氏，源雖人品庸陋，冑實參華。曾祖雅位登八命，祖少卿內侍帷幄，父璿升采儲闈，亦居清顯。源頻叨諸府戎禁，預班通徹，而託姻結，唯利是求，玷辱流輩，莫斯爲盛。……竊尋滿璋之姓族，士庶莫辨，滿奮身隕西朝，胤嗣殄滅，武秋之後，無聞東晉，其爲虛託，不言自顯。王滿連姻，實駭物聽。

　　王球是琅琊王氏的嫡裔，在宋齊諸王中遠不如王曇首、王僧虔、王僧綽諸人的名望，自夸門閥，竟然不許來客就席，勢焰熏天，可見一斑。至於沈約奏彈的王源，爲東海郯人，曾祖雖官晉代宰輔，在當時已是没落的貴族，與滿氏連姻，亦屬尋常之事，必欲形諸奏章，加以罷斥，皆由於譜牒作祟的結果。

四、譜牒學北朝重於南朝

　　南北朝的家譜，是北朝重於南朝。《隋書·經籍志》史部，就隋時所存者加以著録，有《後魏辨宗録》（洛陽）、《京兆韋氏譜》（京兆）、《謝氏譜》（汝南）、《楊氏血脈譜》、《楊氏支分譜》、《楊氏譜》（華陰）、《北地傅氏譜》（北地）、《蘇氏譜》（洛陽），又有《李氏家傳》(隴西)、《桓氏家傳》(沛國)、《太原王氏家傳》(太原)、《褚氏家傳》(吳郡)、《江氏家傳》(陳留)、《庾氏家傳》(新野)、《裴氏家傳》(京兆)、《虞氏家記》(會稽)、《曹氏家傳》(沛國)、《紀氏家傳》(丹陽)、《陸氏家傳》(吳郡)、《王氏江左世傳》(琅琊)、《孔氏家傳》(魯國)、《崔氏家傳》(博陵)、《暨氏家傳》(吳郡)、《爾朱家傳》(代北)、《周氏家傳》(汝南)、《令狐氏家傳》(華原)、《何氏家傳》(平陵)。上述家譜家傳,共二十七種,屬於南朝地區者,僅褚虞紀陸暨五家,其餘皆係北方大族。其原因是隨從晉元帝渡江者,安土重遷,各自爲譜。一則是表揚祖德,二則是不願與南人通婚姻。按《北魏書‧官氏志》云:"太和十九年詔曰:代人諸冑,先無姓族,比欲制定姓族,事多未就,令司空穆亮等,詳定北人姓,務令平均,隨所了者,三月一列簿帳,送門下以聞。"又《隋書‧經籍志》叙云:"後魏遷洛,其中國士人,則第其門閥,有四海大姓郡姓州姓縣姓之分。"又《新唐書‧柳沖傳》云:"魏太和時,詔諸郡中正各列本土姓族,爲選舉格。"北朝人士之重譜牒學如此。

五、南北朝譜牒形式的發現及索隱

南北朝家譜載於刻石者,僅見於北魏《薛孝通貽後券》,兼叙及親戚譜系見於刻石者,則有宋《臨澧侯劉襲墓志》及北魏《彭城王元勰妃李媛華墓志》,分別介紹如下:

(一)《薛孝通貽後券》,北魏太昌元年刻,文十七行,每行十二字,公元 1920 年山西太原出土,其地址恐爲當日薛氏之祠堂。

原石爲夏子欣所得，後不知售歸何人，外間知者絶少。文云：

> 大魏大昌元年□月十日，代郡刺史薛孝通，歷叙世代貽
> 後券。河東薛氏，爲世大家，漢晉以來，名才秀出，國史家乘，
> 著顯光華者歷數百年。厥後竟仕北朝，繁興未艾，今遠官代
> 北，恐後之子孫不譜祖德，爲叙其世代以志，亦當知清門顯德
> 有所自也。五世祖名强字威明，汾陽侯，與王景略同志。桓
> 温署軍謀祭酒不就，苻秦召亦却仕。姚興爲光禄大夫，左户
> 尚書。四世名辨，字允白，仕姚氏河北太守，歸魏爲平西將
> 軍。三世名湖字破胡，爲本州中從事，别駕，河東大守。二世
> 名聰字延知，由侍書郎遷侍書御史，都督徐州刺史。

按《北魏書》卷四十二《薛辯傳》，及《新唐書·宰相世系表·
薛氏》，與《貽後券》所述世系，均一一符合，略有差異之處。如五
世祖名强字威明，《世系表》作名强字公偉，秦大司徒馮翊宣公。
四世祖名辯字允白，《世系表》作元白當爲誤字。三世祖名湖字
破胡，《本傳》以字行，《世系表》作薛瑚當爲誤字。二世祖名聰字
延知，《傳》、《表》皆作延智，《貽後券》作延知者係用省文。薛孝
通爲薛道衡之父，薛收之祖，《隋書》卷五十七《薛道衡傳》亦同。

（二）宋《散騎常侍臨澧侯劉襲墓志》，宋明帝泰始六年刻。
原石久佚，全文載明陶宗儀《古刻叢鈔》。志文格式，陶書不詳，
疑爲兩面刻，與《刁遵墓志》同例。所記直系親屬及外祖家名位，
及兄弟姊妹的親戚名位，叙述詳細，不啻是婚姻集團的綜合家譜，
與下述《李媛華墓志》，體例正同，知道南北朝當時風氣是一致
的。兹將《劉襲墓志》所載各種類型的譜系，摘録如下：

> 祖諱道鄰，字道鄰，侍中太傅長沙景王。妃高平平陽檀

氏,字憲子,諡曰景定。妃父暢道淵,永寧令。祖貌稚羆琅邪太守。合葬琅邪臨沂幕府山。父諱義融,字義融,領軍,車騎,桂陽恭侯。夫人琅邪王氏字韶風。父簡長仁,東陽太守。祖穆伯遠,臨海太守。合葬丹徒練壁雲山。所生母湯氏宣城人,並葬練壁雲山。(以上敘劉襲父祖及外家官位。)

兄覿茂道,散騎常侍,桂陽孝侯。夫人廬江灊何氏憲英。父愉之彥和,通直常侍。祖叙叔度,金紫光禄大夫,合葬練壁雲山。第三弟彪茂蔚,秘書郎,夫人河南陽翟褚氏成班。父方回太傅功曹,祖升度雍州刺史。第四弟實茂軌,太子舍人。夫人琅邪臨沂王氏淑婉。父津景源,中書郎。祖虞休仲,左衛將軍。第五弟季茂通,海陵太守。葬練壁雲山。夫人陳郡陽夏袁氏,父淑陽源,太尉忠憲公。祖豹士蔚,丹陽尹。(以上敘劉襲弟兄及弟兄妻子的父祖官位)

第一姊茂徽,適陳郡長平殷臧憲郎。父元素,南康太守。祖曠思泰,參軍功曹。重適琅邪臨沂王閎之希,損鎮西主簿。父昇之休道,都官尚書,祖敬宏,左光禄儀同。第二姊茂華,適廬江灊何求子有,尚書郎。父鎮長宏,宜都太守。祖尚之彥德,司空簡穆公。第三姊茂姬,適平昌安丘孟翊元亮,中軍參軍。離,父靈□太尉長史,祖昶彥遠丹陽尹。第四姊茂姜,適蘭陵蕭惠徹,中書郎。父思話征西將軍,儀同三司。祖源之君流,前將軍。第五妹茂容,適蘭陵蕭瞻叔文。父斌伯蒨,青冀二州刺史。祖摹之仲緒,丹陽尹。重適濟陽圉蔡康之景仁,通直郎。父熙元明,散騎郎。祖廓子度,太常卿。第六妹茂嬿,適濟陽考城江遜孝言,父湛徹淵,左光禄儀同忠簡公。

祖夷茂遠，前將軍湘州刺史。重適琅琊臨沂王法與興，驃騎
參軍。父翼之季弼，廣州刺史。祖楨之公榦，侍中。（以上
叙劉襲姊妹所適夫家父祖的官位。）

夫人濟陽考城江氏景姥，父淳徽源，太子洗馬。祖夷茂
遠，前將軍，湘州刺史。（以上叙劉襲妻家父祖的官位。）

第一男□長暉，出後兄紹封桂陽侯。第二男旻淵高，拜
臨澧侯世子。第三男喦淵華。第四男量淵邃，出後第四弟
實。第五男□淵泮。第六男晏淵平。第一女麗昭。第二女
麗明。第三女小字僧婦。（以上叙劉襲的子女。）

綜觀此志所叙的親戚，如高平檀氏，臨沂王氏，廬江何氏，陽
翟褚氏，陳郡袁氏，安丘孟氏，蘭陵蕭氏，濟陽蔡氏，濟陽江氏，皆
是南朝的巨族。各族的祖先隨晉元帝渡江以後居住江南，與南朝
士族混合，成爲南朝門閥。其留住北朝者，如博陵崔氏，清河東武
城崔氏，京兆韋氏，隴西李氏，滎陽鄭氏等姓，又成爲北朝門閥。

此志所稱引的親戚，如王穆見《南史·王彧傳》，何叔度見
《南史·何尚之傳》，褚叔度見《南史·褚裕之傳》，袁豹見《南
史·袁湛傳》，王昇之見《南史·王裕之傳》，何子有見《南史·何
尚之傳》，蕭思話、蔡廓《南史》均有列傳。王楨之見《晉書·王羲
之傳》。無一不是高門大族，大部分均載在當時史書，謂之門閥
式史書也可，謂之家譜式史書也可。

（三）北魏《彭城王元勰妃李媛華墓志》，1920 年洛陽北張羊
村出土，正光五年八月刻。墓志背面，刻直系親屬，及親戚的世系
官位極爲詳細，與宋《臨澧侯劉襲墓志》體例完全相同。兹將《李
媛華墓志》所載各種類型的譜系摘要錄下：

亡祖諱寶,使持節鎮西大將軍開府儀同三司,并州刺史,敦煌宣公。亡父諱沖,司空清淵文穆公。兄延實,今持節都督光州諸軍左將軍,光州刺史,清淵縣開國侯。亡弟休纂,故太子舍人。弟延考,今太尉外兵參軍。(以上叙李媛華父祖及兄弟官位。)

姊長妃,適故使持節鎮北將軍、相州刺史文恭子鄭道昭。姊仲玉,適故司徒主簿滎陽鄭洪建。姊令妃,適故使持節青州刺史文子范陽盧道裕。妹雅妃,適前輕車都尉尚書郎中朝陽伯清河崔勔。妹雅華,適今太尉參軍事河南元季海。(以上叙李媛華姊妹及姊妹夫官位。)

子子訥字令言,今彭城郡王。妃隴西李氏,父休纂。子子攸字彦達,今中書侍郎武城縣開國公。子子正字休度,今霸城縣開國公。(以上叙李媛華子官位。)

女楚華,今光城縣主。適故光禄大夫長樂馮顥。父誕侍中司徒長樂元公。女季瑤,今安陽郡主,適今員外侍郎清淵世子隴西李彧。(以上叙李媛華女及女婿並及親戚的官位。)

父沖,夫人滎陽鄭氏。父德玄字文通,宋散騎常侍。(以上叙李媛華外祖官位。)

按李媛華本身爲隴西李氏,他的親戚如滎陽鄭氏、范陽盧氏、清河崔氏、長樂馮氏,皆是北朝門閥的巨頭,也是北魏書上著録的世族,如鄭道昭、鄭洪建均見於《鄭羲傳》,盧道裕見《盧玄傳》,崔勔見《崔逞傳》,馮顥見《馮熙傳》,鄭道玄見《鄭羲傳》。與《北魏書·孝文帝本紀》太和二十年詔書,爲六弟聘室,所指聘爲隴西李氏,滎陽鄭氏,范陽盧氏,當時北朝的大姓,與李媛華親戚,無不相同,可證明是門閥的婚姻集團。

上述三種譜牒形式,《薛孝通貽後券》及《李媛華墓志》是發現的,《劉襲墓志》是索隱的,皆是譜牒學上極可寶貴的文獻。

六、《北魏書》是家譜式的史書

魏收《北魏書》,每一列傳,所系子孫名字官爵,多者至百餘人,無事迹者僅書人名,且多生存的,且有卒於隋朝的。以《北魏書》卷五十六《鄭羲傳》來舉例,鄭道昭子述祖,武定中尚書(《北魏書》凡云武定中任某官者皆係生存人)。後來鄭述祖卒於北齊時(《北齊書》卷二十八)。又鄭希俊子道育,武定中開封太守。後來鄭道育在隋官至臨渠二州刺史,見河陰出土《鄭道育殘墓志》。《北魏書》全部皆是如此,世系源源本本,毫不紊亂,必然是一部分根據史稿,一部分是根據家譜。從前的史書,絕無此體例,這是門閥形成的風氣。叙次繁瑣,包括人物極多,與史家體例雖不合,然現在出土的北朝墓志正因它記載繁瑣,可考者十分之八九,於史料上亦不無稍有裨益。《北齊書》三十六《魏收傳》云:"尚書陸操嘗詣譜(楊譜)曰:'魏收《魏書》,可謂博物宏才,有大功於魏室。'譜謂收曰:'此謂不刊之書,傳之萬古,但恨論及諸家枝葉親戚,過爲繁碎,與舊史體例不同耳。'收曰:'往因中原喪亂,人士譜牒,遺佚略盡,是以具書其支派。'"這是魏收自述編纂《北魏書》採用門閥家譜的必要性,並知道北魏的家譜,在北齊時已經遺佚不少。但到隋代留存的,還是北人占多數,足證南北朝時代譜牒學，北朝重視於南朝。

七、譜牒補史的作用

　　南北朝的譜牒，敘次世系，可信者固多，不可信者亦復不少。其可信部分，例如李廣據《史記》本傳，僅云："其先曰李信，逐得燕太子丹者也。"《新唐書·宗室表·李氏》云："李信字有成，大將軍，隴西侯，生超，一名伉，字仁高，漢大將軍，漁陽太守。生二子，長曰元曠；次曰仲翔，河東太守，討叛羌戰没於素昌。仲翔生伯考，伯考生尚，成紀令，因居成紀，尚生廣前將軍。"證之《金石萃編》卷七十三《唐李思訓神道碑》云：

> 至信徙於秦克復其任，子仲翔討叛羌於狄道，子伯考因家焉，洎孫廣漢前將軍，廣子侍中敢，十四代孫皓。

　　《李思訓碑》敘述李廣子曾祖爲李仲翔，與《世系表》完全相同，比《史記》較詳。又例如《新唐書·宰相世系表》華陰郭氏出自太原。漢有郭亭，亭曾孫光禄大夫廣智（當作廣意，《漢書·百官公卿表》景帝後元年有中尉廣意，武帝後元二年有執金吾郭廣意，當即其人）。廣智生馮翊太守孟儒，子孫徙居馮翊。證之《金石萃編》卷九十二《郭家廟碑》云：

> 代爲太原著姓，漢有光禄大夫廣意，生孟儒爲馮翊太守，子孫始自太原家焉。

　　《郭家廟碑》爲顔真卿撰書，敘述郭氏先世，完全與世系表相同。又例如《宰相世系表》敘琅琊王氏爲王翦之後，翦子賁，賁子離，離裔孫王吉由頻陽徙居琅琊皋虞都鄉南仁里。證之北魏《北徐州刺史王紹墓志》云："琅琊都鄉南仁里人也。"銘文首二句云：
"翦離上將，崇駿公卿。"又《王誦妻元氏墓志》首行云："魏徐州琅
琊郡臨沂縣都鄉南仁里通直散騎常侍王誦妻元氏志銘。"近出東
晉王興之墓刻，亦云："琅琊臨沂都鄉南仁里。"無不與《世系表》
及《元和姓纂》相符合。

我所舉例，以《世系表》爲經，以魏志唐碑爲緯，互相引證，事
實方灼然可信。《世系表》當日材料，必取資於唐代遺留下的家
譜，故與唐碑多所吻合。搜集起來，史料之價值極大。又如錢氏
大宗譜，叙述錢讓遷居長興爲江東第一祖。讓子咸，咸弟京，均漢
桓帝時舉孝廉，京從朱儁鎮壓"黃巾"有"功"，封亭侯。這些事
實，《後漢書》皆無記載，應是很好的史料。又如現在人家，所存
的家譜，大率起自宋代。然經過元代時遠祖如未出仕者，他的名
字，必上一字爲排行，下一字爲數目，試假設舉例來說，趙氏是以
齊家二字爲排行的，則長子名趙齊一，次子名趙齊二，以下可以類
推。這是元代侮辱百姓的一種實事。這種史料，在新舊《元史》
中皆看不出來。總括一句，譜牒補史的作用，是相當大的。

1964 年 9 月鎮江陳直進宜撰，1974 年 8 月修改

六十年來我國發現竹木簡概述

前　言

　　我國古代寫書的竹簡，在漢時即有發現。如《漢書·藝文志》説，漢景帝時，魯恭王在曲阜建築房屋，破壞孔子舊宅的墙壁，發現古文《尚書》、《論語》、《孝經》、《逸禮》的竹簡，都是大篆書，每簡由 20 字到 25 字不等。這些竹簡，是戰國時代人所鈔寫的書籍，在秦代焚書時壁藏起來的。又河内女子在老屋中曾發現竹簡，寫的是《泰誓》一篇。又據《晉書》記載，太康二年汲郡不準（人名）盜發魏襄王墓（或云魏安釐王墓）得竹書數十車，大凡七十五篇，簡皆漆書蝌斗字。當時盜墓人燒竹簡照明以盜取寶物，後來官府搜集時，已成爲斷簡殘篇了。晉武帝將這些竹簡，交與束晳、荀勗二人整理，譯成當時文字，寫成的達十六種之多。《竹書紀年》、《穆天子傳》，就是其中的二種。束荀二人固然博學多聞，但由於整理時將簡中不易認識，或認識有不正確的字，一概譯出，不免有些望文生句，以意增損的地方。後人因懷疑《穆天子傳》是僞作，其實大部分是可靠的①。《晉書·束皙傳》説：時有人在嵩高山下得竹簡一支，上有兩行蝌斗字，司空張華取問束皙，皙鑒定它是漢明帝時顯節陵中的策書文。又南齊建元元年襄陽有盜發古冢的，傳爲楚昭王冢，其中有竹簡書，簡寬數分，長二尺。有人得十二簡，給與王僧虔看。王僧虔説是蝌斗書體，寫的是《周禮·考工記》文。又據宋黄伯思《東觀餘論·漢簡辨》説：政和中關右人掘地得古瓮，中有東漢的竹簡甚多，但凌亂不可考。其中只有漢永初二年《討羌檄》木簡尚完好，簡上皆草隸書。現在《討羌檄》全文，在陶宗儀《古刻叢鈔》中，尚可以看見，以上只是見於古代文獻的紀載，由於竹木質料容易腐朽，不易保存，因此屢次發現的實物，我們現在是無法看見的。

在近六十年來，陸續發現由戰國至西晉的竹木簡，共有六大批之多，略舉目録如下：

1908 年，敦煌發現的漢晉木簡。

1930 年，居延發現的由西漢中期到東漢初期的木簡。

1930 年，羅布淖爾發現的西漢中晚期的木簡。

1952 年，長沙五里牌戰國楚墓中的竹簡。

1957 年，信陽長臺關戰國楚墓中的竹簡。

1959 年，武威漢墓中的竹木簡。

以上六批，是依發現年代的先後編次；以下叙述概況，則依竹木簡的時代先後編次。

─────────────

①　近年西安灃西發掘西周墓葬，出土的長田盉，事實有與《穆傳》可互相印證的。

一、長沙五里牌戰國楚墓中的竹簡

長沙戰國楚墓中所發現的竹簡,分爲三小批。在 1952 年長沙五里牌出土 37 支,每支一二字至十餘字不等。1953 年長沙仰天湖出土 43 支,每支字數獨多。1954 年長沙楊家灣出土 72 支,每支一二字不等。(72 支中,有字者僅半數。)三小批之中,以仰天湖的竹簡最爲具體。簡上雖未標明年代,按其筆迹和字體,爲秦以前物,毫無疑義。字體既非秦小篆,又非周大篆,而與楚銅器相近,當爲戰國楚時物①。蓋此物出自冢墓,應與墓主人有關,又應與葬事有關。簡上所寫,統爲器物之名。考之《儀禮·既夕禮》:"書賵於方,若九若七若五,書遣於策。"鄭注:"策簡也,遣猶送也。"賈疏《聘禮》云:"百名以上書於策,不及百名書於方。遣送死者明器等,並贈死者玩好之物,名字多,故書之於策。"又《喪禮·既夕》第十三有"讀賵、讀遣"一節,文曰:"主人之史請讀賵,執筭從。"又曰:"讀書釋筭則坐。"鄭注:"史北面請,既而與執筭西面於主人之前,讀書,釋筭。古文筭皆爲筴,必釋筭者榮其多。讀書者,立讀之,敬也。"現楚竹簡中所書各物,大抵皆金屬、絲屬,其爲賵贈遣送之物,無可疑者,因推斷此竹簡,當即《儀禮》中之遣策。楚簡之價值,一可以證明《儀禮》經文及鄭注賈疏所載,當時確有其制;二可以從文物紀載研究楚國後期手工業發展情況;三可以證明戰國之不同文字,及楚文字的變化。茲略舉原簡

---

① 羅福頤氏先略加考釋,史樹青氏又寫成《長沙仰天湖出土楚簡研究》,可供參考。

文兩條如下：

　　一新智縷，一惢智縷，皆又蔓足縷，新縷句。

　　我的初步意見，縷爲衣厚之貌，智即制字的同音假借，惢爲楚字的變體，足爲促字的省文，蔓爲縵字的假借。（縷、足二字兼參用史樹青氏之説。）用現代語譯，即是"一件新的厚衣，一件楚制式的厚衣，皆是素繪製成短而厚的，新厚的一件，是王后贈送的"。

　　市君之一綻衣，繼純紉縞之緒，句。

　　綻即促字，作短衣解，繼爲紬字的同音假借，純爲一匹之名，紉爲阿字的假借，就是齊國東阿的産品。縞是絲織品的名稱，緒是春字的繁文。用現代語來譯，即是"市君的一件短衣，用東阿出産的紬匹，做成的春服，是王后贈送的"。總之楚簡的文字，非常古奧，解釋得是否正確，還有待於進一步的研究。

二、信陽長臺關戰國楚墓中的竹簡

　　1957 年，河南信陽長臺關，發現一座戰國楚時大墓。除有鐘 13 件及木瑟、木俑、精美的漆器陶器外，另有大批竹簡，完整及殘缺的計有 116 支，字體與長沙仰天湖出的相似，時代也是相當的。這批竹簡完整者有 29 支，每支最多的有 50 個字，大部分是隨葬品的紀載，當屬於遣策一類。而殘缺竹簡中，寫的是子書類型，縱不能説是墓主人的著作，也必然與墓主人有關。李學勤氏曾就木槨前室發現的一組 40 餘支當中，考釋出 15 簡，茲摘録 8 簡文字如下：

　　□如□相保如民母，□輔……（一〇四）（依《文參》1957

年九期原編號。)

　　　君子之□□,若五浴之□三……(一〇五)

　　　……爲□,皆三代之子孫,……(一〇六)

　　　……之□之□,先王之□也。(一〇七)

　　　天下爲之弌,可……(一一〇)

　　　……福如□□,君子……(一一一)

　　　其君天下,□□周公,(一一二)

　　　乃教□卿大夫……(一三二)

　　從這些文句中看,如"保如民母"、"皆三代之子孫"、"先王"、"卿大夫"、"周公"等字,皆表現出戰國儒家的思想。從"天下爲之弌"一句看來,與孟子定於一的學說相同,反映出戰國人民要求統一的願望。

三、羅布淖爾發現的西漢中晚期的木簡

　　1930 年黃文弼赴新疆羅布淖爾地方古樓蘭廢墟考古,在漢代烽燧臺遺址中,得了不少古器物,有石、陶、銅、鐵、漆、木、草、骨、織品、雜類 10 種類型,詳見黃氏所著《羅布淖爾考古記》中,所得木簡,共 71 支,時代起於漢宣帝黃龍元年,至漢成帝元延五年,共計 42 年。然我以簡二六"己未立春,伏地再拜,太歲在西,三月辛丑朔小"等字之漫書簡文考之,西漢中期以後,有三月辛丑朔者,一爲昭帝始元二年,是年太歲在丙申,三年在丁酉。二爲宣帝神爵三年,是年太歲在壬戌。三爲成帝河平元年是歲太歲在癸巳。本簡時代,以昭帝始元二年之可能性爲最大。因本簡有

"太歲在酉"四字,始元三年即爲丁酉,戍卒雖隨手漫書,亦有比
類相從之意義,因此我認爲羅布淖爾簡,開始於昭帝始元二年是
比較合適的。各簡比敦煌所出的時代單純,比居延所出的時代較
短,但可貴的是西漢中晚期一段邊陲史料,引用時有它的時代正
確性。至於簡的内容,與敦煌、居延各簡,典章制度,多有相同之
點,黄氏考釋也很詳細,在此不再叙述。

四、敦煌發現的漢晉木簡

1908 年,匈牙利人斯坦因曾在我國新疆甘肅盗竊出土的漢
晉木簡 991 片。發現的地點有三處,一爲敦煌迤北的長城,皆兩
漢遺物。二爲羅布淖爾北之古城,其物大抵上自魏末,迄於前涼。
其三則爲和田東北的尼雅城,不過 20 餘簡,又皆無年月,其最古
者爲後漢,其餘皆晉或晉以後物。斯坦因將全部木簡盗回以後,
法國的沙畹、馬伯禄先後皆加以考釋,伯希和曾以半數照本,寄示
羅振玉,羅氏與王國維先生合著《流沙墜簡考釋》①。後來張鳳氏
在法國又將沙畹當日未發表的一半木簡,訪得照本,印成《漢晉
西陲木簡匯編》,由此我們可以看到敦煌木簡全部的面貌。這批
漢簡,大部分是邊塞上往來公文、簿册。一小部分是《蒼頡篇》、
《急就篇》、曆書、醫方、吉凶禁忌等書,還有一部分是私人往來的
函札。其類型全部與後出的居延簡相同。兹將有代表性的二簡

---

① 沙畹考釋之編次,是依據出土地點;王國維流沙墜簡之編次是比類
相從。沙畹所釋,我於去年細加校閱,發現錯誤很多;王氏所訂正者,多屬正
確。因寫成《敦煌漢簡釋文平議》一種,附入《居延漢簡研究六種》之内。

録文如下：

> 制詔酒泉太守，敦煌郡到戍卒 2000 人發酒泉郡，其假候
> 如品。司馬以下與將卒長吏將屯要害處，屬太守察地形，依
> 阻險，堅壁壘，遠候望，毋□。（見《流沙墜簡考釋·釋二·
> 簿書一》。）

> 宜禾部烽第：廣漢第一，美稷第二，崑崙第三，魚澤第四，
> 宜禾第五。（見同書《釋二·烽燧七》。）

以上第一簡，王國維先生考爲漢宣帝神爵元年賜酒泉太守辛
武賢詔書是也。趙充國與辛武賢素不協，其初屢爲武賢所厄，觀
此制詔，漢廷很信任武賢，而以書敕讓充國，亦當在其時，其事實
足與《漢書》相印證。第二簡邊郡多烽燧連稱，烽主火用於夜間，
燧主烟則日夜兼用，居延木簡單稱皆言燧不言烽，惟本簡獨群言
烽的次第，是很少見的。木簡以外發現一些用具，如麻鞋、箭鏃、
錐子、木梳以及舉烽火用的葦把等等。從敦煌簡的記載，可以推
出當時戍邊的情形，及戍邊軍士生活的大概。

五、居延發現的由西漢中期到東漢初期的木簡

1930 年，西北科學考察團在今内蒙古自治區額濟納旗，額濟
納河流域漢代居延烽火臺遺址中發掘出來的，其地可能當於漢代
張掖郡的昭武縣，爲肩水都尉甲渠候官的治所。出土木簡，共有
五處，其中以大灣、地灣、破城子三處出土爲最多。勞榦氏寫成
《居延漢簡釋文》及《居延漢簡考釋》兩種。全部木簡上的年月，
開始於武帝太初二年，最後爲東漢光武建初十六年，前後連綿

143 年之久。光武廢除每郡的都尉制，居延肩水都尉的撤銷，當亦在其時。勞氏的書，只是録文，並無照本。中國科學院檢出留存的 2000 餘簡照片，加以整理重印，稱爲《居延漢簡甲編》，這一大批木簡，比較敦煌木簡數量上多至十倍以上，絕大部分皆是屬於西漢時期。其中新史料蘊藏十分豐富，爲治兩漢史者開闢一條新的大路。勞氏釋文，定爲四卷，分文書、簿籍、信札、經籍四大類，又按各大類性質的不同分爲二十二小類，在眉目上比較清楚點，小類中也有些過於繁瑣的，如計簿、雜簿可以合爲一類，醫方術數，亦可以合爲一類，比較具體而系統完整些。

居延全部木簡數以萬計，與敦煌簡有共同之點，更多特殊之點。如居延屯田性質，舉烽燧方式，戍卒的來源，俸錢與口糧，趙過代田法的推行，算收家貲與官吏之得算負算，張掖太守與農都尉及屬國都尉的關係，農民起義的新史料，賈賣衣服的券約，戍卒的日迹、服裝、兵器，用黃金布帛代替貨幣，車父的助邊，居延的物價等問題。過所、符傳、郵驛、名籍、天田、上計、秋射、葆宮、直符、民爵、亭長、社祭等制度，在敦煌簡上，只能看得一鱗一爪，而在居延簡上，則多能看到具體的内容。

六、武威漢墓中的竹木簡

1959 年，甘肅博物館在武威磨嘴子六號漢墓中發現一批竹木簡，共有 300 餘支，其中木簡占多數，而且都保存完整。木簡最長者 58 釐米，最寬者 10 釐米，每支簡上，一般是 60 個字，最多者 80 個字，隸書極爲工整，簡上編有號碼。竹簡很少，損壞很嚴重，長度已不可計，字體與木簡同。簡的内容，是鈔寫《儀禮》，有《鄉飲酒》、《士相見禮》、《鄉射》、《燕禮》、《喪服》、《有司徹》、《郊特牲》等七篇。另從一簡上，有"河平□年四月四日，諸文學弟子，出穀四千餘斛"之紀載，知全部竹木簡，皆爲成帝時物。《儀禮》在西漢稱爲《士禮》，漢初魯高堂生所傳，共十七篇。西漢時經師傳習有三本，一戴德本，二戴聖本，三劉向別録本。鄭玄所注，係采用別録本，兼匯合今古文的長處。現武威木簡所寫，當爲今文本，但亦不廢古文的異字，是在上述三本之外河西一帶經學大師所傳之第四本。《儀禮》十七篇之中，自東漢馬融起，迄至南北朝止，專注重《喪服》一篇，兼研究相傳子夏所作的《喪服傳》。此次武威所出將《喪服經》與《喪服傳》分寫兩卷，可證明在西漢時是經與傳分，也可證明當時《喪服》的重要性。考漢代所用尺牘，簡長一尺，制詔策書，通用二尺，短者一尺。鈔寫經書的，據《聘禮》賈疏引鄭注《論語序》云："《易》、《詩》、《書》、《禮》、《樂》、《春秋》，策皆二尺四寸，《論語》八寸策，《孝經》一尺二寸策。"每簡所寫字數，22 字或 25 字不等，見於《漢書·藝文志》。現以武威所寫《儀禮》而論，每簡多至 60 字或 80 字，可證 22 字至 25 字之説不是定例。又在出《儀禮》簡的左近十八號墓中，發現有王杖詔令十簡，爲東漢明帝永平十五年之物，並鈔録成帝時兩道養老詔書。

小　結

我國寫文字在竹簡之上，開始於何時，現尚未能確定。在商代銅器中，屢見有"册父乙"或"册父丁"的銘文，册字像竹簡編綴形式，知道商代已可能有簡册。現殷虛出土的龜甲獸骨，是專爲貞卜紀事用的，與竹簡雖同時並行，而作用不同。自來發現的竹木簡，最遠的爲戰國時期，尚未發現過春秋時期的。竹簡的輔助品，有方版，有木觚，皆是木質。小兒練習字體的則稱爲兒笘。漢代邊郡因竹子難得，故改用木簡。公元一世紀前，紙的製造，已經萌芽；公元三世紀時，即盛行用紙，竹木簡的作用，漸已消失。但邊郡地區，因得紙不易，木簡仍繼續使用到西晉時期。在盛行竹木簡時期，另兼用縑素，價值比較貴，不是一般人可以使用的。但在漢代五十支簡札，要賣二百錢，價值亦並不低廉。至於文獻紀載，竹簡多有稱漆書者，細看出土不同時代之各竹木簡，皆用墨書，不見有漆書的。但不能因其未見漆書的即斷定無漆書，這一點尚有待於將來地下材料之發掘。在這六批之中，長沙楚簡是遣策形式，等於後代之流水帳單，信陽楚簡則帳單兼寫著述。敦煌，居延、羅布淖爾三批，皆屬於邊郡之公牘，等於後代官衙之檔案。惟最近武威的一批，所寫純爲經書，性質與上五批不同，價值亦各自不同。敦煌簡經王氏研究，已具有規模，居延簡份量既多，研究才算開始，在黨的正確領導之下，相信很快就能得到更新的成就的。

《關於居延漢簡的發現和研究》一文的商榷

陳公柔、徐蘋芳兩位同志合寫的這篇論文(《考古》1960年第1期),對於居延木簡出土的地址、屯戍的情況、研究的方法作了介紹。文中補繪了大灣、地灣、破城子、宗間阿瑪四地遺址平面圖,以及大灣、查科爾貼、宗間阿瑪各地區出土的遺物圖,尤其有利於讀者。該文折衷諸家之説作了一般性的叙述,其間也有可以商榷、修正和補充的地方,今據個人所見,分述於下。

第三節説:居延簡中年代最早的,是武帝太初三年;年代最晚的,除永元器物簿外,是東漢光武建武六年的。

按:《居延漢簡釋文》(以下簡稱《釋文》)一二八頁,有簡文云:"入南書五封,十六年六月十七日平旦時,橐他燧長萬世,令使胡頌,弛刑孫明。"西漢中晚期紀年皆無十六者,此十六年當爲東漢光武建武十六年。此居延木簡所見最後之年代。又《釋文》三三〇頁有簡文云:"十月癸亥朔,以食亭卒五人,癸亥盡辛卯廿九日,積百四十五人。"西漢中晚各紀年無十月癸亥朔者,只有東漢光武建武十七年十月爲癸亥朔,十一月爲壬辰朔。(汪日楨、鄒漢勛、陳垣三家所推長曆均同。)簡文癸亥盡辛卯爲廿九日,則十月當爲小建,十一月確爲壬辰朔,據此居延木簡最後之時期,可能延遲至建武十七年。

第五節説：馬的飼料以麥荄爲主，每匹馬每天給麥一斗二升。

按：《釋文》二四五頁簡文云：“出麥廿七石五斗二升，以食庠候驛馬二匹，五月盡八月。”每馬每月食麥三石四斗四升。又二四七頁，記馬日食一斗八升。二六〇頁，記馬日食粟二斗。三三七頁記馬日食二斗。所以馬的飼料，是以荄、稾（此二字本於《漢書·趙充國傳》）、麥、粟爲主，每匹馬每天食粟最多爲二斗，食麥最高爲一斗八升，最低爲一斗二升。

第五節説：居延簡中有代田侖名稱，其時代屬於昭帝時候。這説明居延的屯田，在武帝晚年，曾使用代田的方法。

按：《漢書·食貨志》云：“（趙）過使教田太常、三輔，又教邊郡及居延城。”趙過官搜粟都尉，在武帝後元二年，亦即武帝最後之一年。居延木簡所紀代田倉各簡文，皆始於昭帝始元二年十一月，當爲代田法傳播至居延的確實年代，距武帝末已經二年，本文謂武帝晚年，居延即使用代田方法，稍有錯誤。

第五節説：每一候長之下，有候史一人，燧長數人。

按：候長之下候史有一人者，有二人者，二人見《釋文》二〇一頁簡文“候史旁，遂昌”。候史之下主要有士吏，見四八頁。又本節叙屯戍官之組織，關於鄣尉、塞尉之系統，漏未提及。大者曰鄣，小者曰塞。鄣尉見於《漢書·孫寶傳》及《地理志》敦煌效穀縣注。塞尉見於居延木簡及漢印之“高柳塞尉”（屬代郡）。塞尉所屬，有尉史，有士史（即士吏），見於《漢書·匈奴傳上》顏師古注引《漢律》。

第五節説：其他兵器，如刀劍之屬，多爲中原所造。

按：居延木簡所記兵器，有河東工官所造，《釋文》三七三頁有"左弋弩六百石"之簡文。左弋令屬少府,後改爲佽飛令,蓋爲京師運至邊郡之兵器,《漢書·毋將隆傳》云:"漢家邊吏,職在距寇,亦賜武庫兵。"與上述簡文,正相符合。

第五節説:發給士兵的糧食之中,有大麥、小麥、粱、穬糧、黍、糜、粟等;其中尤以穬糧、粟、麥、糜爲主要。

按:糜是赤粱粟,居延木簡中,只有少數簡作穈,爲當時之別體字,其餘皆作糜。糜、穈二字形雖相似,音義均不相通,不能混用。

第五節説:廩給分米穀二種,米指已舂,粟指未舂。計算米的單位爲大石,計算粟的單位爲小石。大石、小石,並非在量上有所不同。

按:本文謂計算米的單位爲大石,計算粟的單位爲小石,證之《釋文》二六六頁簡文"米一石九斗三升少"(少即小字),二七一頁簡文"今餘粟六石六斗六升大"。可見計算米可以用小石,計算粟可以用大石。在全部木簡中,此例甚多。當以斗石之大小爲標準,不當以米粟之分類爲標準。西漢内郡、邊郡,皆有大斗小斗之區别(猶之清代用銀,有漕平、庫平等名稱),如《漢書·貨殖傳》云:"漆大斗千。"王莽地皇飯幘云:"常樂衛士上次士銅飯幘容八升少。"少是小斗,邊郡當亦同此例。敦煌、羅布淖爾兩部分漢簡,雖未明言用大小斗,但就士兵廩食數量與居延簡相同,推知其亦有大小斗之分。小斗一石,折合大斗則爲六升。《釋文》三三八頁有"入糜小石十四石五斗,爲大石八石七斗",可爲明證。大小石在量上絶對有所不同。

第五節説:普通的燧障卒,每天可得米六升太半升,大月三十天,得米二石,爲粟三石三斗三升少,小月則減去一天,少指少半,大約是三分之一,太半則爲三分之二。

按:居延吏卒發廩給以粟爲原則,用大石小石不同的升斗來計算。發二石者,爲大石,發三石三斗三升少者,則爲小石。對於外來過客及弛刑士,每月發大石一石八斗,合小石爲三石。少即小字,非如本文理解少指少半而言。

第五節説:家屬廩給也分兩種,大男和士卒同,餘則遞減,大女與使男同,較大男爲少。

按:居延木簡記戍卒家屬廩給,大男所食,皆與使女未使女混在一起,看不出大男與士卒數量相同的一點。

第五節説:有人在文章中提到,他所收集到的家屬廩給簡的十五條材料中,都是記載發給士卒家屬的,而燧長以上的軍職人員的家屬,則無廩給記載。因此便推定邊郡戍守的燧長等官,多單身赴任,而士卒則携帶家屬,長期服役。

按:《居延漢簡釋文》二七五頁,有武成燧長孫青肩簡,記載妻子用穀簡文。又七十頁有"☑所移糲得書山他縣民爲部官吏卒,與妻子在官"簡文。可證燧長以上家屬有在官者。不過就發現之簡而論,是戍卒的家屬占多數。

第五節説:俸錢則根據地位高下,有所不同,塞尉爲二千錢,候長爲一千三百錢,燧長最低爲六百錢。

按:居延自都尉、司馬、千人以下之官,最高之俸爲候官,每月爲三千錢,塞尉爲二千錢,候長最高爲一千二百錢,最低爲八百六十六錢,燧長爲六百錢,佐史則以書佐爲最低,每月爲三百六十錢。

第五節説:其中一簡,是治傷寒的醫方。又云另外還有《尚書》、《論語》和雜占迷信的耳鳴目瞤書殘文。

按:《釋文》五六三頁有蜀椒四分等藥味一方,與張仲景《傷寒論》中烏梅圓方大體相同,亦當爲治傷寒之方。居延簡所出經籍諸子殘簡,尚有《周易》、《月令》等篇。

第六節説:居延地區的戍卒,里籍幾乎遍及全國,至於騎士,則爲邊郡人,大約邊地産馬,人多善於騎乘。

按:居延戍卒多中原一帶籍貫,計有京兆尹、左馮翊、右扶風、淮陽郡、汝南郡、大河郡、魏郡、濟陶郡(即後來之濟陰郡)、河東郡、東郡、河南郡、陳留郡、南陽郡、潁川郡、漢中郡、鉅鹿郡、昌邑國、梁國、趙國,再加上張掖、酒泉二郡騎士,過路的蜀郡、犍爲郡的校士,計有二十五郡國,只合西漢郡國全數四分之一。至於騎士的身份,包括在戍卒、正卒之中,《漢官儀》所謂"中原多材官,水鄉爲樓船,邊郡爲騎士"。因騎士身已在邊,毋須再稱爲戍卒,實質仍是戍卒。

第六節説:謫戍的人(徒),是比較少的,不是戍卒中的主要成員。

按:謫戍之卒,在正卒、戍卒之外,是用七科謫戍的條例徵發的。如《漢書·武帝紀》,太初元年發天下謫戍征大宛,天漢元年發謫戍戍五原。《流沙墜簡考釋·戍役類》二十二頁,有"適卒郭□"簡可證。徒爲弛刑徒,與謫戍的人性質迥乎不同,似不能混爲一談。

《墨子·備城門》等篇與居延漢簡

　　《墨子》七十一篇,今本闕有題八篇,無題十篇,實存五十三篇。清代畢沅始爲之校注,嗣后王念孫、引之父子,洪頤煊,俞樾,戴望,蘇時學諸家,或校正訂原文之誤,或解詁通各篇之義。至孫詒讓氏,綜合群言,成爲《墨子間詁》。大輅椎輪,頗具規模,然多盡力在自《親士》至《公輸》四十二篇之章句。《備城門》以下十一篇,文字簡奧,又復訛脱。孫氏亦謂"今依文詁釋,略識辜較,亦莫能得其詳也"。今人治墨學者,如梁啓超、譚戒甫、樂調甫、高亨諸氏,亦偏重於《經上、下》,《經説上、下》四篇,對於《備城門》以下各篇,少所宣蘊。蓋因所談者兵法,古今器物不同,言語不同,與《經上、下》有同等之困難。余幾經研究,始覺與敦煌、居延兩木簡,有不可分割之關係。王國維氏著《流沙墜簡考釋》,於烽燧、有方、鞼督、馬矢諸問題,皆引證《墨子》,已略發其端倪。乃以今夏繹讀全書,發現與居延木簡,時代更相接近,且有西漢人竄改者。各篇之制度、名物及口頭語,與戰國人不相關,與西漢初人相類似。例如"都司空"之爲秦官,"城旦"之爲秦刑,"斗食"之爲秦制。而"無有所與"、"逾時不寧"等,皆爲西漢人之口頭語,當沿襲於秦代者。其論守邊方法,兵器名稱,尤多數與居延木簡相吻合,更疑爲秦代守長城時兵家之著作,而託言於墨子與禽滑釐之問答。發伏甄微，實有此必要。茲分爲烽燧、兵器、守御器、符券、葆官、秦官制、秦法、秦漢人公牘及口頭語八項叙述，願與國内學者一共商榷。

一、烽燧

《號令》篇云："守邊城關塞，備蠻夷之勞苦者，舉其守卒之財用，有餘不足。地形之當守邊者，其器備常多者，邊縣邑，視其樹木惡，則少用；田不辟，少食；無大屋草蓋，少用桑。"

按：《墨子》所記烽燧各事，皆指守邊城關塞而言，其守御方法，與敦煌、居延兩木簡各文最爲相近，余因定爲秦時兵家守長城之著述。

《號令》篇云："居高便所樹表，表三人守之，比至城者三表，與城上烽燧相望，晝則舉烽，夜則舉火。"

按：《居延漢簡釋文》一七九頁（以下簡稱爲《釋文》）有兩簡文云："☐午日下餔時，使居延蓬一通，夜食時塢上苣火一通，居延苣火。""樂昌燧長巳，戊申日西中時，使並山燧塢上表再通，夜人定時苣火三通，巳西日☐☐。"一八〇頁有兩簡文云："臨莫燧長留入戊申日西中時，使迹虜燧塢上表再通，☐塢上苣火三通☐。""塢上旁蓬一通，同時付並山，丙辰日入時。"一八一頁有簡文云："虜守亭障，不得焚積薪，晝舉亭上蓬一，烟夜舉離合苣火，次亭焚積薪如品約。"一八三頁有簡文云："火一通，人定時，使塢上苣火一。"一八五頁有簡文云："匈奴人入塞及金關以北，塞外亭燧，見匈奴人舉蓬如和□五百人以上，能舉二蓬。"又《流沙墜簡考釋·釋二·烽燧類》三十八簡文云："七月乙丑，日上二干時表一通，至其夜食時，苣火一通，從東方來，杜充見。"《說文》云："烽燧：候表也，邊有警則舉火。"《史記·司馬相如傳》云："聞烽舉燧燔。"《集解》引《漢書音義》云："烽爲覆米篝，懸著桔槔頭，有寇則舉之。燧，積薪，有寇則焚燃之。"《漢書·賈誼傳》云："斥候望烽燧不得卧。"文穎注云："邊方備胡寇，作高土櫓，櫓上作桔皋，桔皋頭懸兜零，以薪草置其中，常低之，有寇則火然舉之相告曰烽。又多積薪，寇至即燃之以望其烟曰燧。"張晏注云："晝舉烽夜燔燧也。"顏師古以張說爲誤，則曰："晝則焚燧，夜乃舉烽。"與張揖、張守節諸家烽主晝燧主夜之說均不同。以《居延漢簡》一七九簡、一八〇簡、一八一簡，皆云烽用於日間，苣用於夜間。稽合古籍與木簡，舉烽燧約有四種方法，一曰烽，二曰表，三曰燧，四曰苣火。日間與烽並用者爲表，夜間與燧並用者爲苣火；表爲繒布之表，燧爲積薪，積薪則日夜兼用。可證張揖、張晏等烽主晝燧主夜之說爲正確，與《墨子》本文晝則舉烽之說亦相合，"夜則舉火者"，謂舉苣火，非指烽火也。並可證顏注"晝則焚燧、夜乃舉烽"之說爲不確。王國維氏獨是顏說，似近疏失。

《號令》篇云："望見寇，舉一垂；入竟，舉二垂；狎郭，舉三垂；入郭，舉四垂；狎城，舉五垂；夜以火皆如此。"

按：一垂，王引之以爲一表之誤字是也。俞樾解垂爲郵字省文，直以爲郵亭之木表郵，非也。漢代邊郡烽火臺之防守，日間所用者，爲兜零之烽，及繒布之表。秦漢古籍有言表者，學者多與烽混爲一談，實則表爲烽之輔助品。因塞上天氣易於驟變，有時需用烽，或有時需用表，官府命令，則以舉烽爲標準。上文表三人守之，比至城者三表，與城上烽燧相望，亦指繒布之表而言，非樹木之表也，表之爲物極重要，故遣三人守之。（漢代每烽火臺防守戍卒，至少三人，至多三十人，其數亦相合。）但本文之表，另建於高處，較漢代烽與表同在一臺之中，尚微有不同。《釋文》一九一頁，有簡文略云：“塢上大表一古惡。”二〇九頁，有簡文略云：“表二不事用。”三七三頁，《守御器簿》略云：“布表一。”即指日間與烽並用之表也。居延烽火臺之布表，有時用一通，有時用二通，已見上文一七九頁及一八〇頁各簡。惟本文舉表，多用至五表，則爲居延簡所未見。本文末加“夜以火皆如此”一句，明布表之用，在於白晝也。

《雜守》篇云：“望見寇，舉一烽；入境，舉二烽；射妻，舉三烽，一藍；郭會，舉四烽，二藍；城會，舉五烽，五藍；夜以火如此數。”

按：本文言見寇舉烽之數，與《號令篇》舉表相同，皆言爲日間守御之法，故末尾亦明言“夜以火如此數”。一藍、二藍，王引之以爲一鼓二鼓之誤字，然藍鼓二字，形不相近。《釋文》一八一頁，有簡文云：“二十日，晦日，舉塢上一益，火一通，乃中卅井燧□☑。”（本簡已殘缺，二十日上，必另有舉烽之記載。又乃下原簡文空一格。卅井勞氏原釋誤作三井，今訂正。）知本文一藍，應爲一益之誤字，謂舉一烽之外，再增益以布表或積薪等類也。倘非木簡之發現，則先秦古書之誤文，有時不易校正。

《雜守》篇云：“距阜山林、皆令可以迹。平明而迹，無迹，各立其表，下城之應，候出置田表。”

按:《釋文》一九七頁,有簡文云:"☐候長充,六月甲子盡癸巳,積卅日日迹,從第四燧南界,北盡第九燧北界,毋越塞闌出入天田迹。"二二二頁,有簡文略云:"卒郭鈴,乙酉迹盡甲午,積十日,凡迹廿九日其人馬闌越塞天田出入迹。"(僅舉兩例。)《漢書·鼂錯傳》云:"爲中周虎落。"蘇林注云:"作虎落於塞要下,以沙布其表,且視其迹,以知匈奴來入,一名天田。"蘇林以天田解竹籤相連之虎落則非,單純記天田之制度則甚是。以《居延漢簡》證之,戍卒在一月之中,無敵人人馬入天田之迹,即爲最大成績之一。《墨子》所説之迹,包括"距阜山林",較天田之範圍尤爲廣泛,其布沙之法則同,田表者即天田之表也(天田參用賀昌群氏説)。

二、兵器

《備城門》篇云:"二步置連梃、長斧、長椎各一物,槍二十枚,周置二步中;二步一木弩,必射五十步以上。"又云:"連梃、長斧、長椎、長茲。"又云:"二步積石,石重千鈞以上者五百枚。"

按:《釋文》二〇九頁,有簡文云"第十八燧椎一☐"、"第十杆一"、"第十一杆一"。二一二頁,有簡文云"長斧五☐"。又三七二至三七三頁,《守御器簿》簡有"長椎四"、"長杆二"、"弩長臂二"、"槍四十"、"羊頭石五百"。二一一頁,亦有"吞遠烽槍五"之記載。又一九三頁,有簡文略云:"連梃繩解。"三七八頁,有簡文云:"烽不可上下,連梃廢解,斧多隋(墮)折,長斧、椎皆檐桰啡呼(罅),稚色不鮮明,奚索幣絕,弩長臂不可▨。"《居延漢簡》所記兵器,與《墨子》本文完全符合。其數量連梃、長斧、長椎、木弩各一物,羊頭石五百枚,與《墨子》本文數字皆相同,槍四十枚,則爲本文之一倍,槍五枚則爲本文四分一。又按:《通典·拒守法》云:"連梃如打禾連枷狀,打女墻外上城敵人。"石即藺石,《漢書·鼂錯傳》所謂"具藺石,布渠答"是也。

《備高臨》篇云:"連弩機郭,用銅一石三十鈞。"

按:《居延漢簡》甲編一〇七頁,附二十七,有簡文云:"度用銅四千八百廿三石一鈞廿三斤,已入八百六十三石三鈞十二兩,少三千九百▨。"與本文所記,皆應爲造連弩機用銅之數字。連弩機鼓鑄一次,即須用銅一石三十鈞,三十斤爲一鈞,四鈞爲石,合一千零二十斤。《居延漢簡》所記,約爲五次所鑄之數,弩機每件重量雖不可考,當爲大型弩機,現時尚無出土者。

《備水》篇云:"二十船爲一隊,選材士有力者三十人共船;亓二十人、人擅有方,劍甲鞮瞀,十人,人擅苗。"

按:《流沙墜簡考釋·釋二·器物類》二十九簡,王氏考有方,除引證本文外,又見《韓非子·八說》篇云:"搢笏干戚,不適(敵之假借字)有方鐵銛。"關於有方,敦煌、居延兩木簡紀載最多。《釋文》三六三頁,有"持有方一劍一"。三六四頁,有"有方一"。三六八頁,有"有方十八"。三七四頁,有"有方五十四"。各簡文足證有方之兵器(以上僅略舉數例,敦煌木簡關於有方之記載,不再備引)起於戰國末期,至西漢中晚期尚盛行,其形制則不可考,現今無出土者,亦不見於漢代古籍。勞榦氏謂有方疑戈之別種,尚未敢確定。惟本文有方用於水戰,敦煌、居延兩木簡,既廣用有方,則當爲水陸兩戰所用之利器也。鞻督即兜鍪,《釋文》三六一頁,有簡文云:"鞻督各一。"《流沙墜簡考釋·釋二·器物類》三十三簡文云:"萬歲顯武燧,革甲鞻督各一完。"三十四簡文云:"□甲鞻督蘭服,綻者輒逢,絕爲襟帶負牽,毋令有舉。"鍪字從目,與本文正同,《戰國策·韓策》、《漢書·揚雄傳》皆作鞻鍪是也。

《備穴》篇云:"以鈎客穴者,爲短矛、短戟、短弩、蚤矢。"

按:《釋文》三六一頁,有簡文云:"二月餘陷堅槁矢銅鏃四百六十一。"三六四頁,有簡文云:"蚤矢六十,三石承弩一。"《流沙墜簡考釋·釋二·器物類》十八簡云:"大煎都厭胡燧陷堅蚤矢銅鏃五十完。"十九簡云:"陷堅蚤矢銅鏃。"王國維氏考蚤矢者,短矢也,《方言》:"箭三鐮長尺六寸者謂之飛蚤。"蚤矢之名,僅見於本文與敦煌、居延兩木簡,並可證明時代相接近。

三、守御器

《備城門》篇云:"城上二步一渠,渠立程,丈三尺,冠長十丈,臂長六尺。二步一答,廣九尺,袤十二尺。"

按:《備城門》以下各篇,言渠答者三處,始見於《備城門》篇云:"皆積累石蒺藜,渠長丈六尺,夫長丈二尺,臂長六尺,亓狸者三尺,樹渠毋傅堞五寸。"其二見即本文,其三見於《雜守》篇云:"衝臨梯,皆以衝,衝之渠長丈五尺,其埋者三尺,矢長丈二尺,渠廣丈六尺,其弟丈二尺,渠之垂者四尺,樹渠無傅葉五寸。梯渠十丈一梯,渠答大數,里二百五十八,渠答百二十九。"《漢書·鼂錯傳》云："布繭石，置渠答。"蘇林注云："渠答，鐵蒺藜也。"如淳注則引《墨子》本文，以解釋鼂錯之文。丈三尺作長三尺，如淳注爲引用《墨子》之最古者（太史公《論六家要旨》則爲節括原文）。渠字孫詒讓氏訓爲塹，《墨子》各篇分解渠答命名爲二義，總言渠答爲一物，本文則著重先解釋渠之立程。孫氏又考《六韜·軍用》篇云："木蒺藜去地二尺五寸，百二十具。鐵蒺藜芒廣四寸，廣八寸，長六尺以上千二百具。兩鏃蒺藜，參連織女，芒間相去二尺，萬二千具。"又《軍略》篇云："設營壘則有行馬蒺藜。"據此蒺藜有木、鐵、兩鏃、行馬四種名稱，《鼂錯傳》文所云"置渠答"未必如蘇林注專指鐵蒺藜而言。渠答用以阻止敵人前進，故器形大，設具多。現勉縣一帶，往往有銅蒺藜出土，三稜向上，不盈一握，相傳爲魏蜀戰爭時所遺，疑仿古代兩鏃蒺藜形式具體而微也。

《備城門》篇云："五步一鐾，盛水有奚，奚蠡大容一斗。"又云："百步一井，井十瓮，水器容四斗到六斗者百。"又云："及持沙毋下千石。"

按：《釋文》三八八頁，有簡文略云："赤墨畫代二，奚其一枚破。"奚應即奚蠡之省稱。一九一頁，有簡文略云："諸水罌少二□。""沙少三石，見一石，又多土。"所記守御器與本文相合。

《備城門》篇云："五十步積薪，毋下三百石。善蒙塗，毋令外火能傷也。"又云："百步一積薪，毋下三千石以上，善塗之。"

按：《釋文》一九一頁，有簡文略云："積薪八，毋將契，不塗堊。大積薪二，未更積。小積薪二，未更□。"《居延漢簡》所記積薪極多，茲僅舉兩例。本文之"善蒙塗"及"上善塗之"兩善字，皆

當爲壅之誤字,漢代壅字俗寫作堰(此字,諸家皆未有解詁),與
《居延漢簡》文積薪不塗堰極合,蓋積薪塗壅所以防火也。又《釋
文》二〇五頁,有"☒長單威,六月癸未受檄載壅,以己丑到☒"之
記載。

《備城門》篇云:"二舍共一井,曩灰,康粃,馬夫皆謹收
藏之。"

按:原本作馬夫,畢注校本改作馬矢,其説非是。《流沙墜簡
考釋·釋二·戌役類》二十八簡文云:"一人馬夫塗亭戶前地二
百七十尺。"又《器物類》三十二簡殘文云:"☒一石,馬夫二石。"
皆作馬夫。王國維氏即據《墨子》以考簡文是也。夫矢二字不
分,蓋秦漢人之俗體字。又《釋文》三六二頁,有"乾馬矢三石",
三七三頁,有"沙馬矢各二石"之記載。舊説馬矢用以眯敵目,據
《敦煌簡》所記,兼可以塗亭戶前地面也。

《號令》篇云:"城上吏卒養,皆如舍道内,各當其隔部。
養什二人,爲符者日養吏一人,辨護諸門。"

按:《釋文》二三〇頁,記戍卒工作簡,有"三人養"。二三二
頁,有"三人卒養"。二三三頁,有"一人吏養"。各簡文與本文正
合。但敦煌、居延兩木簡,皆記養卒十人中有一人,與本文養什二
人,在十人占二人,尚微有不同。

《號令》篇云:"外空井盡窒之,無令可得汲也。"《雜守》
篇云:"常令邊縣豫種畜芫芸、烏喙、袜葉,外宅溝井可填塞,
不可置此其中。"

按:《釋文》二三七頁,有殘簡文云:"填井用人,百冊人,凡
☒。"簡文記用百冊人填井,所填之井數必相當普遍,又地當邊郡,

其情況與本文完全符合，烏喙與居延簡治傷寒方藥味相同，傷寒論則作烏頭。

《雜守》篇云："墙外水中爲竹箭，箭尺廣二步，箭下於水五寸，雜長短，前外廉三行，外外鄉，内亦内鄉。"

按:《釋文》二二六頁簡，記戍卒工作，有"一人注竹關"。關當爲矢字異文，竹矢即本文所用之竹箭，用於墙外，防人闌越也。

《旗幟》篇云："凡守城之法，石有積，樵薪有積，菅茅有積，蓆葦有積，木有積，炭有積，沙有積，松柏有積，蓬艾有積，麻脂有積，金鐵有積，粟米有積。"

按:《釋文》三七二頁，《守御器簿》簡，有"沙馬矢各二石"；三六二頁，有"蓆三石(蓆字原誤釋作崔，今訂正)"各記載。皆可與本文相互訂。石有積者，謂藺石也。

四、符券

《旗幟》篇云："非有信符勿行，不從令者斬。"

《號令》篇云："大將必與爲信符。大將使人行守操信符。信不合，及號不相應者，伯長以上，輒止之，以聞大將。"

《號令》篇云："諸城門若亭，謹候視往來行者符。符傳疑，若無符，皆詣縣廷言，請問其所使。其有符傳者，善舍官府。"

《號令》篇云："吏卒民無符節，而擅入里巷官府，吏、三老守閭者，失苛止，皆斷。"

《號令》篇云："無符節而橫行軍中者斷。"

按:符之作用,起於戰國,有兩個系統,一爲虎符,主兵事徵調,其質爲銅、玉,信陵君竊虎符救趙是也。漢文帝時演變爲郡國守相所用。二爲傳信之符,主出入官府關津,及檢查工作,其質爲竹木,本文及居延簡所稱之符是也。《説文》符字下云:"漢制以竹,長六寸,分而相合。"是就傳信之符作訓。《敦煌漢簡校》文一五頁,有兩符文云:"正月乙卯候長持第十五符東迹(或有釋作起字者,非是)。""九月乙亥步昌候長持第十符過田。"此出入官府及檢查工作之符也。《釋文》一六七頁,有符文云:"始元七年閏月甲辰,居延與金關爲出入六寸符券,齒百,從第一至千。左居官,右移金關,符合以從事,第八。"此過關津之符也。本文所指之符,當與敦煌所出之符相類,至於符長六寸,分而相合,虎符與竹符,其制度皆相同。其長六寸,則漢代沿用秦始皇時之法令也。

五、葆宮

《備城門》篇云:"召三老在葆宮者,與計事得失(原作先字,據孫校應爲失字),行德計謀合,乃入葆。葆入守,無行城,無離舍。"

《號令》篇云:"及勇士父母親戚妻子皆時酒肉,必敬之,舍之必近太守。守樓臨質宮,而善(善亦當爲塗字之誤,説詳上文)周。必密塗樓,令下無見上,上見下,下無知上有人無人。守之所親舉吏,貞廉忠信無害可任事者,其飲食酒肉勿禁。銀金布帛財物,各自守之,慎勿相盜。葆宮之墙,必三重。墙之垣,守者皆累瓦釜墙上。"

《號令》篇云："父母妻子皆同其官，賜衣食酒肉，信吏善待之，候來若復就閒。守官三難，外環隔爲之樓，内環爲樓，樓入葆宫丈五尺，爲複道。葆不得有室，三日一發席蓐，略視之，布茅宫中，厚三尺以上。"

《雜守》篇云："父母昆弟妻子有在葆宫中者，乃得爲侍吏；諸吏必有質，乃得任事。"

按：以上本文所述，皆爲軍吏之家屬，質居於葆宫者。關於葆宫建築之嚴密，家屬酒食之禮遇，頗爲詳悉，其制度不見於秦漢古籍，惟《居延漢簡》記葆宫之事，共有九簡，與本文正相符合，兹條舉如下：《釋文》九〇頁，有簡文云："葆小張掖有義里。"一六七頁，有簡文云："▨奉葆姑臧西比夜里▨。"四五一頁，有簡文云："葆鸞鳥憲衆里上造顧收，年廿二，長六尺，黑色，皆六月丁巳出。"四五二頁，有簡文云："葆觻得敬老里王嚴，年廿五。"四五六頁，有簡文云："葆鸞鳥大昌里不更李惲年十六。"四五二頁，有簡文云："□觻得當利里李欽葆▨。"一九六頁，有簡文云："▨爲妻子葆處居▨（空一格）□爲勞四月適奉▨。"又《居延漢簡》甲編二〇四六簡云："安樂燧詔所置，未有員吏，乘屋蘭葆。"蓋西漢時戍所吏卒妻子，有居葆宫爲質者，歲月既久，其子亦襲爲戍卒，此等士兵在名籍上，特加葆字以别之，似稱爲葆籍。疑西漢邊郡各縣，多有葆宫，如張掖郡即設有張掖、鸞鳥、觻得、屋蘭四縣，武威郡設有姑臧一縣，與本文葆宫之地，只限鄰近於太守之官署，尚有不同。至於"收葆男子"、"爲妻子葆處居"二殘簡，則爲葆宫之紀事，事實尤爲明顯。《漢書·百官表》："少府屬官居室令，武帝太初二年，更名保宫。"《蘇武傳》李陵説："加以老母繫保宫。"是漢廷質居將士妻子,亦用此法。然無《居延漢簡》及《墨子》,則不能證明漢廷有此制度。居延戍卒,多携帶家屬,父母妻子,每月俱領口糧,私從者亦發給半數,本文所指之親戚,即與私從者身份相等。又"金錢"二字,《墨子》皆作"錢金"。傳世有"宜錢金當"瓦文,與此正相合。(見羅振玉:《秦漢瓦當文字》卷二,二十二頁。瓦文本環讀,羅氏以錢金二字不連繋,改讀爲"宜金錢當",非是,今訂正。)

六、秦官制

《備城門》篇云:"城上十人一什長,屬一吏士,一帛尉。百步一亭,高垣丈四尺,厚四尺,爲閨門兩扇,令各可以自閉。亭一尉,尉必取有重厚忠信可任事者。"

按:帛尉,孫氏疑爲亭尉誤字是也,與下文亭一尉正相連繋。《漢書・匈奴傳》云"單于既入漢塞,未至馬邑百餘里,見畜布野而無人牧者,怪之,乃攻亭時,雁門尉史行徼,見寇,保此亭"云云。尉史爲塞尉之屬官,行徼於亭,故又可稱爲亭尉,與本文同。亭尉之身份,爲城上之亭長,與漢代之門亭長及鄉亭長,有所不同。

《號令》篇云:"而勝圍城周里以上,封城將三十里地爲關內侯。輔將如令,賜上卿,丞及吏比於丞者,賜爵五大夫。官吏豪傑與計堅守者,十人(當作士人)及城上吏比五官者,皆賜公乘。男子有守者,爵人二級。女子賜錢五千,男女老小,先(當作無)分守者,人賜錢千。"

按：關內侯，戰國時各國多有之，《管子・小匡》篇云："魯二君賜死，桓公使高子存之，執玉以見，請爲關內之侯，而桓公不使也。"《韓非子・顯學》篇云："關內之侯，雖非吾行，吾必使執禽而朝。"《史記・春申君傳》云："韓必爲關內之侯。"至商鞅始定爲十九級之高爵。上卿雖爲卿之通稱，然秦漢之際，則以卿爲官之總名。《史記・秦始皇本紀》，琅琊臺石刻，則稱卿李斯、卿王戊、五大夫趙嬰、五大夫楊樛。《史記・樊噲傳》云："捕虜二十七人，賜爵卿。"《傅寬傳》云："斬首十二級，賜爵卿。"余昔考秦代爵尊於官，往往書爵不書官，李斯爲廷尉，不書官名，但稱爲卿，是其例。五大夫爲秦九級爵，公乘爲秦八級爵，本文一系列皆用秦制，尤爲明顯。至於"女子賜錢五千，男女老小，無分守者，人賜錢千"，與《釋文》五九頁，漢廷撫恤爲羌人所殺吏民詔文，語句尤類似。

《號令》篇云："守有所不說，謁者、執盾、中涓及婦人侍前者，守曰斷之、衝之，若縛之不如令，及後縛者皆斷。"

按：《史記・曹相國世家》："參以中涓從。"《集解》引《漢書音義》曰："中涓如中謁者。"《絳侯世家》云："勃以中涓從攻胡陵，下方與。"《灌嬰傳》云："嬰初以中涓從。"《漢書・高惠功臣表》記蓼侯孔叢，敬市侯閻澤赤，祁侯繒賀，棘丘侯襄，皆以執盾從。戰國時稱宦者爲涓人，不稱中涓，漢初以中涓爲官名，並非宦者。（《萬石君石奮傳》云："以奮爲中涓受書謁。"爲《漢書音義》之所本。顏師古注亦云："中涓官名，主居中而涓潔者也。"）執盾亦當爲秦代官名，楚漢之際仍沿用者。

《號令》篇云："諸吏卒民，非其部界，而擅入他部界，輒收以屬都司空若侯。"又云："吏卒民死者，輒召其人，與次司空葬之。"

《雜守》篇云:"署都司空,大城四人,候二人,縣候面一,亭尉次司空,亭一人。"

按:《釋文》一〇六頁,有簡文略云:"各循行部界中,教吏卒定烽火,輩送便兵戰鬥具。"部界二字,與本文同(僅舉一例),蓋秦漢人公牘中之習俗語。又《漢書・百官表》,宗正屬官有都司空,如淳注引《漢律》,"司空主水及罪人",《竇嬰傳》所謂"劾繫都司空"是也。都司空之官名,蓋漢因秦制,此尤本篇爲秦人所撰之明證。次司空之名,則不見於漢代古籍。又西漢司空官名之上,往往加爲某某司空,如京兆尹屬縣有船司空,最初爲造船之官,後以官名改爲地名,見於《漢書・地理志》。余昔藏有"行司空久"殘陶片(久爲酒字之假借)及王莽"始建國天鳳四年保城都司空"瓦片。(均見拙著《關中秦漢陶録》卷一至卷二。)此兩司空之名,亦不見於《百官表》。

《號令》篇云:"非時而行者,唯守及摻太守之節而使者。"

按:秦時名郡守,景帝中元二年始更名太守。本書《備城門》以下十一篇,或稱爲守,或稱爲太守,稱太守者,當爲經過漢人傳寫時竄改。《史記・趙世家》,記趙孝成王令趙勝客告馮亭:"以萬戶都三封太守。"《正義》云:"爾時未合言太守,至漢景帝始加太守,此言太,衍字也。"其說是也。

《雜守》篇云:"斗食終歲三十六石。"

按:斗食爲漢代少吏之名,本文雖爲計算一食至六食之名稱,然斗食之吏名,開始於秦代。見《史記・秦始皇本紀》十一年。

《漢書·百官表》云："百石以下,有斗食佐史之秩。"顏師古注云:"漢官名秩簿云:'斗食月奉十一斛,佐史月奉八斛也。'一說:'斗食者,歲奉不滿百石,計日而食一斗二升,故云斗食也。'"《釋文》四八二頁,有簡文云"顯美傳舍斗食嗇夫算君里公乘謝橫"云云;三一五頁,有"斗食吏三人";四九三頁,有"斗吏、食吏二人"各紀載。本文終歲三十六石,與顏注第二說相合,《漢簡》又分斗吏與食吏爲二名,與《漢書》異。

《雜守》篇云:"城守司馬以上,父母昆弟妻子有質在主所,乃可以堅守。"

按:原文堅守下有署字,屬下文署都司空爲句,孫氏讀爲"堅守署",恐非是。城司馬官名,不見於秦漢古籍,《釋文》二三頁,有城官;八六頁,有城司馬;七頁有城尉各紀載。城司馬官名,與本文正相符合。城司馬當爲城官之屬官,此爲秦至西漢時期邊郡之官制。又《史記·白起傳》云:"六月陷趙軍,取二障四尉。"《正義》:"障堡城尉官也。"張守節所注之城尉,亦與《居延漢簡》相合,所據蓋爲先秦之文獻。

七、秦法

《號令》篇云:"奸民之所謀爲外心,罪車裂。"又云:"其端失火以爲事者車裂。"又云:"歸敵者父母妻子同産,皆車裂。"

按:車裂爲秦刑之一,見於《史記·商君傳》。本書《親士》篇云:"吳起之裂其事也。"《淮南子·繆稱訓》云:"吳起刻削而車裂。"皆爲秦漢人追叙之事實,與《史記》作"擊起之徒,因射刺吳起,並中悼王"異也。

《號令》篇云:"以令爲除死罪二人,城旦四人。"

按:《漢書·惠帝紀》云:"上造以上,及内外公孫耳孫,有罪當刑,及當爲城旦舂者,皆耐爲鬼薪白粲。"《儒林·轅固傳》云:"太后怒曰:'安得司空城旦書乎。'"《漢舊儀》云"凡有罪各盡其刑,男髡鉗如城旦,城旦者治城也。女爲舂,舂者治米也。皆作五歲,完四歲,鬼薪三歲"云云。《刑法志》云"罪人獄已決,完爲城旦舂,滿三歲爲鬼薪白粲"云云。蓋髡鉗爲五歲之刑名,完爲四歲刑,城旦爲髡鉗及完刑期中役作之名稱,稱髡鉗城旦者,則爲五歲刑,稱完城旦者則爲四歲刑。雖爲漢律,實本於秦律。證之秦三年上郡戈云:"三年上郡守□造,漆工師□,丞□,工城旦□。"(見《商周文録遺》八五三號。)又上郡戈云:"廿五年上郡守□造,高奴工師窨,丞申,工鬼薪戠。"(見《金文續考》四十。)據此,城旦與鬼薪,皆爲律之罪名。《史記·秦始皇本紀》叙嫪毐作亂,其舍人輕者坐罪爲鬼薪,尤爲明證,皆與本文相同,余故定爲秦人作品。

《號令》篇云:"其以城爲外謀者三族。"

按:畢氏云:"《史記》云:'(秦文公)二十年,法初有三族之罪。'"孫氏云:"是古軍法,非始於秦。"蓋秦代因古法,成爲酷刑之一。《史記·李斯傳》云:"趙高上謁請病,因召入,令韓談刺殺之,夷其三族。"沿至漢初不廢,《漢書·刑法志》所謂"然其大辟,尚有夷三族之令"也。

八、秦漢人公牘語及口頭習俗語

《旗幟》篇云："令皆明白知之曰某子旗。"《號令》篇云："召其人明白爲之解之。"

按:《史記·秦始皇本紀》記二世:"刻始皇所立刻石,石旁著大臣從者名,以彰先帝成功盛德焉。""丞相臣斯,臣去疾,御史大夫臣德昧死言:'臣請具刻詔書刻石,因明白矣。'"明白二字,爲秦人連文。

《號令》篇云："自死罪以上,皆逮父母妻子同產。"

按:《漢書·鼂錯傳》云:"錯當腰斬,父母妻子同產,無少長皆棄市。"《釋文》四六三頁,徐宗算收家貲簡文云:"妻一人,子男二人,子女二人,男同產二人,女同產二人。"皆與本文相同。

《號令》篇云："復之三歲,無有所與,不租稅。"

按:孫氏云:《漢書·高祖紀》云:"蜀漢民給軍事勞苦,復勿租稅二歲。"又云:"復其民世世無有所與。"又按:《霍光傳》云:"復其後世,疇其爵邑,世世無有所與。"武威磨嘴子十八號漢墓所出王杖十簡。成帝第二詔書云:"行弛道旁市賣,復無所與。"與皆作干預之預解。與本文事實完全符合,可證爲秦漢典制中之公牘語。

《號令》篇云："爲守備程,而署之曰某程。"

按:程謂中程也,不中程,屢見於《漢書》江都易王、尹翁歸、陳咸等傳。《居延漢簡》,亦屢有中程、不中程之紀載(連文見《釋文》二二六頁,單言中程見《釋文》一四三頁,不中程見《釋文》五六頁）。皆秦漢人之習俗語。

《號令》篇云："悉舉民室材木瓦，若藺石數。"

按：《漢書·鼂錯傳》云："具藺石，布渠答。"如淳注："藺石城上雷石也。"《釋文》三七三頁，《守御器簿》簡，有"羊頭石五百"。三七五頁，又有"羊頭石二百五十"各紀載，羊頭石亦疑爲藺石之類，羊頭石以二百五十枚爲一組，五百枚爲二組，《備城門》篇所云，二步積石，石重千鈞以上者五百枚，則與《漢簡》第一數字相同。

《號令》篇云："諸城門若亭，謹候視往來行者符。"

按：《釋文》八五頁，有殘簡文云："禁止往來行者，便兵戰鬥具如□。"九八頁有簡文云："☒禁止行者便轉關，具騎逐田牧畜雀。"一〇六頁，有簡文云："禁止往來行者，定烽火，輩送便兵戰鬥具。"皆與本文語氣類似。

《號令》篇云："諸盜守器械財物及相盜者，直一錢以上皆斷。"

按："《漢書·田蚡傳》云："平生毀程不識不值一錢。"爲秦漢人之習俗語。戰國人稱幣不稱錢。《國語》記周景王欲鑄大錢，《史記》記秦惠文王初行錢，皆未見有出土者。《漢書·食貨志》，記李悝盡地力之教，屢稱錢數，亦漢人用今名説古制。

《號令》篇云："城上日壹發席蓐。"又云："傷甚者令歸治病，家善養，予醫給藥，賜酒日二升，肉二斤。"

按：《史記·淮南厲王傳》云："縣爲築蓋家室，皆稟食，給薪菜、鹽豉、炊食器、席蓐。"又云："計食長給肉日五斤，酒二斗。"與本文極相似。又按：本文二升應爲二斗之誤字，在西漢時，升斗二字,形體最相近。

　　《號令》篇云:"守之所親舉吏,貞廉忠信無害可任事
者。"又云:"請擇吏之忠信者,無害可任事者令將衛。"

　　按:《漢書·文帝紀》云:"二千石遣都吏循行。"如淳注:"律
說都吏,今督郵是也。閑惠曉事,即爲文毋害都吏。"《蕭何傳》
云:"以文毋害爲沛主吏掾。"應劭注:"雖爲文吏而不刻害也。"蘇
林注:"毋害若言無比也。一曰害勝也,無能勝害之者。"又見《史
記》、《漢書》酷吏趙禹、張湯、減宣、杜周諸傳。《史記·蕭相國世
家》,《集解》以爲陳留間語,未知何據。綜合諸家注解,當以應劭
之說爲長。《釋文》四八五頁,有殘簡文云:"尉史張尋,文毋害可
補☐。"足證文毋害之公牘語,盛行於西漢,當本於秦代。

　　《號令》篇云:"度食不足,食民各自占,家五種石升數,
爲期,其在尊害,吏與雜訾,期盡匿不占,占不悉,令吏卒微
得,皆斷。"

　　按:《漢書·食貨志》云:"非吏比者,三老、北邊騎士,軺車一
算,商賈人軺車二算,船五丈以上一算。匿不自占,占不悉,戍邊
一歲。"與本文"期盡匿不占,占不悉",法令及文字,均極相似。
又家五種石升數,《漢書·律曆志》所謂"龠合升斗斛"是也。

　　《號令》篇云:"收粟米布帛錢金,出内畜產,皆爲平直其
賈,與主券人書之,事以皆各以其賈倍償之。"

　　按:《周禮·小宰》:"聽賣買以質劑。"先鄭注云:"質劑爲市
中平賈,今時月平是也。"《漢書·景武昭宣功臣表》,任破胡之子
當千,"坐賣馬一匹,價錢十五萬,過平,臧五百以上免侯"。《釋
文》九頁,有簡文略云:"請告人縣官貴市平賈石六錢。"與本文正

合。平價之名稱，盛行於漢代，蓋因襲於秦代。

《號令》篇云：“出粟米有期日，過期不出者，王公有之。”

按：《釋文》三二一頁，有簡文云：“入糜小石十四石五斗，始元三年正月丁酉朔丁酉，第二亭長舒，受代田倉驗乞。”又三三一頁，有簡文云：“入糜小石十五石，始元三年六月甲子朔甲子，第二亭長舒，受代田倉驗乞，都丞臨。”（僅舉二例。）此西漢中期出入粟米有期日之記載，與本文正同。

《號令》篇云：“許之二百石之吏，守珮授之印。”

按：畢氏校云：“佩字俗寫從玉。”漢《張遷碑》云：“晉陽珮韋，西門帶弦。”佩字作珮，爲兩漢人之異體字，本文亦經漢人傳鈔時所改。

《號令》篇云：“逾時不寧，其罪射。”

按：謂因父母之喪，逾時不告假歸，其罪當割耳也。《漢書·高祖紀》云：“嘗告歸之田。”李斐注云：“休謁之名，吉曰告，凶曰寧。”《哀帝紀》云：“博士弟子父母死，予寧三年。”顏師古注云：“寧謂處家持喪服。”《鹽鐵論·復古》篇云：“故扇水都尉彭祖寧歸言，鹽鐵令品，令品甚明。”余昔考扇水當爲肩水之誤字，彭祖因親喪歸還京師而參預鹽鐵餘議也。《居延漢簡》所記取寧之事尤多。《釋文》四九五頁，有“十二月吏寧書”之簿檢。《居延漢簡》甲編五七七簡文云：“第六燧長徐當直寧歸。”皆與本文相符合。

《號令》篇云：“即有物故，鼓，吏至而止。”

按：孫氏云：“物故猶言事故，言事故則擊鼓也。”《漢書·蘇武傳》云：“前以降及物故，凡隨武還者九人。”顏師古注云：“物故謂死也。"《司馬相如傳》云:"士卒多物故。"《釋文》二四二頁,有殘簡文云:"戍卒物故。"二九一頁,有簡文云:"其八人物故,一人因病先罷,見食二百七十一人。"《流沙墜簡考釋·釋二·戍役類》第六簡云:"良家子卅二人,共四人物故。"皆謂死也。晉元康三年陽平樂生柩版題字,仍沿用年七十物故字樣,爲秦漢人之口頭語。本文謂如有死亡之士卒,當擊鼓相報,至吏知其事而止也。孫氏訓物故爲事故,殆千慮之一失也。

《雜守》篇云:"斗食食五升,參食食參升小半,四食食二升半,五食食二升,六食食一升大半,日再食。"

按:兩漢人稱一升或一寸,占三分之二者,稱爲大半,或寫作泰半。占三分之一者,稱爲小半,或稱爲少半。例如《釋文》三五九頁,有兩簡文略云:"出廣漢八稷布十九匹八寸大半寸"及"出河內廿兩帛八匹,一丈三尺四寸大半寸"。此紀布帛之數。又二四五頁,有簡文略云:"入穀六十三石三斗三升少。"二四九頁,有簡文略云:"凡出冊四石五斗四升大。"此紀升斗之數,與本文均合。

《雜守》篇云:"先舉縣官室居官府不急者,材之大小長短之凡數。"

按《史記·曹相國世家》,總叙戰功云"參功凡下二國,縣一百二十二"云云。(僅舉一例。)與本文用凡字正同。《居延漢簡》則最凡二字連文,《釋文》二九四頁,有簡文云:"最凡粟二千五百九十石七斗二升少。"四九〇頁,有簡文云:"最凡十三人。"或有單用凡字者,五〇六頁,有簡文云:"凡入假佐十六人。"蓋最凡二字,皆爲秦漢人之習俗語。

《雜守》篇云："以輶車，輪軏，廣十尺，轅長丈，爲三幅，廣六尺，爲板箱，長與轅等，高四尺，善蓋上治，令可載矢。"

按：《史記·季布傳》云："朱家乃乘輶車之洛陽。"《集解》引徐廣曰："馬車也。"此輶車二字之再見。《漢書·平帝紀》云："立輶並馬。"服虔注云："輶音謠，立乘小車也。"《平帝紀》又云："在所爲駕一封輶傳。"《食貨志》云："非吏比者，三老、北邊騎士，輶車一算。"《釋文》四五五頁，禮忠算收家貲簡，有"輶車一乘直萬"之紀載。可證輶車在西漢時之普遍性。四川磚刻漢畫像，有輶車過河圖，亦可資參考。軏字又見《經説下》篇，作"載弦其軏盛"。《廣雅》云："軏，車也。"孫氏以爲胡之假借字。《釋文》四〇七頁，田卒趙德簡文云："牛車軏一兩。"（勞氏原誤釋作車軏，今訂正。）與本文正相符合，是否如孫氏定爲胡之轉音，尚未有確證，畢氏以爲轂之誤字，更屬非是。

《雜守》篇云："令給事官府若舍。"

按：《漢書·百官表》，叙給事中加官，爲秦制。《楊敞傳》云："給事大將軍莫府爲軍司馬。"《揚雄傳》云："給事黃門。"《減宣傳》云："以佐史給事河東守。"皆是也。給事二字，爲秦漢人公牘中之習俗語。又《釋文》二二六頁，有殘簡文云："□未以主須徒復作爲職，居延護徒，髡鉗城旦，大男、斯、厥、署作府中寺舍。"本文之若舍，疑爲寺舍之誤字，"官府若舍"四字雖可通，然不如寺舍在西漢爲連文。

小　結

《墨子》全書之著述，可分爲三個時期，《經上、下》篇爲墨子所自著,時代在最先。次則爲自《親士》至《公輸》各雜篇,時代應在戰國晚期,《備城門》以下十一篇,成書則應在秦代。車裂三族之刑名,五大夫、公乘之爵名,猶可諉爲商鞅時之作品,而城旦鬼薪之刑名,見於兩戈文,都司空之官名,屬於宗正,爲始皇以來之制度,應無疑義。尤其有方之使用,葆宮之設立,符傳之傳信,在《墨子》固言之甚詳,在《居延漢簡》所見尤備,可見時代更相接近。各篇成書時代既在後,其文字反較《非樂》、《兼愛》、《尚同》、《明鬼》等篇爲艱深難通者,因涉於古兵家技巧之言,研究者少,故湮棄有二千餘年之久。又《墨子》全書,盡稱子墨子,爲其弟子門生對本師之尊稱。《小校經閣金文》卷四,七十五頁,有"子佫迹子壺",爲鑿款晚周文字。《公羊傳》有子沈子、子司馬子、子北宮子,《公羊》爲口授之書,所引應爲戰國末至秦代經師之學説。皆與子墨子名稱相同,其在姓氏上再冠以子字,流行之風氣亦甚短,西漢初人則絶無此例,並可證明《墨子》除《經上、下》等四篇以外,其他各篇,皆爲戰國末期下至秦代之作品。至於《備城門》等篇,主要人物爲禽滑釐,"滑釐"二字無解詁,疑爲"滑稽"之轉音也。

《漢書·趙充國傳》與居延漢簡的關係

一、趙充國湟中屯田與居延屯田異同之點

西漢時鼂錯建議募民從塞下，是爲屯田的萌芽；桑弘羊屯田輪臺以東，是爲屯田的開始。嗣後路博德之屯田居延，趙充國之屯田湟中，馮奉世之屯田隴西，鄭吉之屯田車師，皆其最著者。路博德之居延屯田，事在武帝太初二年；趙充國之湟中屯田，事在宣帝神爵元年。充國所上"屯田十二便"奏疏，所説爲屯田之原則；居延前批發現之木簡萬餘枚，所記爲屯田之措施。在上述各屯田成績中，以此二者最爲具體，文獻與古物，互相引證，其相同者約有三點。一、彼此雖無軍屯民屯之名，用後來的名稱相衡量，皆屬於軍屯，不夾雜有民屯性質。所使用者皆步兵，所耕作者皆公田，其土地大部分圍繞在烽戍臺左近，充國所墾者二千餘頃，居延尚未有確數。二、屯田之人數相似，充國共一萬二百八十一人，居延則爲八千四百人。（《居延漢簡釋文》三六五頁，有簡文云："襲八千四百領，綺八千四百兩，常韋萬六千八百。"）其目的皆精兵簡政，以逸待勞。三、其任務主要在防羌族之外，兼防匈奴。《充國傳》云："疑匈奴更遣使至羌中，道從沙陰地出鹽澤，過長阬，窮水

塞,南抵屬國,與先零相值,臣恐羌變未止此。"《居延漢簡釋文》一八五頁,有簡文云:"匈奴人入塞及金關以北,塞外亭燧,見匈奴人舉烽□□□,五百人以上,能舉二烽。"皆爲兼防匈奴之證。其相異者,亦約有三點。一、路博德最初在居延屯田時,不統轄於張掖郡,嗣後逐漸演變,成爲張掖郡所專管,戍卒與田卒合而爲一,在事實上爲主體。充國在湟中屯田,金城郡中另有郡兵,在事實上爲客體。二、居延屯田兼管騂馬田官之事,騂馬田官所在地,余昔考爲在武威、金城兩郡之間,與北假、渠犁兩田官相似,充國所屯,比居延則範圍縮小。三、居延戍田卒多携帶家屬赴邊,由官府按月發給食糧,依年齡之大小,由一石至二石不等,充國在湟中,則不采用此制度。(屯田奏疏中,統計戍卒人數之口糧,無家屬之廩食。)可證居延爲長久之計,充國爲暫時之計。

二、趙充國屯田願罷騎士留步兵的意義

充國《屯田奏》云:"願罷騎兵,留弛刑,應募,及淮陽,汝南步兵與吏士私從者,合凡萬二百八十一人。"又"屯田十二便"奏云:"軍馬一月之食,度支田士一歲,罷騎兵以省大費。"據充國計算,騎兵一月之費,即抵一年之費,騎兵蓋包括騎士及良家子兩種身份,充國出身於騎士,故深知其支用之浩繁。證之居延木簡,馬一匹一日食粟二斗,(見《居延漢簡釋文》二六〇頁。)一月須食六石,芻茭尚不在内。在步兵二十五人之中,即須抽調二人,爲騎士管理鞍裝。(《居延漢簡釋文》二三二頁,有簡文略云:定作廿五人,二人綴絡具。)用費之龐大,與充國奏言完全符合。且戍卒除

晝夜輪值烽火臺守望之外，其他雜役很多，如伐木、積茭、積葦、守園、守邸、作繩、除土、除沙、柸墼、削工、治計，吏養等繁瑣工作，皆由戍卒擔承。在敦煌之騎士，尚兼做一些作墼工作。（見《流沙墜簡考釋‧戍役類》第十六簡。）在居延騎士，並不參加各項任務，此充國先罷騎士之原因。至於留淮陽、汝南步兵者，雖不限於此二郡之兵，但絕大部分爲此二郡之兵。漢代當正戍卒徵調時，因各地民性習慣關係，多以邊郡人派爲騎士，中原地區人派爲材官，水鄉人派爲樓船士。宋代錢父子補《漢兵制》，謂“大抵金城、天水、隴西、安定、北地、上郡、河東多騎士，三河、潁川、沛、淮陽、汝南、巴蜀多材官，江淮以南多樓船”。其説甚是。充國所留之步兵，即爲材官士；屬於淮陽、汝南籍，即爲中原地區之郡。又《漢書‧宣帝紀》，神爵元年“西羌反，發三輔中都官徒、弛刑及應募、佽飛射士、羽林孤兒、胡越騎，三河、潁川、沛郡、淮陽、汝南材官，金城、隴西、天水、安定、北地、上郡騎士，羌騎詣金城”。《韓王信傳》云：“上以爲信壯武，北近鞏雒，南迫宛葉，東有淮陽，皆天下勁兵處也。”《灌夫傳》云：“武帝即位，以爲淮陽天下郊勁兵處，故徙夫爲淮陽太守。”據上所述，淮陽、汝南二郡在材官中，尤以産勁兵著名。再以居延木簡證之，在全部簡文中，戍田卒籍貫屬於淮陽郡者二十三人，屬於汝南郡者九人，屬於昌邑國者十六人。其餘中原名郡，自一二人至七八人不等，（張掖騎士人數在外。）完全與趙充國所言相合。昌邑國在宣帝初改爲山陽郡，戍卒亦占名額較多，則爲《漢書》所未詳。

三、趙充國兼用弛刑應募及私從者
三種人民的作用

《漢書·昭帝紀》如淳注引漢制云："天下人皆直戍邊三日，亦名爲更律，所謂繇戍也。雖丞相子亦在戍邊之調，不可人人自行三日戍，又行者當自戍三日，不可往便還，因便住一歲一更，諸不行者，出錢三百入官，官以給戍者，是爲過更也。"漢律雖明文規定丞相子亦須戍邊，其實皆是雇人替代，蓋寬饒官司隸校尉時，其子徒步往北邊，爲僅見之事，故漢史特加以紀載。遠赴邊郡者，皆當時貧乏無告之人民，飢寒交迫，不得不行。有單身赴戍者，有在戍所繼續受雇替代者，有携帶家屬一去不歸者。證之《漢書·賈捐之傳》云："當此之時，寇賊並起，軍旅數發，父戰死於前，子鬥傷於後。女子乘亭障，孤兒號於道，老母寡婦，飲泣巷哭，遥設虛祭，想魂乎萬里之外。"《鹽鐵論·備胡篇》云："身在胡越，心懷老母，老母垂泣，室婦悲恨。"又《執務篇》云："若今則遥役極遠，盡寒苦之地，危難之處，涉胡越之域，今兹往而來歲旋。父母延頸而西望，男女怨曠而相思，身在東楚，志在西河。"蓋戍卒其身份皆爲自由民。迫不得已而戍邊，其離鄉思親之情懷，必連累操作之積進。充國知其如此，故兼利用弛刑徒，應募士及私從者三種類型之人，輔助一切勞役。因弛刑徒是帶罪立功的，應募士是自效奮勇的，私從者是游閑失職的，與戍卒情況有所不同。不但充國重用此三類人，即居延、敦煌、樓蘭三地之屯戍人員，除騎士戍田卒外，其餘身份亦復相同。《居延漢簡釋文》四六〇頁，有"第

十一燧施刑張達"。（僅舉一例，敦煌簡並省舉例。）三三五頁，有
"征和四年十月壬辰朔癸巳，受將軍從吏德"各記載。《羅布淖爾
考古記》第卅簡，亦有"應募士長陵仁里大夫孫尚"之簡文，完全
與充國所留屯田者相合。此外居延、敦煌兩漢簡，皆有謫卒之名
稱，因正戍卒不足時，用秦代七科謫戍法謫發者，强迫從軍，與一
般戍卒相似，則爲充國奏疏中所未言及。

四、趙充國對食糧芻茭精密的計劃

充國《屯田奏》云："臣所將吏士馬牛食，月用糧穀十九萬九
千六百三十斛，鹽千六百九十三斛，茭稿二十五萬二百八十六
石。"此言人馬糧鹽茭稿之綜合數。又云："願罷騎兵，留弛刑、應
募及淮陽汝南步兵，與吏士私從者，合凡萬二百八十一人。用穀
月二萬七千三百六十三斛，鹽三百八斛，分屯要害處。"此言吏士
人數與糧鹽互比之數。第一數字，糧比鹽數量多一百一十七倍有
零。第二數字糧比鹽數量多八十餘倍，兩數雖不同，一般人食鹽
不超過糧百分之一，似應以第二數爲標準。充國統計算糧鹽，均
以斛計。説文十斛爲石。吏士每人每月平均則爲二石六斗有奇，
蓋指大斗而言，在居延木簡中紀載成所官吏兵卒，食糧每人每月
爲三石三斗三升少。（《居延漢簡釋文》二八七頁，有簡文略云：
"卒張半子粟三石三斗三升少，十月丁酉自取部。"僅舉一例。）余
昔考當爲小斗，小斗一石，折合大斗六斗，吏士每月應折合爲大石
二石，與充國所云每人每月食二石六斗之數字，比較接近。至於
居延吏士用鹽數，每人每月領鹽三升，領糧則爲三石三斗三升。

(《居延漢簡釋文》二七九頁有鄣卒張竟、三〇六頁有鄣卒李就領糧鹽簡文。)糧比鹽數量,多九十餘倍,介於充國第一與第二數字之間,可說大致相接近。又《充國傳》記宣帝以書敕讓充國云:"今張掖以東,粟石百餘,芻稿束數十。"《充國傳》又云:"金城湟中,穀斛八錢。"證之居延木簡,邊郡穀價,通常爲每石一百錢左近。(《居延漢簡釋文》二八一頁,有"粟一石直一百一十"。三二七頁,有"糴小麥十二石、石九十"各簡文之記載,僅舉二例。)與宣帝敕書所言之穀價相似。充國所云"金城湟中穀斛八錢",與《漢書·宣帝紀》元康四年穀斛五錢相類似。(《食貨志》亦同。)蓋至賤之價,非經常之價。《居延漢簡釋文》三二四頁,有記芻茭價簡文云:"出錢卅、買茭廿束。"每束僅合一錢半,與宣帝詔書"芻稿束數十"之價,則相去懸殊。它若居延木簡記馬食糧,有每日食二斗者,(見《釋文》二六〇頁。)有每日食一斗二升者,(見釋文二五二頁。)記牛食茭,每日則食六斗,(見《釋文》二六四頁,但本簡文有詐增字樣,似每日不能到六斗之數。)與充國屯田奏文,亦可互相參考。

五、漢廷對趙充國與辛武賢初期方略的估價

充國防先零羌族,範圍擴大,除主要在金城郡外,牽涉到武威、張掖、敦煌、酒泉河西各郡。每郡皆有郡兵,充國以後將軍名義出征,是爲客體,河西各郡太守,是爲主體。妒功嫉能,勢所必然,充國之策,在先破先零,抵禦侵略。其被劫持之羌,如罕開等族,不戰而自服。辛武賢獨建議以爲應先擊罕開,後圖先零。宣

帝從武賢之策略，乃拜許延壽爲强弩將軍，就辛武賢酒泉太守任拜爲破羌將軍。又命敦煌太守快，長水校尉富昌，增兵共擊罕開羌族。另以詔書責讓充國，此事在敦煌木簡中，尤得有確切之證明。《流沙墜簡考釋·簿書類》，第一、二兩簡文云：

> 制詔酒泉太守，敦煌郡到戍卒二千人，發酒泉郡，其假
> （候）如品，司馬以下，與將卒長吏，將屯要害處。屬太守察
> 地刑，依阻險，堅壁壘，遠候望，毋□（毋下應爲忽字）。（以
> 上第一簡）

> ……陳却適者，賜黃金十斤。

> □□元年五月辛未下。（以上第二簡）

王國維先生以上二簡書法相似，又自其木理觀之，乃一簡裂而爲二者。考爲宣帝神爵元年五月辛未賜酒泉太守辛武賢之璽書，在拜武賢爲破羌將軍以前之事，其説是也。觀宣帝之制詔，此時信任武賢，而黜斥充國，結果先零潰散，皆符合充國之策，而武賢罷歸故官，深爲憤恨。上書告充國子中郎將趙卬，漏泄省中語，卬卒自殺。趙辛兩家，遂結爲世仇，雖未能説宣帝有意造成矛盾，昧於知人之鑒，則無可諱言。卒後趙卬陪葬杜陵。（見《趙寬碑》云"卬陪杜陵"，此事不見於充國本傳。）亦爲特例，蓋漢廷善於補過者也。又充國身爲列侯，生活儉約，觀其所佩帶鈎，既不塗金，又不錯銀。（見《小校經閣金文》卷十三，二十九頁。）與居延將軍之豪華，有大案七、小案七、圈五、大杯十一、小杯廿七等之用具，不可同日而語也。（見《居延漢簡釋文》三六〇頁，《將軍器記簿》。）

《論衡·謝短》等篇疑難問題新解

王充在東漢學術思想上，不但是樸素唯物論的先驅者，且多熟習漢代舊事及漢代制度，《論衡·謝短篇》後半所記，極爲明顯，其它各篇，亦多有類似者。內中有一些字句，極爲難通，歷來注家，皆成空白點。有人疑爲誤字者固非，指爲假借字者，亦不甚正確。現取證於敦煌、居延兩木簡，無不吻合，依次羅列，以爲研究充書者之一助云。

《論衡·吉驗》第九篇云："光武帝建平元年十二月甲子，生於濟陽宮後殿第二內中。皇考爲濟陽令，時夜無火，室內自明，皇考怪之，即召功曹史充蘭，出問卜工，蘭與馬下卒蘇永，俱之卜王長孫所。"

按：《居延漢簡釋文》二三〇頁，有記戍卒工作簡文云："其一人守邸，一人守閣，一人馬下，一人門。"二三三頁，有簡文云："八月丁丑，鄣卒十人。其一人守客，一人守邸，一人取狗湛，一人治計，二人馬下，一人吏養，一人使，一人守園，一人助。"馬下卒蓋照管養馬者，不但郡吏有之，縣吏亦有之，與本文正合。

《謝短》第三十六篇云："有尉史令史，無丞長史，何制？"

按：兩漢人稱尉史，令史者，有廣義，有狹義。如《漢舊儀》云："令吏曰令史，丞吏曰丞史，尉吏曰尉史。"（今本《漢舊儀》輯本,誤作"令史曰令史,丞史曰丞史",語義重復。《史記·項羽本紀》裴駰集解,據晉灼引《漢儀注》,作"令吏曰令史,丞吏曰丞史"。是也。)及《史記·游俠郭解傳》云"彼何罪,乃陰屬尉史曰"云云,皆爲泛指縣令縣尉屬吏之總稱,此廣義也。《居延漢簡釋文》一五二頁,有簡文云:"一事二封,三月辛丑,令史護封。"一五八頁,有簡文云:"二事集封,十月癸巳,令史弘封。"又云:"八月庚申,尉史常封。"(以上僅各舉一二例。)令史爲郡縣專職之吏,尉史爲塞尉專職之吏,《漢書·匈奴傳》云:"雁門尉史行徼,顏師古注引漢律,近塞郡皆置尉,百里一人,士史尉史各二人。"此狹義也。本文指廣義而言。又無丞長史者,謂無丞史之名,及長史之名也。《漢舊儀》既云"丞吏曰丞史",是漢代有丞史之名,特無丞長史之名耳。長史之名,兩漢丞相府,諸侯相(見《乙瑛碑》)、及邊郡太守皆有之。

　　《謝短篇》又云:"兩郡移書曰敢告卒人,兩縣不言,何解?"

　　按:《居延漢簡釋文》九八頁,有詔書清塞下木觚文略云:"□禁止行者,便轉關,具騎逐田牧畜雀,毋令居部界中,警備毋爲虜所在利,且歸毋狀,不憂者劾尉丞以下,毋告如法令,敢告卒人,掾延年,書佐光□。"(觚文甲面。)"得會,吉兼行丞事,敢告部都尉卒人,詔書清塞下,謹候望,督烽火,虜即入,料吏可備,中毋遠□□虜所□,書已前下,檄到卒人遣尉丞司馬,數循行嚴□。"(觚文乙面。丙丁兩面從略。)又《流沙墜簡考釋·烽燧四十四》有簡文云:"候史德在所,以亭次行令,敢告卒人,九月癸巳,敦煌□。"兩木簡中,皆有"敢告卒人"字句,與本文正合。居延簡觚文甲面爲某郡太守與張掖太守之公牘,轉述清塞下之詔書。觚文乙面,爲張掖太守轉下肩水都尉府者。敦煌簡亦爲敦煌太守移敦煌某部都尉之簡文。據此不獨兩郡太守移書,稱爲敢告卒人,本郡太守與本郡都尉之公牘,亦稱爲敢告卒人。卒人指府門卒而言,惟太守府有之。(府門卒見《漢書·韓延壽傳》,及曲阜孔林麃君亭長二石人題字。或稱爲寺門卒,見近出望都壁畫題字。)縣令長不能有府門卒之制度,故王充設作疑問,稱爲兩縣不言何解也。但卒人雖係指府門卒,實指太守或都尉而言,等於後代之稱閣下,亦從侍閣之吏名蛻變也。

　　《謝短篇》又云:"郡言事二府曰敢言之,司空曰上,何狀?"

　　按:《居延漢簡釋文》五頁,有簡文云:"建始元年甲子朔,癸未,右後士吏云敢言之,乃十二月甲辰受遣,盡甲子,積廿日食,未得唯官移。"此爲張掖肩水都尉所屬甲渠或肩水候官之士吏,上肩水都尉府之公牘。兩漢太守與都尉在外官稱爲二府,與王充所言完全相合。(敦煌居延兩木簡稱敢言之最多,以上僅舉一例。)又《漢書·王莽傳》卷上云:"三公稱敢言之。"是時王莽已居攝,百官上書,未便逕用"臣某昧死言"等字,故改用敢言之,而敢言之在《漢書》中僅此一見。《魯相乙瑛碑》云:"永興元年六月甲辰朔,十八日乙酉,魯相平,行長史事卞,守長擅,叩頭死罪,敢言之司徒司空府。"敢言之在金石刻辭中,亦此一見。又《後漢書·朱儁傳》注,引《漢官典職儀式選用》云:"諸州刺史上郡並列卿府,言敢言之。"是敢言之名稱,不獨如王充所言,僅郡吏用於二府也。又《金文著錄補》四十頁,有漢"直千金,敢言之"六字鼎文,是敢言之由公牘語,又演變爲一般習俗語。

又按:《後漢書·光武紀》建武六年六月詔書,有"上司徒司空二府"之文,是列卿及郡國守相言事司徒司空二府,在公牘中皆稱爲上,不僅如王充所言,僅用於司空府也。

《謝短篇》又云:"吏上功曰伐閱,名籍墨將,何指?"

按:《史記·高祖功臣侯表》序云:"明其等曰伐,積日曰閱。"《漢書·車千秋傳》云:"又無伐閱勛勞。"《朱博傳》云:"王卿憂公甚效,檄到齎伐閱詣府。"顏師古注云:"伐,功勞也;閱,所經歷也。"又《居延漢簡釋文》四九四頁,有"□□□□□遠備甲渠令史伐閱簿"之簿檢,皆與本文相合。伐閱後代變爲閥閱,故説文無閥字。

又按:《居延漢簡釋文》五九頁,有簡文云:"初元三年十月壬子朔辛巳,甲渠士吏强敢言之,謹移所自占功勞墨將名籍一編,敢言之。"(勞榦氏誤釋墨將爲量將,今據原簡照本訂正。)又三二頁有殘簡文云:"□墨將名籍一編敢□。"墨將名籍,與王充所言正相符合。但墨將二字,尚未能有確切之解釋。以木簡自占功勞而論,謂自評度勞績,與《史記平準書》"匿不自占,占不悉,戍邊一歲"之義正合。

《謝短篇》又云:"七十賜王杖,何起;著鳩於杖末,不著爵,何杖;苟以鳩爲善,不賜鳩而賜鳩杖,而不爵,何説?"

按:武威磨嘴子十八號漢墓所出王杖詔令十簡,第一詔令云:"制詔御史曰,年七十受王杖者比六百石,入官廷不趨,犯罪耐以上,毋二尺告劾,有敢徵召侵辱者,比大逆不道,建始二年九月甲辰下。"第二詔令,爲河平二年下。漢代年七十者受王杖,在古籍

中見於《續漢書·禮儀志》。以武威簡兩詔文證之，則受王杖之
典禮，開始於西漢成帝時，還可能再早一些。所賜之杖，上刻有鳩
形，武威漢墓所出，亦爲鳩形之杖。本文一再云"不著爵"及"而
不爵"，自來注家，多解爵爲雀之假借字。然鳩亦爲雀類，王充設
爲此問，殊爲語義重復。余謂"不著爵"，謂受王杖之人，何以不
著官爵也。證之武威簡第二詔書有云"河平元年，汝南西陵縣昌
里先年七十受王杖"云云，先爲人名。在漢代紀事，名籍、公牘人
名之上，必以冠以爵名，例如公士某、上造某之類。即無爵者，亦
必稱爲士伍，或男子之類，受王杖之人，皆必有一二級之民爵。今
驗之詔書，先人名之上，獨不稱爵，是爲特例。故王充亦以受王杖
者不著爵名爲可怪也。

　　《實知》第七十八篇云："孔子將死，遺讖書曰，不知何一
　　男子，自謂秦始皇，上我之堂，踞我之床，顛倒我衣裳，至沙丘
　　而亡。"

　　按：《漢書·王莽傳》中云："今月癸酉，不知何一男子，遮臣
車前，自稱漢氏劉子輿，成帝下妻子也。"又《居延漢簡釋文》一七
五頁，有簡文云："□拔刀劍鬥□以所持劍格傷不知何一男子左
□。"又一七四頁，有簡文云："不知何人二男子帶刀劍持縣官六
□。"又一七三頁，有簡文云："十五日謹補受索無陰督宗不知何
男子隊過留界中者敢言之。"據以上各簡，不知何一男子，爲當時
之口頭語，《居延漢簡》皆爲西漢中晚期物，王充所引讖書，亦爲
哀平時作品無疑。

武威漢簡文學弟子題字的解釋

兩漢經師傳經,在官學有兩個系統:屬於漢廷者,太常屬官有博士,其下有弟子員;屬於郡國者,有郡文學官,其下有學官弟子。《漢書》對於郡文學官,並無專載。《漢書·儒林傳序》略於起源,詳於遷調。郡文學官,見於《漢書·王尊傳》;簡稱爲"文學",見於《食貨志》。其組織今可考者,有郡文學祭酒(見《隸釋》卷十六《中部碑》跋引《成都左右生碑》)、文學師(見《隸釋》卷十四《學師宋恩等題名》及《隸續》卷十六《繁長張禪等題名》)、文學孝掾(見《宋恩等題名》)、文學掾(見《宋恩等題名》及《隸釋》卷五《張納碑陰》)及文學主事掾(見《張納碑陰》)。根據以上記載,文學官惟郡國始有之。又《金石萃編》漢六《蒼頡廟碑陰》有文學掾題名,此碑爲衙縣所立,題名之文學掾,當爲縣屬,蓋爲特例。

本簡所稱之文學弟子,當即學官弟子之異稱,與博士弟子名例相同。《漢書·文翁傳》云:"又修起學官於成都市中,招下縣子弟爲學官弟子。"又云:"武帝時乃令天下郡國皆立學校官。"學校官係連稱,分稱之則爲學官、校官(如《潘乾碑》)。郡文學官,一方面以所傳之經名爲官名(如《宋恩等題名》有易掾、詩掾、尚書掾);一方面又傳經於弟子;另一方面或以文學爲官名,借此可以升郡職,應徵試,本簡之墓主人深通《禮經》,應爲西漢末期武威郡之文學官。諸文學弟子所書出穀數目，則爲紀事之簡。兩漢記穀數，在居延、敦煌所出漢簡中，或用斛名，或用石名。十斗爲一斛，一百廿斤爲一石。

璽印木簡中發現的古代醫學史料

我國的醫學,據傳說始於神農嘗百草,已經有五千餘年悠久的歷史。上古的醫有俞跗,是扁鵲説出來的;春秋的醫有和緩,是《左傳》有紀載的;秦代焚書,惟醫卜的書不焚,所以醫學發展的過程,漢人推重神農,必然知道得較詳細。蓋辨別藥草的性質,是勞動人民用采集的方法,積累經驗而來的,決不是神農一人所能遍嘗的。在遠古時就開始研究,這是毫無疑義的。太史公對於扁鵲、倉公立有列傳,載有方案,這是最有稽考的專家。到了東漢張機更集醫學的大成;嗣後如晉代的王叔和,南齊的褚澄,唐代的孫思邈,一脈相傳,著述俱在。到了明代李時珍撰《本草綱目》,分析藥味,非常具體,這又是集藥學的大成。我從出土的戰國璽印中,及漢代木簡中,羅掘不少醫學上的新材料:一可以證明我國文獻流傳的可信,二可以補文獻證據的不足。陳邦賢先生寫的《中國醫學史》,對於醫理、藥學書籍,叙述得頗爲完備。我所談的,雖爲地下出土的材料,但必須先要略談文獻的紀載,才能互相印證。

一、殷周藥學的研究及醫學的昌明

《詩經·周南·卷耳》云:"采采卷耳。"毛傳:"卷耳,苓耳也。"蓋今之蒼耳子。又《周南·芣苢》云:"采采芣苢。"毛傳:"芣苢,馬舄;馬舄,車前也。"蓋今之車前子,俗名馬鞭草。又《鄘風·載馳》云:"陟彼阿丘,言采其蝱。"毛傳:"蝱,貝母。"今日仍稱爲貝母。又《王風·采葛》云:"彼采艾兮。"毛傳:"艾所以療疾。"又《唐風·采苓》云:"采苓采苓,首陽之顛。"毛傳:"苓,大苦也。"蓋即今之黃芩。

　　以上所載的都是藥品,藥品必是治病的。據此最可靠的文獻,藥學的研究,在殷周之間已經開始;而醫學的理論,在戰國初期,已極發達。《史記·扁鵲傳》云:

　　　　其後扁鵲過虢,虢太子死,扁鵲至虢宮門下,問中庶子喜方者曰:"太子何病? 國中治穰,過於衆事。"中庶子曰:"太子病血氣,不時,交錯而不得泄,暴發於外,則爲中害。精神不能止邪氣,邪氣畜積而不得泄,是以陽緩而陰急,故暴蹶而死。"……扁鵲曰:"若太子病,所謂尸蹶者也。夫以陽入陰中,動胃,繵緣中經維絡,別下於三焦膀胱;是以陽脈下遂,陰脈上爭,會氣閉而不通,陰上而陽內行,下內鼓而不起,上外絕而不爲,使上有絕陽之絡,下有破陰之紐,破陰絕陽色廢,脈亂,故形靜如死狀,太子未死也。"

扁鵲這一段醫的理論,後來《難經》的八十一難,多取材於此。關於扁鵲的史料,散見於《韓非子》、《戰國策》、《韓詩外傳》、《說苑》等書,與《史記》可以互相參考。《史記》又云:"扁鵲名聞天下。過邯鄲,聞貴婦人,即爲帶下醫;過洛陽,聞周人愛老人,即爲耳目痹醫;來入咸陽,聞秦人愛小兒,即爲小兒醫。"是扁鵲內科最爲特長,尤長於婦科小兒科,與戰國醫人,專精一科,或專治一病者情況不同。

《周禮·天官·疾醫》云：“掌萬民之疾病。四時皆有癘疾：春時有痟首疾，夏時有癢疥疾，秋時有虐寒疾，冬時有嗽上氣疾。”又有瘍醫，主治外科；獸醫，主治獸疾。《周禮》近人多疑爲戰國時人作品，此段對於主要疾病，亦甚具體。

二、西漢醫案的存留及醫書的整理

《史記·倉公傳》，多載倉公治病的醫理，類于後代的脈案。考倉公淳于意爲漢文帝時人，官齊國的太倉令。當時王國設官，與漢代一樣。倉公可能爲齊悼惠王子哀王或孫文王時官，故倉公所治病的人，皆爲齊國官吏（齊國官吏名稱，與濰縣郭氏所藏齊封泥，多有相同者）。試舉診病例云：

> 齊中大夫病齲齒。臣意灸其左太陽明脈；即爲苦參湯，日嗽三升。出入五六日，病已。得之風，及臥開口，食而不嗽。

倉公用藥只一味，類於後代所稱單方。文字雖簡單，醫方、醫案，皆已完備。本傳所存留的醫案尤多。

劉向校書天禄閣時，整理經籍，醫書亦在校讎之列，故《漢書·藝文志》序有云：“侍醫李柱國校方技。”今所傳的《本草經》，是西漢末期的作品。《漢書·平帝本紀》云：“元始五年舉天下通知方術本草者，所在詔傳遣詣京師。”《漢書·樓護傳》云：“護少誦醫經本草方術數十萬言。”皆其明證。所以顏之推在《顏氏家訓·書證篇》中，亦疑本草所説的地名，多爲漢代的郡縣；因此即疑爲漢代的作品。其説甚是。至於黄帝《内經》、《素問》，扁鵲《難經》，當亦爲秦漢人的作品，時代或較《本草經》爲早。兩經文辭古奥，理論深折，雖爲秦漢人所依託，其材料確取於古代。《靈樞經》成書恐還在《内經》、《難經》以後，兹不具論。

三、東漢醫學的集大成及内外的分科

東漢末期，在醫學上集大成的著作，流傳至現今的，首推張機的《傷寒論》及《金匱要略》二書。《傷寒論》共二十二篇，證外合三百九十七法、一百一十三方，關於病理學、治療學、診斷學皆有獨到的見解。《金匱要略》，是治雜病的全書，範圍廣闊，雖肉食、蔬果的禁忌，亦在附載之列。兩書有理論，有脈案，有醫方，是最偉大最完善的經典著作。《傷寒論》前有張機自序。機《後漢書》無傳，只知他字仲景，南陽涅陽人，靈帝時舉孝廉，建安中官至長沙太守而已。丁福保先生謂張機疑即《吳志·孫堅傳》中之長沙太守張羨，係一人兩名，很有可能的（東漢末如荀爽一名諝，邯鄲淳一名竺之類，比例極多）。

《三國·魏志·方技華陀傳》云："陀精方藥，其療疾、合湯，不過數種。心解分劑，不復稱量。煮熟便飲，語其節度。舍去輒愈。"又云："若病結積在内，針藥所不能及，當須刳割者，便飲其麻沸湯，須臾便如醉死，無所知，因破取病。若在腸中，便斷腸湔洗，縫腹摩膏，四五日差不痛，人亦不自寤，一月之間即平復矣。"據此，華陀在公元二世紀時，已能做剖腹手術，與張機的醫學不同。亦爲内、外科分工的開始。

以上所述,是文獻材料。以下所述,是地下發掘的材料。

四、殷代病名的確立及戰國藥學的分工

殷墟甲骨文多有卜疾病者,因而能看到病名,最具體者,莫如疥、瘧二字(疥字見《殷虛書契前編》卷一第十二頁,瘧字見《前編》卷五第三十一頁)。疥字象人臥床上身旁有疥甲之形。疥、瘧二病,古即有之。與《周禮·天官·疾醫》"夏時有癢疥疾,秋時有瘧疾",正相符合。據此,若干種疾病名稱,殷代已正式確立。治療的方法,有一部分是用巫,有一部分必然是用醫。既用醫則必用藥,與《詩經》"采采芣苢"等句亦相符合。

戰國時期,每一醫人只治一病,是發揮個人的專長,也是分工的細密。這一點可從山東、河南等省出土的戰國古璽(璽原字作鉢,爲便於書寫起見,本文皆改作璽)中來説明問題。兹舉列如下:

行瘖　(見《説文古籀補補》卷七,十頁)行字蓋從事於醫的解釋。至今俗語稱醫生爲人治病曰行醫,或曰行道。《説文》:"瘖,不能言也。"璽文行瘖二字,即是專治音啞病的醫人所用。

事瘍　(見《古璽文字徵》卷七,七頁)事字當作治字解釋,(《史記·曹參世家》:"卿大夫以下及賓客見參不事事。"下文有"惠帝怪相國不治事",可以爲證。)謂專治瘍病的。《説文》:"瘍,頭創也。"創即後來的瘡字。

事疕(音匕)　(見《説文古籀補補》卷七,十頁)《説文》:

"疕,頭瘍也。"當作專治頭瘍的解釋,疑是現今小兒頭上所患的臘瘡一類。

事𤻮(音骨)　(見《古璽文字徵》卷七,八頁)𤻮字不見於《説文》,只見於《廣韻》,音骨,膝病。璽文當作專治膝病的解釋。

事癰　(見《説文古籀補補》卷七,二頁)《説文》:"癰,腫也。"璽文當作專治外症癰腫病的解釋。

事疋　(見《古璽文字徵》卷七,八頁)疋字不見於字書,疑爲專治足病的。

事㾆(音緊)　(見《古璽文字徵》卷七,七頁)㾆字不見於《説文》,《廣韻》:"居忍切,音緊,唇瘍也。"璽文當作專治唇疔病的解釋。

兼瘍　(見《古璽文字徵》卷七,四頁)璽文當作兼治頭瘡病的解釋。

瘍丁　(見《夢坡室金玉印痕》卷一。原文爲'瘍丁之璽'四字)丁蓋疔字省文。疔字不見於《説文》,始見於《廣韻》。璽文當作兼治頭瘡及疔毒兩種病的解釋。

以上九璽,僅標明所治的病名,所兼治病名,不冠以姓氏。

王瘖　(見《古璽文字徵》卷七,七頁)《説文》:"瘖,口不能言也。"上標明醫人的姓,下標明醫人所專治的病。

区疥　(見《古璽文字徵》卷七,七頁)第一字疑爲斷字省文。《説文》:"疥,搔也。"璽文是專治疥瘡的病。

長瘍　燕瘍　(均見《古璽文字徵》卷七,七頁)戰國時古璽張字多省作長。璽文是專治頭瘡的病。

王疢　竺疢　輅疢（音又）　（均見《古璽文字徵》卷七,七頁）《説文》：“疢,顫也。”璽文是專治頭搖動及手顫動的病。

侯痒　邵痒（音幸）　（均見《古璽文字徵》卷七,七頁）《説文》：“痒,寒疾也。”璽文疑爲專治傷寒的病。

喬疠　張疠　（均見《古璽文字徵》卷七,七頁）疠字不見於字書。

陽城癏（音鼻）　（見《古璽文字徵》卷七,七頁）《玉篇》：“癏,音鼻,手冷病也。”

肖痣　（拓本）肖爲趙字省文。痣,《廣韻》音志,又作志。《漢書·高祖本紀》：“左股有七十二黑子。”顏師古注：“今中國通呼爲靨子,吴楚謂之志。志者記也。”

王疼　司馬疼　（均見《古璽文字徵》卷七,七頁）疼字不見於字書。

梁痰（音夾）　（見《古璽文字徵》卷七,七頁）《説文》：“痰,病息也。”璽文是專切脈息的。

趙痩　（見《古璽文字徵》卷七,七頁）痩字不見於字書。

司馬痦　（見《古璽文字徵》卷七,七頁）痦字不見於字書。

王疢（音曹）　（見《古璽文字徵》卷七,七頁）《博雅》云：“疢,病也,音曹。”

周瘑　（見《古璽文字徵》卷七,八頁）瘑字不見於字書。

郭痤（音挫）　（見《説文古籀補補》卷七,十頁）《説文》：“痤,小腫也。”

高癭　（見《説文古籀補補》卷七,十頁）《説文》：“癭,腫也。”

郗疧（音瘥）　（見《説文古籀補》卷七，十頁）疧蓋瘥字省文，
說文：“瘥，愈也。”

長疢（音陶）　趙疢　（均見《古璽文字徵》卷七，七頁）疢
《集韻》：“音陶，疾也。”

郘疪（音選）　（見《古璽文字徵》卷七，八頁）《廣韻》：“疪，
同癬。”《説文》：“癬，乾瘍也。”璽文是專治癬癩的病。

桀疣　（見《古璽文字徵》卷七，八頁）疣字不見於字書。

王生瘑（音皇）　（見《古璽文字徵》卷七，七頁）《集韻》：
“瘑，音皇，病也。”

徒痟（音息）　（見《古璽文字徵》卷七，七頁）疑爲瘜字省文，
《説文》：“瘜，寄肉也。”璽文是專治瘻瘤一類的病。

趙痩　（見《説文古籀補補》附錄十二頁）《爾雅・釋訓》：
“痩，病也。”郭注：“賢人失志懷憂病也。”璽文是專治憂鬱
病的。

趙瘤（音留）　（見《説文古籀補補》附錄十三頁）疑爲瘤字，
《説文》：“瘤，腫也。”璽文是專治腫脹病的。

以上三十一璽，皆是上標以姓氏，下標所治病名。除疢、疧、疪、
瘑、痩五字是病的總義外，其餘包括内、外科，由頭至足，範圍極爲
廣泛。

牛瘍　（見《古璽文字徵》卷七，七頁）璽文是專治牛病的牛
醫用的。《周禮・天官》有獸醫。蓋古代獸醫中，注重馬
醫與牛醫。《史記・貨殖傳》云：“馬醫賤方，張里擊鐘。”
《後漢書・黃憲傳》云：“世貧賤，父爲牛醫。”皆其明證。

以上一璽,屬於獸醫。

本文前後所羅列的共有四十一璽,不同的病名,有二十八種。能看到醫學分工的細密,及醫學研究的深切,和充分的發展。此就出土的而言,就易解釋的而言,其他尚有我未見到之璽及難認識的文字,不計數在内。戰國時代百家爭鳴。醫家當然不在例外,尤其醫家在它領域内,也是各科爭鳴。與扁鵲能兼治内科婦科小兒科者不同,與後來醫生懸牌自號能治内外兒婦兼大小方脈者亦不同。古人所謂技之精者,不能兩工,這是戰國人醫學的特色。秦漢人也未提及,不是從璽文上找到這一些綫索,是不容易看出來的。又璽文上標姓氏,下標治病的名稱,沿至漢代,此風仍不改。從史瘁、賈瘢、李痤、魏癰、蘇痍、陳疒、其母癒等漢印中皆可以見到(以上均見《漢印文字徵》卷七,二十頁)。蓋太醫令等是漢代的官府醫業,此則是私人醫業。

五、西漢醫方的發現及丸方的開始

在居延、敦煌發現的兩批木簡中,有一部分醫方,有治人的病,有治獸的病。居延木簡部分。開始於武帝太初三年,止於光武建武九年,絶大部分皆屬於西漢時物。敦煌木簡出三處:一爲敦煌西北之長城,二爲羅布淖爾北之古城,三爲和田東北之尼雅城等地。敦煌所出皆兩漢的物,最早的始於武帝時;出羅布淖爾北者,則自魏末以至前涼;出和田三地者,不過二十餘簡,皆無年代可考。敦煌木簡載有完備及殘缺的醫方十一片。兹將敦煌及居延木簡中醫方(居延的醫方雖不多,却很重要)選擇條列如下,並略加以解釋。

傷寒四物：烏喙十分，細辛六分，术十分，桂四分。以温湯飲一刀封三日（原文作日三，恐係筆誤）夜，再行解，不出汗。（《居延漢簡考釋》卷四之二，五六三頁）

傷寒四物者，即治傷寒的四味藥。烏喙見於《本草經》，即是烏頸，《金匱要略》稱烏頭，爲後人所改，术爲白术簡稱。桂爲桂枝簡稱。《傷寒論》名方中，常用此四味，但用烏喙時少，改用附子時多。

漢代藥味的分量，皆云一分、四分、五分、十分，或云等分，或云一兩，蓋漢代以二十四銖爲一兩，六銖爲一分，即二錢半；四分爲一兩，十分即二兩半。與後代的幾分幾錢不同（見成無己注《傷寒論》目錄）。所謂飲一刀者，當爲一劑，劑字的省文。若解爲一刀圭，漢代刀圭，等於一龠，濰縣陳氏藏有漢大郭刀圭，容量甚小，與此方所開的分量情況不符合。

□□蜀椒四分，桔梗二分，薑二分，桂下缺。（《居延漢簡考釋》卷四之二，五六三頁）

此方上下皆殘缺，亦當爲治傷寒用的，與《傷寒論》卷六烏梅圓方相似。該方共十味，蜀椒、薑、桂，皆在其中。惟無桔梗。蜀椒二字，是漢人口氣，與今人稱川黃連、川貝母相同。

治久欬逆匈痹、痿痹、止泄、心腹久積傷寒方：人參、茈宛、昌蒲、細辛、薑、桂、蜀椒各一分，烏喙十分，皆和合，以須臾當泄下，不下復飲藥，大下立愈矣，良甚。（《流沙墜簡》，小學、術數、方技書類，五頁）

此亦爲治傷寒方。有脈案，有藥味，與《傷寒論》所用藥方藥味多相同，尚無具體的方名相同。茈菀，即今之紫菀。

　　上缺絕大黃主靡穀去亭磨。（同上）

　　此亦治傷寒方。惜簡文上下俱殘缺，可見的主要藥味，是大黃、亭磨（亭磨當即今之葶藶）兩種，《傷寒論》卷四大陷胸丸方，爲大黃、葶藶、芒硝、杏人（杏仁唐以前皆寫作杏人）四味，知道西漢時已有類似的此方。漢末傷寒流行，觀《傷寒論·自序》所謂"建安紀年以來，猶未十稔，宗族死亡者三分有二，傷寒十居其七"，可以證明。

　　股寒，曾載車，馬驚墜。血在凶中。恩典惠君方服之廿日，徵下：卅日腹中毋積，匈中不復，手足不滿，通利。臣安國。（同上）

　　上缺煮三沸。分以三灌、五飲盡。漕孝寧方。（同上）

　　第一簡僅寫脈案，藥方當另寫在一簡，惜已不見。照脈案來看，是因墜車馬受傷，胸中致有瘀血。處方著重在逐瘀（徵是血瘕），使胸中無積，自然通利。第一簡末有臣安國，第二簡末有漕孝寧等字，皆是醫人的姓名。現今醫方上仍用此例。漕姓甚少見，《漢書·游俠傳》有西河漕中叔，王莽時人。漕孝寧或其族人。

　　治馬肢方：石南草五分。（同上）

　　治馬肢方：石方。（同上）

　　此治人食腐敗馬肉中毒之方。是治人病之方，不是治馬病之方。簡文肢字甚清楚，決非腰字。肢字不見於《說文》。《廣韻》："烏葛切，音遏，肉敗臭也。"《金匱要略》卷下，有治食馬肉中毒方，用香豉、杏仁兩味，與簡文不同。石南在《本草經》下品藥類。

　　　治馬傷水方：薑、桂、細辛、皂莢、付子各三分，遠志五分，桔梗五分，佳子十五枚下缺。（同上）

　　　治馬頭涕出方：取戎鹽三指挾三□。（《居延漢簡考釋》卷四之二，五六三頁）

　　此爲漢代獸醫所用治馬病的兩方。第一簡第二十五字，疑爲鷄字。戎鹽在《本草經》下品藥類。《齊民要術》卷六有治馬中水方，用"鹽著馬兩鼻中，泪出乃止"。與本方不同。

　　　上缺爲十二丸，宿無食馬，以一丸吞之。（《流沙墜簡》，小學、術數、方技書類，五頁）

　　此爲治馬病的丸方。中國丸藥的發明，當在公元前二世紀。《史記·倉公傳》，爲齊王治病，"即令服丸藥，出入六日病已"。此紀載丸方最早最可靠的文獻。木簡的時代，亦當在公元前後。《金匱要略》中取列鱉甲煎丸、皂莢丸、理中丸等名，皆在其後。一般人都説丸方爲張機所創作，其實不然。古代很重獸醫，《隋書·經籍志》有《療馬方》一卷，《伯樂治馬雜病經》一卷，《治馬牛駝騾等經》三卷等，皆是很明顯的例子。

六、秦漢醫官制度

秦代

太醫令　太醫丞　杜佑《通典·職官·奉常》屬官：秦有太醫令丞，主醫藥。《史記·扁鵲傳》云："秦太醫令李醯。"

侍醫　《史記·刺客列傳》云："侍醫夏無且。"侍醫蓋即後來的御醫。

西漢

太醫令　太醫丞　《漢書·百官公卿表》,太常屬官有太醫令丞,
　　少府屬官亦有太醫令丞,蓋屬於太常的,類於後代的太醫院;屬
　　於少府的,類於清代內務府的藥房官。又應劭《漢官儀》(《平
　　津館叢書》輯本)云:"太醫令,周官也,秩千石。丞,三百石。"
　　又《太平御覽》卷二百二十九《職官》云:"少府屬官有太醫令
　　丞,無員,多至數十人。"

藥府　1953年7月,西安白家口漢墓中出藥府半印,三臺紐,蓋
　　西漢初期製作。與以下二印,皆疑屬於太醫令。

藥府藏印　(見《漢印分韻續集·七陽》)此書嘉慶時粵東謝雲生
　　撰,上印藥府爲簡稱,此爲繁稱。藏即藏庫的解釋。

藥藏府　(見《漢印分韻續集·七麌》)藥藏府即藥府藏的名稱顛
　　倒,或時代略有先後。

太醫監　《漢書·外戚傳》云:"上官桀妻父所幸充國爲太醫監。"
　　蓋與漢太醫令相似。

侍醫　《漢書·藝文志序》云:"侍醫李柱國校方技。"又《漢書·
　　王嘉傳》云:"侍醫伍宏等侍內案脈。"又《漢書·貢禹傳》云:
　　"侍醫臨治。"

醫待詔　《漢書·董賢傳》云:"爲醫待詔。"

乳醫　《漢書·霍光傳》云:"乳醫淳于衍。"《外戚傳》則稱女醫,
　　蓋專治產婦病的。

彭城醫長　琅琊醫長　彭城見《漢印分韻續集·四支》,琅琊見
　　《漢印文字徵》第十四,蓋皆郡國的醫官。

齊典醫丞　(見《漢印分韻續集·十六銑》)與以下二官,蓋皆漢

代文景時齊王國自置的醫官。

齊太醫　齊王侍醫　均見《史記·倉公傳》。

東漢

太醫令　太醫藥丞　太藥方丞　《續漢書·百官志》，少府屬官
　　有太醫令一人，六百石。本注曰："掌諸醫藥，藥丞、方丞各一
　　人。"本注曰："藥丞主藥，方丞主藥方。"劉昭注引《漢官》云：
　　"員醫二百九十三人，員吏十九人。"徐堅《初學紀》職官引司馬
　　彪《續漢書》云："東平王蒼列國病，詔遣太醫丞將高手醫視
　　病。"《三國志·魏志·魏武帝本紀》云："太醫令吉平（或作吉
　　本、吉丞）。"又《太平御覽》卷二百二十九《職官》引《魏略》云：
　　"脂習除太醫令，與孔融親善。"又引《典論》："張讓子奉爲太醫
　　令。"《後漢書·方術傳》云："郭玉和帝時爲太醫丞。"

中宮藥長　《續漢書·百官志》："大長秋屬官，有中宮藥長一人，
　　四百石。"本注曰："宦者。"蓋專爲宮中人治病的。

學事　《續漢書·百官志》，大司農卿，劉昭注引《漢官》（原文誤
　　作《漢書》）曰："學事一人官醫。"蓋專屬於大司農部分的。

尚藥監　《後漢書·蓋勳傳》云："京兆高望爲尚藥監。"蓋與西漢
　　太醫監相似。

醫工長　見《通典·職官七·太醫令》條云："後漢又有醫丞，有
　　醫工長。"疑爲郡國的醫官。

　　綜上所述，西漢醫官及屬吏有數十人，東漢多至三百餘人，皆
屬於官府醫業。雖爲統治階級服務，但因研究人員衆多，促進醫
學的進步不少。然倉公、張機二人是最有偉大成就的。而一官太
倉令，一官長沙太守，皆是學非所用。可見漢代雖注重醫學，尚未

能人盡其材。

七、結束語

我國的醫學,據傳說的有五千餘年歷史。據最可靠的文獻材料,及地下發掘材料來證明,亦在三千年以上。戰國璽文上的醫人,與漢代木簡上的醫方,皆是平民的醫學。與當時官府醫學,是互相結合的。戰國時何以無醫方保留下來?因當時用藥品只兩三味,藥由自采,湯由自合,湯藥與針灸並施,所以流傳甚少。木簡的醫方,皆是公元前保留下來的。由春秋戰國至秦漢時代,醫學分兩大派。最初的是秦派,如秦醫和見左昭元年傳,秦醫緩見左成十年傳等皆是。代替的爲齊派,如陽慶及淳于意等皆是。扁鵲勃海人,游於秦,可能與秦派相近。(扁鵲、秦越人,皆疑是別號,而不是真姓名。秦人視越是當時的俗語。)大概秦派重在針灸,齊派重在湯藥。到了張機就無所謂秦派齊派。總之,針灸與醫方創始最先,丸方始於西漢,散方及藥膏皆始於東漢(散方如《金匱要略》中五苓散之類,藥膏見於《三國志·華陀傳》),丹方始於西漢時的方士,後來借爲散方的別名。在醫方醫名下注炮製的方法,則始於東漢(例如《金匱要略》鼈甲煎方注灸燒熬去皮等字)。人民經過長期的勞動,始能辨別藥品;再經過長期的經驗,始能研究理論,創立藥方,及製藥的各種方法。不是神農一人所能嘗百草的,也不是黃帝和岐伯二人所能論病理的。又《金石萃編》卷三十五有北齊武平六年《道興造像記》,背面刻有治病藥方及針灸法,共一百十八種。與耀縣石刻大小三碑,存字、闕文,完全相同。碑文稱爲《千金秘方》，當爲北朝醫方的一種。知道孫思邈的《千金方》名稱是啓源於此。北齊時尚未有印刷術，只憑鈔書，傳鈔既久，恐有錯誤的字，醫方不宜有誤字，故刻在石碑以廣流傳。我在此附帶提出，以供醫士的重視和研究。

又或問本文中所舉出的戰國時醫人所用的璽印，如王瘄張瘍之類，安知不是私人的姓名，與病名無關。我的答辨，古代人名，如去疾、去病、病已，三類名稱，是一般的名字，《左傳》上説，古代命名，不以隱疾，似不能專取疾病以爲名字，我們所見到的已有四十一璽，皆是病名，似不能如此之多，且對於行瘖、事瘍、事疝等字，又作何解釋，我以爲吳大澂在《説文古籀補》中斷爲是戰國時醫人的璽印，是正確的。

武威旱灘坡漢墓出土醫藥方匯考

武威漢墓出土醫藥方木簡，有九十二支，内容豐富，涉及内、外、婦、五官、針灸等科。所列藥物有一百餘種，其藥味有在現存《本草經》之外者，在祖國醫學史上，又出現了光輝的一頁。我從中水侯李忠、東海王劉疆、建威將軍耿弇三人所奏進各方中，綜合考釋，應爲東漢早期之物，茲將管見，分列如次：

一、中水侯所奏治男子有七疾方及
建威耿將軍方

本簡第 24 甲面，有"中水侯所奏治男子有七疾（傷）方"。按：此當爲東漢初年中水侯李忠所奏進之藥方也。《後漢書》列傳十一《李忠傳》略云："建武二年，封中水侯。……以建武十九年卒。"章懷注："中水屬涿郡。"（《漢書·地理志》，中水屬涿郡。《高惠功臣表》，呂馬童封中水侯。《續漢書·郡國志》，中水改屬河間國。故城今在獻縣西。章懷注係指西漢時之所屬也。）魯省在清代光緒初年，出土有琴亭國李夫人墓闕石刻，則爲李忠之孫李純之妻也。若依甘肅博物館原釋爲白水侯，《續漢書·郡國志》，白水屬廣漢郡，終兩漢時期，無封白水侯者。倘若解爲南陽

之白水鄉,在東漢初尚無封鄉侯亭侯之制。

　　又博物館簡報所列内科病方目録,内有"治東海、白水侯所奏方"。原簡文未曾印出,白水亦應爲中水之誤釋,中水並不屬東海郡。東海者當爲東海王之簡稱。在西漢之例,王國地名一字者,必繫以王字,如吴王、楚王、梁王是也;地名二字者,則不必繫以王字,如長沙(見《陶齋吉金録》,長沙元年鈁)、淮南、衡山(見《漢書・武帝紀》)是也。簡文之稱東海,亦沿此例。《後漢書》列傳三十二《東海王疆傳》略云:"光武初立爲太子,建武十九年封爲東海王,二十八年就國,永平元年卒。"據此則爲東海王劉疆及中水侯李忠二人所共奏之藥方也。

　　本簡乙面有簡文略云:"有病如此,終古無子,治之方法,樗杞十分,天雄五分,牛膝四分,□□□□,昌蒲二分,凡六物……建威耿將軍方,良禁千金不傳也。"按:此當爲東漢初年,耿弇所傳之藥方也,觀其用藥,亦屬於治男子七疾方之一種。《後漢書》列傳九《耿弇傳》略云:"光武即位,拜弇爲建威大將軍。"蓋耿弇以建武元年七月任此官,至建武十三年始罷任,以列侯奉朝請。弇任建威大將軍共十三年之久,與簡文極合,特簡文簡稱爲建威將軍耳。(《宋書・百官志》亦云建威大將軍官號,始於東漢耿弇。)在西漢時,大官僚如有經驗良方,亦可頒布於各郡國,《居延漢簡釋文》(以下引用簡稱《釋文》)一〇七頁,有"永光四年閏月丙子朔,乙酉,太醫令遂,丞襃,下少府中常方"之簡文。再合上三簡觀之,人民有醫治疾病良方,漢廷既可以傳播於郡國,王侯亦可以上奏於漢廷。李忠、劉疆、耿弇三人,未必能通醫學,特竊取人民研究成果,貪天功以爲己力。即東漢時官太醫令者,亦未必精通方技，例如衡方、楊淮、吉平等人，皆曾官太醫令，並未聞有醫方之流傳也。又乙簡尾所稱"建威耿將軍方，良禁千金不傳也"。《史記·倉公傳》云："公乘陽慶年七十餘無子，使意盡告其故方，更悉以禁方予之。"禁方即後代所謂秘方也。

綜合以上三簡考之，李忠封中水侯，事在光武建武二年，卒於建武十九年。東海王劉疆在建武十九年封爲東海王，二十八年始就國。耿弇任建威將軍，自建武元年起，至十三年止。但李忠之卒，劉疆之封，同爲建武十九年之事，據此二人共奏藥方，必在是年無疑。至於本墓主人傳鈔藥方，當然更在其後，然亦不致距離太遠。則本墓葬相對時代，上限自光武建武末年起，經過明帝時代，下限最遲可能至章帝初年。

二、公孫君方

本簡第 23 甲乙兩面，有"礬石二分半、禹餘糧四分、牡蠣三分、黃芩七分"等六物醫方一則，末署"公孫君方"。按：此爲西漢最初公孫光遺傳之方也。《史記·倉公傳》云："臣意聞菑川唐里公孫光，善爲古傳方，臣意即往謁之，得見，事後受方，化陰陽及傳語法，臣意悉受書之。"公孫光爲公乘陽慶之友人，倉公之師事陽慶，由公孫光之介紹，公孫光亦爲西漢初年齊國之名醫無疑。關於公孫光醫學著作，不見於《漢書·藝文志》，當散失已久，本墓主人蓋加以搜輯遺佚，寫入札記者也。西漢醫師，往往在處方末尾，繫以自己姓名，如敦煌木簡，有"漕孝寧方"及"臣安國方"兩簡可證。本簡若准此例，如繫當時醫師，只能自稱爲公孫某方，不能稱爲"公孫君方",應爲公孫光遺留之方無疑。

三、治㚼人膏藥方及馬胺方

　　本簡第 27,有"治㚼人高藥方"。婦字作㚼,不見於古籍及敦煌、居延兩木簡,蓋爲隸書的變體。因篆文從㠯之字,隸書寫作阝,從邑之字,隸書亦寫作阝。本簡則以阝字爲聲符,借作婦字之簡體,特又將阝字移左邊於右邊耳。西漢人則多以負字假借作婦字,即㛑字之省文。予昔考《漢書》高祖紀之武負,陳平傳之張負,周亞夫、郭解傳之許負,居延木簡之鄭負,皆爲婦字之通假。本簡以㚼爲婦,尚屬創見。(《集韻》有㚼字,見《路史·國名紀》,音餘,與此音義皆無涉。)又《釋文》二四一頁,有簡文云:"昌邑方與大里陳系,十二月癸巳,病傷頭,右手膊膏藥。"膏藥之創作,當在西漢中晚期,本簡時代又在其後。又《釋文》三八四頁,有"高果一枚"之簡文,即"膏輠"之省文,省膏作高,爲當時之簡體。

　　又本簡有"治痂及久創及馬胺方"。按:《釋文》八六頁,有"治馬胺方,石南草五分"之簡文。《廣韻》:"胺,烏葛切,肉敗臭也。"《金匱要略》卷下,有治食馬肉中毒方,用香豉、杏人二味。處方與居延簡不同,石南草《本草經》列在下品藥類。皆係治人食馬肉中毒之方,非治馬病之方也。

四、藥價問題

　　第 28 簡所寫皆爲藥價,今可見者,有"牛膝半斤直五十、防風半斤百、小椒一升半五十、朱臾二升半廿五、席蟲半升廿五、黄芩一斤直七十"等品。按:漢代藥價,見於《計然萬物錄》(《玉函山房輯佚書》本)者,有"犀角出(日)南郡,上價八千,中三千,下一千。螵蛸出三輔,上價三百。皂莢出三輔,上價一枚一錢"等三品。見於居延漢簡者,有"附子一斗直百廿五"一品(見《釋文》三一四頁 A)。此皆由西漢中晚期,至東漢初期藥價之可考者,共計僅十餘品,最爲可寶貴之新史料。

五、兩漢七字書寫的變化

西漢全期,七字寫法,中畫極短作十(以下簡稱古體),與十字極相似,至東漢始改作七字(以下簡稱隸體)。《史記》中七字,當時所寫必爲古體,故《漢書》録原文時,往往誤作十字。清代學者,如王念孫父子,已略見及此。現以西漢南越甫木題字,自飲、酒來兩酒令銅器,建德周氏所藏玉日晷,以及居延全部木簡而論,無不作古體者。居延簡有時借用作桼字(見《釋文》二二八頁桼人歸責簡及四三頁建武桼年簡)。他如鏡銘"桼言之紀從鏡始"(見《古鏡圖録》卷中),亦用假借字。在東漢初年,則爲古體隸體兩種形式兼用時期,如建武十七年銅鐘,仍用古體,永平十五年王杖十簡云:"年七十者受王杖。"則用隸體。本簡治郊人膏藥方,"凡七物",則用古體,其餘如記針灸法各簡,則皆用隸體,此本簡爲東漢早期之物又一確證。此後碑刻,無不用隸體作七矣。

六、丨　的符號問題

各簡中往往有丨　兩符號，多見於起句。按：居延木簡另起一事者，則用●爲符號，見《釋文》三頁馬長史簡。在人名之下記事者，偶用、爲符號，見《釋文》二〇〇頁居延候史李赦之簡。若居延簡在末尾有連署人名者，則用丨以分別之，類於現代標點之頓號。又漢代嵩山太室石闕銘，在起句上畫一〇形，則與後代坊刻木版《四書》形式相同。綜合考之，漢代標點，約有丨、●丨〇五種符號。

七、藥名所用假借字及別體字

本簡所寫各藥方藥名，有用假借字者，如柴胡作茈胡，按：《急就篇》云：“黄芩伏苓礜茈胡。”王應麟補注：“茈：古柴字。”與本簡正同。（又敦煌簡紫菀亦假借作茈宛，見《流沙墜簡考釋》小學、術數、方技書類，五頁。）又丹砂作丹沙，與《漢書·董賢傳》“以沙畫棺”正合。葶藶作亭磨，與漢簡校文八六頁醫方正同。《齊魯封泥集存》有“磨城丞印”封泥，當即濟南之歷城。《史記·高惠功臣表》，有磨侯程黑，《漢書》作歷侯是也。構杞作樗杞者，因從粤與從尃爲一聲之轉。蕡猪肪者，蕡爲豶字省文，《説文》：“豶，羠豕。”蓋謂去勢之豕也。至於附子作付子，與敦煌、居延兩木簡皆同，則爲當時之簡體字。

又本簡列藥味泡製方法，有酴釄（簡報原誤釋作酢醶），即後代之用酒炒藥味。酴醿爲美酒,始見於《西京雜記》鄒陽酒賦。洛陽燒溝墓葬,亦有"酴醿"陶器之題字(原報告亦誤釋作酵醾)。醇醯作淳醯者,猶漢鏡銘醴泉之作澧泉,亦用省文也。

又本簡記用藥數量,有"龍骨三指撮"之文。《釋文》五六三頁,有治馬頭涕出方,"取戎鹽三指挾",與本簡文相似,蓋三指挾爲約略之計算也。

又本簡愈字作愈,或作偷,與敦煌簡醫方所云"大下立愈矣"(見《流沙墜簡考釋》小學、術數、方技書類,五頁),居延簡"小偷唯所遣"並同,皆當時之俗體別字。

1974 年 4 月於西安西大新村

張仲景事迹新考

張機所著《傷寒論》,始見於《隋書·經籍志》著録,僅注云東漢人,極爲簡單。《四庫全書提要》則云,機字仲景,南陽人,嘗舉孝廉,建安中官長沙太守。蓋從一貫相承之舊説,其事實他無所見。丁福保氏歷考在東漢末期官長沙太守者,人名皆互相銜接,不容有張機官長沙之事。又據《後漢書·劉表傳》云:"長沙太守張羨叛表,表圍之連年不下,羨病死長沙,復立其子懌,表遂攻並懌。"章懷注,引《英雄記》曰:"張羨南陽人,先作零陵、桂陽長,甚得江湘民心。"丁氏因疑張羨即張機之一名,云南陽人,云長沙太守,皆與之合。竊謂東漢末期一人有兩名,確爲常有之事,例如服虔一名祇,荀爽一名諝是也。然張羨之行動,與張機頗不相類,似非一人,丁氏之説,尚值得懷疑。按:《太平御覽》卷七百二十二,引《何顒別傳》曰:

同郡張仲景總角造顒,顒謂曰:君用思精而韻不高,後將爲良醫,卒如其言。(又《御覽》四百四十四亦引此文,至本句止。)顒先識獨覺,言無虛發。王仲宣年十七,嘗遇仲景,仲景曰,君有病,宜服五石湯,不治且成痼疾,(原文爲門字,今改正。)後年三十,當眉落。仲宣以其貰長也,遠不治也,後至三十,疾果成,竟眉落,其精如此。仲景之方術,今傳於世。

　　張機之事實，可考如此。《何顒別傳》云，應爲魏晉時人所作。《後漢書·黨錮何顒傳》略云："顒字伯求，南陽襄鄉人，少游學洛陽，顒雖後進，而郭林宗、賈偉節等與之相好，顯名太學。"又云："黨事起，天下多離其難，顒嘗私入洛陽，從（袁）紹計議。"又云："及黨錮解，顒辟司空府，及董卓秉政，逼顒以爲長史，託疾不就。乃與司空荀爽、司徒王允等共謀卓，會爽薨，顒以他事爲卓所繫，憂憤而卒。"考第一次黨錮事起，在靈帝延熹九年。黨錮事解，在靈帝中平元年。荀爽之卒，在獻帝初平五年（即興平元年）。何顒既爲郭林宗之後進，林宗以建寧二年卒，年四十歲。（見本傳及蔡邕《郭有道碑》。）假定何顒之年，少於林宗十歲，則何顒當建寧二年爲三十歲。又按：《三國·魏志·王粲傳》，以建安二十二年卒，年四十歲。曹植《王仲宣誄》，亦謂卒於建安二十二年正月二十四日。惟《藝文類聚》作建安二十三年卒，當爲誤文。是年正月大疫，王粲蓋亦染疫而死者。王粲當生於靈帝光和元年，毫無疑義。綜合推斷，王粲年十七歲遇見張機時，當爲興平元年。何顒既少於郭林宗，王粲又少於張機。上述何顒據郭林宗之卒，當建寧二年，假定爲三十歲，張機據王粲之見時十七歲，當興平元年，亦假定爲三十歲，則《傷寒論》序所云，"余宗族素多，向餘二百，建安紀年以來，猶未十稔，其死亡者三分有二，傷寒十居其七"等語。下推至建安十年，張機當爲四十一歲左右。機之卒年不可考，似應在建安末年，甚或至曹魏初期，亦未可知。從王粲年十七歲爲興平元年之正確根據，因可得出張機之相對年齡。

　　又漢代居延木簡中，常見因邊郡苦寒，士卒多患傷寒之簡文，勞氏《居延漢簡釋文》五六三頁，有傷寒四物湯藥方，爲烏喙十分，細辛六分，术十分，桂四分。在張機《傷寒論》各方中，亦長用此四味，惟烏喙改用附子，名異實同。又同頁有"……蜀椒四分，桔梗二分，薑二分，桂下缺"之殘簡文，亦當爲治傷寒之方，與《傷寒論》卷六，烏梅圓方相似。該方共十味，蜀椒薑桂，皆在其中，惟不用桔梗。居延木簡絕大部分，皆屬於西漢中晚期之物。張機以善治傷寒，稱爲聖手，知係參用西漢相傳之舊方，加以融會貫通，斟酌損益，遂致集其大成。兹因考張機之事迹，並附論及之。

秦兵甲之符考

此符 1973 年於西安南郊山門口公社北沈家橋村出土,現藏陝西省歷史博物館。文共四十字。文云:"兵甲之符,右在君,左在杜。凡用兵興士被甲五十人以上,必會君符,乃敢行之。燔燧之事,雖毋會符,行殹。"錯金書,製作極精。按:上虞羅氏所藏兩秦符,一爲"甲兵之符,右在皇帝,左在陽陵",爲始皇二十六年以後之物。二爲"甲兵之符,右在王,左在新郪",應爲始皇未兼并六國以前之物。本符甲兵之符,獨作兵甲之符,除掌右符者身份及行符地區,與新郪符相異外,其餘公牘術語,無一不與新郪符相同。

杜爲秦舊地,君即指始皇弟長安君成蟜而言。證之《史記·秦始皇本紀》八年云"王弟長安君成蟜,將軍擊趙,反死屯留,軍吏皆斬死,遷其民於臨洮"云云。秦都咸陽,杜則屬於長安地區以內。此符當爲始皇八年以前之物。與新郪符時代略相當。

"殹"字作"也"字解,石鼓文云:"汧殹洎洎。"秦代權量,二世元年補刻詔書,"其於久遠也",或作"其久遠於殹",皆爲秦人之習俗語。

秦始皇六大統一政策的考古資料

秦代一切制度,創始於商鞅,總其成於始皇。當始皇並滅六國以後,百廢俱舉,由紛爭到統一,由龐雜到簡單,對於文字、權量、郡縣、貨幣、律令、官制各項,皆加以檢定。此六者不但史傳紀載明確,且大部分可由出土的秦代古物得到印證。茲分段敘述如次:

一、文字的統一

《史記·李斯傳》云:"使天下無以古非今,明法度,定律令,皆以始皇起同文書。"此説明當時除制度、律令必須統一外,并兼及文字統一的重要性。六國時文字,各自爲體,殊形詭制,變化無方,從古物方面考查,在銅器上的銘文,既屬不易考釋,在戈、矛、璽印、貨幣、竹簡、陶器上的文字,釋文更極端困難。如齊陶文"伯"作"敀"①,燕戈文"燕"作"郾"②,楚鼎文"悍"作"玗"③,梁

---

① 《季木藏陶》第 33 頁,有左里敀陶文。
② 見《小校經閣金文》卷十第 44 頁。
③ 見《十二家吉金圖録賣》第 1 頁,楚王酓玗鼎。

幣文"梁"作"隶"①之類,比較尚可以推測。而六國共同的奇文,則爲"璽"字,皆寫作"鉨"。因璽本玉質,以改用銅質,故變爲從金,又或改用陶質,寫作"坏"字,故變爲從土,這都是從古文而改。經吳清卿考訂,這種問題才得以解決②。至於楚竹簡類似蝌斗書,更爲難通,長沙仰天湖楚墓所出一批③,經羅福頤、史樹青及鄙人等研究,始略有端緒。長沙五里牌④、信陽長臺關⑤楚墓所出兩批,不能讀者,尚占百分之五十。無怪始皇並滅六國以後,詔書至桂林,一般人民即多不能認識,李斯的建策,確爲識時務之措施。王國維謂秦用籀文,六國用古文,實則六國各用一體,此說尚不敢完全同意⑥。

　　在秦始皇以前,秦國之文字,結體勻圓,筆畫中矩,現存摹本之詛楚文⑦及大良鞅量⑧、魏冉戈⑨、吕不韋戈⑩等,已接近秦篆。并滅六國以後,再加整齊劃一,遂成爲小篆正宗。始皇巡狩時,曾

---

①　見《古泉大辭典》下編梁充化金五十尚爰。

②　吳大澂《字說》。

③　見《考古學報》1957 年第二期,《長沙仰天湖第二五號木椁墓報告》。

④　《長沙發掘報告》第 56—57 頁。

⑤　見《河南信陽楚墓出土文物圖録》,圖版一三九至一四五頁。

⑥　見《觀堂集林》卷七。

⑦　見《古石刻拾零》。

⑧　見《小校經閣金文》卷一一第 19 頁。

⑨　見《雙劍誃吉金圖録》卷下第 33 頁。

⑩　見《小校經閣金文》第 58 頁。

刻石七處,頌秦功德,現存者僅有琅琊臺石刻後段①,泰山石刻殘字②。臨摹可見者,有之罘石刻殘字③,嶧山石刻全文④。嶧山雖爲宋元祐間鄭文寶所摹刻,然結體規格,尚有虎賁貌似之處,兹將全文錄寫於下:

　　皇帝立國,維初在昔,嗣世稱王。討伐亂逆,威動四極,武義直方。戎臣奉詔,經時不久,滅六暴強。廿有六年,上薦高號,孝道顯明。既獻泰成,乃降專惠,窺輙遠方。登於繹山,群臣從者,咸思悠長。追念亂世,分土建邦,以開争理。功戰日作,流血於野,自泰古始。世無萬數,阤及五帝,莫能禁止。乃今皇帝,壹家天下,兵不復起。災害滅除,黔首康定,利澤長久。群臣誦略,刻此樂石,以箸經紀。

石刻全文三十六句,一百四十四字,與說文寫法不同者,僅有四字。"專惠"爲"溥惠"省文,"窺輙"爲"親巡"變體,"阤及"爲"施及"假借。但說文成書在東漢,用以比較秦代當時通行的篆書,尚有些不適合,然從嶧山石刻,可以説明秦篆之統一正確性。琅琊臺石刻文云"器械一量,同書文字"⑤,並非夸大之語。且隸書之作,亦在秦末,起於獄吏因公牘的繁冗,故解散成爲隸書。秦代隸書,雖不可見,當與漢代木簡的草隸書相近,在統一文字中,又從篆書發展到隸體。

---

① 見《金石萃編》卷四。
② 見《金石萃編》卷四。
③ 見《絳帖》。
④ 見《金石萃編》卷四。
⑤ 見《史記·秦始皇本紀》。

　　李斯不但統一文字,即小學所用教材,亦加以統一。他所著的《蒼頡篇》,共計七章,閭里書師,取以教學童。漢代合《蒼頡》、《爰歷》、《博學》三篇,斷六十字爲一章,凡五十五章①。《蒼頡篇》在西漢初中期,仍然盛行,至元成以後,始漸漸爲《急就篇》所代替。現《蒼頡篇》全文久佚,僅從居延、敦煌兩木簡中,尚可見到一些零章斷句②。

二、權量的統一

　　秦代權量的統一,始於孝公時商鞅變法。《史記·商君傳》有云:"平斗桶權衡丈尺。""桶"爲"斛"字的假借,權爲秤錘。量爲斛(包括升斗石),度爲尺,總稱爲度量衡。在商鞅時,秦國範圍内各地區且不一致,故商鞅加以統一。現存有《大良造商鞅量文》云:"十八年齊遙卿大夫衆來聘,冬十二月乙酉,大良造鞅,爰積十六尊(寸)五分尊(寸)□爲升。臨,重泉。"③刻文於量側,先用於臨縣,後用於重泉縣,爲當時標準之量器。及始皇廿六年并天下以後,"一法度衡石丈尺"④,皆李斯所策畫,斯在獄中上書有云:"更剟(刻)畫平斗斛度量文章,布之天下,以樹秦之名。"⑤各

────────

　　①　《爰歷篇》秦車府令趙高所作,《博學篇》秦太史令胡毋敬所作,見《漢書·藝文志·小學家》。
　　②　見《居延漢簡釋文》第 561 頁。
　　③　大良造商鞅量,咸陽出土,合肥龔氏藏。見《小校經閣金文》卷一一第 19 頁。
　　④　見《史記·秦始皇本紀》二十六年紀。
　　⑤　見《史記·李斯傳》。

國權量必更不一致,故始皇再度加以統一。現六國之權量,在古物中出土很少,難得充分之説明,僅於長沙戰國楚墓中,出有天平一具,連同法碼,完整無缺①。然與秦器尚不易作出比類之校勘。始皇權量的統一,是純用商鞅時的成規,不加改變。上述的商鞅量底面,補刻有始皇廿六年詔書一道,足徵秦孝公所定的權量,與始皇再定的權量,大小輕重,是完全符合的。故秦代人民,只補刻詔文,仍相得沿用。始皇既統一權量,頒布之詔令,獨不載於《史記》,僅見於自隋代以來(見《顏氏家訓·書證篇》),迄至現今陸續出土的權量上,計分兩種刻文,一爲始皇廿六年詔書文云:

> 廿六年皇帝盡并兼天下諸侯,黔首大安,立號爲皇帝。

乃詔丞相狀、綰,法度量,則不壹,歉疑者皆明壹之。

二爲二世元年詔書云:

> 元年制詔丞相斯、去疾,法度量盡始皇帝爲之,皆有刻辭焉。今襲號,而刻辭不稱始皇帝,其於久遠也,如後嗣爲之者,不稱成功盛道。刻此詔,故刻左,使毋疑。

第一詔四十字,第二詔六十字,出土各權量中,有單刻前一詔者,有兩詔兼刻者。第一詔文中,丞相狀、綰,爲隗狀(《史記》作隗林,爲傳鈔之誤字)、王綰二人。"則不壹"者,"則"字應作"法則"解。"歉疑"爲"嫌疑"之假借字。第二詔大義,是二世已爲皇帝,對於廿六年詔書中所稱之皇帝,恐後人不知爲始皇帝,故加以説明,與琅琊臺石刻後段辭句均相同②。此等權量有另刻行使地

---

① 　見《考古學報》1959 年第一期。

② 　琅琊臺石刻後段殘文,見《金石萃編》卷四。

方縣名者，所見有麳①、平陽②、旬邑③、美陽④等縣名。量的形式，有正方、有長方、有橢圓。權的質量，有銅、鐵、石三種。量器本以銅質爲經久，一般平民買不起銅制的，也可用木質來代替，但器底必須用銅片刻廿六年詔文，鑲釦使用。經過二千餘年之久，木質腐朽，僅存銅片，在考古家稱爲詔版。但秦代既統一權量，三十六郡當然一律奉行，乃現今出土地點，陝省數量之多，占第一位是當然的。其餘只見出於甘、晉、豫、魯等省，其它各地，尚未發現過，但不能因此説並未全行統一，這是值得注意研究的問題。

三、郡縣的統一

郡縣之制，萌芽於春秋時代的上大夫受郡，下大夫受縣。六國時各國疆域廣狹不同，所分郡縣，大小多寡，亦不相等。始皇在廿六年并滅六國以後，分天下爲三十六郡，每郡設守尉監，每縣設令長丞尉。三十六郡之名，《漢書‧地理志注》僅云秦置，或稱故秦某郡，未詳明指出具體的數字。裴駰《史記集解》，與《晉書‧地理志》，始羅列三十六郡的名稱，與《漢志》相較，無南海、桂林、象郡三郡，補以内史、黔中、鄣郡三郡。嗣後考秦郡者，遂分爲兩

---

①　"麳"爲"邰"字古文，即今陝西省武功縣。見《貞松堂集古遺文》卷一二第 38 頁。

②　平陽權又名平陽斤，北宋時即出土。見《小校經閣金文》卷一一第 6 頁。

③　"旬邑"即"栒邑"省文，同上第 16 頁。

④　同上第 18 頁。

派，清代錢大昕等人因班説，姚鼐等人用裴説，兹參酌錢氏《廿二史考異》之説，將《漢志》所載三十六郡之名，稽合如下：

稱秦置者二十七郡：河東、太原、上黨、東郡、潁川、南陽、南郡、九江、鉅鹿、齊郡、琅琊、會稽、漢中、蜀郡、巴郡、隴西、北地、上郡、云中、雁門、代郡、上谷、漁陽、右北平、遼東、遼西、南海。

稱故秦郡者八：三川、泗水、九原、桂林、象郡、邯鄲、碭郡、薛郡。

稱秦郡者一：長沙。

《漢志注》稱"秦置"者，謂漢代仍用此郡名；稱"故秦郡"及"秦郡"，謂秦代之郡，在西漢時已更換他名，實際則一。（又丹陽郡注故鄣郡，既不稱秦置，又不稱故秦郡。）若依班注，則南海、桂林、象郡，皆始皇三十三年置，與《史記》二十六年分天下爲三十六郡的紀載，即有抵觸。若依裴説，見於《史記》二十六年以前之秦郡名極多，何以獨取内史、黔中、鄣郡三郡。班氏在《地理志》，本意是兼注秦漢郡之廢置，並未言明是爲三十六郡作注腳，因此不能説班氏之疏略。但班氏爲東漢初人，聞見比較真切，故仍應以班氏之説爲長。

秦代郡縣，本極繁複，論秦郡者，當分四個時期。一爲昭王以來并吞六國各郡時期，多錯雜見於《史記》。二爲始皇二十六年調整各郡時期，如《史記·穰侯傳》之陶郡，此時即已廢除。三爲始皇三十三年以後至二世時續置各郡時期。四爲秦楚之際各諸侯自置自分各郡時期。不過三十六郡是秦代一個最標準時期。王國維《秦郡考》，羅列由昭王至始皇時期，下迄西漢初期，增益至四十八郡,恐有前後雜糅之弊,未可以爲定論。

　　秦代古物,關於郡縣各印,傳世有"參川尉印"封泥①。"三川"作"參川",古字雖可通用,知秦代則用參字。郡尉簡稱爲尉,與秦漢人之稱"尉佗"及"尉屠睢"相同(見《漢書·嚴安傳》)。又有"法丘左尉印"②,"法丘"當爲"廢丘"之轉音,即秦之廢丘縣,漢爲槐里縣,與《漢書》亦可資參考。

四、貨幣的統一

　　《史記·六國表》,秦惠文王初行錢。惠文王所鑄之錢,文字形式,均不可考。《漢書·食貨志》云:"秦并天下,幣爲二等,黄金以溢爲名上幣。銅錢質如周錢,文曰半兩,重如其文。而珠玉龜貝銀錫之屬,爲器飾寶藏不爲幣,然各隨時而輕重無常。"這説明始皇并滅六國之後,貨幣的統一政策。六國幣制,極爲復雜,每國有中央政府所鑄,有地方政府所鑄,現就出土古物之材料,各舉一例如次。韓有屯留幣,趙有平陽幣,燕有涿字幣③。梁幣文字獨多,有"梁充化金五十二尚爰"、"梁半當二金尚爰"等文④。齊國則專用刀,有齊夻化,齊建邦就夻化,節墨邑之夻化⑤三品。楚

---

① 見《封泥考略》卷四第 27 頁。
② 見《十鐘山房印舉》舉二第 45 頁。
③ 屯留見《古泉大辭典》下編第 3 頁,平陽見第 4 頁,涿字見《總論》第 28 頁。
④ 見《古泉大辭典》上編第 19、20 頁。
⑤ "夻"字舊釋爲"法"字省文,丁福保氏改釋爲"圜"字省文,是。齊夻化見《古泉大辭典》下編第 52 頁,建邦見第 51 頁,節墨見第 56 頁。

國則用金、銅二種,金質者有爰金①,在整塊金版上,分成十六格,每格打印文字,十六格爲一斤,每格爲一兩,金質鬆軟,可以切用。銅質者有蟻鼻錢②,上有君字等文,向出河南固始縣沙丘中。最末期各國也參用圓錢,如齊國有共屯赤金,趙國有離石錢,梁國有垣字錢③,名目至爲繁複。而東周君、西周君亦幣與圓錢兼用。六國的布幣,形式分爲方足布、圓足布、尖足布三種,大小輕重,各不相同。韓、趙、燕、梁四國所鑄的刀幣,數量以趙最多,燕量少,趙國各地方政府所鑄,輕重亦不相同。燕趙并兼鑄一部分刀幣。各國在本國流通之幣,與他國輸入之幣,以及布幣與刀幣,其比價如何,現均不可考。韓、趙、燕、梁四國所用的布幣、刀幣,與齊國專用的刀幣,楚國專用的爰金,其比價又如何,現亦不可考。以意推測,當時在貿易中,必然發生很大困難。秦國當戰國末期,對於貨幣,是閉關自守政策,十餘年來,僅在秦墓葬中,發現過蒲坂方足布一枚。各國幣制,既然如此紛歧,始皇并滅六國後,確有統一的必要。形式雖采用齊共字幣、梁垣字幣等,但變圓錢圓孔爲圓錢方孔,其作用爲防止摩取銅屑,比舊式圓孔,有進步的意義。錢文標明重量,字體簡單,在貨物交易方面,予人民莫大的便利。(又傳世之兩菑、明化、文信等圓錢,疑爲秦錢之別種,重一兩十四銖等錢,應爲權錢,本文皆略而不論。)現半兩錢咸陽及關中一帶地區,出土最多,輕重厚薄,大略相等,很少有過大過小之弊。

---

①　爰金,見龔心銘《楚金爰考》。有郢爰、穎爰、陳爰、尃爰四種文字。

②　見《古泉大辭典》上編補遺第 404 頁。

③　共屯赤金見《古泉大辭典》上編第 241 頁,離石見第 326 頁,垣字見第 192 頁。

《漢書·食貨志》所云隨時輕重無常,尚非事實。秦半兩錢,可算
是當時標準的制錢。

　　漢高祖時因銅材缺乏,託言於秦錢重難用,改鑄莢錢①,物價
踴貴,米石至萬錢。至呂后時,改鑄八銖及五分錢②,文帝鑄四銖
錢③,武帝初鑄三銖,復鑄半兩,再鑄赤仄五銖錢。至元狩中始令
上林三官專造五銖④,演變了八次,經過了百年,方有定式,遠不
如始皇鑄幣籌劃的周密。

五、律令的統一

　　《唐律疏義》云:"周衰刑重,戰國異制,魏文侯師於李悝,集
諸國刑典,造《法經》六篇。一盜法,二賊法,三囚法,四捕法,五
雜法,六具法。商鞅傳授,改法爲律,漢相蕭何,更加悝所造戶、
興、廐三篇,謂九章之律。"這一段説明李悝之《法經》,傳於商鞅,
經過秦漢之沿用,並略加損益。《史記·李斯傳》云:"若有欲學
者,以吏爲師。"《始皇本紀》云:"趙高故嘗教胡亥書,及獄律令法
事。"這幾句説明秦始皇時對律令的重視。《唐律疏義》所謂戰國
異制者,如齊有麋鹿之禁,楚有冥室檟棺之置,燕有刳腹之刑,魏
有丹巾漆領之刑⑤,各自爲法。與李悝《法經》六篇,抵觸尤盛。

---

①　《漢書·食貨志》。
②　《漢書·高后紀》。
③　《漢書·文帝紀》。
④　《漢書·食貨志》。
⑤　見《七國考》卷一二。

故始皇并滅六國後，有統一的必要。始皇時整定的律令，雖已亡佚，但漢因秦制，可以得其大概，旁證秦代出土的古物，皆與西漢初紀載之刑名相合。《漢舊儀》卷下云："凡有罪各盡其刑，男髠鉗如城旦，城旦者治城也。女子舂，舂者治米也，皆作五歲。完四歲，鬼薪三歲，鬼薪者，男當爲祠祀鬼神伐山之薪蒸也。女爲白粲者，以爲祠祀擇米也，皆作三歲。罪爲司寇，司寇男備守，女爲作如司寇（作如司寇爲刑名，謂相當於司寇之刑），皆作二歲。男爲戍罰作，女爲復作，皆一歲到三月。"《漢書·刑法志》記文帝時，張蒼、馮敬奏改減輕刑名有云："罪人獄已決，完爲城旦舂，滿三歲爲鬼薪白粲，鬼薪白粲一歲爲隸臣妾，隸臣妾一歲免爲庶人。"《漢舊儀》的大義，定刑之後，所得刑的名稱，即不更改。刑法志的大義，得刑的名稱，隨年歲而遞改。兩說不同，現證以洛陽出土東漢罪人墓磚①，及居延木簡所記刑名，始終不改，與《漢舊儀》說合。

　　秦代城旦之刑名，始見於《史記·秦始皇本紀》三十四年紀。又上郡戈文②云："三年上郡守□造。漆工師□，丞□，工城旦□。"鬼薪之刑名，始見於《始皇本紀》十年紀。又上郡戈文③云："廿五年上郡守□造。高奴工師窖，丞申，工鬼薪戠。"隸臣之刑名，見於上郡戈文④云："廿七年上郡守趞造。漆工師諸，丞恢，工隸臣積。"又卅年上郡守戈，有"工隸臣庚"之題名。（即《刑法志》

① 見《陶齋藏石記》附《藏磚記》卷一。
② 見《商周金文録遺》八五二號。
③ 見《金文續考》四十。
④ 故宮博物院所藏二十七年及卅年兩秦上郡戈。

所稱鬼薪白粲一歲後之隸臣妾。男稱隸臣,女稱隸妾,近人每誤解爲奴隸之泛稱,非是。)秦始皇時律令之刑名,可考如此,雖僅見一斑,可以推測全豹。秦代律令,上承商鞅,下啓兩漢,起了繼往開來的作用。漢代中期以來,雖尊崇儒家,然《急就篇》云:"宦學詩諷孝經論,春秋尚書律令文。"居延木簡名籍的保狀,亦云"頗知律令文",或稱"頗知律令武"①,這仍是承襲秦代以吏爲師的法令。

六、官制的統一

六國時官制,各個不同,如齊國縣令稱爲大夫②,梁國有郡守,有縣令③,趙國有中尉,有内史④,趙國官名,雖與秦國相同,職守未必相同。尤以楚國最爲特出,有柱國、執珪、令尹、新造蟄之屬⑤,官爵似合爲一。秦自商鞅變制度之後,官名與爵名,各自分開,采六國之所長,創秦國之定式,始皇并天下以後,更加就損益。秦國原有的尊官如左右丞相⑥,長吏如卜蟄史之類⑦,至是或裁并,或廢除,爲兩漢奠定基礎。總萬機者,有相邦(即相國)

---

① "律令文"見《居延漢簡釋文》第 446 頁,"律令武"見第 439 頁。
② 《戰國策·齊策》。
③ 《史記·吳起傳》及褚少孫補《史記·滑稽傳》,叙西門豹爲鄴令事。
④ 見《史記·趙世家》。
⑤ 柱國、執珪、令尹均見《楚世家》,新造蟄見《戰國策·楚策》。
⑥ 見《史記·樗里子傳》。以上六國官名,詳見《七國考》,上述僅略舉一例。
⑦ 卜蟄史見秦庶長歜封邑陶券,長安段氏藏。

或丞相，及御史大夫。公以下爲九卿，有奉常（漢改太常）、郎中令（漢改光禄勛）、衛尉、太僕、廷尉、典客（漢改大鴻臚）、治粟内史（漢改大司農）、少府、中尉（漢改執金吾）等九官，在漢代則爲中二千石。又有將作少府（漢改將作大匠）、詹事、將行（漢改大長秋）、典屬國、内史（漢改京兆尹）、主爵中尉（漢改右扶風）等六官，在漢代則爲二千石。外官則有監御史、郡守（漢改太守）、郡尉（漢改都尉）、縣令長、丞、尉。鄉官有三老、有秩、嗇夫、游徼。亭有亭長①，成爲一套完整的政權體制。

秦代九卿屬官，《漢書·百官表》未加注明，在《通典》則頗有紀載。如奉常所屬，有博士（亦見《史記·秦始皇本紀》及《漢書·百官表》）、太史、太祝、太樂、太醫（亦見《史記·扁鵲傳》）、太卜令丞。衛尉所屬有公車司馬令丞。太僕所屬有車府令丞、邊郡六牧師令丞。廷尉所屬有廷尉正。治粟内史所屬有太倉令丞。少府所屬，有太官、導官、平準、御府、尚方、佐弋（亦見《史記·始皇本紀》）、中書謁者等令丞。將行所屬有永巷令丞。將作少府所屬有左右前後中五校令丞②。杜氏所據，當爲兩漢以來之古籍，除部分見於晉、宋兩書《百官志》外，現均亡佚。雖不完備，賴此尚能窺見一斑。秦代官制，雖創始於商鞅，實調整於始皇，職掌分工細密，或因或革，在中國封建社會時期，影響至二千餘年之久。

憶在三十年前，友人揚州張丹斧，得漢"匈奴相邦"玉印，余與家邦福兄定爲漢代匈奴相國所用之印。因知漢之相國，即秦之

---

① 均見《漢書·百官表》。
② 均見《通典·職官》七至九。

相邦，匈奴不必爲漢諱，故仍稱爲相邦，後見王國維《觀堂集林》，亦同此説。吕不韋戈，則稱五年相邦吕不韋①。八年相邦戈，則稱八年相邦建躬君②。魏冉戟則稱世廿一年相邦冉之造③。漢之祖國，在秦代稱爲相邦，均灼然無疑。推之尉繚官秦國尉，亦當作邦尉④。吕不韋戈之屬邦即屬國，疑爲典屬國之簡稱⑤。以上所述，皆與文獻有不同之點。

始皇統一諸大政策，爲大中學古代史教學中的重要内容之一，特爲提出一些考古方面的資料以資參考，是否有當，願與國内學者共同商榷。

---

① 見《小校經閣金文》卷一〇第 58 頁。
② 同上第 102 頁。
③ 見《雙劍誃吉金圖録》卷下第 33 頁。
④ 見《史記·秦始皇本紀》。
⑤ 見《秦金文録》卷一第 42 頁。

漢代的馬政

西漢馬政重要的記載,見於《史記·平準書》及《漢書·食貨志》。《史記·平準書》云:"衆庶街巷有馬,阡陌之間成群,而乘字牝者,儐而不得聚會。"又云:"天子爲伐胡,盛養馬,馬之來食長安者數萬匹,卒牽掌者,關中不足,乃調旁近郡。"又云:"縣官錢少,買馬難得,乃著令,令封君以下至三百石以上吏,以差出牝馬天下亭,亭有畜字馬,歲課息。"《漢書·食貨志》云:"新秦中或千里無亭徼,於是誅北地太守以下,而令民得畜邊,縣官假母馬,三歲而歸,及息什一,以除告緡用充入新秦中。"《史》、《漢》所記,是西漢初期馬匹甚多,後因對外用兵,馬匹減少,及生聚蕃息狀況。

兩漢官馬,主要由太僕掌管,爲駕乘所用。如戰事需要時,亦可調用一部分。

《漢書·百官公卿表》,太僕屬官,有大厩、未央、家馬三令各五丞一尉,車府、路軨、騎馬、駿馬四令丞,龍馬、閑駒、橐泉、騊駼、承華五監長丞,又邊郡六牧師苑令各三丞(顏師古注云,牧師諸苑三十六所,分置北邊西邊,分養三十萬頭),又牧橐、昆蹏令丞皆屬馬。武帝太初元年,更名家馬爲桐馬,初置路軨,又詹事有厨厩、倉厩長丞,又水衡有六厩令丞(顏師古注引《漢舊儀》云,馬皆萬匹）。現出土有"北地牧師騎丞"印,蓋邊郡牧師諸苑所用。

《續漢書·百官志》,太僕有未央厩令,長樂厩丞,西漢各馬官至東漢已減存兩署。

在古器物中,能看到漢代馬政的,有三方面。第一是西漢初期軍用方面:

左馬厩將　《十鐘山房印舉》舉二,十五頁。

右馬厩將　拓本。

左中將馬　《印舉》舉二,十五頁。

軍中馬丞　《印舉》舉二,六頁。

破姦軍馬丞　《印舉》舉二,六頁。

各印以形式論,右馬厩將,文字交錯,正方有界格,左中將馬爲長方形,皆是西漢初期製作,爲楚漢戰爭中的馬官,與《漢書·高惠功臣表》所記當時以厩將起家的名稱相適應。惟破姦軍馬丞印,以文字論,時代恐稍後。

第二是西漢初中期,諸侯王國的駕乘方面:

齊中厩印　《續封泥考略》卷一,二十七頁,《百官表》太僕屬官有大厩無中厩名稱,或王國大厩稱爲中厩。

齊中左馬　《續封泥考略》卷一,三十一頁。

齊中右馬　《續封泥考略》卷一,三十一頁。

菑川厩長　《續封泥考略》卷一,三十頁。

菑川厩丞　《再續封泥考冬》卷一,三十頁。

魯厩丞　《續封泥考略》卷一,二十九頁。

代馬丞印　《印舉》舉二,五頁。

梁厩丞印　《印舉》舉二,六頁。

膠東中厩　《續封泥考略》卷一，二十八頁。

靈丘騎馬　《雪堂藏古器物簿》金二，十一頁。原物係烙印，按靈丘屬代郡，騎馬令屬太僕，可能係文帝爲代王時，或趙隱王趙幽王所置騎馬令烙印之物。因文帝封代王，疆域的範圍不詳，靈丘在戰國時屬於趙地。

以上封泥及印文，皆王國自置的屬官，與漢廷大致相仿，齊爲悼惠王、哀王及菑川王時物，代爲文帝封代時物，魯、膠東、梁三國遺物，則在景、武之間，代馬丞印有界格，文字尤古。（《善齋吉金錄·璽印》卷中十七頁有"燕馬厩丞"印，因"燕"字有問題未列入。）

第三是西漢時期，郡國馬官範圍的擴大：

濟南馬丞　《陶齋藏印》卷二，《漢書·地理志》，濟南郡名。

睢陵馬丞　《金石索·金類》璽印之屬，漢志屬臨淮郡。

東平陵馬丞　同上，漢志屬東平國。

上虞馬丞　同上，漢志屬會稽郡。

虢縣馬丞印　同上，漢志屬右扶風。

昌縣馬丞印　《十鐘山房印舉》舉二，五頁，漢志不載。

贛揄馬丞印　同上，漢志屬琅琊郡。

圜陽馬丞印　同上，漢志屬西河郡。

下密馬丞印　《漢印文字徵》卷一，二頁，漢志屬膠東國。

原都馬丞印　同上卷六，二十頁，漢志屬上郡。

實安馬丞印　同上卷七，十九頁，漢志不載。

洽平馬丞印　同上卷十一，十一頁。"洽平"漢志誤作"治平"，當爲王莽時物。

汾陰馬丞印　　同上卷十四，九頁，漢志屬河東郡。

陝縣馬丞印　　同上卷十四，十一頁，漢志屬弘農郡。

鄭縣馬丞印　　同上卷六，二十頁，漢志屬涿郡。

甘陵厩丞印　　漢印分韻二十五宥，《後漢書·地理志》，屬清河國順，帝時置縣。

馬府　《十鐘山房印舉》舉二，五十六頁。

厩府　《印舉》舉二，十五頁。

以上各印，除甘陵厩丞及王莽時洽平馬丞外，餘均屬於西漢的郡縣。昌縣、寘安兩縣則爲漢志所不載，原都縣名，在東漢已省廢，可證爲武帝時郡國養馬官吏所用的印文，與《平準書》所言"關中不足，乃調旁近郡"兩語，正相符合。各印皆係馬丞的印，必有馬長的印尚未發現。馬丞的印，共有十六方，所繫地名，近起三輔，遠達邊郡，可見當時郡國養馬的範圍，相當廣大。出土文物中有馬府郡府兩印，雖未標明某縣，亦當爲縣邑中所用。惟甘陵厩丞爲東漢物，足證東漢時期，尚有小部分郡國養馬的。這些情形，皆是漢志所未言，從考古地下材料羅掘出來。

《文獻通考》有馬政專門，對於漢代馬政，排比史漢的史料，徵引單純，我所以有重新研究的必要。蕭何造九章律，比秦律加厩、興、户三章，可見馬政在西漢初期的重要。沈家本《漢律撫遺》，關於厩律條次頗詳，本文不再徵引。案漢瓦中有"馬甲天下"及"六畜蕃息"（六畜主要在馬）兩瓦，皆出於淳化縣，爲漢代上林苑遺址的一部分，此足以證明漢代對馬政的重視。1954年，遼陽三道壕發現西漢居民村落遺址，出土有陶器，上印"軍厩"二字，此又足以證明漢代對軍馬的重視。郡國既養馬，必有馬醫，故

《史記・貨殖列傳》有"馬醫淺方,張里擊鐘"之語。漢敦煌、居延兩批木簡,治馬病的醫方甚多(詳我所寫《璽印木簡中發現古代的醫學》),辨別馬的良駑,則有《相馬經》,託名於伯樂。而六畜中因戰爭的需要,以馬的價值爲最貴。居延漢簡中有"馬五匹二萬"、"馬一匹五千五百"、"馬五千三百"的記載,比牛價要高一倍(詳我所寫《秦漢米穀價比較及漢代内郡邊郡物價的情形》),比較穀價,一匹要合到五十餘石(漢代通常米價每石百錢)。這都是與馬政有關連的。

漢代民間簡字舉例

我國的簡體字，開始於戰國時，萬字作万，可爲代表，在古陶文上，發現尤多，上溯殷虛甲骨文中，每一字都有幾種寫法，筆畫繁簡不定，當時文字創始不久，字的結構，尚未有一定形式，不能在同一字中指出筆畫簡單的，就稱爲簡字，在兩周金文中，也有省去偏旁的，或是屬於省文，或是屬於假借，不能就稱它爲簡字，但有因省文而爲簡字創造條件的，真正的簡化字體，開始於戰國，盛行於兩漢，一般平民及工人，因書寫便利，自然形成，擺脫六書的束縛，無一定形式，也無一定字典，却包含著勞動人民對於字體的創造性和文字改革性，我略爲搜羅，得了七十字左右，只是舉例性質，並非漢代簡字僅有此數。材料是從漆器銘文、木簡文、銅鏡銘文、陶文、磚瓦文等多方面發掘出來，皆是當時勞動人民的作品，至於兩漢的文獻，固然簡體極少，縱有一二，恐係爲後人傳寫的加入，不是原來的面目，兩漢的碑刻，大都出於當時士大夫之手，所以簡體也很少，上述兩項，皆不徵引，只從漢碑文字中有受到當時簡字影響的字體，在篇後略述一點而已。

髹作歟。漢漆耳殘杯文云，"歟耳芒柳"，見《支那漢代紀年銘漆器圖説》八頁，髟字簡作長，休字與久字聲音相近，故髹字變成歟字，此耳杯無紀年，當爲西漢末期時物。

雕作汌。漢漆耳殘杯文云，"汌工將夫"，見同書同頁，月爲周字
　　減筆，左右偏旁，又互相移動，在樂浪全部漆器銘文上，雕工皆
　　作汌工，是當時最普遍的簡字。

壁作辟。漢元始四年夾紵盒蓋文云，"銅辟黃涂工古"，見同書十
　　頁，壁字作辟，是漢代一般的簡字。

塗作氿、涂。漢建武二十八年漆工杯文云，"氿工廷"，見同書四
　　十六頁，又敦煌竹簡文云，"道涂稱"（上下俱缺），見《流沙墜簡
　　考釋》釋二七頁。

　　以上漆器

少作小。漢居延木簡文云，"八月辛丑大司徒宮下小府"，見《居
　　延漢簡釋文》（重慶石印本）卷一，五頁。

弛作抳。漢居延木簡文云，"將抳刑士五千人送致將軍"，見同書
　　卷一，十三頁。

温作昷。漢居延木簡文云，"不侵侯長昷敢言之"，見同書卷一，
　　二十三頁。

碎作萃。漢居延木簡文云，"貨錢苦惡小萃不爲用"，見同書卷
　　一，三十四頁及八十五頁，勞氏原釋作小幸恐誤。

備作庸。漢居延木簡文云，"庸任作者逐名任作者不欲爲庸"，見
　　同書卷一，三十八頁，此爲漢代普遍的簡字。

聖作圣。漢居延木簡文云，"凡士所受將騎司馬圣常安與卒史"，
　　見同書卷一，四十二頁。

畝作反。漢居延木簡文云，"受奴田卅五反"，見同書卷一，八十
　　二頁，其他木簡，畝字多不用簡字。

蔥作蕬。漢居延木簡文云，"廿人芳蕬"，見同書卷二，八頁，芳字

不見於《説文》,《廣韻》芳,盧則切,香草,《集韻》蘿芳,菜名,爲胡荽之屬。簡文的大義,是用戍卒二十人,兼管種植芫荽及大葱的任務。

儲作諸。漢居延木簡文云,"諸水甖",見同書卷二,七頁,罌字作甖,與"咸原少甖"瓦片正同(瓦片見《續秦漢關中陶録》卷一)。

纓作甖。漢居延木簡文云,"甖緩衣弦皆解",見同書卷二,十二頁。

劑作齊。漢居延木簡文云,"藥十齊",見同書卷二,十二頁,木簡藥劑,皆簡寫作藥齊。

缺作决。漢居延木簡文云,"斤刃决",見同書卷二,二十頁。

寒作汗。漢居延木簡文云,"第十燧卒高國病傷汗",見同書卷二,二十九頁,木簡藥方中皆作傷寒,此因聲音相近,借用爲簡字。

邸作氐。漢居延木簡文云,"出氐舍",見同書卷二,四十一頁。

附作付。漢居延木簡文云,"付子一斗",見同書卷二,六十頁,附子在《金匱要略》、《傷寒論》、《本草經》,以及《氾勝之書》、《漢書・外戚・許皇后傳》皆寫作附子,惟木簡作付子,知爲當時通用的簡字。

韈作袜。漢居延木簡文云,"枲履當年犬袜",見同書卷三,十四,木簡中的袜字,皆爲韈字的簡體,不作胸袜之袜解,《後漢書・禮儀志》云"絳袴袜",與此正同,犬袜屢見木簡,名稱未詳。

碗作宛。漢居延木簡文云,"破蓋宛一",見同書卷三,十五頁,此爲漢代盌字的簡字。

駝作他。漢居延木簡文云,"一兩橐他",見同書卷三,三十二頁,木簡駝字皆作他,與《趙充國傳》正同。

過作过。漢居延木簡文云,"过二十",見同書卷三,三十六頁。

續作迹。漢居延木簡文云,"甲戌七日迹",見同書卷三,六十頁,木簡資績皆簡寫作資迹。

值作直。漢居延木簡文云,"賣布一匹直二百九十",見同書卷三,七十六頁。此爲漢代最普遍的簡字。

騾作騍。漢居延木簡文云,"以補一馬騍",見同書卷三,七十六頁,木簡騾字皆簡寫作騍。

狹作俠。漢敦煌木簡引《倉頡篇》文云,"薄厚廣俠好醜長短",見《流沙墜簡考釋》一,一頁。

胸作匈。漢敦煌木簡文云,"治久咳逆匈痺",見同書釋一,十一頁,此爲西漢人藥方的醫案,其他藥方,胸字皆不簡寫。

勗作冒。漢敦煌木簡文云,"可不冒哉",見同書釋二,三頁。

恙作悉。漢敦煌木簡文云,"舍中兒子無悉",見同書釋三,五頁。

飛作非。漢敦煌木簡詩云,"日不顯目兮黑雲多,月不可視兮風非沙",見《漢晉西陲木簡匯編》下編五十一頁。

　　以上木簡

鏡作竟。漢尚方鏡文云,"尚方作竟真大巧",見《小校經閣金文》卷十五,二十七頁,此爲漢鏡銘文最普遍的簡字。

醴作澧。漢上太山鏡文云,"食玉英飲澧泉",見《古鏡圖録》卷中,一頁。

賈作古。漢末言(當作桼言)鏡文云,"宜古市",見《小校經閣金文》卷十五,六十五頁,又《居延漢簡釋文》卷三,四十七頁。商賈的賈字,皆簡寫作古,鏡文尤爲普遍。

鍊作湅。漢劉氏鏡文云，"幽湅三商"，見《簠齋藏鏡》卷上十六頁，此爲漢鏡銘文最普遍的簡字。

飲作次、歠。漢尚方鏡云，"渴次玉泉兮"，見《小校經閣金文》卷十五，二十五頁，又《流沙墜簡考釋》釋三，二頁簡文云，"歠至四五升"，飲字作次，在漢鏡銘文中最爲普遍的簡字，木簡的歠字是歠字的簡寫。

飢作汎。漢尚方鏡文云，"渴次玉泉汎食棗"，見《善齋吉金圖録》卷一，四十頁，此爲漢鏡銘文最普遍的簡字。

滓作宰。漢柰言鏡文云，"鍊冶銀銅去其宰"，見《小檀園室鏡影》卷二，二十二頁。

極作亟。漢張氏鏡文云，"樂無亟兮"，見《小校經閣金文》卷十五，四十七頁，與漢瓦"長生無極"，亦有作"毋亟"的相同。

熟作孰。漢王氏鏡文云，"風雨時節五穀孰"，見《古鏡圖録》卷中，二十三頁。

遨作敖。漢巧是鏡文云，"浮游天下敖四海"，見《小校經閣金文》卷十五，八十一頁

游作由。漢仙人不知老鏡文云，"由天下遨四海"，見《西清古鑒》乙編卷十九，五至六頁。楚人養由基，《漢書》叙傳作養游，是漢代一般的通用的假借字。鏡文因由字筆畫簡單，故用作簡字。

疆作畺。漢吾作鏡文云，"配象萬畺"。見《古鏡圖録》卷中，二十五頁。

金作今。漢鏡文云，"壽如今石之國保兮"，見《小校經閣金文》卷十五，八十四頁，此爲鏡文不常用的簡字，因壽如金石國之保，

爲漢鏡通常銘句,很少簡寫作今的。

鏤作𡂡。漢善銅鏡文云,"巧工刻𡂡盡文章",見《小校經閣金文》卷十六,六十七頁。

熹作喜。漢延熹鏡文云,"延喜二年五月丙午",見《漢三國六朝紀年鏡圖說》二十六頁。

　　以上銅鏡。

國作囯。漢陶殘片文云,"丘解囯",見《德九存陶》(原書未分卷未計頁),與後代簡寫囯字,完全相同。

酒作久。漢槐里陶尊文云,"槐里市久",見《關中秦漢陶錄》卷一,又見《德九存陶》"亭久"陶片,酒久二字,因同聲而用爲簡字。

莊作庄。漢莊氏陶瓮文云,"庄氏一石",見《續關中秦漢陶錄》卷一。

肢作支。漢羊足陶範文云,"支後",見《關中秦漢陶錄》卷一,當倒讀爲羊後支,範的正面是羊足形,又《居延漢簡釋文》卷二,三十頁,有"腰支滿"簡文,與此正同。

陳作陈。漢陶器殘片文云,"陈長君",見《季木藏陶》九十三頁。

麥作麦。漢陶倉文云,"麦萬石",見《考古通訊》1956 年一期,洛陽澗濱古文化遺址及漢墓圖版七。

露作路。漢甘露五銖錢範題字云,"甘路元年五月",見《關中秦漢陶錄》卷四。

銅作同。漢陶片(與左作貨泉陶片同出一坑)文云,"一萬二千斤同"、"同八三",見《關中秦漢陶錄》卷四,又漢建寧二年鏡文云,"白同清明復多光",見《漢三國六朝紀年鏡圖說》二十六頁,戰國以來,銅字即省寫作同,見於楚王酓忎鼎文,"戰獲兵同"是也,在漢代爲最普遍的簡字。

以上陶器

劉作刘。漢磚文云,"安憙丞刘",見《草隸存》卷四,十八頁。

嘉作加。漢瓦文云,"加氣始降",見《關中秦漢陶録》卷二上,又□加元年五月丙午鏡,見《漢三國六朝紀年鏡圖説》十八頁。

爵作叝。漢瓦文云,"常安鹿氏",拓本,上畫鹿形左角"叝"字,蓋厲爵禄的意思,長安作常安,爲新莽時物。

攝作挕、耶。漢瓦片文云,"居挕禾",見《關中秦漢陶録》卷二下,"居攝年"三字,全用簡筆,又敦煌木簡云,"居耶三年十二月",見《流沙墜簡考釋》釋二,四十八頁。

年作禾。漢瓦片文云,"居挕禾",見同上。

以上磚瓦

銖作朱。漢錢文云,"四朱","良金一朱"(銅器),見《小校經閣金文》卷十八,七十九頁,又漢五銖磚文作"五朱",見《關中秦漢陶録》卷三,又漢重一兩十四銖錢又簡寫作珠。

添作天。漢壓勝錢文云,"天子宜孫",見《古泉匯》貞四十三頁。

除作余。漢壓勝錢文云,"余凶去央",見《古泉匯》貞六十二頁。

殃作央。漢壓勝錢文云,"余凶去央",見同上,此漢代最普遍的簡字,與東漢末期朱書陶瓶央字完全相同。

以上錢文

萬作万。漢印文云,"巨八千万",見《陶齋藏印》卷四,又"巨宋万匹",見《十鐘山房印舉》二十五,五十七頁。又漢撲滿文云,"日入千万",見《關中秦漢陶録》卷一,此漢代承受戰國以來最普遍的簡字。

富作負。漢印文云，“千萬負”，見《十鐘山房印舉》二十九，四頁，富負二字同聲，因負字筆畫較少，故用爲簡字，但不常見，如撲滿漢鈴漢鐸中富字，皆仍作富，可以證明。

寶作宝。漢印文云，“中山王宝”，見《金石索》璽印之屬，二頁。

　　以上漢印

貴作㿹。漢鐸文云，“富㿹”，拓本。

蠶作虫。漢銅器文云，“大富虫王”，見《漢金文錄》卷四，二十三頁，蠶字後代多簡寫作蚕，比較漢代虫字易於辨別。

祥作羊。漢洗文云，“大吉羊”，拓本。此爲漢代最普遍的簡字。

　　以上漢銅器

　　以上所列漢代簡體字。只是舉例發凡，略見大概，有以音同而簡者，如酒之作久，游字作由。有利用省去偏旁而簡者，如銖之作朱，殃之作央。有因筆畫太繁而簡者，如飲之作次，醴之作澧是也。有漢代簡字，流傳至現在尚不變者，如萬之作万，莊之作庄，過之作过是也，漢代又有利用古文爲簡字，現在仍然不變者，如號之爲号，廟之爲庙，禮之爲礼是也。

　　漢代有專用簡字，適宜於甲項，不適宜於乙項，如漆器上梓潼郡作子同郡，（始建國五年金銅扣漆耳杯文云，“子同郡工官”，見《支那漢代紀年銘漆器圖説》四十二頁。）木簡上襜褕作儋偷，（居延木簡文云，“買錢皂服儋偷”，見《居延漢簡釋文》卷一，十四頁。）因係連文，見的人容易意會，若在單字上則不易看出，又如陶器上有阝字，是陶字簡體，（見《德九存陶》。），有辶字，是造字簡體，（見王莽左作貨泉同坑所出造貨貝陶片。）此類簡字，在陶器上可以意會,設或移到銅器上即不易認識。又如漢代玉剛卯,面積甚小,刻玉的人,爲便利起見,完全采取簡體,本文未引,因是限於專用的,不是普遍用的。簡字有時代性,以現時的尺度,來衡量漢代的簡體字,覺得有許多熟字,不見簡體,有許多生字,不需要簡體,不知古今語文不同,器用不同,工藝過程不同,木簡是漢人的便條,銅鏡是漢人的日用品,現時以爲高古的銘文,在當時是普通的詞句,所以在這兩項中,蘊藏豐富的材料特多。

有同一簡字,因事物不同,使人一目了然者,如余字即有多種變化,如褒斜作褒余(褒斜道石刻),除凶作余凶(壓勝錢),百餘人作百余人(萊子侯刻石),是其明證。漢代碑刻,雖出於士大夫手筆,也有受當時簡字影響的,如麥之作麦(《西狹頌》),變之作卞(《孔宙碑》),造之作迕(昆弟六人買地刻石),價之作賈(《古刻叢鈔》引三處閣刻石)之類,此例甚多,但後兩例尚係漢代平民的作品。

有人疑及秦代何以無簡字,我的意見,秦刻石是歌功頌德的銘辭,權量是尊嚴的詔書,皆不適宜於簡體,只能談未發現秦代的簡字,不能談秦代無簡字,我所羅列的是兩漢的簡字,漢以後自三國起,每一時代,皆有一時代的簡字,有因有創,範圍愈來愈廣,變化也愈來愈多;漢代既有簡字,必有通俗的文學,除一些樂府歌謠之外,現在流傳還是很少,東漢時期買地券,朱書陶瓶文,可稱是代表作品,漢代在簡字通俗文學之外,又有新創的通俗字,服虔所著的《通俗文》(《玉函山房叢書》及《小學鈎沉》均有輯本),尚存著許多寶貴的材料,西漢標準的字典是《倉頡》、《凡將》、《急就》等篇,到了東漢,除仍盛行《急就篇》外,添了一部《説文解字》,或是考試的工具書，或是士大夫的研究品，而簡體字、通俗文學、通俗新字三種，叠有創造，叠有增加，出發點是書寫的便利，到了普行以後，能衝破六書局狹性的範圍，勞動群衆力量是不可估計的。

讀容庚氏《鳥書考》書後

容庚氏所撰《鳥書考》，刊載在 1964 年《中山大學學報》一期。搜集春秋至唐代鳥書各器，計 44 種，采摭之廣博，考證之周詳，皆有裨益於學者之多聞。惟對於鳥書之產生與絕滅，地域之分布，及戈劍之使用等等，詳於羅列現象，疏於綜合分析，管見所及，試爲分述如次：

一、鳥書之產生。《説文》叙古代造字，"近取諸身，遠取諸物"。諸物甚多，不可能一一取之以爲書體，僅擇其代表性者。容氏所收各器，歸納起來，絕大部分爲楚、吳、越三國作品，蔡、宋兩國，爲數不多。楚與吳越皆川澤地區，鳥獸叢集，故獨取鳥形，以爲文字之藝術創作。又衛恒《四體書勢》曰："其在黄帝，創制造物，有詛誦倉頡者，始作書契，以代結繩，蓋睹鳥迹以典思也，因而遂滋，則爲之字。"索靖《草書狀》云："倉頡既生書契，是爲科斗鳥篆，類物象形，睿哲變通，意巧滋生。"（以上據《太平御覽》七百七十七引。）依衛、索二人的理解，一爲字源象徵於鳥迹，一爲字體開始鳥篆。其論雖屬荒渺難稽，但必有一貫相承之舊説，春秋時鳥書之興起，蓋從相傳之舊説而加以理想之翻版。惟鳥書只盛行於春秋，而在戰國字體紛亂時期，很少采用，這一點也是值得研究的。

　　二、**鳥書之絶滅**。本篇所收漢代鳥書，計有三印，緁伃妾娟印，爲西漢成帝時物；張猛印，猛係張騫之孫，爲西漢元帝時物；熊得印於史無考，觀其文字，似亦屬於西漢中晚期，是鳥書見於古印文者，以西漢爲斷。據容氏所引《後漢書》的《靈帝紀》、《陽球傳》，以及《魏志·衛凱傳》，皆是可信的文獻，則鳥書之結束，當在魏晉時期。（唐《升仙太子碑額》，飛白書交錯鳥形，似非鳥書之正例。）

　　三、**鳥書傳布的方域性**。現存春秋鳥書各器，上述既以楚、吳、越三國爲最多，領土皆在長江中域，蔡、宋兩國，與楚鄰近，只能説受有相當的影響，不是鳥書的發源地。其他如齊、晉流國，則不用鳥書，是其證明。三國之中，尤以吳器數量豐富，蓋吳以鑄劍馳名，鳥書文字，又多表現在兵器之上。

　　四、**使用鳥書人之身份**。在越器中具有代表者，有越王者旨於賜劍、越王州勾矛，吳器中有攻敔王光戈、吳季子之子逞劍，楚器中有楚王畬璋戈、楚王孫漁戈，蔡器中有蔡侯產戈，宋器中有宋公欒戈。據此王侯本身或王子王孫造器，始能施用鳥書作銘，可見爲當時王族之特殊藝術文字，一般貴族，尚未見有使用者。

　　五、**鳥書多用于兵器**。鳥書之使用，似有一定之局限性。今可見者，大率在劍、戈、矛三種之上，疑取其飛騰輕疾之義（説本崔豹《古今注》）。兵器用以制敵，當如鳥飛之迅速，武陵趙于密藏一戈，面鑄鷹形，亦取義於鳥。不然楚繒文，楚竹簡何以皆不用鳥書。

　　六、**鳥書少用於禮器**。楚、吳、越三國之書體，本修狹而長，鳥書從固有之國書而加以變化。傳世之楚良臣邾義楚鐘及西陽鐘、越姑馮勾鑃,對於宗廟宴餉之器,皆不用此體,只有越王者旨於賜鐘爲僅見之例。

七、鳥書之儀態結構。鳥書爲當時之美術體,各器中有金文局部象鳥形者,有參以獸形者,有兩鳥對峙者,有立鳥長冠者(如吳季子劍"季子"對峙,"之"字長冠)。有以鳥形爲紋飾者(如越王州勾矛"州"字,粦公劍"用"字、"元"字)。有垂長尾拳足者,有將飛未翔者,千變萬化,不可方物。惟漢代印文僅參用鳥頭,而不作全體鳥形,其結構與春秋已有不同。

八、鳥書之外,戰國又有鶴頭書。庾元威《論百體書》(《太平御覽》七百四十八引)有金鵲書、鳥頭書、鸞篆三名稱,總言之則爲鳥書之支流,現僅存其名,不見其書體。惟傳世實物則有戰國時鶴頭書之小鉢,吳興沈氏所藏,文爲"肖留"二字,肖爲趙字省文,篆文中有鶴頭四處,亦屬於鳥書之別派。鳥書無具體之鳥名,此則有顯著之鶴喙。張彥遠《法書會要》謂鶴頭書與偃波書,俱詔版所用,在漢則謂之尺一以招隱士,據彥遠所記,似漢即猶有用此體者。

以上分析各說,臆解很多,希望容先生加以匡謬,並向國內學者請益。

漢封泥考略

　　《後漢書·百官志》云："少府屬官有守宮令一人，秩六百石，主御紙筆墨尚書財用諸物及封泥。"由是言之，封泥職有專掌。制度之廢，其在簡帛代紙之後乎？清代道光之季，蜀中出"嚴道橘園"等六封泥，會稽趙氏著録於《續寰宇訪碑録》。嗣後齊、魯、西蜀各有發見，挽周文字，什僅一二。福山王氏、吳縣潘氏、吾鄉劉氏、海寧鄒氏、上虞羅氏、吳興周氏搜集佚頤，蔚爲專家。以出土者論之，皆爲西漢景、武、昭、宣間物。文字或和秀，或雄駿，極可愛玩。今萃考諸家所藏，删私印及重文，條次如下：

　　漢百官凡二十枚。曰"奉常之印"。案：《漢書·百官公卿表》（以下省稱《公卿表》）云：奉常，秦官，景帝中六年，更名太常。曰"孝昭園令"。《公卿表》云：奉常屬官有諸廟寢園食官令長丞。曰"公車司馬"。《公卿表》云：衛尉屬官有公車司馬令丞。曰"挏馬農丞"。《公卿表》云：太僕屬官有家馬令。武帝太初元年，更名挏馬。有"五丞一尉"，農丞蓋五丞之一，可以補《漢書》之未詳。曰"少府之印"。《公卿表》云：少府，秦官，掌山海池澤之税，以給共養。曰"樂府鐘官"。《公卿表》云：水衡都尉屬官有鐘官令丞。曰"尚書令"。《公卿表》云：少府屬官有尚書令丞。曰"大官丞印"。《公卿表》云：少府屬官有大官令丞。曰"䒱官䒱丞"。

《公卿表》云:少府屬官有導官令丞。導丞主擇米事。曰"居室丞
印"。《公卿表》云:少府屬官有居室令丞。曰"中尉之印"。《公
卿表》云:中尉,秦官,武帝太初元年更名執金吾。曰"大匠丞
印"。《公卿表》云:將作少府,秦官,有兩丞。景帝中六年更名將
作大匠。曰"右校丞印"。《公卿表》云:將作大匠屬官有右校令
丞。曰"私官丞印"。《公卿表》云:詹事屬官,有私府長丞。私官
疑爲私府之初名。曰"大長秋印"。《公卿表》云:將行,秦官,景
帝中六年更名大長秋。曰"鐘官火丞"。《公卿表》云:水衡都尉
屬官有鐘官令丞。火丞,漢表未詳。曰"技巧錢丞"。《公卿表》
云:水衡都尉屬官有技巧令丞。錢丞,主鑄錢者。曰"中私官
丞"。曰"官司空丞"。曰"雒陽宮丞"。均未詳。

　　齊百官凡四十八枚。曰"齊悼惠寢"。《漢書·悼惠王傳》
云:惠王名肥,高祖六年立,食七十餘城。後十三年,薨,子襄嗣,
諡哀王。惠王九子,長哀王,次城陽景王,次濟北王,次齊孝王,次
濟北王,次濟南王,次菑川王,次膠西王,次膠東王。吳楚七國之
亂,諸王絕滅,惟菑川傳九世,至永王國除。現出封泥,以齊爲最
多,當爲菑川王及懿王時物無疑。《悼惠王傳》又云:武帝爲悼惠
王冢園在齊,乃割臨菑東圈悼惠王冢園邑,盡以予菑川,令奉祭
祀。印文"寢廟",即園廟也。曰"齊哀園印"。曰"齊哀寢印"。
《悼惠王傳》云:惠王長子襄爲齊哀王,傳子文王,亡後。《諸侯王
表》云:哀王以孝惠七年立,十二年薨。曰"齊□寢長"。渤處當
爲哀字,與哀園封泥正同。曰"菑川丞相"。《漢書·地理志》云:
菑川屬菑川國。《公卿表》云:諸侯王國內有太傅輔王,內史治國
民,中尉掌武職,丞相統衆官群卿大夫,都如漢朝。封泥之"丞

相”，爲菑川自置之官，故冠地名以別王朝。曰“臨菑丞相”。《地理志》云：臨菑屬齊郡，丞相亦齊王自置之官。曰“齊御史大夫”。《公卿表》云：御史大夫，秦官，位上卿，銀印青綬，掌副丞相。《悼惠王傳》云：惠王得自置二千石。徵此益信。曰“齊内史印”。《公卿表》云：諸侯王國有内史掌治國族。《悼惠王傳》有内史士。《史記·倉公傳》又有内史臣縣。曰“齊祠祀印”，曰“齊大祝印”。《公卿表》云：太常屬官有太祝令丞，景帝中六年更名祠祀，武帝太初元年更曰廟祀。馮氏《金石索》有“沛祠祀長”印，亦爲景武之間製作。曰“齊樂府印”。《公卿表》云：少府屬官有樂府令丞。太常屬官有太樂令丞。樂府疑即太樂之初名。曰“齊食官丞”。《公卿表》云：太常屬官，諸廟寢園食官皆有長丞。又濰縣陳氏藏膠東食官令金刀、梁王食官鐘、信都食官殘燈，與此均可互證。曰“齊太史令”。《公卿表》云：太常屬官有太史令丞。曰“齊郎中印”，曰“齊郎中丞”。《公卿表》云：郎中令，秦官，武帝太初元年更名光禄勳，有丞。屬官有中郎、議郎、郎中。《史記·倉公傳》有齊郎中令循。曰“齊□僕□”。僕上當爲太字。《公卿表》云：太僕，秦官。則僕下當爲印字，或丞字。《史記·倉公傳》有齊太僕臣饒。曰“齊中廐印”。《公卿表》云：太僕屬官有大廐令丞。中廐未詳，蓋齊國之特置。《金日磾傳》云：日磾養馬中廐。當日王朝或亦設中廐歟？曰“齊大行印”。《公卿表》云：典客，秦官，掌諸歸義蠻夷，有丞。景帝中六年更名大行令。曰“載國大行”。載當爲縣名。《地理志》不載。封泥又有“載丞之印”。當爲王子侯分封之邑，故得稱國。曰“齊内官丞”。《公卿表》云：内官長丞，初屬少府，中屬主爵，後屬宗正。曰“齊鐵官印”。《公卿表》

云：郡國陂池鹽鐵均官，均屬治粟內史。以《地理志》考之，鄭、夏陽、雍、弘農、宜陽、安邑、皮氏、平陽、太原、隆慮、河南、陽城、隴西、平郭、郁秩、宛、沛、武安、千乘、東平陵、歷城、嬴、臨淄、東牟、琅琊、下邳、鹽瀆、臨邛、武陽、南安、夕陽、莒、魯、彭城等郡縣皆有鐵官。鹽鐵以齊魯爲多，故封泥獨夥。曰"琅琊左鹽"。郡國鹽官，以《地理志》考之，晉陽、巫、堂陽、章武、千乘、都昌、壽光、琅琊、曲成、東牟、崤、昌陽、當利、海曲、計斤、長廣、臨邛、南安、胊忍、隴西、三水、弋居、獨樂、龜兹、富昌、沃壄、成宜、樓煩、漁陽、泉州、平郭、番禺、高要，皆有鹽官。此云"左鹽"者，蓋有左右丞也。曰"齊鐵官長"，曰"齊鐵官丞"，曰"臨菑鐵丞"。《公卿表》云：大司農（治粟內史改）屬官有鐵官長丞。曰"齊太倉印"。《公卿表》云：大司農屬官有太倉令丞。齊太倉稱長，不稱令。《史記·倉公傳》淳于意爲太倉長是也。曰"司空之印"。《公卿表》云：少府屬官有司空令丞。曰"齊大官丞"。《公卿表》云：少府屬官有大官令丞，員七人。曰"齊中謁者"。《公卿表》云：少府屬官有中書謁者令丞，成帝建始四年更名中謁者。據封泥，景武間已有此稱。曰"齊御府印"。《公卿表》云：少府屬官有御府令丞。《史記·倉公傳》云：齊中御府長信病。御府上冠以中字，與中厩、中匠一例。曰"齊御府丞"。封泥凡稱某官之印，皆爲令長，觀御府兩印可知其例矣。曰"齊宦者丞"。《公卿表》云：少府屬官有宦者令丞。曰"永巷令丞"。《公卿表》云：少府屬官有永巷令丞，員八人。曰"齊中左尉"。《公卿表》云：中尉，秦官，武帝更名執金吾。《悼惠王傳》云：中尉魏勃。《史記·倉公傳》云：齊中尉潘滿如病少腹痛。中尉分左右，疑菑川王時制度。曰"齊武庫丞"。《公卿表》云：中尉屬官有武庫令丞。曰"齊大匠丞"。《公卿表》云：將作大匠，秩二千石。丞一人，秩六百石。曰"齊中匠印"。《公卿表》有大匠，無中匠。予疑王國景帝中五年後不能用大字，改作中字。例如封泥易大匠爲中匠，易大厩爲中厩，大長秋則削大字，皆可考見，漢制也。曰"齊長秋印"。《公卿表》云：詹事屬官有大長秋，及中長秋。曰"率更之印"。《公卿表》云：詹事屬官有太子率更令丞。曰"齊都水印"。《公卿表》云：水衡都尉屬官有都水令丞，員三人。曰"臨菑司馬"。司馬爲漢代屬官之稱，如別部司馬、假司馬是也。郡縣設司馬，當類於丞尉。曰"齊宮司空"，曰"齊宮司丞"。《史記‧倉公傳》云"北宮司空命婦病"，當即齊之宮司空，他無所見。曰"齊長工印"，曰"齊中傳印"，曰"齊昌守丞"，曰"齊中左馬"，曰"齊中右馬"。均未詳。

梁楚官凡九枚。曰"梁丞相"。《公卿表》云：諸王國有丞相，統眾官群卿大夫，都如漢朝。景帝中五年改丞相曰相。封泥中稱丞相者，景帝以前物。稱相者，中五年以後物。《史記‧梁孝王世家》云：孝文二年，以勝爲梁王。封泥當爲勝之丞相所用。曰"楚永巷印"。《史記‧楚元王世家》云：元王交以高祖六年即位，二十三年卒，子夷王郢立。文字當在景、武之間。曰"長沙內史"，曰"長沙都水"。《史記‧漢興以來諸侯王年表》云：長沙王吳芮五年薨。六年子成王立。曰"代相之印"。《史記‧梁孝王世家》云：孝文二年，以孝王武爲代王。封泥當在其時。若云文帝封代王，則當稱丞相。若云代郡，則當稱太守矣。曰"淮陽相印"。《史記》梁孝王武以孝文二年立爲代王，二歲徙爲淮陽王。《地理志》云：淮陽國，高帝十一年置。曰"泗水相印"。《史記‧

諸侯王年表》云：常山憲王子商以元鼎四年封泗水王。曰“膠東相印”。《史記·諸侯王年表》云：膠東王雄渠以文帝十六年封，齊悼惠王子也。曰“高密相印”。《地理志》云：高密國，故齊，宣帝本始元年更名爲高密國。

太守郡尉凡二十七枚。曰“太原守印”。《公卿表》云：郡守，秦官，景帝中二年改爲太守。封泥稱守者，爲景帝以前物。稱太守者，中二年以後物。《地理志》云：太原郡，秦置。曰“臨菑守印”。《地理志》云：臨菑屬齊郡。分郡未詳在何時，疑爲齊王自置之郡。曰“南郡守印”。《地理志》云：南郡，秦置。高帝元年改爲臨江郡，景帝中二年復。曰“濟北守印”。漢郡無名濟北者，《悼惠王傳》云：肥子志爲濟北王。濟北爲悼惠王屬邑，得以分郡，封泥即在其時。封子以後，則當稱濟北相矣。曰“清河太守”。《地理志》云：清河郡，高帝置。曰“河間太守”。《地理志》云：河間，故趙，文帝二年別爲國。分郡雖未詳何時，當在文帝以前。曰“即墨太守”。《地理志》云：即墨縣屬膠東國。當亦齊王自置之郡。曰“南陽太守”。《地理志》云：南陽郡，秦置。曰“五原太守”。《地理志》注云：五原，爲秦九原郡。武帝元朔二年更名。曰“代郡太守”。《地理志》云：代郡，秦置。曰“遼東太守”。《地理志》云：遼東郡，秦置。曰“遼西太守”。《地理志》云：遼西郡，秦置。曰“盧江太守”。《地理志》云：盧江郡，故淮南，文帝十六年別爲國。曰“常山太守”。《地理志》云：常山郡，高帝置。曰“泰山太守”。《地理志》云：泰山郡，高帝置。曰“武都太守”。《地理志》云：武都郡，武帝元鼎六年置。曰“天水太守”。《地理志》云：天水郡，武帝元鼎三年置。曰“巴郡太守”。《地理志》云：

巴郡,秦置。曰"犍爲太守"。《地理志》云:犍爲郡,武帝建元六年開。曰"越嶲太守"。《地理志》云:越嶲郡,武帝元鼎六年開。曰"蜀郡太守"。《地理志》云:蜀郡,秦置。曰"沂郡太守"。未詳。曰"無鹽太守"。《地理志》云:無鹽屬東平國。注故梁國。此當爲梁孝王自置之郡。曰"城陽郡尉"。《悼惠王傳》云:内史士曰,今王有七十餘城,而公主乃食數城,王誠以一郡上太后爲公主湯沐邑,太后必喜,王無患矣。於是齊王獻城陽郡以尊公主爲王太后。據此城陽爲悼惠王自置之郡無疑。《公卿表》云:郡尉,秦官,典武職,秩比二千石,有丞。景帝中二年更名都尉。曰"蜀郡都尉",曰"琅琊都尉",曰"廣漢都尉"。皆景帝中二年以後製作。

侯相令長丞尉凡百三十四枚。曰"辟陽侯相",曰"南宫侯相"。均屬信都國。(以下省書《地理志》。)《公卿表》云:列侯所食國令長名相。《高惠功臣表》云:辟陽侯審食其以舍人初起侍呂后、孝惠王。二歲十月,呂后入楚,食其侍從一歲,侯。元康四年,食其曾孫復家。曰"平昌侯相"。屬平原郡。琅琊郡亦有平昌。曰"平原相印"。屬平原郡。《王子侯表》云:宜成康侯偃,菑川懿王子。注云:屬平原郡。侯相,蓋宜成侯之相也。曰"安國侯相"。屬中山國。《高惠功臣表》云:安國侯王陵,高祖二年八月封。曰"菅侯相印"。屬濟南郡。《王子侯表》云:菅侯罷軍,齊悼惠王子,孝文四年五月封。曰"徐令之印"。屬臨淮郡。《公卿表》云:縣令、長皆秦官,萬户以上爲令,減萬户爲長,皆有丞、尉。曰"燕令之印"。燕,《地理志》失載。《徐樂傳》云:燕郡無終人也。當爲漢初之郡縣。曰"薊令之印"。屬廣陽國。曰"新都令印"。屬南陽郡。曰"西成令印"。屬漢中郡。曰"牛鞞長印"。屬犍爲郡。曰"襄陽長印"。屬南郡。曰"灣街長印"。屬越巂郡。曰"汁邡長印"。屬廣漢郡。曰"嚴道長印"。屬蜀郡。曰"長安丞印",曰"新豐丞印"。均屬京兆尹。曰"臨晉丞印"。屬左馮翊。曰"槐里丞印",曰"虢丞之印"。均屬右扶風。曰"新安丞印"。屬弘農郡。曰"安邑丞印",曰"蒲反丞印"。均屬河東郡。曰"陽翟之印"。屬潁川郡。曰"平陽丞印"。屬魏郡。曰"洛陽丞印",曰"卷丞之印"。均屬河南郡。曰"蘄丞之印"。屬沛郡。曰"靈壽丞印",曰"九門丞印"。均屬常山郡。曰"高陽丞印"。屬涿郡。曰"高唐丞印",曰"樂陵丞印",曰"平原丞印"。均屬平原郡。曰"屯留丞印"。屬上黨郡。曰"千乘丞印",曰"狄丞之印",曰"樂安丞印",曰"博昌丞印"。均屬千乘郡。曰"臨菑丞印",曰"西安平丞",曰"臨朐丞印"。均屬齊郡。曰"都昌丞印",曰"平壽丞印",曰"營陵丞印",曰"淳于丞印"。均屬北海郡。曰"東牟丞印",曰"夜丞之印",曰"牟丞之印",曰"睡丞之印",曰"黃丞之印"。均屬東萊郡。曰"東平陵丞",曰"於陵丞印",曰"般陽丞印",曰"驪丞之印"。均屬濟南郡。曰"磨城丞印"。磨城,《地理志》失載。《史記・高惠功臣侯表》有磨侯程黑。《漢書》作歷侯。予疑磨城即歷城,屬濟南郡。曰"東武丞印",曰"姑幕丞印",曰"朱虛丞印",曰"邽丞之印",曰"諸郭丞印"("諸郭"疑即諸城),曰"茀其丞印"("茀其"疑爲不其)。均屬琅琊郡。曰"東阿丞印"。屬東郡。曰"下邳丞印",曰"即丘丞印",曰"蘭陵丞印",曰"承丞之印"。均屬東海郡,曰"文安丞印",曰"重平丞印"。均屬渤海郡。曰"彭城丞印"。屬彭城郡。

曰"廣昌丞印"。屬代郡。曰"宛丞之印"。屬南陽郡。曰"武進丞印"。屬定襄郡。曰"成都丞印"。屬蜀郡。曰"宕渠丞印"。屬巴郡。曰"下密丞印"，曰"即墨丞印"，曰"觀陽丞印"。均屬膠東國。曰"無鹽丞印"。屬東平國。曰"東安平丞"，曰"劇丞之印"。均屬菑川國。曰"梁騶丞印"，曰"魯丞之印"，曰"蕃丞之印"，曰"文陽（當即汶陽）丞印"。均屬魯國。曰"邯鄲丞印"。屬趙國。曰"廣陽丞印"。屬廣陽國。曰"南宮丞印"。屬信都國。曰"高密丞印"。屬高密國。曰"厭次丞印"。屬樂安國。曰"筥丞之印"。屬成陽國。曰"杼秋丞印"。屬梁國。曰"益丞之印"。屬長沙國。曰"載丞之印"，曰"靖郭丞印"。均未詳。曰"梁鄒尉印"。屬濟南郡。曰"蘭陵尉印"。屬東海郡。曰"梧邑尉印"。屬彭城國。曰"臨菑左尉"。屬齊郡。《後漢書·百官志》云：大縣有尉二人。前漢當亦同例。曰"鄒之左尉"。屬濟南郡。曰"郿右尉印"。屬右扶風。曰"雒左尉印"。屬梓潼郡。曰"遂久右尉"。屬越嶲郡。曰"汁邡右尉"。屬廣漢郡。曰"僰道右尉"。屬犍爲郡。曰"青衣邑令"。屬蜀郡。《公卿表》云：漢縣公主所食湯沐稱邑，與蠻夷雜處稱道。曰"陽陵邑丞"，曰"辟陽邑丞"。均屬左馮翊。曰"魏其邑丞"，曰"諸郭邑丞"，曰"琅邪邑丞"。均屬琅琊郡。曰"阜陵邑丞"。屬九江郡。曰"定陵邑丞"。屬潁川郡。曰"鉒邑之印"。屬沛郡。曰"武城邑丞"。屬定襄郡。曰"訾侯邑丞"，曰"都昌邑丞"，曰"淳于邑丞"。均屬北海郡。曰"博陽邑丞"。屬汝南郡。曰"俊靡邑丞"。屬右北平郡。曰"廣侯邑丞"。屬齊郡。曰"曲周邑丞"。屬廣平國。曰"樂成邑丞"。屬河間國。曰"赤泉邑丞"。赤泉，《地理志》失載。《高惠功臣表》云：赤泉侯楊喜。蓋秦末漢初之縣。曰"臨袁邑丞"。
臨袁，《地理志》失載。《高惠功臣表》云：臨轅侯戚鰓。袁當即轅
省文。曰"絳陵邑丞"。絳陵，《地理志》失載。《高惠功臣表》云：
終陵侯華毋害。《史記》作"絳陽侯"。予疑即絳陵侯，兩書互勘，
與封泥極合。曰"德侯邑丞"。德，《地理志》失載。羅泌《路史》
云：屬濟南郡。曰"彭侯邑丞"。彭，《地理志》失載。《王子侯表》
有"彭侯疆"。《路史》云：屬東海郡。曰"寧侯邑丞"。《路史》云
當即濟南寧陽。曰"臺侯邑丞"。臺，《地理志》失載。《高惠功臣
表》云"臺侯戴野"。《路史》云：臺屬臨菑臺鄉。曰"呂成邑丞"。
呂成，《地理志》失載。《外戚恩澤侯表》云：呂成侯呂忿。曰"疆
侯邑丞"。未詳。

　　鄉侯雜官凡六十九枚。曰"劇里鄉印"。屬北海郡。《公卿
表》云：十里一亭，亭有長。十亭一鄉，鄉有三老、嗇夫、游徼。封
泥鄉上皆署縣名，當與國邑道相仿，非鄉三老之印也。曰"安平
鄉印"。屬豫章郡。曰"新息鄉印"。屬汝南郡。曰"朝陽鄉印"。
屬濟南郡。曰"安國鄉印"。屬中山國。曰"廣陵鄉印"。屬廣陵
國。曰"大安府印"，曰"菑川府丞"。屬菑川國。鄉府皆當作縣
解。居攝時，祝其、上谷皆稱府，其明證也。曰"城陽候印"。城
陽，爲悼惠王自置之郡。《公卿表》云：西城都護屬官有司馬、候
各二人。近出漢竹簡有候長等官。《蕭望之傳》云：初爲小苑東
門候。是候官漢時不獨邊徼置也。曰"武都候印"。屬武都郡。
曰"延鄉候印"。延鄉，《地理志》失載。《高惠功臣表》云：延鄉侯
李譚。曰"樂成"、"博昌"、"即墨"、"平壽"、"朱虛"、"來無"、
"高密"、"新昌"、"槐里"，郡屬已見前。封泥僅書縣名，亦當爲縣

令所用。曰"東鄉"，曰"祈鄉"。均屬沛郡。曰"西鄉"。屬涿郡。曰"南鄉"。《地理志》失載。《孝宣功臣表》云：南鄉侯陳崇。曰"北鄉"，曰"臺鄉"。均屬齊郡。曰"中鄉"。屬山陽郡。曰"都鄉"。屬常山郡。曰"安鄉"。屬鉅鹿郡。曰"建鄉"。屬東海郡。曰"成鄉"。屬北海郡，又高密國。曰"高鄉"，曰"武鄉"。均屬琅琊郡。曰"藍田"。屬京兆尹。曰"梓桐"。疑即梓潼，屬廣漢郡。曰"吕鄉"。《地理志》失載。《王子侯表》云：吕鄉侯尚。楚思王子也。曰"正鄉"、"左鄉"、"右鄉"、"畫鄉"、"昭鄉"、"路鄉"、"昌鄉"、"端鄉"、"定鄉"，均未詳。曰"市府"，曰"西市"，曰"左市"，曰"右市"，曰"定陽市丞"（屬上郡），曰"臨菑市丞"。《食貨志》云：洛陽、成都、邯鄲、臨菑、宛，皆有市長，莽更名曰五均，餘四都各以東西南北爲稱。封泥中有左右市，稍異。市官蓋皆市賣鹽鐵者。《史記》自序云：昌生無澤，無澤爲漢市長。是其確證也。曰"安成陶丞"。蓋主掌陶冶事，它無所見。曰"琅琊水丞"。《後漢書·百官志》云：郡縣有水池及漁利多者，置水官。與封泥正開。曰"嚴道橘丞"，曰"嚴道橘園"，曰"橘監之印"。《地理志》蜀郡嚴道縣注有木官，當即橘官之誤，前賢已詳言之。曰"杆關尉印"。杆疑枌字，屬平原郡。《公卿表》云：關都尉，秦官。曰"定襄千人"。《公卿表》云：西域都護屬官有司馬、候、千人各二人。曰"廟守室印"。曰"庫印"，曰"倉印"，曰"厩印"，曰"樂府"，曰"使馬"（疑即洗馬），曰"門□"，曰"傳舍"，曰"祠官"，曰"冶府"，曰"發弩"。皆爲卑官掾史之稱。

　新莽凡十九枚。曰"秩睦子印章"、"盈睦子印章"、"進睦子印章"、"相安子印章"。《漢書·王莽傳》云：封王氏齊縗之屬爲侯,大功爲伯,小功爲子,緦麻爲男,男以睦、女以隆爲號。《金石索》載有"多睦子家丞印",當亦莽制。後人解作晉印,誤矣。曰:恩澤里附城。《王莽傳》云:附城,大者食邑九里。共封附城千五百一十一人,當與附庸相同。曰"綽衡里附城"、"仁虔里附城"、"善昌里附城"、"尊寵里附城"、"心云里附城"、"盡節里附城"、"盛幟里附城"、"原利里附城"、"張宣里附城"、"壹陽里附城"、"福千里附城",皆疑非里名,取豐盛之義。曰"泰山大尹章"。《王莽傳》云:莽改郡守曰大尹,都尉曰大尉。曰"雁郡大尉章"。杭州鄒氏藏"天鳳鄣郡都尉錢君磚",仍書都尉不書大尉,足證莽制繁更,民不悉記,多從舊名也。曰"同心國丞"。《王莽傳》云:居攝元年封王舜子匡爲同心侯。歙縣黃氏藏"立解國丞印",篆法相同,亦當爲莽物也。

漢晉少數民族所用印文通考

我國爲多民族的國家,漢晉時民族的名稱尤爲複雜。東北則有烏桓、鮮卑,西南則有冄駹、邛笮,北則有匈奴,西北則有西羌,東南則有百粵。漢晉朝廷,有時爲防禦戰争,有時爲侵掠戰争,有時稱曰歸義,有時名曰保塞。西漢主要在匈奴,東漢主要在羌族。兩《漢書》及《三國志》、《晉書》,屢記載有給予某國或某族王侯君邑長之印綬。例如滇王之印,已經發掘出土,足證文獻之可信。其它傳世之印文尤多,皆用方印駝鈕,或黄金,或塗金,或銅質。各印譜皆從舊史家之觀點,附在每卷之末,忽不重視,此正是我們現今講古代民族史重要材料。因廣事收集,删去重複,剔除僞品,共得一百二十餘方,並略加考證。舊譜中以瞿木夫先生集古官印考證,比較精核。本文所考,以瞿書爲底本,當然有訂正者,有補充者,有完全自出新義者,分類排次,國族並舉。關於瞿氏舊説,每條之下,不再逐一徵引瞿名,以節繁瑣,在此特爲説明,當亦治民族史者所樂聞也。

一、匈奴

匈奴相邦　拓本

　　按：此印玉質，四十年前出於西安漢城遺址内，輾轉至
滬，爲揚州張丹斧所得，當時以印本寄余兄弟屬爲考證。余
與家邦福兄皆以爲是匈奴相國之印。西漢因避高祖諱，改秦
代相邦爲相國，匈奴無須避漢諱，故仍稱相邦。後見王國維
先生亦同此説。近讀《史記·匈奴傳》有云："而左右賢王、
左右谷蠡王最爲大國。左右骨都侯、輔政諸二十四長，亦各
自置千長、百長、什長。禆小王、相封、都尉、當户、且渠之
屬。"余謂本文之相封，即相邦，太史公亦因避漢諱而改。
（裴駰《集解》引徐廣曰"封一作將"。蓋徐廣因未見有相封
之官名，故據他本有一作"相將"之説。《漢書·匈奴傳》，用
《史記》此文，作"禆小王、相、都尉、當户、且渠之屬"。相下
獨删去封字，亦因邦字避漢諱也。此義爲歷來治史漢者所未
道及。）《論語·季氏篇》"且在邦域之中矣"，陸氏《經典釋
文》，邦一作封。漢人以封字代替邦字，取其形聲均相近，尤
爲明證。據此匈奴相邦，其職位尚在禆小王之下，與漢廷相
國之總領萬機，職權有所不同。《漢書·景武昭宣功臣表》，
翕侯趙信，襄城侯桀龍，皆以匈奴相國降漢封侯。印文蓋爲
匈奴相邦在國内所用，歸漢後仍隨身携帶，或生前遺失，或死
後殉葬者。史稱匈奴無文字，指未建立國書而言，並非連漢
文而不用也。又印文匈字作兇，與兇通，亦不見於其他古籍。

右賢王印　《十鐘山房印舉》（以下簡稱《印舉》）舉二，六十
五頁

　　按：《漢書·匈奴傳》云："置左右賢王、左右谷蠡王、左
右大將、左右大都尉、左右大當户、左右骨都侯。"蓋左右賢

王爲匈奴親王之稱號,此印亦爲匈奴右賢王在國内所用,後携至中土者。

漢匈奴惡適尸逐王　《漢印文字徵》(以下簡稱《漢徵》)第二,十一頁

　　按:《後漢書·南匈奴傳》云:"南部單于汗立二年薨,單于比之子適立,醢僮尸逐侯鞮單于適,永平二年立。"印文之惡適,即單于比之子適之繁稱。適初封尸逐侯,又加封尸逐王,此應爲漢廷給與匈奴王適未立爲單于時之印。又《南匈奴傳》叙其大臣貴者,有四角王,六角王,皆單于子弟次第當爲單于者。又叙異姓大臣,有左右骨都侯,次左右尸逐骨都侯,其餘日逐、且渠、當户諸官號,各以權力優劣,部衆多少,爲高下次第。然如本印單于比之子適立爲匈奴王,其初亦封尸逐侯,與本文異姓大臣封尸逐骨都侯者,同在一傳之中,兩説不同。班固《燕然山銘》云"斬温禺以釁鼓,血尸逐以染鍔",則謂尸逐骨都侯也。

漢匈奴惡適姑夕且渠　《漢徵》第七,七頁

　　按:惡適爲匈奴單于比之子,已譯上文。《後漢書·南匈奴傳》,日逐、且渠、當户等,皆爲異姓大臣之官號。印文姑夕爲匈奴王號(見《漢書·匈奴傳》),且渠爲官號,表示爲匈奴惡適王之姑夕小王,兼作異姓大臣也。

漢匈奴姑塗□臺耆　《漢徵》第八,十七頁

　　按:《漢書·匈奴傳》云:"單于姓攣鞮氏,其國號稱之曰撑犁孤塗單于。匈奴謂天爲撑犁,謂子爲孤塗,單于者廣大之貌也,言其象天單于然也。"本印之姑塗,即孤塗之同音異

字。孤塗之義既爲子,當爲匈奴王子歸附漢廷時所用之印,□耆者則爲王子之名。

漢匈奴爲鞮臺耆且渠　拓本

按:此印解放前在榆林出土,現原物已失。戴生應新贈我此拓本。爲鞮疑即匈奴傳卑鞮侯之轉音。臺耆已見上印文,據本印知臺耆爲卑鞮侯之後也。

漢匈奴左夫除渠日逐　印本

按:此爲呼和浩特某農民家所藏。

漢匈奴破醢虜長　《漢徵》第九,六頁

按:《後漢書·南匈奴傳》云:“南匈奴醢落尸逐鞮單于比者,呼韓邪單于之孫,烏珠留若鞮單于之子也。”本印之醢(此字各收藏家皆誤釋誤摹爲謐字),即爲南匈奴醢落尸逐之簡稱,此東漢時給北匈奴之印也。終東漢之世,南匈奴雖歸附漢廷,北匈奴亦有暫行歸附之時。《南匈奴傳》所稱“(建初)八年北匈奴三木橋訾大人稽留斯等,率三萬八千人,馬二萬匹,牛羊十餘萬,入五原塞降”是也。當印文蓋亦有破南匈奴醢落尸逐鞮單于比後王之功,故稱爲破醢虜長也。又漢廷稱匈奴爲虜,《南匈奴傳》所稱“時北虜衰耗,黨衆離畔”,漢鏡銘所稱“胡虜殄滅天下復”皆是也。

漢匈奴呼律居訾成群　《漢徵》第三,五頁

按:《漢書·匈奴傳》云:“莽封(繭)苞爲宣威公,拜爲虎牙將軍,封(戴)政爲揚威公,拜爲虎賁將軍。單于聞之怒曰,先單于受漢宣帝恩,不可負也。今天子非宣帝子孫,何以得立。遣左骨都侯右伊秩訾王呼盧訾,及左賢王樂,將兵入

云中益壽塞,是歲建國三年也。"本印之呼律居訾,疑即《匈漢傳》所稱之呼盧訾,呼律與呼,音有輕重,居訾與盧訾,音有轉變耳,成群應爲呼律居訾王之名也。

四角王印　《集古官印考證》(以下簡稱《集古》)卷九,六頁

按:《後漢書·南匈奴傳》云:"其大臣貴者左賢王,次左谷蠡王,次右賢王,次右谷蠡王,謂之四角。次左右日逐王,次左右溫禺鞮王,次左右漸將王,是爲六角,皆單于子弟次第當爲單于者也。"漢印中四角王印最多,不見有六角之印。又有四角胡王、四角羌王等印,知當時胡羌各民族,其官名亦與匈奴相似。又《漢書·武帝紀》:"元狩二年秋,匈奴昆邪王殺休屠王,並將其衆四萬餘人來降,置五屬國以處之。"顔師古注:"凡言屬國者,存其國號而屬漢朝,故曰屬國。"如四角王印等,皆疑爲在屬國都尉區域内,其王仍存舊號所用之印。又《古鏡圖録》卷中,三頁,有角王巨虛鏡,首二句銘文云:"角王巨虛辟不祥,倉龍白虎神而明。"角王應爲四角王之簡稱,巨虛疑爲角王之名,爲歸附漢土後所鑄之鏡,其信仰陰陽五行之學説,已同於漢化。

漢匈奴守善長　《漢徵》第三,十頁

按:《後漢書·西南夷傳》云:"武帝末珠崖太守孫幸,調廣幅布獻之,蠻不堪役,遂攻郡殺幸,幸子豹,合率善人還復破之。"據此率善之名,起於西漢中期,魏晉時印文稱率善者最多。本印文獨稱守善,於兩《漢書》無考,當與率善相近,在漢印中亦僅此一見。原印篆文精勁,並無誤字。

漢匈奴破虜長　《漢徵》第七,八頁

按：漢廷皆稱各少數民族爲虜，尤其胡虜二字連文。此給予匈奴君長有討破其他民族之功，所佩之印文。

漢保塞近群邑長　《漢徵》第二，十五頁

按：《漢書·匈奴傳》載文帝詔書有云："今右賢王離其國，將衆居河南地，非常故，往來入塞，捕殺吏卒，驅侵上郡保塞蠻夷，令不得居其故。"此保塞二字之始見。顏師古注："保塞蠻夷，謂本來屬漢，而居邊塞自保守。"此注文解釋保塞，極爲明確。又按：《續漢書·百官志》大鴻臚一人，中二千石。本注曰："掌諸侯及四方歸義蠻夷。又四夷國王率衆王，歸義侯，邑君，邑長，皆有丞比郡縣。"又《後漢書·西南夷傳》云："西南夷者，南蜀郡徼外有夜郎國，東接交趾，西有滇國，北有邛都國，各立君長。"綜合上文，邑君邑長，爲歸義漢廷後之官，君長爲在國內之官。但邑長邑丞，所居之地有範圍，所治之民爲同族，不等於某縣之縣令長丞。本印疑即匈奴邑長所用之物。

新成順得單右集之印　《漢徵》第八頁

按：單疑單于省文，蓋爲王莽時給予單于歸義君長之印。

魏匈奴率善佰長　《善齋吉金錄·璽印中》（以下簡稱《善齋》）第二十一頁

按：《史記·匈奴傳》云："諸二十四長，亦各置千長百長什長。"此少數民族官名中千長百長之始見。《漢書·西域傳》云："最凡國五十，自譯長、城長、君監吏、大祿、百長、千長、都尉、且渠、當户、將相至侯王，皆佩漢印綬，凡三百七十六人。"印文則多作阡長、佰長，見於魏晉時率善各印尤多。

就中當分爲三種性質,有在國内之阡佰長,有常居塞上保塞之阡佰長,有率衆來歸徙居内郡之阡佰長(在漢時包括屬國都尉範圍内居住之各民族官長)。本印應屬第三種類型。

晉匈奴率善邑長　晉匈奴率善佰長　均見《集古》卷十二,四頁

按:此爲晉代給予匈奴民族歸附後之印文,其身份王侯之下有君長、邑長,次則有仟長、佰長之名。

晉上郡率善佰長　《集古》卷十二,四頁

按:《漢書·地理志》云:“上郡秦置,高帝元年更名翟國,七月復故。”又云:“匈歸都尉,治塞外匈歸障,屬并州。”顔師古注云:“匈歸者言匈奴歸附。”本印應爲匈奴人歸附居住上郡者所用之物。

二、越

越貿陽君　《集古》卷九,二頁

按:《史記·越王勾踐世家》云:“王之侯卒,子王無疆立,王無疆時,越興師北伐齊,西伐楚,與中國爭疆。”又云:“楚威王興兵而伐之,大敗越,殺王無疆盡取吳地至浙江,北破齊徐州,而越以此散。諸族子爭立,或爲王,或爲君,濱於江南海上,服朝於楚。後七世至閩君摇佐諸侯平秦,漢高帝復以摇爲越王,以奉越後,東越閩君皆其後也。”又《史記·東越傳》云:“閩越王無諸,及越東海王摇者,其先皆越王勾踐之後也,姓騶氏(徐廣云:一作駱。其説是也,騶字當爲傳

寫之誤字）。秦已并天下，皆廢爲君長，以其地爲閩中郡。及諸侯畔秦，無諸、搖率越歸鄱陽令吳芮，其謂鄱君者也，從諸侯滅秦。當是之時，項籍立命弗王，以故不附楚。漢擊項羽，無諸、搖率越人佐漢。漢五年復立無諸爲閩越王，王閩中故地，都東冶。孝惠三年舉高帝時越功，曰閩君搖功多，其民便附，乃立搖爲東海王，都東甌，世俗號爲東甌王。"又略云："至建元三年閩越發兵圍東甌，東甌食盡困且降，漢遂發兵浮海救東甌，未至，閩越引兵而去，東甌請舉國徙中國，乃悉舉衆來處江淮之間（《集解》引徐廣曰：年表曰東甌王廣武侯望，率其衆四萬餘人來降，家廬江郡。其說是也。漢代樓船官設在盧江，蓋利用東甌人教練也）。至建元六年，閩越擊南越，南越守天子約，不敢擅發兵擊，而以聞，上遣大行王恢出豫章，大農韓安國出會稽，皆爲將軍，兵未逾嶺，閩越王郢發兵距險，其弟餘善從殺王，漢立無諸孫繇君丑爲越繇王，餘善自立爲王，漢稱爲東越王，與繇王並處。至元鼎五年，南越反，六年餘善亦反。元封元年繇王居股殺餘善，以其衆降漢。封居股爲東成侯萬戶，時東越狹多阻，閩越悍，數反覆，詔軍吏皆將其民徙處江淮間，東越地遂虛。"綜上所記東越事，可分四個時期：第一爲閩越王無諸及越東海王搖（又稱東甌王）并封時期。第二爲閩越、東海互訌，東海內徙江淮時期。第三爲閩越王、越繇王並立時期。第四爲漢滅閩越，繇王內附，東越地虛時期。又《漢書·高祖紀》，十一年五月詔曰："粵人之俗，好相攻擊，前時秦徙中縣之民南方三郡，使與百粵雜處。會天下誅秦，南海尉它，居南方縣治之，甚有文理

（文理作條理解，亦見《成紀》河平四年詔書，蓋西漢人公牘
中之習俗語）。中縣人以故不耗減，粵人相攻擊之俗蓋止，
俱賴其力。今立它爲南越王，使陸賈即授璽綬，它稽首稱
臣。"據此越有百種，西漢人每以胡越聯稱，故越印之名稱獨
多。本印之貿陽君，疑貿爲鄮字省文，《地理志》鄮縣屬會稽
郡，與東海王閩君搖所都之東甌相近，或爲閩君搖所屬君長
所用之印也。

貿陽左尉　《集古》卷九，二頁

按：此爲貿陽君之左尉。《續漢書・百官志》云："大鴻
臚一人，中二千石。本注曰，掌諸侯及四方歸義蠻夷。又四
夷國王率衆王，歸義侯、邑君、邑長，皆有丞比郡縣。"貿陽君
當爲貿陽君長之省文，邑丞之下，照漢郡縣之例，必有邑尉如
縣尉，大縣分左右尉二人，小縣一人，本印文貿陽左尉，亦同
此例。但爲貿陽君長之左右尉，並不等於貿陽縣令所屬之左
右尉。貿陽君之左尉，所治當爲越族人民；貿陽令之左右尉，
所治當爲漢族人民。此西漢開邊時郡縣之制度如此，爲《漢
書・百官表》及《漢舊儀》等書所未言及。

越青邑君　《集古》卷九，三頁

按：《漢書・鄒陽諫吳王書》云："胡馬遂進窺於邯鄲，越
水長沙還舟青陽。"張晏注云："青陽，地名。"越水指越巂之
水。本印之青邑君，疑即青陽君之省文，蓋爲西漢初之物。

新越餘壇君　《集古》卷九，三頁

按：此爲王莽時印，古壇字或寫作墠，或省作單。《漢
書・東越傳》，無諸之後閩越王郢，爲其弟餘善所殺，乃立無

諸之孫丑爲越繇王,漢又立郢之弟餘善爲東越王,與越繇王丑並處。餘壇與餘埤相通,餘埤與餘善聲相近。王莽所封越餘壇君,疑即餘善之後。

新越三陽君　《集古》卷九,三頁

按:此亦王莽時印,三陽之名不可考,貿陽疑爲三陽之一。

越歸漢蜻蛉長　《集古》卷九,四頁

按:《漢書‧地理志》越巂郡有青蛉縣。注:武帝元鼎六年開。應劭曰:"故邛都國也,有巂水,言越此水,以章休盛也。"又《西南夷傳》云:"自滇以北,君長以十數,邛都最大。""自巂以東北,君長以十數,徙、筰最大。"又云:"蜀人司馬相如言,西夷邛筰可置郡,使相如以郎中將往諭,皆如南夷,爲置一都尉,十餘縣屬蜀。"又云:"南越破後,及漢誅且蘭、邛君,並殺筰侯,冉駹皆震恐,請臣置吏,以邛都爲越巂郡。"本印文稱越歸漢蜻蛉長,蓋明在平東越之後,其時越人散處之地甚廣,故有百越之稱。並知越巂之巂,以水得名,其地號爲邛都國,蓋亦越人散處之所,故云越巂。應劭謂越此水以章休盛誤也。蓋蜻蛉乃越部落之名,其時漢雖設蜻蛉縣,而其部仍自有邑君邑長之號也。又按:蜻蛉當以其地出蜻蜓得名,與堂狼縣爲螳螂之假借字正同,與巴郡朐腮县,出朐腮蟲得名亦同。漢陽嘉四年洗作青蛉,與《漢書‧地理志》同,皆用省文也。(洗文見阮氏《積古齋鐘鼎款識》卷九,十七頁。原誤釋作朔令,兹從陸增祥之說訂正。)以上百越各印,皆西漢物,印文篆法,亦與東漢不同。

三、滇

滇王之印　《云南晉寧石寨山古墓群清理初記》，1957 年《文物參考資料》四期第五十七頁

　　按：《漢書·西南夷傳》云："南夷君長以十數，夜郎最大。其西靡莫之屬以十數，滇最大。自滇以北，君長以十數，邛都最大。"又云："元封二年，天子發巴蜀兵，擊滅勞深靡莫，以兵臨滇，滇王始首善，以故弗誅。滇王離西夷，滇舉國降，請置吏入朝，於是以爲益州郡，賜滇王王印，復長其民。西南夷君長以百數，獨夜郎、滇受王印。滇小邑也，最寵焉。"《後漢書·西南夷傳》云："滇王者，莊蹻之後也，元封二年武帝平之，以其地爲益州郡。割牂柯、越巂各數縣配之，後數年復并昆明地皆以屬之。此郡有池，周回二百餘里，水源深廣，而末更淺狹，有似倒流，故謂之滇池。"范書所記滇國之範圍，比《漢書》敘述較詳。1956 年，云南晉寧縣石寨山發現滇王墓，除殉葬器外，得此金印，以文字觀之，似爲武帝時物也。

四、烏丸

漢保塞烏丸率衆長　《漢徵》第四，九頁

　　按：《史記·匈奴傳》云："燕北有東胡山戎，各分散居溪谷，自有君長，往往而聚者百有餘戎。"《索隱》引服虔注云：

"東胡烏桓之先,後爲鮮卑,在匈奴東,故曰東胡。"《漢書‧趙充國傳》云:"間者匈奴困於西方,聞烏桓來保塞。"《後漢書‧烏桓傳》略云:"烏桓者本東胡也,漢初匈奴冒頓滅其國,餘類保烏桓山,因以爲號焉。……及武帝遣驃騎將軍霍去病,擊破匈奴左地,因徙烏桓於上谷、漁陽、右北平、遼西、遼東五郡塞外,爲漢偵察匈奴動靜。其大人歲朝見,於是始置護烏桓校尉,秩二千石,擁節監領之,使不得與匈奴交通。昭帝時烏桓漸强,乃發匈奴單于冢墓,以報冒頓之怨。匈奴大怒,乃東擊破烏桓,大將軍霍光聞之,乃遣度遼將軍范明友將二萬騎出遼東邀匈奴,而虜已引去。明友乘烏桓新敗,遂進擊之,斬首六千餘級,獲其三王首而還。由是烏桓復寇幽州,明友輒破之,宣帝時乃稍保塞降附。及王莽篡位,欲擊匈奴,興十二部軍,使東域將嚴尤,領烏桓丁令兵屯代郡,皆質其妻子於郡縣。烏桓不便水土,懼久屯不休,數求謁去,莽不肯遣,遂皆亡畔。"又略云:"光武初烏桓與匈奴連兵爲寇,代郡以東,尤被其害。建武二十一年,遣伏波將軍馬援將三千騎出五阮關掩擊之。二十二年匈奴國亂,烏桓乘弱擊破之,匈奴轉北徙數千里,漠南地空,帝乃以幣帛賂烏桓。"又云:"建安十二年曹操自征烏桓,大破蹋頓於柳城,斬之首虜二十餘萬人。"又云:"其餘衆萬餘落,悉徙居中國云。"此烏桓在兩漢之始末情形。又《烏桓傳》略云:"建武二十五年,遼西烏桓大人赦旦等九百二十二人,率衆向化,詣闕朝貢。"又《鮮卑傳》云:"烏桓校尉耿曄,發緣邊諸郡兵,及烏桓率衆王出塞擊之。烏桓豪人扶漱官勇健,每與鮮卑戰,輒陷敵,詔賜

號率衆君,永寧元年遼西鮮卑大人烏倫,其至鞬率衆詣鄧遵
降,奉貢獻。詔封烏倫爲率衆王,其至鞬爲率衆侯。陽嘉元
年冬,耿曄遣烏桓親漢都尉戎朱厖,率衆王侯咄歸等出塞抄
擊鮮卑,大斬獲而還,賜咄歸等以下爲率衆王侯長。"此烏桓
在兩漢受封爲率衆王侯長之事迹,本印文稱率衆長,其身份
在率衆王及率衆侯之下也。又《漢書・趙充國傳》"封若零、
第譯二人爲帥衆王",是西漢時率衆亦寫作帥衆。

新保塞漁陽右小長　《集古》卷九,十四頁

　　按:《後漢書・烏桓傳》云:"武帝遣驃騎將軍霍去病擊
破匈奴左地,因徙烏桓於上谷、漁陽、右北平、遼西、遼東五郡
塞外,爲漢偵察匈奴動静。"本印當爲王莽時烏桓徙居漁陽
保塞部分小長所用之物。《史記・大宛傳》叙大夏"往往城
邑置小長",王莽蓋用其名,其身份在君長之下。

魏烏丸率善邑長　《集古》卷十,十一頁　魏烏丸率善仟長
《集古》卷十,十二頁　魏烏丸率善佰長　《漢徵》第四,九頁

　　按:《三國志・魏志・武紀》建安十年袁熙大將焦觸、張
南等,叛攻熙尚,熙尚奔三郡烏丸。又十一年三部烏丸承天
下亂,破幽州,又大破之。十二年易水代郡烏丸,上郡烏丸,
將其名王來賀。建安二十一年代郡烏丸行單于普富盧,與其
侯王來朝。據此漢武帝時,烏丸内徙者,居於上谷、漁陽、右
北平、遼西、遼東五郡,至東漢末期,又遍衍於代郡、上郡,其
保塞之範圍,更形擴大。又烏丸,《漢書》、《後漢書》、李剛石
室畫像題字,皆作烏桓;《三國志》、毋丘儉征高勾驪刻石、魏
張普先君墓磚,則皆作烏丸。證之漢保塞烏丸率衆長印,已

作烏丸，其餘各印皆同，知烏桓作烏丸，當開始於兩漢時矣。又毋丘儉征高勾驪刻石，有討寇將軍魏烏丸單于□□題名，則爲烏丸單于仕魏之官也。

晉烏丸歸義侯　《集古》卷十二，二頁　　晉烏丸率善邑長
晉烏丸率善仟長　晉烏丸率善佰長　均見《集古》卷十二，三頁

　　按：1920 年洛陽出土隋北地太守陳思道墓志云：“七世祖爲教，拓跋魏烏丸善千長（原文善上當脱寫率字），遷蘄州刺史。”可證北魏亦有率善千長百長之制度，特未見有印文出土耳。陳思道其先世應亦爲烏丸人，故得官率善仟長。

五、鮮卑

鮮卑王章　《集古》卷九，七頁

　　按：《楚辭·大招》云：“小腰秀頸，似鮮卑只。”此鮮卑二字之始見，當開始於戰國末期。《漢書·匈奴傳》云：“黃金犀毗一。”張晏注：“鮮卑郭落帶，瑞獸名也，東胡人好服之。”顏師古注：“犀毗胡帶之鈎也，亦曰鮮卑，亦謂師比，總一物也，語有輕重耳。”此犀毗、師比，皆鮮卑之轉音。《後漢書·鮮卑傳》云：“鮮卑者亦東胡之支也，別依鮮卑山，故因號焉。”又云：“漢初亦爲冒頓所破，遠竄遼東塞外，與烏桓相接，未嘗通中國焉。光武初匈奴强盛，率鮮卑與烏桓寇抄北邊，無有寧歲。”又云：“（延熹九年）於是復遣張奐擊之，乃出塞去。朝廷積患之而不能制，遂遣使持印綬，封檀石槐爲王，

欲與和親,檀石槐不肯受,而寇抄滋甚。"此漢廷給予鮮卑王印之記載。

晉鮮卑率善邑長　晉鮮卑率善仟長　晉鮮卑率善佰長
均見《集古》卷十二,三頁　晉鮮卑歸義侯　晉鮮卑率善中郎將　均見《內蒙古出土文物選集》圖版五十七頁

　　按:邑長、仟長、佰長,已詳上文。

六、胡

四角胡王　《金石索·金索》(以下簡稱《金索》)璽印之屬,九十三頁

　　按:《漢書·匈奴傳》云:"晉北有林胡樓煩之戎,燕北有東胡山戎,各分散溪谷,自有君長,往往而聚者,百有餘戎。"蓋匈奴之類,總謂之北狄,居於長水者,則稱爲長水胡,居於盧水者,則謂之盧水胡。惟東胡則加東字以別之。漢鏡銘云:"胡虜殄滅天下復。"漢瓦之"樂栽破胡",東漢諺語之"丈夫何在西擊胡",皆泛指匈奴之胡而言。印文稱爲胡不稱爲匈奴者,表示與匈奴有別。

漢歸義胡長　《集古》卷九,十二頁　漢歸義胡仟長　《金索》九十六頁　漢歸義胡佰長　《漢徵》第四,十一頁

　　按:歸義胡長,身份當在仟長之上,與邑長相似。

得降却胡侯　《印舉》舉二,六十五頁

　　按:此爲用歸附胡人爲防禦胡人之官長,蓋其所用之印。

漢盧水仟長　漢盧水佰長　均見《印舉》舉二,六十五頁

按:《漢書·地理志》中以國盧奴縣,應劭注云:"盧水出右北平,東入河。"北平縣注曰:"又有盧水,亦至高陽入河。"又《後漢書·西羌傳》云:"時燒何豪有婦人比銅鉗者,年百餘歲,多智算,爲種人所信向,皆從取計策。時爲盧水胡所擊,此銅鉗乃將其衆來依郡縣。"又《西南夷冉駹夷傳》云:"北有黃石、北地、盧水胡,悉與相應。"《晉書·惠帝紀》:"永平元年馮翊、北地、馬蘭羌、盧水胡反。"盧水胡事略,見於史傳如此。

漢屠各率衆長　《金索》璽印之屬,九十五頁　漢休著胡佰長 《漢徵》第五,三頁

按:《後漢書·烏桓傳》:"永壽中朔方烏桓,與休著屠各並畔。"又《鮮卑傳》:"熹平三年冬入北地,太守夏育率休著屠各追擊破之。"據此,休著屠各分明爲胡二部落之名,與印文亦極相吻合。錢大昕以休著屠各之著字爲衍文,因定休屠各爲一胡部落之名,說恐非是。

新前胡小長　《漢徵》第二,一頁

按:小長之名,起於漢代,爲君長之小者。見於《史記·大宛傳》,及《後漢書·西南夷傳》。傳世亦有"張掖屬國左盧小長"印文。王莽則多采用小長制,例如"新保塞漁陽左小長"、"新西國安千制外羌佰右小長"、"金國辛千夷槐佰右小長"等印是也。

魏屠各率善仟長　《集古》卷十,十一頁　魏屠各率善佰長 《集古》卷十,十二頁

按:兩印亦僅稱屠各,不稱休屠各,確可證明休著與屠各

爲二部落之稱。

魏率善胡仟長　魏率善胡佰長　均見《集古》卷十，十一頁

　親晉胡王　晉歸義胡王　均見《集古》卷十二，一頁

晉歸義胡侯　《集古》卷十二，二頁　晉盧水率善佰長　晉率胡邑長　晉率善胡仟長　晉率善胡佰長　均見《集古》卷十二，五頁

　　按：仟長、佰長等已詳上文。

晉屠各率善仟長　晉屠各率善佰長　均見《集古》卷十二，四頁

　　按：魏晉邑長、仟長、佰長等名，皆仿漢制。又傳世晉代各印皆西晉物。

七、夷

漢夷邑長　《金索》璽印之屬，九十五頁　漢歸義夷千長《漢徵》第二，十頁

　　按：《後漢書·南蠻傳》云：“有邑君長，皆賜印綬。”《西南夷傳》云：“西南夷者，南蜀郡徼外有夜郎國，東接交阯，西有滇國，北有邛都國，各立君長。永元九年，徼外蠻夷，及撣國王雍由調，遣重譯奉國珍寶，和帝賜金印紫綬，小君長皆加印綬錢帛。十二年徼外白狼接薄，蠻夷王唐繒等，率種人十七萬口歸義內屬，詔賜金印紫綬。”以上皆漢代給予夷王印綬之史料。夷種最多，夷名亦最雜，漢人所稱，大率指西南夷及東夷而言。

蠻夷邑侯　《金索》璽印之屬,九十四頁　蠻夷邑長　《集古》
卷九,九頁　蠻夷率善邑長　《集古》卷九,十五頁

　　按:《隸續》卷十六,有《漢繁長張禪題名碑》,有夷侯李
伯宣、楊伯宰、牟建明、杜臣偉、杜永嚴、屈伯遷、資偉山、葰竟
舒、養達伯等九人題名。又有邑君蘭世興、宋□二人題名,邑
長爰文山等四人題名。又有夷民李伯仁、爰□世六人題名。
以夷侯李伯宣等九人及夷民李伯仁姓名觀之,已完全與漢人
相同。夷侯、邑長等名稱,亦與印文相合。並知皆由少數民
族人充任,姓名純爲漢化,與西漢歸義人名全用譯音者,已有
所不同。後世史家不能以《張禪碑》中夷侯邑長等姓名,類
於漢姓,即誤認爲由漢族人擔任也。

魏蠻夷率善邑長　魏蠻夷率善仟長　均見《集古》卷十,十
二頁　晉歸義夷王　晉歸義夷仟長　均見《集古》卷十二,二
頁　晉蠻夷歸義侯　晉蠻夷率善邑君　晉蠻夷率善邑長
晉蠻夷率善仟長　均見《集古》卷十二,三頁

　　按:歸義、率善、邑君、邑長、仟長等,已詳上文。

八、穢

漢歸義穢佰長　《集古》卷九,十五頁

　　按:《後漢書·東夷傳》云:“穢北與高勾驪、沃沮,南與
辰韓接。東窮大海,西至樂浪。”又云:“元朔元年穢君南閭
等畔右渠,率二十八萬口,詣遼東内屬,武帝以其地爲滄海
郡,數年乃罷。”《小校經閣金文》卷十四,九十一至九十二

頁,有古斗薉王,及坐須薉國王二虎符。古斗、坐須,蓋皆穢
部落之王,於史無考。

九、貊

晉率善貊佰長　《集古》卷十二,六頁

　　按:《漢書・匈奴傳》云:"武帝元封三年滅朝鮮置玄菟
郡,以高勾驪爲縣使屬之。"又云:"王莽時發勾驪兵以伐匈
奴,其人不欲行,皆亡出塞爲盜。王莽更名高勾驪王爲下勾
驪侯,於是貊人寇邊愈甚。"又《後漢書・光武紀》:"遼東徼
外貊人,寇右北平、漁陽、上谷、太原,遼東太守祭肜招降
之。"章懷注:"貊人,穢貊國也。"又《後漢書・東夷傳》云:
"勾驪一名貊耳,有別種依小水爲居,因名曰小水貊,出好弓
所謂貊弓是也。"又按:《魏志》延康之年,濊貊、扶餘、單于焉
耆、閬王,皆各遣使奉獻。正始七年二月,幽州刺史毋丘儉討
高勾驪,五月討濊貊皆破之,韓那奚等數十國,各率種落降。
景元二年樂浪外夷韓濊貊,各率其屬來朝貢。

十、哀牢

哀牢玉章　《集古》卷九,八頁

　　按:《後漢書・西南夷傳》叙哀牢王賢栗,建武二十七
年,率種人詣越雟太守鄭鴻降求內屬,光武封賢栗等爲君長,
自是歲來朝貢。永平十二年,哀牢王柳貌遣子率種人內屬,

其稱邑王者七十七人。顯宗以其地置哀牢、博南二縣,割益州郡西部都尉所領六縣,合爲永昌郡。又章懷注引《哀牢傳》,叙哀牢王自九隆代代相傳,名號不可得而數,至於禁高乃可記知,以下叙自禁高至扈栗八代世系甚分明。本印當爲東漢時物,不能定爲給哀牢八代中之某一王也。又西漢朝廷給少數民族之印文皆稱印,東漢則改稱章,此亦不同之點。

十一、白虎

白虎邑長 《集古》卷九,九頁

按:《隸續》卷十六《繁長張禪題名碑》,有白虎夷王謝節、白虎夷王資偉二人題名,與本印文正合。白虎蓋爲西南夷部落之一種,疑即《後漢書·南蠻傳》所謂廩君死,魂魄世爲白虎巴氏是也。

十二、叟

歸義叟侯 《集古》卷九,十頁

按:顧氏《集古印譜》云:“《尚書·牧誓》注有蜀叟。孔穎達曰,叟長蜀夷之別名。漢興平元年,馬騰、劉範謀誅李傕,益州牧劉焉,遣叟兵五千助之。”顧説是也。又按:《後漢書·西南夷·哀牢夷傳》云:“……太守巴郡張翕,政化清平,得夷人和,在郡十七年卒,夷人愛慕,如喪父母,蘇祁叟二百餘人,齎牛羊送喪至翕本縣安漢。”蘇祁縣東漢屬越嶲郡,蓋叟族居住蘇祁縣者,故稱爲蘇祁叟也。叟爲搜字省文,即禹貢所謂析支渠搜,西戎即叙也。《漢書·地理志序》引《禹貢》文,正作渠叟。

漢叟邑長　《漢徵》第三,十六頁　漢叟仟長　《集古》卷九,十二頁

　　按:邑長、仟長,已詳上文。

叟陷陣司馬　《集古》卷九,十六頁

　　按:顧氏《印譜》有陷陣司馬印,顧氏考此印云:"漢安帝元初中,任尚募陷陣士擊羌零(見《後漢書·西羌傳》),建安間樂進、于禁,皆常爲陷陣都尉,則此即陷陣都尉之司馬也。"本印爲叟種人在漢廷官陷陣司馬所用之物

魏率善叟仟長　《集古》卷十一,十一頁

　　按:仟長已詳上文。

晉歸義叟王　《集古》卷十二,二頁　晉歸義叟侯　《漢徵》第三,十六頁　晉率善叟仟長　《漢徵》第三,十六頁

　　按:歸義王、侯、仟長,已詳上文。

十三、賨

魏率善賨邑長　《漢徵》第八,三頁　晉率善賨佰長　拓本

　　按:錢大昕云:"《後漢書·板楯蠻傳》:'殺人者得以賨錢贖之。'章懷注引何承天纂文云:'賨,蠻夷贖罪貨也。'予謂錢已是貨,何必更言賨。據下文云:'七姓不輸租賦,餘户歲入賨錢,口四十。'則賨與賨皆蠻夷部落之號,徵賨錢以代

租贖,徵僰餞以贖罪,其義一也。章懷以僰爲贖貨之名,蓋失其旨,得此印證之,蓋明白矣。"錢説是也。僰百長印爲歙縣黃賓虹先生所藏,文字尤精。

十四、僰

漢歸義僰邑侯 拓本 漢僰邑長 拓本

按:邑侯印,四川新出土者,邑長印爲汾陽趙海峰所藏,亡友王獻唐先生寄贈拓本。僰爲兩漢西南夷部落之名,《後漢書·西南夷·板楯蠻傳》云:"傷人者論,殺人得以僰餞贖死。"又云:"高祖爲漢王,發夷人還伐三秦,秦地既定,乃遣還巴中,復其渠帥羅撲督鄂度夕龔七姓,不輸租賦,餘户乃歲入賨餞,口四十。"又揚雄《蜀都賦》云:"東有巴賨,綿亘百濮。"(見嚴可均《全漢文》卷五十一)又《華陽國志·巴志》云:"漢高帝滅秦爲漢王,王巴蜀,閬中人范目,有恩信方略,知帝必定天下,説爲募發賨民,更與共定秦。秦地既定,封目爲長安建章鄉侯。帝將討關東,賨民皆思歸。"據此賨種亦爲西南夷著名之部落也。

十五、羌

四角羌王 《印舉》舉二,六十五頁

按:匈奴有四角王、六角王之名,已詳上文。印文中有四角羌王及四角胡王印,羌胡二族,蓋亦仿匈奴官制。兩漢羌族,部落既繁,分布亦廣。《後漢書·西羌傳》所謂“其後子孫分別,各自爲種,任隨所之,或爲牦牛種,越巂羌是也。或爲白馬種,廣漢羌是也。或爲參狼種,武都羌是也”。又云:“漢興,匈奴冒頓兵强,破東胡,走月氏,威震百蠻,臣服諸羌。景帝時研種留何率種人求守隴西塞。於是徙留何等於狄邊,安故,至臨洮、氏道、羌道縣。及武帝征伐四夷,開地廣境,北却匈奴,西逐諸羌。及渡河湟,築令居塞,初開河西,列置四郡,通道玉門,隔絕羌胡,使南北不得交關。於是障塞亭隧,出長城外數千里。時先零羌與封養牢姐種,解仇結盟,與匈奴通,合兵十餘萬,共攻令居,安故,逐圍枹罕。漢遣將軍李息、郎中令徐自爲將兵十萬人擊平之,始置護羌校尉持節統領焉。”《漢書·趙充國傳》所防禦之羌,爲先零、罕開二種族,敦煌、居延兩處之屯戍,任務亦重在防羌兼防匈奴,整個地區,在河西各郡也。

撐地羌長　《印舉》舉二,六十五頁

　　按:第一字未詳,似爲羌種族之名。

漢破羌虜長　《漢徵》第九,一頁

　　按:與“漢匈奴破虜長”印文同例。

漢青羌邑長　《印舉》舉二,六十五頁

　　按:青羌即青氏之類,《後漢書·光武紀》云:“建武十三年七月,廣漢徼外白馬羌,舉種人內屬。”章懷注:“羌有百五十四種,在廣漢西北者爲白馬羌。”又《和帝紀》云:“永初二年七月,蜀郡徼外羌舉土內屬。”章懷注引《東觀記》曰:“徼外羌薄申等舉衆降。”青羌蓋其中之一種。

漢歸義羌仟長　漢歸義羌佰長　均見《集古》卷九,十三頁
漢率善羌長　《集古》卷九,十五頁

　　　　按:《漢書·百官公卿表》:"典客秦官,掌諸歸義蠻夷,
武帝太初元年更名大鴻臚。"此歸義二字之始見。又按:《流
沙墜簡考釋·雜事》第四十五簡文云:"降歸義烏孫女子複
裙,獻驢一匹,(驛)牡兩抾,齒(二)歲,封頸以敦煌王都尉
章。"稱歸義爲降,歸義,仍含有侮辱之義。

新西國安千制外羌佰右小長　《漢徵》第四,七頁

　　　　按:首字稱新,爲王莽時物。西國即西羌之國,安千疑安
遷之簡字,謂羌族既安於内遷,可以制外。小長其身份在千
長百長之下,本印更分爲左右,皆王莽時制度,與新保塞漁陽
左小長文例正同。

魏率善羌邑長　魏率善羌仟長　均見《集古》卷十,十頁
魏率善羌佰長　《集古》卷十,十一頁

　　　　按:邑君、邑長,不等於縣令長。《後漢書·西南夷傳》:
"安帝時有青衣道夷邑長令田舉土内屬,帝增令田爵號奉通
邑君。"又按:上文有越歸漢蜻蛉長印,蜻蛉乃百越部落之
名,其時漢雖設立蜻蛉縣,而其部落仍保存有邑君、邑長之
名,知當時開邊建立郡縣之制度如此。

親晉羌王　晉歸義羌王　均見《集古》卷十二,二頁

　　　　按:《太平寰宇記》,滑國,車師之別種也,後漢順帝永建
元年,八滑從班勇擊虜有功,漢以八滑爲親漢侯,據此則印文
親魏親晉之名,亦皆本於漢也。

晉率善羌邑長　晉率善羌仟長　晉率善羌佰長　均見《集

古》卷十二，五頁

　　按：《晉書·江統傳》徙戎論略云：“建武中以馬援領隴西太守討叛羌，徙其餘種於關中，居馮翊、河東空地，而與華人雜處。”又云：“徙馮翊、北地、新平、安定界內諸羌，著先零、罕開、析支之地，徙扶風、始平、京兆之氐，出還隴右，著陰平、武都之界。”又云：“且關中之人百萬餘口，率其少多，戎狄居半處之。”可證當西晉時，三輔一帶，羌氐二族人民內居之衆，故傳世晉代邑長、仟長、佰長之印文，亦比漢魏數量特多。

十六、髳

髳長　拓本

　　按：《尚書·牧誓》及庸蜀羌髳微廬彭濮人。《僞孔傳》曰：“八國皆蠻夷戎狄，羌在西蜀，髳微在巴蜀，廬彭在西北，庸濮在江漢之南。”《史記·周本紀》正義：“姚府以南，古髳國之地。”《後漢書·西羌傳》云：“及武王伐商，羌髳率師，令於牧野。”又《西南夷·板楯蠻傳》云：“高祖爲漢王，發夷人還伐三秦。”髳人當亦在內。本印長方式白闌，爲西漢初製作，不稱髳邑長，而稱髳長，知非歸義之長，而爲髳人在漢領兵之長，與新難兜騎文例相同。

十七、氐

漢歸義氐司馬　《漢徵》第十二,十六頁

按:《史記·匈奴傳》云:"右方王將居西方,直上郡以
西,接月氏,氏羌。"《索隱》云:"《風俗通》云氏本西南夷
種。"《地理志》:"武都有白馬氐。"又魚豢《魏略》云:"漢置
武都郡,排其種人,分竄山谷,或號青氏,或稱白氏。"又《後
漢書·西南夷傳》略云:"白馬氐者,武帝元鼎六年開,分廣
漢西部合以爲武都,氐人勇戇抵冒,貪貨死利,居於河池,一
名仇池,數爲邊寇,郡縣討之,則依固自守。元封三年氐人反
叛,遣兵破之,分徙酒泉郡,昭帝元鳳元年復叛,討平之。及
王莽篡亂,氐人亦叛。建武初悉附隴蜀,及隗囂滅其酋豪,乃
背公孫述降漢,隴西太守馬援,上復其王侯君長,賜以印
綬。"本印歸義氐司馬,爲歸義之後,漢廷給予之物。司馬當
與軍司馬、假司馬相等。

漢氐千長　《印藪》舉二,六十五頁　氐佰長印　《集古》卷九,
九頁　漢率善氐佰長　《集古》卷九,十頁

按:氐佰長上無漢字,應爲其國內自置之官。

魏率善氐邑君　《集古》卷十,九頁　魏率善氐邑長　《漢
徵》第十二,十六頁　魏率善氐仟長　《集古》卷十,十頁　魏
率善氐百長　《漢徵》第十二,十六頁

按:《魏志》建安十八年,馬超在漢陽氐因羌胡爲害,氐
王千方叛應超,屯興國,使夏侯淵討之。二十年曹操西征張

魯至陳倉,將自武都入氏,氏人盡遁,乃自陳倉以出散關。氏王竇戎衆萬餘人,恃險不服,操攻屠之。元康元年七月,武都氏王揚僕率種人內附,居漢陽郡。太和三年十二月,氏王波調遣使奉獻,以調爲親魏大月氏王。本印之邑君長、千百長,蓋皆其部落也。

親晉氏王　《集古》卷十二,一頁　晉歸義氏王　《集古》卷十二,二頁　晉率善氏仟長　晉率善氏邑長　晉率善氏佰長
　　均見《集古》卷十二,五頁

　　　　按:親晉氏王與親晉羌王同例。

十八、難兜

新難兜騎　《集古》卷九,十六頁

　　　　按:《漢書·西域傳》云:"難兜國王治去長安萬一百五十里,户五千,口三萬一千,勝兵八千人。東北至都護治所二千八百五十里,西至無雷,三百四十里,西南至罽賓三百三十里,南與婼羌,北與休循,西與大月氏接。種五穀、蒲陶諸果,有銀、銅、鐵作兵,與諸國同屬罽賓。"本印爲難兜國人當王莽時在京師充當騎兵所用。漢廷之長水、越騎二校尉,所領爲胡騎,難兜當亦同此例。

十九、金

金國辛千夷槐佰右小長　《漢徵》第十四,十五頁

按：金國未詳其地，文例與"新西國安千制外羌佰右小長"相同，當亦爲王莽時印。

二十、左盧

張掖屬國左盧小長　《集古》卷三，十四頁

按：《漢書·武帝紀》："元狩二年秋，匈奴昆邪王殺休屠王，並將其眾四萬餘人來降，置五屬國以處之，以其地爲武威、酒泉郡。"顏師古注："凡言屬國者，存其國號而屬漢朝，故曰屬國。"本印左盧當爲匈奴部落之名，居於張掖屬國，故仍得存其國名，與顏注正合。小長其身份在君長、邑長之下，見於《史記·大宛傳》，已詳上文。余昔考兩漢屬國都尉制度，都尉、司馬、千人等官，則漢族人任之，君長、邑長、小長等官，則少數民族人任之。

二十一、總稱

部落王章　《金索》璽印之屬，九十三頁　**漢率眾長**　**漢仟長印**　均見同書九十四頁

按：以上三印，皆漢廷給與少數民族官吏所用，但皆不著國名及種族名稱。疑爲漢代將領出征時，有某族歸義者，不及請於朝廷，即權宜給予此印，類於後代軍中之保獎游扎。

集降尹中後候　《漢徵》第四，八頁

按：以尹名官，當爲王莽時管理歸義人民所置之官。

歸趙侯印　《集古》卷十二，八頁

　　按：此當爲前後趙時少數民族歸附時所用之印。

小　結

　　綜上各印，分爲二十個國族，按明原印文字，書國者仍稱國，書族者仍稱族，其所用印文，可分五類性質：有用於國内之印，携帶至中土者，如匈奴相邦及右賢王印是也；有率衆歸義爲漢廷給予之印，如漢歸義夷千長是也；有各民族在漢廷充任軍職之印，如新難兜騎是也；有在屬國區域内所用之印，如張掖屬國左盧小長是也；有爲管理各民族之官，而由漢人擔任者，如集降尹中後候是也。在各印中以第二類型最爲普遍，率衆歸義保塞之三種民族，安居既久，有些姓氏，完全漢化，在農業、手工業、文藝、音樂、建築各方面，起了互相交流，互相促進的作用。在屬國都尉範圍内，是否與漢族人民共同生產，現今尚未能了解其情況。觀於當時各民族，有在京師擔任宿衛者，如長水、越騎之兵；有在郡内擔任護衛者，如烏桓之騎兵；有保塞之功績者，如烏桓、鮮卑，代漢廷窺伺匈奴動静。對於統治階級的貢獻很大。又觀於《隸續》所載《蜀中繁長張禪殘碑》，有夷邑君、夷邑長、邑民、白虎夷王等人題名，與漢族人名，並肩寫刻。四川出土銅鏡，亦有"多賀國家夷民息"之銘文，足證漢族人民與各族人民一直是友好的，不獨在印文上表現出内附之誠意也。

記西安傳世兩漢名人之遺物及
海城于氏藏印

余客西安二十年,所見兩漢名人之遺物,略記於下:

一、"淮陰侯印"封泥,懷寧柯莘農翁所藏,柯卒後,此物不知流散於何處。二、"淮南邸印"封泥,余與柯翁各藏一品,同爲一印所打成,余所藏者,現捐贈於西北大學歷史系文物陳列室。三、"梁宮"瓦,漢城出土,文字極精,爲余所得,蓋梁孝王在京師離宮之物。1949 年寄存於重慶親戚家,途經沙坪壩,覆車被毀,現僅存拓本兩紙,曾縮印於拙著《秦漢瓦當概述》一文中。(見 1963年《文物》一期。)四、"蕭將軍府"板瓦,漢城章門内出土,四字古隸書,係排打方印式,現存兩印半。《漢書·蕭望之傳》,宣帝末官前將軍光祿勛,瓦蓋爲其邸第之物,現存余處。五、張騫"博望家造"陶印模,是 1942 年西北聯大歷史系教師,在成固修理張騫墓時,取出此物及墓磚五方,原存西大文物陳列室,現已調至北京中國歷史博物館。六、昭陽宮銅鏡,漢城出土,文八字:"昭陽鏡成,宜佳人兮。"陽、成二字爲韻,佳、兮二字爲韻,在八字中,篆隸各半,尤爲創見。鏡背滿面塗金,光彩奪目,縱不能定爲趙飛燕所用,亦當爲昭陽舍中宮女之遺物,余齋存有拓本。七、趙充國帶鈎。初爲陝估李道生所得,後售於羅振玉,現藏沈陽遼寧省博物館,鈎形既小,又不塗金,可以見營平侯之樸素。八、韓五孫子母印。漢城劉家寨出土,塗金伏羆紐,初在夏僑生九鼎齋,余代吳興沈次量翁購致。子印銹結甚牢固,後託陳炳昆取出,爲"曹承誼"三字,疑爲韓嫣夫婦之合印。子母印兩人合用,在漢印中僅此一見,余齋尚存有印模一紙。九、岑彭印,龜紐,面積不大,岑彭征公孫述時,秦隴爲必經之地,故有遺印之可能,此印亦爲次量翁所藏,次翁卒後,所藏之物,殆星散矣。1964年6月來客長春,拉雜書此,以識多聞。

　　海城于省吾先生爲余老友,所著《周易》、《尚書》、諸子新證等,頗多創見,近年執教於吉林大學,推爲祭酒。今年5月,余應東北文史研究所講學之招,旅客長春,與省翁過從尤密。間出示所藏漢晉印七枚,皆銘心絶品,友朋中尚少見知者,爰記其目如次。

　　一、"納功旁校丞"印,陰文有界格,納功二字在一格。觀其文字,應爲秦楚之際作品,官名獨無考。二、"蒼梧候印",陰文有界格,候爲掌管邊郡烽遂之候官,在敦煌、居延兩木簡中稱爲候官,或簡稱爲候,《漢書・董賢傳》所謂其父恭爲云中候是也。以上兩印皆蛇紐,尤爲創見。三、"張猛"印,鳥篆書,猛爲張騫之孫,漢元帝時人。四、"張德"印,上面及兩側畫四靈形。張德見《漢書・咸宣傳》云"乃使光禄大夫范昆,諸部都尉及故九卿張德等,衣綉衣持節,虎符發兵以興擊"是也。五、"吕越人"印,六、"相如"印,兩印爲同時出土,皆白文,相如印爲半通式,中有界闌。《史記・西南夷列傳》云:"於是天子乃令王然于、柏始昌、吕越人等,使間出西夷。"又云:"蜀人司馬相如亦言西夷邛筰可置郡,使相如以郎中將往喻。"蓋兩人先後皆使西南夷,故兩印當時遺失在一處。司馬相如印,高鳳翰及友人段紹嘉所藏,皆屬僞品,此獨千真萬確,故爲可貴。七、抱朴子四面印,正面"父子侍臣",背面"梁伯之裔",右側"抱朴子",左側"肅函",共十三字。《抱朴子》自序:"其先葛天氏,蓋古之有天下也,後降爲列國,因以爲姓焉。"《潛夫論·志氏姓》:"梁葛江黃,皆皋陶之後。"蓋梁與葛姓氏同出一源也。又《抱朴子》自叙,洪父仕吳爲五官郎中、中正、中書郎、廷尉平等職。《晉書》本傳,叙洪晉元帝爲丞相時闢爲掾,故本印稱爲父子侍臣也。以上各印,據云皆爲陶北溟舊藏之物,屢次寓目,輒愛不釋手。

廣州漢墓群西漢前期陶器文字彙考

廣州市文物保管委員會自 1953 年起，至 1960 年止。在廣州四郊，發掘兩漢墓葬四○七座。其中屬於西漢前期的，共一八二座，所出各種陶器有文字者，尤爲重要。因加以研究，定爲南越王趙佗，或南越文王趙胡時物。可以考見南越國當時之官制，茲將各器文字分述如下：

一、常御陶瓮　常御第十三雙耳陶罐　常御第廿雙耳陶罐　常御三千陶壺

按：常御當與長御相通，應爲南越王國後宮婢女之稱號，與妃嬪身份尚有區別。故漢宮十四位后妃名稱，長御不在其內。證之《漢書·元后傳》云"久之宣帝聞太子恨過諸娣妾，欲順適其意，乃令皇后擇後宮家人子可以虞侍太子者，政君與在其中。及太子朝皇后，乃見政君等五人，微令旁長御問知太子所欲，太子殊無意於五人者，不得已於皇后強應曰，此中一人可。是時政君坐近太子，又獨衣絳緣諸於，長御即以爲（是）"云云，長御在《漢書》中，僅此一見，亦不見於兩漢其他古籍。與廣州西漢前期出土各常御陶文，正相吻合。所謂常御第十三，及常御第廿者，爲人名之次

第,或陶器之編號,均未可知。至於常御三千者,疑爲南越國常御
之總人數。西漢各官署,官婢至多,《漢舊儀》記少府所屬太官
令,湯官令兩官署中,各有奴婢三千人。以此例之,南越國之常
御,適僅與九卿所屬一官署中之人數相等。墓主人似即爲常御身
份,故刻題字於殉葬器上。

二、居室陶罐

　　按:《漢書·百官公卿表》叙少府屬官有居室令,武帝太初元
年改名保宮。又有甘泉居室令,爲甘泉宮内之官署。《漢舊儀》
云:"居室令主鞫治二千石獄。"故《漢書·灌夫傳》所謂"有詔劾
灌夫罵坐不敬,繫居室"是也。余昔考西漢少府所屬居室令,與
宗正所屬都司空令,雖皆主管詔獄,其中奴隸人數極多,兼主造一
部分陶瓦。西安漢城遺址中,所出居室令板瓦,余所見有七、八
片,字大如胡桃,皆同文同範。陝西歷史博物館藏有"無極"瓦,
筒上有"居"字印記,亦當爲居室令所造。至於都司空署,所造瓦
文則更多。例如"都司空瓦當"、"都建平三年"、"居攝二年都司
空"、"始建國四年保城都司空"、"始建國天鳳四年保城都司空"
各瓦片,皆爲都司空令各官署所造。(以上各瓦,均見拙著《關中
秦漢陶録》卷二,原稿本現存中國科學院考古研究所。)本陶器則
爲南越國少府居室令所造之物,與漢廷少府居室令主造部分陶瓦
情況,亦完全符合。

三、食官第一陶鼎

按:《漢書·百官表》,敘太常所管諸廟寢園有食官長丞。詹事屬官,亦有食官長丞。本陶器不稱爲某廟某園之食官,僅單稱爲食官,知爲南越國詹事所屬之食官。詹事所掌爲皇后太子家事,成帝鴻嘉三年省詹事官,並屬於大長秋。西漢王國百官制度,皆如漢朝。傳世之西漢銅器,如《小校經閣金文》卷十三,六一頁有膠東令食官金刀。又卷十一,九一頁有信都食官鐙,建始二年六月造。卷十二,一四頁有梁王食官鐘。《十鐘山房印舉》舉二,有"東平飤官長"印。《漢印文字徵》第五,一一頁有"杜陵飤官□丞"印。吳興沈氏藏有"北海飤官長"印。1961年,太原東太堡亦發現有代食官糟鐘。漢人自食稱爲食,食人稱爲飤,詹事所屬食官令,當爲飤官之省文。故漢器食官,或又寫作飤官也。《漢書·龔勝傳》云:"食從者及馬。"顏師古注:"食讀曰飤。"是其明證。本陶器應爲南越國詹事食官令官署中之用器,第一爲其編號,死後取以殉葬者,墓主人之身份,當與食官令有關係。

四、大厨陶瓮　大厨陶罐

按:《漢書·百官表》,京兆尹屬官,有市厨兩令丞,右扶風屬官,亦有雍厨長丞,皆不稱爲大厨。又按:建昭雁足鐙(見阮氏《積古齋鐘鼎款識》卷九,二十五頁),後段有刻文云:"胡家,後大厨,今陽平家畫一至三,陽朔元年賜。"此爲陽平侯王鳳受賜後補

刻之文字,表示雁足鐙爲陽平侯家後大厨所用之物。大厨二字,
與本陶文適合,亦指南越國王之大厨而言。

五、衆魚陶罐

按:衆魚二字,蓋取義於《詩》之"衆爲魚矣",實爲豐年。應
爲吉祥語而非官名,與大吉、千倉陶罐題字文例相似。

結　論

《漢書·百官表》云:"諸侯王高帝初置,金璽盭綬,掌治其國。
有太傅輔王,内史治國民,中尉掌武職,丞相統衆官,群卿大夫,都
官如漢朝。"現從文獻與古物資料相結合,以高祖庶子齊悼惠王之
齊國百官,見於《史記·倉公傳》,及臨淄所出齊封泥,顯示最爲具
體。上述各陶器,知趙佗南越國所設百官,少府有居室令,詹事有
食官令,婢女稱常御,膳食稱大厨,可見百官制度,完全與漢初相
同,且相當齊備。《史記》、《漢書》兩《南越傳》,皆不涉及趙佗之政
治制度,此次陶文之發掘,實爲重要之貢獻。趙佗以秦末官龍川
令,守南海尉,至武帝建元四年病卒。閲七十餘年,佗之壽當及百
歲。佗孫趙胡繼立爲南越王十餘年卒。嗣後趙嬰齊、趙興皆稱王
不久,吕嘉擅權,南越之政體,極爲紊亂,典章制度,不復爲早期之
嚴密。故推測各陶器之時代,應屬於趙佗或趙胡時期之製作居多。
且各器印文,有用一印並肩打在一器之上者,有用一印遍打於陶器
肩腹各部者,尤可證明爲西漢前期打印陶文手法之特徵也。

漢張叔敬朱書陶瓶與張角黃巾教的關係

東漢末期，盛行朱書陶瓶，揚州張丹斧在鳳翔曾得熹平二年兩陶瓶，印入《廣倉學宭》藝術類徵中，是爲朱書陶著錄之始。其年代就出土的而言，最先爲桓帝永壽二年，見《書道》卷三，最後爲獻帝初平四年，西安所見，流風衍及晉代（見中村不折《禹域墨寶書法源流考》卷上），最後至北魏神龜元年。西安所見，陶瓶白粉書，其流行的範圍，以洛陽西安爲最盛地區，山西也有發現，最遠的及於甘肅（見《考古通訊》創刊號，《敦煌漫記》一）。其字體多用草隸，顏色皆朱書，所説皆爲陰陽五行家語，最特別者初平二年陶瓶末尾有符文一道（原物現藏西大文物陳列室），也是漢府留存最古的。總之朱書陶瓶，主要的在東漢末期，以我所見，有永壽、延熹、建寧（洛陽出土）、熹平、中平、初平等年號，在此階段四十年中，尚未發現過永康、光和、興平三年號，在此以後，也未見過建安的年號。朱書陶瓶大率文字模糊難讀，只有1935年春間，晉省修築同蒲路工程中，掘得熹平二年張叔敬陶缶，朱書二十三行，共二百一十九字，不但文字最多，書法最精，且每字皆清朗，不啻一塊漢碑石刻，可謂朱書陶瓶中之王。曾見馬鏡清著有《漢張叔敬墓避央瓦盆文》附考釋一卷，此書外間流傳不多，照錄原文原行於後，並節抄馬氏考釋以資參考。

漢張叔敬朱書陶缶原文：

熹平二年十二月乙巳朔十六日　主死人録召魂召魄主死人
庚申天帝使者告張氏之　　　　籍生人築高臺死人歸
衆三丘五墓＝左墓右中央　　　深自埋眉須以落下爲
墓主塚丞塚令主塚司　　　　　土灰念故進上復除之藥
命魂門亭長塚中游　　　　　　欲令後世無有死者上黨
徼等敢告移丘丞墓　　　　　　人參九枚欲持代生人鈆人
柏地下二千石東塚侯　　　　　持代死人黃豆瓜子死人持
西塚伯地下撃犆卿秏　　　　　給地下賦立制牡厲辟
里伍長等今日吉良非　　　　　涂各欲令禍央不行更
用佗故但以死人張叔敬　　　　到約令地吏勿復煩擾張
薄命蚤死當來下歸　　　　　　氏之衆急＝如律令
丘墓黃神生五嶽

馬鏡清氏考釋略云，熹平二年十二月乙巳朔，與陳垣《二十史朔閏表》正合。其曰丞、曰令、曰亭長、曰游徼、曰二千石、曰侯、曰伯、曰卿、曰伍長者，皆以漢官職銜署神鬼名號也。《續漢·百官志》有門亭長，掌郡正門，此文魂門亭長云者，蓋指魂門之亭長而言。《百官志》每鄉設一游徼秩百石，掌禁止姦盜，里有里魁，什主十家，伍主五家，伍長蓋主五家者。其曰司命，亦漢代之恒言，《風俗通》言郡國多祀司命。特作犆古文也，蒿作秏借文也，擊犆義同椎牛。其曰黃神生五嶽，主死人録，召魂召魄，主死人籍者，黃爲中央土色坤道載物，后土之隆稱也。黃巾張角兄弟，起義於中平元年，史言角初自稱大賢良師，遣其弟子八人，使於四方，轉相誑惑，十餘年間，百姓信向，自青徐幽冀荆揚兗豫八州之人，莫不畢應，訛言蒼天已死，黃天當立。計張叔敬死葬之歲，正張角傳教之時，此瓦盆丹書，其爲信奉角教者歟？黃神生云云，即黃天當立之説也。其曰今上復除之藥者，漢人以免丁口錢及捐去力役爲復除。上黨人參九枚，持代生人，鈆人持代死人，黃豆瓜子，死人持給地下賦，人參九枚，所謂藥也。急急如律令，漢代官文書尾通用語，張道陵倡五斗米教，符攝妖鬼，必書此語，前輩樂考據者已言之。

案馬氏考張叔敬爲張角黃巾教徒，説頗可信，因朱書陶瓶，皆在東漢末期，由永壽二年到初平四年，共三十八年，大致包括張角傳教、起義及失敗三個時期，到獻帝初，張角已平，所以不見建安年號，從出土地區、出土數量來看，可以想見當時教徒傳播的廣泛，足以作爲《後漢書》所謂"三十六方，同日並起"的注解。

漢初平四年王氏朱書陶瓶考釋

此瓶於 1957 年 8 月，在西安市和平門外四號漢墓出土。全文朱書 18 行，每行 3 字至 11 字不等，共 138 字，皆書在陶瓶腹部至腹下部周圍，語句完整，筆畫清晰，原器現藏陝西省考古研究所。死者爲決曹尚書令王氏之妻，母家則爲黃姓，觀全文之語氣，則爲其子所書。朱書陶瓶，文字大率模糊難讀，只有 1935 年春間，山西在修築同蒲路工程中，掘出熹平二年張叔敬陶缶，朱書 23 行，共 219 字，不但文字最多，書法最精，且每字皆清朗，不啻一塊漢碑石刻。曾見三原馬鏡清氏摹有原文，原器今不知流落何所。此次陶瓶之發現，文字精美，與張叔敬陶缶相等。能參考東漢末期之社會風俗習慣，極有崇高之價值，茲詮釋原文，逐段考證如下：

初平四年十二月己卯朔十八日丙申，直危。

按：初平爲東漢獻帝劉協紀年，據陳垣《二十史朔閏表》，初平四年十二月確爲己卯朔，與陶文相合。直危者謂是日值建除日中之危日，與王莽嘉量文之戊辰直定，體例正同。又晉徐美人墓石文云："以（元康）八年歲在丙午，四月丁酉朔，廿有四日丙□直平，戌時喪殞。"蓋至晉代猶沿用建除之值日也。

天帝使者，謹爲王氏之冢，後死黃母，當歸舊閬。

　　按：天帝使者，爲兩漢方士所用之術語。《十鐘山房印舉》舉二，六十三頁，有天帝使者印二方。南陵徐氏藏有天帝使者帶鈎。《封泥考略》卷七，有"天帝之印"封泥。江蘇高郵邵家溝漢墓，亦出土有天地使者封泥（見 1960 年《考古》10 期）。又永壽二年朱書陶瓶起數句文云"永壽二年二月己未朔，廿七日乙酉，天帝使者，告丘丞墓柏地下二千石"云云。（見《書道》卷三，四至五頁。）張叔敬陶缶文云："天帝使者，告張氏之眾。"與本陶文相合。又按：舊閬謂墓門之閥閬也，與《漢書·廣陵厲王歌》"蒿里召兮郭門閬"同義。

慈告丘丞墓柏地下二千石，蒿里君墓。

　　按：漢人在一區冢墓範圍之內，假設各官吏之名與生人官銜相類。例如張叔敬陶缶文云："三丘五墓，墓左墓右，中央墓主，冢丞冢令，主冢司命，魂門亭長，冢中游徼等。敢告移丘丞墓柏地下二千石，東冢侯，西冢伯，地下擊犆卿，耗（蒿）里伍長等。"所說最爲具體。又永壽二年陶瓶，初平二年陶瓶（現藏西北大學文物陳列室），望都二號墓所出中山劉公買地券，亦皆有丘丞墓柏地下二千石等語，與本陶文均合。又按：崔豹《古今注》云："薤露蒿里，並哀歌也，本出田橫門人，橫自殺，門人傷之，爲作悲歌。"蒿里後漸演變爲墓田之代表名詞，在古籍始見於《漢書·廣陵厲王歌》，云："蒿里召兮郭門閬。"在石刻始見於《漢夏承碑》，云："痛沉蒿里。"在朱書陶瓶，則見於本陶瓶及張叔敬陶瓶。

黃墓主墓，故夫人央曹尚書令王氏冢中。

按：《續漢書·百官志》叙太尉公府屬，有決曹主罪法事。又叙郡太守屬吏，諸曹略如公府曹。據此決曹掾史，上自三公下至郡縣屬吏皆有之，尚書令屬少府，秩千石，自西漢末期，即爲中朝重官，至東漢職權則尤居顯要。若以郡縣決曹掾史之卑位，不能驟行內調。王君則當先官三公府之決曹，後遷至尚書令也。

先人無驚無恐，安隱如故。

按：安隱即安穩之假借字，在漢時尚未有穩字。《漢書·賈山傳》至言云："隱以金椎。"周壽昌《漢書補注》謂隱當讀如穩，其説是也。《金石萃編》卷五《開通襃斜道石刻文》云："益州東至京師，去就安隱。"皆其證。

今後曾財益口，千秋萬歲，無有央咎。

按：曾財即增財省文，此兩句不見於其他各朱書陶瓶。

謹奉黃金千斤兩，用填冢門。

按：黃金千斤兩，謂黃金千斤，或黃金千兩，僅是象徵性的約略言之，故不用確實數字，填爲鎮字之假借。

地下死籍削除，文他央咎，轉要道中人。

按：削除死籍，意謂登於仙籍。文讀如文過之文，謂掩藏免除其央咎，轉移於道途之人。

和以五石之精，安冢墓，利子孫，故以神瓶震郭門，如律令。

按：五石之精，應指銅而言。《太平御覽》八百十三，引《抱朴子》引《金簡記》一云："以五月丙子日中時鑄五石下其銅五石。"《浙江出土銅鏡選録》三十七龍虎鏡有云："練五斛之菁華。"《說文》："斛,十斗也。"與五石之義相同。但陶瓶出土時,瓶內僅裝有漢白玉石一小塊,可能尚有銅片等物,在工人掘出時遺失。震爲鎮字之同音假借字,郭門指墓椁之門而言。如律令或繁稱爲急急如律令,本爲兩漢公牘語,後漸演變爲道士符咒之術語。

東漢以來,盛行用朱書陶瓶作隨葬品,1916 年揚州張丹斧,在鳳翔曾得熹平二年兩陶瓶,印入《藝術叢編》之《藝術類徵》中,爲朱書陶瓶著録之始。其年代就現在已出土者而言,最早爲東漢和帝永元十六年(西安出土,現藏陝西省歷史博物館),最後者爲東漢獻帝初平四年,前後包括 90 年之久。(初平四年者即本陶瓶,爲東漢最後之一器,尤爲可貴。)流風衍及晉代(見中村不折《禹域墨寶書法源流考》卷上)。最晚者延至北魏神龜元年(西安所見,陶瓶白粉書),其流行範圍,以西安、洛陽最爲昌盛地區,山西、山東亦有出土,最遠者及於江蘇高郵(見 1960 年《考古》10期)、甘肅敦煌(見《考古通訊》創刊號,《敦煌漫記》一)。字體多用草隸書,顏色多用朱書,間或用白粉書。器形多爲長瓶形式,或半截式,所記皆爲陰陽五行家之語,所用詞彙,以高郵、敦煌所出最爲特殊,與中原地區不同。至如初平二年陶瓶(西北大學文物陳列室所藏),文後有符籙一道,爲傳世最古之符文(在古籍中,符文始見於《抱朴子》),在陶瓶中僅此一見。綜合言之,各陶瓶之紀年,主要在東漢末期,以余所見聞,有永元、永和、永壽、延熹、建寧、熹平、光和、中平、初平等年號。永元只一見,永和、永壽則兩見,絕大部分,皆在建寧元年之後,至初平四年止,獨不見獻帝興平、建安兩年號。馬鏡清氏謂朱書陶瓶與當時黃巾傳教有直接關係,然永元、永和、永壽諸紀年,皆先於張角起義四五十年,知馬說之不然。大致與當時甘始、左慈之徒,盛行方術,是有相當之影響。

　　漢人親筆所書,今日能見到者,除敦煌、居延兩木簡之外,則首推朱書陶瓶。其字體多由草隸向草書,由隸書向楷書過程蛻變者。而本陶瓶尤有一特點,凡有相同之字,結構儀態,必不相重復。例如全文中,四莫字、三冢字、三千字、三黃字、三無字、三人字、兩十字、兩謹字、兩王字、兩氏字、兩之字、兩後字、兩死字、兩地下字、兩石字、兩故字、兩安字、兩令字、兩央咎字、兩門字,其結體無一相雷同者。昔人謂王右軍書《蘭亭序》,字同而字形不同,唐睿宗書景龍鐘,亦用其法。今觀本陶瓶在東漢時已開此先例,似非右軍所特創,則本陶瓶在書法藝術上之價值,位置應超出木簡之上。

洛陽漢墓群陶器文字通釋

　　1953 年洛陽區考古發掘隊在洛陽燒溝地方發掘漢代墓葬 225 座。1957 年河南文物工作隊又在洛陽金谷園村地方發掘漢代墓葬 30 餘座。兩處所出陶器,至爲豐富,在倉、壺、鼎、敦、瓮、罐不同的陶器上,還多有用朱、墨、粉三色所寫的文字。前者見《洛陽燒溝漢墓》一書(1959 年科學出版社出版,154—159 頁);後者見黃士斌《洛陽金谷園村漢墓中出土有文字的陶器》(《考古通訊》1958 年 1 期,36—41 頁)。黃氏的論文與《洛陽燒溝漢墓》專著,對於陶器文字皆有些誤解誤釋。現綜合兩地所出有文字的陶器,分類整理,以文字類從。有不需要解釋的,即不再加按語,原釋摹文有不清晰者,亦不强釋,並加以删汰。這或者對兩漢河南地區社會風俗的研究,有所幫助。

一、穀類

禾(倉)　粟(倉)　粟萬石(倉)　稻萬石(倉)　稻米萬石(倉)　稻黍(敦)　白米(倉)　白米萬石(倉)　大麥(倉)　麥萬石(倉)　大麥萬石(倉)　大麥屑萬石(倉)　大麥第百一十五(罐)　小麥(倉)　小麥萬石(倉)　黍萬石(倉)　黍

粟萬石(倉)　黍米萬石(倉)　粱米(倉)　粱米萬石(倉)
糜萬石(倉)　房萬石(倉)　术萬石(壺)　糒萬昦(倉)　更
萬石(壺)　糒萬石(壺)　涼萬石(鼎)　厺□(壺)　白飯一
盍(盒)　（澗西出土）

粟　西安漢墓中曾出方倉,朱書大"粟"字,不云"粟萬
石",與此同例。原器現藏西北大學歷史系文物陳列室。

大麥屑萬石　《説文》:"麩,小麥屑皮也。"據本題字,大
麥麩亦可稱爲大麥屑。

粱米萬石　粱米見《本草》卷二五,稱爲青粱米。

糜萬石　《集韻》:"糜,音門,赤苗嘉穀也。"《居延漢簡
考釋·釋文之部》338 頁有"入糜小石十四石五斗……"之簡
文,《流沙墜簡》考釋戍役類第 31 簡(此簡爲魏晉時物)略
云:"下床九十畝。"又省寫爲床。

房萬石　當爲穮萬石之假借字。《廣雅·釋草》:"穮
稈,稺也。"《居延漢簡考釋·釋文之部》338 頁有"穮稈六
斗"之記載。黃氏原注云倉內所貯似穀粒,是也。

术萬石　术爲秫之假借字。《爾雅·釋草》:"衆秫。"邢
疏云:"衆一名秫,謂粘粟也,北人用之釀酒,其莖秆似禾而
粗大。"

糒萬昦　糒字不見於字書,當爲精字異文。《説文》:
"精,擇也。"謂擇米使純潔也。精字通晶。《荀子·解蔽篇》
云:"用精惑也。"楊倞注:"精,目之明也。"本題字從晶,取其
聲相近;變晶爲晶,取其義相通。萬下當爲"昦"字,昦與箕
通。《説文》:"箕,簸也。"揀擇精米,必須用箕。本題字全文

大義謂有精米萬籔箕也。

更萬石　更爲粳字省文，漢人書作秔字，即今日之普通食米。《玉篇》：“粳，稻不粘者。”黃氏解爲更即“羹”之同音字，恐非是。

糒萬石　《廣韻》：“糒，糗也。”《史記・大宛傳》：“載糒給貳師。”

涼萬石　涼爲“醇”字之假借。《説文》：“醇，雜味也。”《周禮・天官・漿人》：“水漿醴涼醫酏。”鄭注：“今寒粥若糗飯雜水也。”本題字作涼，用《周禮》之本字。即今日以水煮宿飯，俗名燙飯也。黃氏原釋誤爲“淙萬石”。

厽□　厽爲䴺字省文。《説文》：“䴺，麥甘粥也。”《急就篇》：“白䴺殊美奏諸君。”皆與本題字相合。

白飯一盍　《説文》：“盍，覆也。”俗字作盒。此器爲盒形，正合古訓。

二、豆麻類

豆萬石（倉）　大豆萬石（倉）　小豆萬石（倉）　金豆一鍾（壺）　麻萬石（倉）

大豆萬石　《廣雅・釋草》：“大豆，菽也；小豆，荅也。”《本草》卷二五：大豆，包括黑、白、黃三種，漢代人民所食，多爲黑大豆。黃豆發芽入藥，則稱爲大豆黃卷。

小豆萬石　《説文》：“荅，小尗也。”漢人稱小豆爲荅，亦見《九章算術》。小豆包括赤小豆、綠小豆兩種，漢人所食，則以赤小豆爲主。兼入藥味，見《本草》卷二五。金豆之名未詳。

麻萬石 麻謂胡麻，即今日之芝麻。《本草》卷二五謂由張騫始傳入中國。

三、肉食類

炮豚一鍾（壺） 腺萬石（壺） 羮萬石（壺） 始鷄□（鼎）始鷄閭（鼎） 䔷月萬斤（鼎） 初祭肉（鼎） 緵脯萬斤（敦）

炮豚一鍾 《説文》：“炮，毛炙肉也。”《廣韻》：“炮與炰同。”《左傳》襄二十九年杜注：“六斛四斗曰鍾。”漢人名壺爲鍾，本題字稱一鍾者，文字必寫在壺上。

腺萬石 腺爲㹍字之假借。《説文》：“㹍，犈牛也。”謂牛肉萬石也。從牛改作從肉，猶牝㹊陶範（西北大學歷史系文物陳列室藏）題字，寫作“牝㹊”也。

原萬石 原爲羱字省文。《説文》：“羱，豕屬也。”（《六書故》引唐本）亦借爲貆，貆爲野豕，謂野猪肉萬石也。

始鷄閭 即始鷄呂之假借字，呂即膂字。《博雅》：“膂，肉也。”謂初祭用鷄肉也。

䔷月萬斤 第一字爲鷄字變體，月即肉字。黃氏誤釋爲日字，便不可通。

緵脯萬斤 緵爲餱字之假借。《説文》：“餱，乾食也。”《詩》：“乃裹餱糧。”是也。本題字則謂乾肉脯。

四、酒類

𠯑酒（壺）　酒萬石（壺）　大郭酒三石（瓮）　大章之久也善（瓮）　郭郎久三石千萬千萬千萬千萬（瓮）　麴萬石（倉）　大麥麴萬石（倉）　小麥麴萬石（倉）　藁萬石（倉）　醽醁（瓮）

大郭酒三石　"大郭"即郭大，爲漢人之俗稱。濰縣陳氏藏"大郭"刀圭，與此同例。

大章之久也善　"大章"當爲人名，久爲酒字同音之簡寫。西安漢城曾出土有"槐里市久"陶壺、"咸陽亭久"陶瓮，皆與此同例。

郭郎久三石千萬千萬千萬千萬　兩邊所刻皆"千萬"二字連文。先秦兩漢人指三九每爲虛數，説見汪中《釋三九》。

大麥麴萬石　《説文》："𪌰，酒母也，或從麥，鞠省聲。"漢代皆通用麴字。

藁萬石　《玉篇》："藁，麴也。"今俗謂之酒丸。

醽醁　醁爲醽字別體。《廣韻》："醽醁，美酒。"《集韻》："醽，湘東美酒。"蓋此酒出於湖南衡陽縣之醽湖，因醽湖水緑，故名醽緑，加酉則變爲醽醁。《抱朴子·嘉遯篇》："寒泉旨於醽醁。"《文選》潘岳《笙賦》："傾縹瓷以酌醽。"據文獻晉人始注重此酒，據本題字則醽醁之酒，在漢時中原各郡已盛行。原作者釋爲"酕醁"，非是。

五、調料類

將(壺)　鹽萬石(倉)　鹽一鍾(壺)　䜴(罐)　䜴一鍾(壺)
鹽䜴萬石（壺）　蓲萬石（壺）　醯萬石（壺）　飲（壺）　飤
（敦）　水（罐）

將　當即醬字省文。

鹽䜴萬石　䜴當爲豉字異體。鹽豉二字連文,因豉爲食
品,故易從豆爲從食。猶居延木簡餌字,因爲肉餌,改寫作鋽
字,在漢代草隸中此例最多。《説文》:“豉,配鹽幽菽也。”
《史記·貨殖傳》:“鹽豉千合。”足證漢人好食豉。原作者誤
釋爲“䜴”字,便不可通。

蓲萬石　蓲即猶字,與由字相通。本題字謂油萬石也。

醯萬石　《説文》:“醯,酸也。”《史記·貨殖傳》:“醯醬
千缸。”是也。

飤　《説文》:“飤,糧也。”漢人稱食己曰食,食他人曰
飤。《漢書·龔勝傳》:“食從者及馬。”顔師古注:“食讀曰
飤。”是也。《漢印文字徵》第 50 頁有“北海飤長”、“杜陵飤
官□丞”、“東平飤官丞”三印,皆讀食如飤。本題字在敦上,
敦爲祭器,亦屬於食人類型,與古訓正合。

六、容量類

大石二十□郭始二石八斗（瓮）

大石二十　漢代有大石小石之別，小石一石，爲大石六斗。見《居延漢簡考釋·釋文之部》338 頁，與本題字正同。

七、官名人名類

大尹（瓮）　三令肖君（瓮）　大吳子（瓮）　大趙（瓮）　郭郭房郭功千萬（瓮）　郭氏（瓮）　尹合（瓮）　師（罐）

大尹　《漢書·王莽傳》：“改郡太守曰大尹，都尉曰太尉。”此器當爲王莽時物。

郭郭房郭功千萬　“郭房”，猶《元和姓纂》、《唐書·宰相世系表》之稱某某大房、某某二房。“郭功”則房中之人物也。

八、吉語類

侯富大萬長宜酒漢（瓮）　就年（瓮）　日利（瓮）　侯千萬（瓮）

侯富大萬長宜酒漢　首七字讀爲一句，後加漢字，一則表示朝代，二則取其與大萬合韻。

就年　《廣韻》：“就，成也。”成年即豐年之義。

九、雜類

黃金（壺）　黃金□□（壺）　德里（瓮）　大中（瓮）　大中小

（瓮）算審（瓮）

黄金　漢代壺鈁上吉語多爲"萬金"、"巨萬"等字,直稱爲"黄金"者,尚屬創見。

韓城漢扶荔宮遺址新出磚瓦考釋

　　陝西省文物管理委員會在韓城芝川鎮漢扶荔宮遺址內采集有磚瓦多種,磚文部分,有文字者共八方,皆已殘損,拼湊全文,爲"夏陽扶荔宮令壁與天地無極"十二字。令壁有作靈壁者,又有僅作夏陽宮三字者。扶荔宮見於《三輔黃圖》"在上林苑中,(漢武帝)元鼎六年破南越,起扶荔宮,以植所得奇草異木,荔支自交趾移百餘株,無一株生者,連年移植不息"云云。《太平御覽‧宮室部》引潘岳《關中記》:"扶荔宮在馮翊。"亦未明言在馮翊某縣,蓋在魏晉時已不知宮址確實所在地。現今韓城,爲西漢夏陽縣,不在上林苑範圍之內。《黃圖》之說當有所本,可能屬於水衡都尉上林令兼管之一部分。另一殘磚僅作"夏陽宮"者,則爲夏陽扶荔宮之省稱,非扶荔宮之外另有一夏陽宮也。磚字在文獻中始見於《荀子正論篇》云:"是猶以摶塗塞江海也。"次見於《世本》云:"烏曹作磚。"《說文》云:"專。一曰紡磚也。"又稱爲令辟,見於《漢書‧尹賞傳》。《司馬相如傳》則作瓴甋。在金石刻辭中,當西漢時期,皆稱爲令辟,無作磚者。除本磚外,《隸續》卷二十,有"尉府靈壁陽朔四年正朔始造"磚,令壁稱爲靈壁,與本磚亦同。至《東漢韓勑修孔廟碑》,始見有"磚造石壇"字句(見《隸釋》卷一)。與天無極,與地無極,皆爲漢瓦名詞,本磚連稱爲與

天地無極,蓋需要五字,以足成十二字也。西漢十二字磚,傳世有
"海内皆臣"及"單于和親"兩種,時代比本磚略早。

瓦當部分,有"宫"字半瓦及圓瓦,"與天無極"八乳式瓦,尤
以"船室"瓦爲未見之品,船字作舥,《漢書》船字亦多寫作舥,《楊
僕傳》爲樓舥將軍是也。漢人船寫作舥,猶鉛之作鈆,沿之作㳂
也。《隸續》卷十六《繁長張禪碑》,有"縣舥例掾"題名,及居延漢
簡中兩見舥字,皆寫作舥,與本瓦均相同。《漢書·百官表》,水
衡都尉屬官有輯濯令。如淳注:"輯濯,船官也。"顏師古注:"輯
與楫同,濯與櫂同,皆所以行船也。"瓦文之船室,蓋用以藏楫櫂
等行船工具之室,《三輔黄圖》既云扶荔宫在上林苑中(疑爲上林
令兼管部分,説已見上),水衡都尉主管上林苑全部分,各官署皆
設在上林苑内,則瓦文之船室,爲輯濯令所管之室無疑。

陝西興平縣茂陵鎮霍去病墓新出土左司空石刻題字考釋

茂陵霍去病墓，原存有漢立體雕刻九件，最著名的有"馬踏匈奴"、"臥牛"、"奔馬"、"石虎"等。1957年11月，陝西省文管會在墓頂及墓址四周訪查鑽探，又發現八石，現暫陳列在墓前廣場上。西邊有石象一；不知名石獸一；石魚二；明代萬曆時人題名一。共五石。東邊有石蛙一；石獸一，邊刻"左司空"題字；大石塊一，右下邊有"平原樂陵"等題名八字。共三石。茲將重要各石考釋如下：

東邊石獸，右上側刻有"左司空"三大字，是表示此石的雕刻出於左司空官署工人之手。以此類推，其它各雕刻，也必多爲左司空所刻。按《漢書·百官公卿表》，少府屬官，有左右司空令丞。司空爲司工的假借字，漢瓦中有"右空"瓦當及"右空"瓦片（見拙著《關中秦漢陶錄》卷二下），爲右司空的簡稱。秦代少府屬官，也有左司空令丞，秦始皇陵上曾出土"左司空"瓦片（見《陶錄》續錄）及"左司顯瓦"、"左司高瓦"兩磚（均見《陶錄》卷三）。左司當爲左司空的簡稱，秦代的左司空主要是造磚瓦，西漢時又兼製石刻。又《漢書·百官表》，宗正屬官，有都司空令丞，出土瓦片有都建平三年瓦片、都元壽二年瓦片、居攝二年瓦片，王莽改都司空令爲保城都司空(見《陶録》卷二下)。綜合推斷,少府之左右司空,宗正之都司空,都主要是造陶瓦,并兼刻石等工藝。因三司空職掌相同,所以在分工上並没有嚴格的區别。至於漢銅器、兵器,則由考工令、尚方令主造,木器則由東園主章長丞主造,金銀漆器則由各郡國工官主造,分工情形大致如此。

東邊大塊長形花岡石,正面右下側刻有"平原樂陵口伯口造"一行八字,當爲工人題名,第七字似耳字,但尚未能確定。《漢書·地理志》,平原郡有樂陵縣,完全與題字相合。按兩周所鑄彝器,皆曰作,不曰造。造之名始見於東周兵器,如羊子之造戈,秦相邦魏冉之造戟等。石刻題某人造,在東漢時頗盛行,在西漢當以此題字爲開始。左司空題字以雄健勝,尚屬於篆書範疇,此題字以謹嚴勝,則屬於八分書,惟不帶挑法。西漢石刻傳世極少,計有群臣上壽、北陛、甘泉山、五鳳四年、麃孝禹、茶子侯、祝其卿、上谷府八種,現又發現二種,非常可貴。(楊量買地券尚有疑義,西漢降命石刻及孟璇碑,皆疑爲東漢物)

西邊石象雕刻作卧伏形,長鼻垂在前左足上,雖寥寥數刀,而神態生動。按《漢書·武帝紀》:"元狩二年夏南越獻馴象。"應邵注:"馴者教能拜起周章從人意也。"霍去病以元狩六年卒,此象已來三年,可證石刻就是按照《漢書》所載豢養在上林苑的馴象雕刻的,故能比例匀稱,姿態如生。現存的兩漢雕刻,多爲東漢作品,屬於西漢公元前者只有霍去病墓及昆明池織女二種。霍去病墓石刻類型既多,又洗練精美,尤其可貴。

關於漢幽州書佐秦君石柱題字的補充意見

1964 年 6 月，北京西郊石景山上莊村發現漢代石刻一批，簡報見 1964 年十一期《文物》。邵茗生同志對於石柱題字撰有釋文。我尚有點看法，補充如下：

石柱正面題字

永元十七年四月，板令改爲元興元年，其十月魯工石巨宜造。

四月下二字，邵茗生同志釋爲卯令，我看當爲板令二字，板令即詔書之板令，亦即詔令之解釋。《獨斷》云："天子命令之別名，一曰命，二曰令，三曰政。"注："奉而行之名曰令。"《史記》秦始皇二十六年紀云："命爲制，令爲詔。"《後漢書·應劭傳》云："輒撰具律本章句，尚書舊事，廷尉板令，決事比例，司徒都目，五曹詔書，及春秋斷獄，凡二百五十篇。"應劭所稱之廷尉板令，爲廷尉轉下漢廷之詔令（與《漢書·張湯傳》之廷尉挈令，尚有區別），此板令二字之始見。又《居延漢簡釋文》三五頁，有簡文云："版詔令男子狗大勿論，毋輒上廷尉以爲常。"此又板令或可稱爲版詔令之一例。皆漢代公牘中之制度，與本文完全吻合，大意是永元十七年四月以詔書改爲元興元年。

神道闕題字

漢故幽州書佐秦君之神道

《史記・秦始皇本紀》：“閉中羨。”正義謂冢中神道。《漢書・霍光傳》云：“太夫人……改光時所自造塋制，而侈大之，起三出闕，築神道。”此神道二字之始見。東漢以來，在石表上盛行神道題字，現存沈府君、馮使君兩神道闕，其最著者。又《隸釋》卷十三，有漢上庸長（現仍存此三字殘石）司馬孟臺神道、綿竹令王君神道。似乎在東漢時縣令長之墓道，即可以樹立神道石闕，秦君以幽州之書佐，亦用神道之名，則爲創見。《續漢書・百官志》叙郡吏諸曹，各有書佐、幹，主文書。所述甚簡，書佐之身份，僅知在諸曹之下。按：《隸釋》卷二，樊毅復華下民租口筭碑，後署掾臣條，屬臣淮，書佐臣謀。《居延漢簡釋文》六八頁，十一月丙戌張掖太守苞下屬吏簡，末署掾習，屬沈，書佐橫、實、均。一〇七頁，永光四年少府下中常方簡，末署掾未央，屬順，書佐臨。（以上僅舉兩例。）知書佐確係主辦文書，其身份在掾與屬之下，且皆與掾隸連署。證之《曹全》、《景君》兩碑，書佐之題名，在一般郡縣吏之後，僅在幹之上。但書佐多工於書寫，《西嶽華山廟碑》，遣書佐郭香察書是也。又《居延漢簡》記載張掖太守屬吏之俸錢，佐吏每月九百（見《居延漢簡釋文》三〇五頁），斗食吏每月九百（見《釋文》三一五頁），嗇夫每月七百二十（見《釋文》三四四頁），惟書佐每月僅三百六十（見《釋文》二四八頁），可證書佐在州郡縣屬吏中爲最卑微之小吏，其身份尚不及有秩、卒史、斗食等吏。秦君任幽州書佐，在當時立雙石闕，已爲僭越。故對於築墳，不能不遵守“士四尺”之規定，因此在石柱文中，表明並非愛惜財力，實迫於制度之不得已也。

另一點必須指出，東漢石刻畫像工費極大。證之武氏石闕銘，有造石闕直錢十五萬，作師子直四萬之紀載。秦君後人所刻之石柱表神道闕等，估計當時費用，亦至少在二十方以上，即等於後代之二百千文。以秦君之小吏，每月俸錢三百六十計之，要折合五十餘年之月俸，每月不用一錢，始能儲積此數。秦君生前，必爲貪污之吏無疑，可見在東漢中期，官吏之貪贓枉法，已相習成風，此尤爲研究兩漢史之重要新史料。

漢薌他君石祠堂題字通考

一、石刻原文

東郡厥縣東阿，西鄉常吉里，薌他君石祠堂。（以上十七字類似碑額。）

永興二年七月戊辰朔，廿七日甲午，孤子薌無患弟奉宗頓首。家父主吏，年九十，歲時加寅，五月中卒得病，飯食衰少，遂至掩忽不起。母八十六，歲移在卯，九月十九日被病，卜問奏解，不爲有差，其月二十一日況忽不愈。旬年二親，畣去明世，棄離子孫，往而不返。帝王有終，不可追還。內外子孫，且至百人，搶持啼呼，不可奈何。唯主吏夙性忠孝，少失父母，喪服如禮。修身仕宦，縣諸曹、市掾、主簿、廷掾、功曹召府。更離元二，矔養孤寡，皆得相振。獨教兒子書計，以次仕學。大字伯南，結僮在郡，五爲功曹書佐，毃在門閤上計，守臨邑尉，監補案獄賊決史，遷縣廷掾、功曹、主簿，爲郡縣所歸。坐席未竟，年卅二，不幸早終，不卒子道，嗚呼悲哉。主吏早失賢子，無患、奉宗，克念父母之恩，思念忉怛悲楚之情。兄弟暴露在冢，不辟晨夜，負土成墓，列植松柏，起立石祠堂。冀二親魂零，有所依止。歲臘拜賀，子孫歡喜。堂雖小，徑日甚久，取石南山，更逾二年，迫今成已。使師操蒙。山陽瑕丘榮保，畫師高平代盛、邵强生等十餘人，叚錢二萬五千，朝莫侍師，不敢失歡心，天恩不謝，父母恩不報。兄弟共處，甚於親在，財立小堂，示有子道，差於路食。唯觀者諸君，願勿敗傷，壽得萬年，家富昌。此上人馬，皆食太倉。

二、石刻通考

薌他君

薌姓不見於《元和姓纂》，以搜羅姓氏最廣博的《姓氏急就篇》而論，亦無此姓。薌字與香通，《史記·滑稽淳于髡傳》之"微聞薌澤"是也。《十六金符齋續百家姓譜》，有"香□"印，與本石刻之薌，當爲一姓。薌他爲人名，君者爲其子薌無患等尊父之稱。兩漢時佗、他、沱、池、陁、它六字，在人名上可以通用，薌他應讀作薌佗，與平皋侯項佗、南越王趙佗爲一例，似不應連稱爲薌他君。

家父主吏，年九十

《漢書·高祖紀》云"秦二世元年九月，沛令欲以沛應之，掾、主吏蕭何、曹參曰，君爲秦吏，今欲背之"云云。顏師古注："曹參爲掾，蕭何爲主吏。"《蕭何傳》則云："以文毋害爲沛主吏掾。"《史記·蕭相國世家》，《索隱》謂主吏爲功曹。竊以爲主吏當作郡縣屬吏中之主要職位而言，不專指一吏之名。證之《隸釋》卷一《成陽靈台碑陰》，有"主吏仲浮、主吏仲均、主吏仲耽"等二十六人題名，名次在督郵之下。又《隸釋》卷十一《嚴華碑陰》，有"向主吏諱旻字孝聖，趙主吏諱齊字伯盛"等五人題名。《居延漢簡釋文》三十三頁，有主吏十人之記載。上述各碑刻，主吏最多者有二十六人，其非專指功曹掾及功曹而言可知。但主吏總數之中，亦包括功曹掾史在內。《書道》卷三，一一五頁，樓蘭故址發現古文書，有"元龜子白主吏趙君，即日平安"等語。足證西晉時尚沿此稱。

修身仕宦，縣諸曹、市掾、主簿、廷掾、功曹召府。

　　　諸曹指功曹、賊曹、戶曹等曹而言。市掾一見於《後漢書·費長房傳》，二見於《曹全碑陰》題名，三見於武梁祠後石室題字，蓋爲管理市政之吏。廷掾之名，起於戰國初期，《史記·滑稽傳》，褚先生補西門豹河伯取婦事云："欲復使廷掾與豪長者一人入趣之。"《續漢書·百官志》叙，郡縣吏五官爲廷掾，監鄉五部。漢嵩山少室石闕銘，及開母廟石闕銘，皆有廷掾趙穆之題名。《專門名家》卷二，有葛廷掾碑。《晉書·職官志》叙，縣吏亦有廷掾。惟廷掾之名，不見於《漢書》各紀傳中。功曹掾史爲縣吏之最尊者，《漢官儀》云"督郵功曹，郡之極位"是也。此段總叙薌他之官職，是由小到大。召府者爲太守所召見者也。《漢書·薛宣傳》云"池陽令舉廉吏獄掾王立府未及召"云云。召府二字，蓋爲當時公牘之習俗語。

更離元二，廱養孤寡。

　　　廱即雍字，爲饗字省文。《漢書·百官公卿表》雍太祝令正寫作廱。又《石門頌》中有遭元二之句，前人考爲指安帝永初元年二年萬民饑饉西羌起兵之事。然王充《論衡》

云:"今上嗣位,元二之間,嘉德石流。"王充在章帝時已有此語,似不論休咎,記連涉及元年二年之事者,則皆可稱爲元二。本石刻則亦指安帝永初元二年之事,羅福頤之説是也。

獨教兒子書計,以次仕學,大字伯南,結僮在郡。

《漢書·東方朔傳》云:"因留第中教書計。"居延漢簡名籍,亦有能書治會計之文,爲兩漢人之習俗語。僮爲僮字省寫,《説文》:"僮,相迹也。"朱氏《説文通訓定聲》云與踵略通。結僮應爲接踵之假借字。

五爲功曹書佐皯在門閤上計,守臨邑尉,監補案獄賊決史,遷縣廷掾、功曹、主簿,爲郡縣所歸。

功曹書佐爲功曹史之書佐,羅氏誤分爲二吏之名。書佐以居延木簡考之,在郡縣吏中,職位最卑,尚在有秩、斗食之下。上計爲上計吏之簡稱。監補案賊獄決史者,賊爲賊曹史,決爲決曹史。監補之責,屬於賊曹,案獄之責,屬於決曹。薌伯南蓋曾兼兩曹史之職。監補羅氏原誤釋作監舊,今訂正。

兄弟暴露在冢,不辟晨夜。

晨夜羅氏誤釋作晨夏,今訂正。

徑日甚久。

徑爲經字假借。《漢書·高祖紀》:"高祖被酒,夜徑澤中。"《史記索隱》:"徑舊音經。"《太平御覽》四百九十七,引《漢書》正作"夜經澤中"。《隸釋》卷十五《秦氏紀産碑》云:"雕直徑菅。"雕直人名,徑菅即經管二字之假借,與本石刻相同。可證在東漢時,徑經二字,本相通用。

使師操蓺，山陽瑕丘榮保，畫師高平代盛、邵强生等十餘人。

　　蓺疑爲篆字異文，爲藝字之假借，謂請石匠畫師操作技藝也。羅氏誤以操蓺爲工師之名。因此句文例，本爲統叙性質。果如爲人名，其上必加以郡名或縣名。又瑕丘、高平二縣，均屬山陽郡，本石刻僅叙山陽，聯繫貫上下文。

叚錢二萬五千。

　　叚爲假字之省文，謂造石祠堂之費，假貸於人，方能完成。

財立小堂，示有子道。

　　《漢書》文帝二年紀云：“太僕見馬遺財足。”顔師古注：“財與才通。”《鼂錯傳》對策末尾句云：“唯陛下財擇。”與裁擇相同，本石刻即才立小堂之義。

唯觀者諸君，願勿敗傷。

　　敗傷與萊子侯刻石“後子孫毋敗壞”句意相似。羅氏釋僕敗傷，爲攀傷之假借，極爲牽强。

西漢鑄錢銅材和錢範的發現

一、西漢鑄錢銅材最新的發現

1955 年 11 月,西安漢城青門外約二百步地方,發現西漢鑄錢的銅材原料一批,共有十大塊,現歸陝西文物管理會保管。銅材係長方形,中有孔穴。每塊上面都有鑿刻的字,大率記重量記號碼。最突出的一塊,右邊刻有"汝南富波宛里田戎賣"九字,字大如胡桃。正面刻有"二十五"三字。上橫頭面刻有"百二十囗"四字。模糊不清的字,以其他銅材來證明,當是"斤"字。字體在由篆變隸之間,不帶挑法。每塊重量刻字,均在一百二十斤左右。用今秤來比重,約六十斤有零。銅質已經過化驗,紅銅的含量占百分之九十九。案《漢書‧地理志》,汝南郡有富波縣,王莽改汝南郡爲汝汾,富波縣名未改。由汝南郡的名稱及題字的字體來論斷,當爲武帝末期到宣帝末期的遺物,與王莽時代無涉。從這次發現的十塊銅材來研究,可以看出下列四個問題:(一)是西漢時代鑄錢,需要大量紅銅來做原料。除《漢書‧貢禹傳》所説由官家采礦之外,兼收買私人的舊銅來補充。(二)是漢代長安汝南皆不產銅,還是由丹陽郡一帶運來,田戎所賣雖是私有,却不是自己采集。官家刻字在銅材上，深恐質料低劣，是要他負責的。十塊銅材，可能都是田戎一批出售的。（三）是銅材出土的地方，可能是上林三官中辦銅令的銅庫。對於藏銅的銅庫，鑄錢的作所，刻正面範刻背面範的作所，就現在所發現的，共分爲四處，分工非常精細。（四）是漢代的權衡，每一斤當於今秤的重量，言人人殊，未有定論。一般的研究秦漢權衡，多是根據半兩錢五銖錢及銅器銘文來揣測；但錢文用五銖來比較，因他的本身且大小輕重不同，銅器上所刻的斤兩銘文，有的屬於官造的。有的屬於王侯的家量，皆不是劃一的。現出銅材是純由官造，當是標準分量，每一斤約折合今市秤半斤有零。這是比較正確的。至於半斤以下折合的小數，尚待陝文管會的報告再來確定。我覺得此次銅材的發現，在研究西漢官府鑄錢手工業上，作用非常重要。

二、石渠閣遺址出土的王莽錢背面範

1954 年 3 月 13 日，我與西大歷史系教師及一年級同學到未央鄉作考古實習，先到未央宮前殿遺址，後到天禄閣遺址，最後到石渠閣遺址。天禄石渠兩閣相距約半華里，都在未央宮前殿正北。在石渠閣遺址，最初發現陰文錢幕磚範兩塊。後來略撥四周地面，纍纍皆是，計得陰文錢幕磚範三十二塊，五銖錢文瓦片三塊，帶回存文物陳列室。所得錢範，經詳細研究，可定爲王莽時大泉五十背面範。天禄石渠兩閣，在西漢雖同爲藏秘書地方，今以錢範出在石渠來推斷，知道王莽時天禄尚存（見《漢書·揚雄傳》），而石渠則已改變爲鑄造錢範的作所。關於這一點，史傳從

未提及，可以説是重要的發現，欲研究王莽時錢範，須先談秦漢
錢範。

（一）戰國至秦漢範質的變遷

戰國時代幣範，羅振玉《古器物範圖録》中收集了有方足布
的銅範、尖足布的鐵範、空首布的石膏範、齊刀的銅範母及齊刀的
沙範，又有益六化、四化銅範母及益六化的石膏範。秦代的範用
石範，長安馬仲良藏有重一兩十二銖的青色殘範，我在《關中秦
漢陶録》卷四中已著録。漢代半兩錢範，則兼用銅、石、石膏三
種。銅範自四個錢至五十八個錢，石範、石膏範，兩種流傳亦多，
五銖錢範是陶、銅兩種，陶之中又分土與石膏兩類型，石範僅一見
（吳興沈氏藏）。王莽錢範也是陶、銅兩種，石範僅一見（馬仲良
藏次布九百範）。王莽各泉布的銅錢範最多十六個錢，小泉直小
的銅範却在例外，而五銖及王莽各陶錢範最多有五十八個錢。
（劉軍山藏有五銖，馬仲良藏有大泉五十整個陶錢範。）

（二）陶範的始發現

五銖陶錢範，最初著録於清道光末年李佐賢的《古泉匯》中，
範分兩種，刻陽文者謂之範祖，刻陰文者謂之範母，由範祖印成範
母，有範母始可以鑄錢，也有直接刻成範母的。另有一種陶範，陽
文是從陶範中印出來的，可以減省一次刻工，但還要再印成陰文
陶範，此類比較少見。現出土各陶範大多是陽文範祖，很少的陰
文範母，或有大批陰文範母，尚未發現，漢代的陶範既行，銅範用
途，比較減少。

（三）五銖陶錢範出土的地點

五銖陶錢範出土地點，在西安未央鄉，未央大殿遺址直北約

八里的相家巷,我曾親至其地考察,可定爲漢代鐘官署遺址。其他如西安西門外老君殿旁棗園村,也出零星的五銖陶範,但不是大批的。《漢書·食貨志》曾記載:"自元狩五年,初鑄五銖錢,至平帝元始中,鑄成二百八十億萬。"以現在出土陶錢範紀年題字來證明,最早的是昭帝元鳳四年,最晚的是成帝永始三年,其中尤以宣帝一代爲最多,哀平時範則未曾發現(宣帝七個年號,獨缺黄龍,或因黄龍僅一年之故)。

(四)王莽陶錢範出土地點

王莽陶錢範出土地點在西安三橋鎮北五里好漢廟。其他是漢代的章城門口,十餘年前出土一大坑,占地三、四畝,出範以千數,種類以大泉五十爲最多,小泉直一次之,另有壯泉四十(現藏董策三處),小布一百,中布六百(現藏劉軍山處),次布九百(舊存白祚處)等範。其中有題字的,僅有"始建國"三字的殘範一塊(現存白祚處),又有五銖一泉範,與小泉直一大小相同,可定爲居攝時所造,足以補《漢書·食貨志》所未及。

(五)此次石渠閣遺址磚範的發現情况

上述五銖、大泉五十等陶泉範,都是用土做成後,再入窰燒的,燒後因在窰中氧化過程不同而呈紅色或青色,石渠閣遺址發現的範則完全刻在磚上,與先刻後燒是不相同的。這種範在遺址的四周及高頂上遍地皆有發現,純是背範,無一塊正面範,同時出土的有瓦片三塊,每塊上皆印有五銖錢紋,想係陶工戲以錢印瓦上。範背的大小,與宣帝時五銖及王莽時大泉五十一樣,惟錢邊稍寬,與大泉五十相同,故定其地爲王莽時代大泉五十刻範的作所,但錢與錢之間,未曾刻流。另有一塊用墨筆畫流柱,並未用刀刻。又有一塊，中刻"二十"二字。又有一塊邊刻"甲亻"二字，亻疑爲貨字簡筆，是甲謂等之貨。好漢廟所出"左作貨泉"陶片，貨字有作化者，與齊刀寫法相同，此更從化字簡省。漢代簡字，有專用的，如漆器上，陶器上，剛卯上，在原物上尚可以意會，離了上下文義，便不可捉摸，化字作亻，就是其中的一個例子。

（六）石渠閣的考證

《漢書·劉向傳》："初立《穀梁春秋》，講論《五經》於石渠。"顏師古注引《三輔舊事》："石渠閣在未央大殿北以藏秘書。"《宣帝本紀》："甘露三年詔諸儒講《五經》同異，太傅蕭望之等平其議。"又《儒林施仇傳》："甘露中與《五經》諸儒，雜論同異於石渠閣。"又《儒林梁丘賀傳》、《歐陽和伯傳》、《周堪傳》、《張山拊傳》、《戴聖傳》、《瑕丘江公傳》等，皆言在石渠論經事。綜合觀之，石渠論經，是在宣帝甘露三年，石渠閣在宣帝時爲群儒舌戰之場，絕不可能在此刻錢範，上述出土瓦片雖爲宣帝時五銖錢，必然是閣上的建築物傾毀後，與錢範同壓在一處，不可混爲一談。大泉五十背範既大抵出於石渠遺址，可以推定王莽時天祿閣照常藏書，而石渠閣已改爲造範作所，此可以補《漢書》的紀載。王廉生先生藏有"石渠千秋"瓦當，文字極精，但未經著錄。此瓦是王在光緒丙戌年所得，據聞原物現存天津博物院，其價值與天祿閣瓦相等。此瓦是由孫某售與王的，出土地址即在石渠閣附近。現天祿閣小學存有石渠二具，一完全，一損缺，形制古樸，據小學某教師說，是從石渠閣遺址移來保存的。

（七）錢範的製作和工藝

各範色質，分爲兩種，一種是青磚，形式扁薄，質堅而細膩，地面尚有許多磚材,未曾刻畫;另一種是紅磚,比青磚較厚,破損處所見的紅砂土中,雜有石灰粒或砂粒,表面另敷一層細泥,大概是因爲紅砂太粗,上面不能刻字的緣故。現時因敷上的一層細泥經時過久,與紅砂土不能黏結,往往土皮脱落或裂痕極多。

範的刻技,十分準確,各範中間有一小孔(其他銅範、陶範亦然),係當日用規畫成,取其圓形準確,可見我國勞動人民的手工藝術,在二千年前已經達到高度的水平。三橋好漢廟所出的王莽大泉五十範,都是正面範,因而疑爲分工合作的,一部分技術工人,專刻正面,另一部分則專刻背面。以意揣測,分工的程序,是先刻正面,後刻背面,俟正背齊全後,再匯合交鑄工,如果將遺址稍加發掘,我想必有其他發現,收穫當不止此。

三、王莽左作貨泉陶片的本末

西安三橋鎮好漢廟在二十年前曾出王莽錢範一大坑,其中另出有"左作貨泉"陶片百餘枚。土人以其形似鞋底,因呼爲鞋底片,計有"左作貨泉"及"左作"隸書、篆書,共二種,皆係範款,蓋造貨泉時各作坊之標幟(大部分皆王莽天鳳元年以後之物,然也有一部分天鳳以前的),類於現代各機關辦公室門口的懸牌,不過一置室內,一懸門口的不同。其餘各陶片盡皆鑿款,隨用隨鑿,有係記銅的斤數的,有係記鑄泉年月的,有係記某一種泉別的,有係記錢範屬於某種質料的,類於現代司事務者所用之便條,或記事的水牌。範款文字規矩雄渾,鑿款文字則有草篆草隸,千變萬化,殊形詭態,至難解釋,只能會心於觸類旁通,不能拘定於字形點畫。出土多年,外間仍少知者,由於好古者喜秘藏,又不善於著録或宣傳,而商人志在圖利,若陶器運帶至遠方,一則價賤質重,二則易於損毁,以故泯然無聞,良深浩嘆。京滬收藏家,最多只見到“左作貨泉”一種,縱能見到,亦不詳其來歷,我昔年曾輯有《新莽左作集拓》一卷,搜羅大略完備,陶片出土之後,大批盡爲白祚所得。白居西安化覺巷,年幾八十,猶時時鬻古物以自給,惟索價奇昂,嗜古者每向其析購一二,歷年既多,存者不及半數,所以我的集拓,更覺可貴,兹依集拓的次序,寫成目録於後(拙著《關中秦漢陶録》卷四亦有左作陶片,與此次序不同)。

一至九,“左作貨泉”。《漢書·王莽傳》天鳳元年罷大小錢,改作貨布同時鑄貨泉,貨布一枚值貨泉二十五。陶片爲天鳳元年之物無疑。北大歷史系又藏有“左作泉”三字一種,是其中特異之品。十至二十二,“左作”,係篆書陶片,大率同文不同範。二十三至二十八,“左作”,係隸書陶片,同文且多同範。二十九,“天作五作”,當解作天鳳造貨泉的第五作所。三十,“天亣五午”,第二字爲鳳字省文,第四字爲年字省文,當解作“天鳳五年”。三十一,“從作”,作字反文。三十二,“作三泉”,當爲造中泉三十室中所用。三十三,“四泉”,當爲造壯泉四十室中所用。三十四,“匋”,是表示室中爲陶錢範貯藏的地方。三十五,“同八三”,同爲銅字省文,謂造錢之銅有八十三斤。三十六,“九卅千”,九係作數,卅千係錢數。三十七,“造九”,當爲造次布九百室中所用。三十八,“造九”,九字作𝍨,用籌碼形式,與次布九字正同。三十九,“[illegible]帀”,第一字爲造麽二字合文,第二字爲布字,全文爲“造麽布”三字。四十,“㞢屮”,疑爲造黄二字最簡的省文,造大布黃千室中所用。四十一,"兴",爲"造七"二字簡單的合文,是造壯布七百室中所用,決非光字。四十二,"乙貫貝",是表示一貫貨貝的結存數。四十三,"中泉",字作竹葉篆,當爲造中泉三十室中所用。四十四,"五二三",爲五月二十三,或五百二十三的省文。四十五,"奕",下一字已模糊不可識。四十六,"一萬久千同",久字作九,是記銅結存的數量。四十七,二奇字不可識。四十八,"□化屮",疑爲貨黃二字省文,爲造貨布及大布黃千室中所用。四十九,"二萬斤同",是記銅結存的數量。五十,"王石",疑爲人名。五十一,"丕吉",第一字疑爲"一平"二字連文,第二字疑爲造字簡文,全文爲"一平造"三字,即造一刀平五千室中所用。五十二,"□禾",禾爲年字省文,與居攝年瓦片作禾正同。從王莽室作貨泉陶片中,能研究出下列各問題來。(一)刻字的時代有先後,中泉、四泉等在先,貨泉在後。(二)貨泉的數量鑄造特多,以今日出土的莽泉而論,也是以大泉五十、貨布、貨泉三種爲多。(三)王莽幣制雖亂,莽錢製作特精。(四)一般的說,王莽時泉字中畫兩斷,形成白水二字,但陶片上的泉字,中畫有斷有連。(五)盛行勞動人民的簡字體,如同即銅字,万即萬字之類。(六)莽布六七八九四字,作丅丆皿皿,是象徵籌碼的。上代表五,下代表一,陶片九字作皿,也是同一作風。(七)有美術書體。四泉二字是芝英體,中泉二字是竹葉體。(八)是當時最通俗的草隸書與草篆書,和竹簡的草隸書尚微有不同。(九)王莽改水衡爲共工的意義,是表示共同集體的勞動,在同坑所出的王莽各種錢範,及石渠閣遺址所出的大泉五十錢背範皆能看出當時分工的細密。(十)從乙貫貝陶片看來,足證王莽時確有貝貨,特未曾發現。(十一)從二萬斤銅陶片看來,知黃銅紅銅皆直稱爲銅,並不稱爲黃金,《漢書》中所説的黃金,並不能指爲就是當時的黃銅。

四、西漢陶錢範紀年著録表

年號	範文	質色	錢別	出土地址	著録書名	附注
昭帝元鳳	元鳳四年造	石膏青緑	五銖	長安未央鄉劉家寨正北八里向家巷	陳直《關中秦漢陶録》	范縣劉軍山藏
	元鳳四(下缺)	石膏青緑	五銖	又	又	西北大學文物陳列室藏與第一品同範
	元鳳六年九月戊寅造	陶	五銖		《窑齊磚瓦録》	
	元鳳六年九月戊寅造	陶	五銖		羅振王《古器物範圖録》	
	元鳳六年造	陶	五銖		未著録	
	(上缺)鳳六年造	陶	五銖		未著録	
宣帝本始	本始元年二月	陶	五銖		李佐賢《古泉匯》	
	本始元年五月壬子	陶	五銖		又	
	本始元年	陶	五銖		又	
	本始三年九月甲子造	紅陶	五銖	向家巷	《關中秦漢陶録》	長安馬仲良舊藏
	本始三年九月甲子造申工長壽	陶	五銖		《陶齊藏石記》	夏僑生曾售出一範與此同文

續表

年號	範文	質色	錢別	出土地址	著録書名	附注
	本始三年（下缺）	青陶	五銖	向家巷	《關中秦漢陶録》	長安白祚藏
	本始四年四月乙酉造	陶	五銖		《古器物範圖録》	蔣伯斧舊藏
	本始四年十月丁（下缺）	陶	五銖		鮑康《續古泉匯》	
	本始四年	陶	五銖	向家巷	未著録	長安李道生舊藏
	本始四年	陶	五銖	向家巷	未著録	長安李道生舊藏
宣帝地節	地節二年十月□□造	陶	五銖		《續古泉匯》	
	地節四年十月戊（下缺）	陶	五銖		《續古泉匯》	
宣帝元康	元康二年八月乙未造	青陶	五銖	向家巷	《關中秦漢陶録》	范縣劉軍山藏
	元康三年三造二月丙子□	陶	五銖		《續古泉匯》	第一行原文恐有脱字
	元康三年二月乙亥造五月丙申就成	陶	五銖		《古泉匯》	
宣帝神爵	神爵元年閏月造	紅陶	五銖		《關中秦漢録陶》	長安馬仲良舊藏
	神爵元年閏月戊午造	陶	五銖	向家巷	未著録	長安李道生舊藏
	神爵元年閏月（下缺）	紅陶	五銖	向家巷	《關中秦漢陶録》	吳興沈次量藏
	神爵二年四月壬午造九月乙酉築	陶	五銖		《古泉匯》	

續表

年號	範文	質色	錢別	出土地址	著錄書名	附注
	神爵二年四月壬午造九月丁巳築	陶	五銖		《續古泉匯》	
	神爵二年四月築	紅陶	五銖	向家巷	《關中秦漢陶錄》	西北大學文物陳列室藏
	神爵四年二月丙辰造三月癸巳築	陶	五銖		《續古泉匯》	
	神爵四年五月辛丑造	陶	五銖		《陶齊藏石記》	
	神爵四年五月辛丑（下缺）	紅陶	五銖	向家巷	未著錄	長安孫某藏
	神爵四年五月（下缺）	陶	五銖	向家巷	未著錄	長安李道生舊藏
	神爵四年	陶	五銖		《陶齊藏石記》	
宣帝五鳳	五鳳元年八月甲寅造	陶	五銖	向家巷	《關中秦漢陶錄》	長安白集五舊藏
	五鳳三年八月甲寅造	陶	五銖	向家巷	未著錄	長安李道生舊藏
宣帝甘露	甘露元年五月乙丑	陶	五銖		《古器物範圖錄》	蔣伯斧舊藏
	甘露元年五月	青陶	五銖	向家巷	《關中秦漢陶錄》	劉軍山藏
元帝永光	永光五年九月壬□（下缺）	青陶	五銖	向家巷	《關中秦漢陶錄》	陝西歷史博物館藏
	永光五年九（下缺）	陶	五銖		《陶齊藏石記》	

年號	範文	質色	錢別	出土地址	著録書名	附注
元帝建昭	建昭五年三月乙酉	陶	五銖		《古器物範圖録》	蔣伯斧舊藏
	建昭五（下缺）	陶	五銖		《古器物範圖録》	蔣伯斧舊藏
成帝永始	永始三年五月甲子造	陶	五銖		《陶齋藏石記》	以下年號殘缺
	（上缺）乙酉造	青陶	五銖	向家巷	《關中秦漢陶録》	長安薛定夫藏疑爲本始四年
	九月丁巳築	陶	五銖		《續古泉匯》	當爲神爵二年
	（上缺）年八月甲寅造	陶	五銖		《續古泉匯》	當爲五鳳元年
	九月壬午造	陶	五銖	向家巷	未著録	李道生舊藏疑永光五年
	二月戊申築	陶	五銖		《續古泉匯》	
	二月戊申築	青陶	五銖	向家巷	《關中秦漢陶録》	薛定夫藏
	二月戊申築	青陶	五銖	向家巷	《關中秦漢陶録》	長安白祚藏
	工乘山	陶	五銖		《續古泉匯》	以下僅有人名及號碼題字
	工乘山	石青膏緑	五銖	向家巷	《關中秦漢陶録》	三範燒燬連合爲一尚見本始四年十月等字
成帝永始	申工長壽	青陶	五銖	向家巷	《關中秦漢陶録》	馬仲良藏
	工	青陶	五銖	向家巷	《關中秦漢陶録》	白祚藏
	巧一	青陶	五銖	向家巷	《關中秦漢陶録》	陝西歷史博物館藏
	巧二	青陶	五銖	向家巷	《關中秦漢陶録》	
	第一可	紅陶	五銖	向家巷	《關中秦漢陶録》	

續表

年號	範文	質色	錢別	出土地址	著錄書名	附注
	第二	紅陶	五銖	向家巷	《關中秦漢陶録》	
	第三	紅陶	五銖	向家巷	《關中秦漢陶録》	
	第三	紅陶	五銖	向家巷	《關中秦漢陶録》	白祚藏
	第三遂	青陶	五銖	向家巷	《關中秦漢陶録》	劉軍山藏
	第四遂	紅陶	五銖	向家巷	《關中秦漢陶録》	
	第四遂	青陶	五銖	向家巷	《關中秦漢陶録》	白祚藏
	遂	青陶	五銖	向家巷	《關中秦漢陶録》	白祚藏
	官一	青陶	五銖	向家巷	《關中秦漢陶録》	白祚藏
	官二	青陶	五銖	向家巷	《關中秦漢陶録》	
成帝永始	官三	青陶	五銖	向家巷	《關中秦漢陶録》	西大文物陳列室藏
王莽始建國	始建國（下缺）	青陶	未詳	長安三橋鎮西北五里好漢廟	《關中秦漢陶録》	白祚藏
	日利千萬	青陶	大泉五十	好漢廟	《關中秦漢陶録》	
	日利千萬	紅陶	大泉五十	好漢廟	《關中秦漢陶録》	
	甲亻（疑化字省文）	紅陶	大泉五十背範	長安未央鄉石渠閣遺址	《考古通訊》第二期陳直《石渠閣遺址王莽錢背範》	西大文物陳列室藏
	二十	紅陶	大泉五十背範	石渠閣遺址	又	西大文物陳列室藏

漢中私官銅鍾考釋

此鍾 1953 年在興平縣茂陵附近出土,現藏陝西省歷史博物館。文云:"中私官銅鍾,容十升,重卅八斤,太初二年造,第九十一。"鏨款在項下周圍。另有"中私"二字,連文反書陽識,在鍾內底,共計二十三字。考中私官名稱,不見於《漢書・百官公卿表》,當即詹事屬官之私府,其沿革程序推測如下:

最初名中私府。

《陶齋吉金録》卷六,著録有中私府鍾。文云:"中私府銅鍾,容一石,重卅六斤四兩,十年正月甲寅造。"又有"五十"二字(陽文當在底)。又刻"中宮賜今平昌家第十九"。共計三十三字。西漢紀年,有十年者,僅高祖與文、景二帝,以鍾文字體定之,當爲文、景帝時物。又《漢書・外戚恩澤侯表》:"平昌侯王無故,宣帝地節四年以帝舅關内侯改封,九年薨。"銅鍾項下銘文一段,係平昌侯受賜後所刻記。又按:《漢印文字徵》卷七,五頁,有"中私府長李封字君游"印。又同卷十四頁,有"河間私長朱宏"印。足證中私府長,又可簡稱爲私長,朱宏當爲河間獻王的私長。在西漢全期,王國設官,皆如漢朝。

或稱私官。

　　濰縣郭氏所藏封泥（現藏北京大學歷史系），有"私官丞印"封泥。余所藏有"長信私官"陶瓮殘片。蓋私官長丞，在文、景時，屬長信少府，不屬詹事。

或稱中私官。

　　濰縣郭氏所藏封泥，又有"中私官丞"封泥，與本銅鍾稱中私官正合，知爲武帝太初時制度。

最後稱私府。

　　《漢書·百官公卿表》，詹事屬官，有中長秋、私府、永巷、倉厩、祠祀、食官令六長丞。班固撰表時係根據哀、平時之官制。

　　詹事主管太后或太子家事，中私官係中私府之變稱，最後則去中字，稱爲私府，陶齋所藏銅鍾，既爲太后服用之器，故又可稱爲中宮。陶齋所藏之鍾與本鍾，皆爲中私府先後所造之器無疑。

四種銅鏡圖録釋文的校訂

自 1957 年古典藝術出版社印行王士倫同志所編《浙江出土銅鏡選集》以後，1959 年 4 月起，至 1960 年 10 月期間，文物出版社又印行陝西、湖南、洛陽、四川四省市出土銅鏡圖録四種。各書對於時代的分期，花紋的演變，皆有綜合性的説明，大部分是正確的。對於各鏡銘文，皆作了釋文，就釋文而論，與個人的看法，頗有不同的地方，甚或有明顯的錯誤。現分別加以訂正（洛陽銅鏡闡述過於簡單且無釋文，只好存而不論）。《洛陽燒溝漢墓發掘報告》内，亦有論及銅鏡部分，也略有一些意見，一並附録於後。

一、陝西省出土銅鏡

七、見日之光鏡　銘文左旋："見日之光，□□□傷。"

按：末尾爲何傷二字，何字筆畫很顯明，何傷與毋傷，皆兩漢人之習俗語，沿用自先秦者。

九、内向連弧紋緣草葉紋鏡　銘文右旋："久不見，侍前希，君行卒，予志悲。"

按：應讀爲"君行卒，予志悲，久不見，侍前希"。予昔考爲西漢時戍卒遠征，妻子相念之辭。《北江詩話》又載有作

"君行卒,予志悲,秋風起,侍前希"銘文者,顯然當以君行卒爲起句。《小校經閣金文》卷十五,九十八頁,有"昔同起,予志悲,道路遠,侍前希"之鏡銘,亦與此相似,予志悲在第二句,與本鏡皆可互證。

十、内向連弧紋緣草葉紋殘鏡　銘文左旋:"□辰好,千秋萬歲,□。"

　　按:辰好當爲所好之誤釋,《小校經閣金文》卷十五,一頁,載有三四面,全文云:"大樂富貴得所好,千秋萬歲,延年益壽。"可以互證。

二十三、重圈昭明鏡　内圈銘文略云:"然□塞而不泄。"外圈銘文略云:"挾□都而承閑……得並執而不衰。"

　　按:内銘當釋"然雍塞而不泄",雍即雍字異體,爲雍字省文。外銘當釋"挾佳都而承間……得並勢而不衰"。此鏡西安曾出過兩三面,余考有全文,惜稿已佚去。《小校經閣金文》著録亦有三五面,銘詞尚不够具體。至於佳都之佳字,在本鏡銘上亦甚清晰。

三十一、清白鏡　銘文略云:"恐疏而日忘。"

　　按:當釋爲"恐疏而日忘"。他鏡銘文清晰者,皆作"恐疏遠而日忘"。本鏡疏字下,原脱遠字。

三十三、清白鏡　銘文略云:"恐□而日忘美。"

　　按:"恐疏遠而日忘"爲一句,本鏡銘恐下原脱一字,逗號應在忘字,美字應屬於下句。

四十七、規矩鏡　銘文略云:"青如金石之天□□。"

　　按:"青如金石",當爲"壽如金石"之誤釋。

四十九、規矩鏡　銘文殘云："胡虜殄殘天下復。"

　　　　按："胡虜殄殘"爲"胡虜殄威"之誤釋，威爲滅字減體，本鏡銘又有"多賀新家人民息"之句，確爲王莽時所鑄。

七十四、尚方四獸鏡　方格銘文略云："尚方明鏡，服老富昌，長宜□王，其師命長。"

　　　　按：第二句當釋作"服者富昌"，與其他鏡銘"服者君卿"、"用者君卿"文例相同。第三句當釋作"長宜侯王"，侯字在原鏡亦甚清朗。

八十、玉面方窺四獸鏡　銘文略云："徐稚經磨，孫承晉賦。"

　　　　按：徐稚即徐穉，此句用徐孺子因欲吊郭林宗母喪，缺乏旅資，携磨鏡工具，沿途自給事。又"孫承晉賦"句，似應釋作孫丞，丞字原鏡已有模糊，《晉書》孫統從弟孫盛字安國，初官秘書丞，故可稱爲孫丞。孫盛有鏡賦，見《北堂書鈔》卷一百三十六，本鏡當即用此事，又孫統字承公，似不能割裂稱爲孫承也。

八十二、昭仁鏡　銘文略云："窺莊起態，辨皂增妍。"

　　　　按：辨皂爲辨皃之誤釋，皃即古貌字。

八十四、曉月鏡　銘文略云："王臺希世，紅莊應圖。"

　　　　按：王臺當作玉臺，玉字很明朗，用温嶠玉鏡臺故事也。

一○○、仙人累瑩鏡　銘文右旋："羡哉圓鑒，覽物稱奇，雕鐫□□，容光應現，仙人累瑩，玉女時窺，恒□是□，服御□□。"

　　　按：全銘用支韻，“容光應現”句，現字不入韻，似爲規字
之誤釋。

一一七、榮啓奇三樂鏡　榮啓期銘文作啓奇，想是傳寫
之誤。

　　　按：榮啓期始見於《列子・天瑞篇》（原文未引篇名）及
　　《淮南子・齊俗訓》、《説苑・雜言篇》等。《漢書・古今人
　　表》又作榮聲期，本鏡作榮啓奇，皆聲音之通轉，非傳寫之誤
　　字，這一點編者已加注語訂正，是也。

二、四川省出土銅鏡

九、西漢與天毋極鏡　銘文：“與天毋極，與□（地）相長，
驛（怡）樂如言，長毋相忘。”

　　　按：“驛樂如言”，當爲“驩樂如言”之誤釋，驩字用減筆，
　　“驩樂如言”者，謂如上兩句“與天毋極，與地相長”之言也。
　　地字很分清，無須加□號，驛字又加怡字括弧，更似可不必。

三十一、東漢青蓋鏡　銘文略云：“青蓋作鏡四夷服，多
賀國家人民息。”

　　　按：第二句應釋作“多賀國家人夷息”，夷字極清楚。此
　　鏡銘一般確是“多賀國家人民息”，但蜀中在漢時與少數民
　　族雜居者甚多，《漢書・地理志》，各縣，名道者皆是。此鏡
　　作人夷息，正表示其地方之特殊性。

三十四、東漢昭明鏡

　　　按：全鏡銘中包含十四個而字，釋文未指出。“内青日

以昭明”,似即清質或清白之最減筆字。

三、浙江出土銅鏡選集

序言五頁：“月有惠，日有富，樂無事，常得意，美人
會羊。”

　　按：“月有惠”，當釋作“月有憙”。“美人會”應斷爲句，
羊爲祥字省文，當另爲一句。

序言六頁：“駕文龍，乘浮雪，君宜官，秩保子。”

　　按：“駕文龍”，當釋作“駕交龍”。“君宜官秩保子孫”爲
一句，原鏡銘因孫字不能容故減去，不能分讀“君宜官，秩保
子”爲二句。又分圖説明第四品，亦誤釋作“駕文龍”。

序言八頁：“照日菱花出，臨池滿月生，官看巾帽整，妾映
美妝成。”

　　按：第四句當釋作“妾映點妝成”。

序言九頁：“據日本人梅原末治編的《漢三國六朝紀年鏡
圖説》，所録有‘黃武五年二月午未朔六日庚巳揚州會稽
山陰安□里思子丁’的半圓方格神獸鏡。”

　　按：吳國最初用乾象曆，黃武五年二月爲辛未朔，十日爲
庚辰，鏡銘原文爲“黃武五年二月辛未朔十日庚辰”，此沿梅
原之誤而未加以更正者。

九、吳王伍子胥畫像鏡　“玉女二人”。

　　按：“玉女二人”，原鏡文爲“王女二人”，指越王之二女

而言。本書第十，亦有吳王伍子胥畫像鏡，題越王二女可證。

二十七、神獸帶鏡"另柏師作"，應該是作鏡者姓名。

　　　　按：本鏡與吳向里柏氏鏡，同爲一家私人作坊所造，柏是
　　　　姓，師是工師身份，不作人名解。

三十五、階段式半圓方枚神獸鏡　鏡邊内銘文略云："吾
作明鏡，幽鍊三商，規矩無祀，周刻萬京。"

　　　　按：第四句當釋作"周刻無疆"，見《小校經閣金文》卷十
　　　　五，十頁，元興元年鏡。或作"州刻無亟"，見同書同卷二頁，
　　　　熹平元年鏡。

三十七、龍虎鏡　鏡邊内有銘文，是"遺杜氏造珍奇鏡
兮，世出眇微，名工所刻劃兮，鍊五解之英華，圖而無極
兮，辟邪配天禄，奇守並未出兮，三烏……得所欲，吏人服
之曾祇禄，大吉利"。

　　　　按：首句應釋作"上虞杜氏造珍奇鏡兮"。上字略有銅
　　　　溢痕，虞字則用減筆，原釋作"遺杜氏"便無法理解。"五解
　　　　之英華"，應釋作"五斛之英華"。《説文》"斛，十斗也"，謂
　　　　鍊五石銅也。"吏人服之曾祇禄"，應釋作"吏人服之曾秩
　　　　禄"，曾爲增字省文，"奇守並未出兮"一句，誤字不易看出，
　　　　尚未有正確之詮釋。此鏡文字奇古，且未有同樣出土者。

四十三、四獸鏡　銘文略云："玉臺肴世，紅妝應圖。"
　　　　按：當作"玉臺希世"，他鏡銘皆如此。

四、湖南出土銅鏡

五十三、銀光鏡　銘云："清冶銅以爲鏡，照察衣服觀容貌，絲維組□以爲信，清光宜佳人。"

　　按：第三句應爲"絲組雜遝以爲信"之誤釋，不但他鏡銘皆如此，本鏡銘亦清晰可辨。

七十六、杜氏作鏡　銘文："杜氏作竟大毋傷，亲有善銅出丹羊，涷冶銀錫清如明，左龍右虎辟不陽，長富樂未央。"

　　按：亲爲新字減體，應在釋文中加新字括弧，以免讀者與"長保二親得天力"之親字相混淆。"新有善銅出丹陽"爲王莽時最普遍之銘文。

八十五、神獸鏡　銘文："明鏡吾作，三陽山涷，周刻列記，恚象萬毋，帛□作昌，衆神見容，天守四首，東王父西王母仙人，三月三日，三公九卿，延年益壽，異師命長。"

　　按：此爲方印格式鏡銘，第一、二兩格，皆誤由左讀，應釋作"吾作明鏡，幽涷三陽"。山字爲幽字之誤釋，三陽即三商之轉音，"異師命長"，當釋作"其師命長"。其他各句，亦多有誤釋，未見原鏡，尚未能作確切之更正。

八十九、四神鏡　銘文略云："臨池似月，觀皂嬌來"。

　　按：觀皂爲觀兒之誤釋，兒爲古貌字。

附六、草葉紋鏡　銘文略云："絲組□遝兮以爲信，精光兮宜□。"

　　按：本鏡絲組下雜字，宜下佳人二字，均很清晰，宜下僅空一格亦誤。

附九、長宜子孫鏡　銘文："長宜子孫，古市劉氏作鏡。"

　　按：此鏡釋文標點有誤，"長宜子孫古市"應讀爲一句，"劉氏作鏡"又爲一句，古市爲賈市之減體字，他鏡多有宜古市或古市利之銘文。原書誤解古市爲里市之名，變成劉氏作坊所在地矣。

二十、龍紋鏡　銘文略云："官看巾帽憖，妾映點妝成。"

　　按：憖，即整字之異體，隋《陳詡墓志》云"風儀峻憖"與此相同。袁寒云藏魏曹整印，亦作曹憖。

五、洛陽燒溝漢墓銅鏡部分

一六二頁　第三式連弧文鏡　銘文二十一字："日有熹，月有富，樂毋（原缺一字）常得意，美人會，竽瑟侍，賈市（原缺一字）程萬物。"

　　按：銘文第七句，當爲"賈市利"，利字原文有些銅溢，故誤釋爲程字，非程字上原缺一字也。賈市利爲漢印及漢鏡習見之詞句，至於萬物二字，似爲復丁之誤釋，老復丁爲西漢人之吉祥語，賈市利句下，有脱一老字之可能。

一六八頁　福禄鏡銘云："福禄進兮日以前，天道得物自然，參駕蚩龍乘浮云。白虎失，上大山，鳳鳥下，見神人。"

　　按：第二句當釋作"天道湯湯物自然"，得字爲湯字之誤釋，湯下作重文，尚略見痕迹，湯湯即蕩蕩之省文。首三句用七言，後四句用三言，章法亦比較嚴整，此鏡銘詞創見，尚未見有同樣者。

　　綜上所述，各書釋文，有些是可以商榷的，各編者對於從前傳世鏡著録之圖譜，似未多加注意。例如馮氏《金石索》、《浣花拜石軒鏡銘》及《簠齋藏鏡》、《小校經閣金文》、《小檀欒室鏡影》等書，皆有參考比較之價值。浙江銅鏡引用《巖窟鏡録》兩則，方法是對的。但王士倫同志所引古籍材料，尚多錯誤之點，因不關於釋文之範圍，故不再具論。

　　　　　　　　　　　1962 年 4 月 20 日於西大新村

福建崇安城村漢城遺址時代的推測

福建省文管會,於 1959 年 11 月,在崇安縣南郊城村,調查出漢城遺址,並加以初步發掘。出土有陶器、銅器、鐵器等多件,陶器中尤以板瓦、筒瓦殘片最多,計有三萬六千餘片。板瓦裏面有印字,筒瓦表面有印字,以及有云紋的與常樂萬歲完整的瓦當等,情況詳見 1960 年《考古》第 10 期。個人據報告推測,這座古城遺址包括宮殿在內,時代可能分爲兩個階段。第一階段在西漢武帝時期,第二階段在西漢末王莽時期。中間經過百餘年之久。板瓦、筒瓦打印的文字,屬於第一階段,常樂萬歲瓦當及河內工官所造弩機屬於第二階段。板瓦、筒瓦打印文字的字體雄偉,比西安所出筒瓦上的字,則有過之無不及。常樂瓦當字體秀美,也符合於王莽時代的作品。在西漢時期,關於東越的史料,非常貧乏。唯一可靠的是《史記·東越傳》。《漢書》照錄《史記》原文,對於武帝以後東越的事迹並未叙述。一般的來說,武帝滅東越以後,遷徙民衆至江淮之間,其地遂成廢墟,得了一個神龍見首不見尾的結論。武帝對東越地區,却是不設郡縣,也不設鹽鐵官,始終附屬於會稽郡管理,東漢情形,也是如此。因此方志地理諸書,如《元和郡縣志》、《括地志》、《太平寰宇記》、《讀史方輿紀要》、《嘉慶一統志》及《福建省志》等書,對於福建省在兩漢時的沿革,非常模糊。大概都説福建全省範圍，兩漢屬於會稽郡，東漢分隸於會稽南部都尉治。對於文化等等，更無法了解。但以常理推測，武帝雖徙其民衆到江淮之間，不可能悉數北遷，必然有一部分居留人民和統治的官吏。現從漢印中覓得一些王莽時代的綫索。與出土的常樂萬歲瓦當，文字恰相符合。也可以補充《漢書》及方志記載的不足，並可證明福建地區在西漢時已有高度文化的發展，不是從前人所想像東越的社會經濟是停滯不前的。我覺得此次漢城之發現，在意義上非常重要。兹將個人意見，概述如下：

筒瓦上所印文字有十一種，板瓦上所印文字有四種。考筒瓦上印文字，始於戰國時期，易縣燕下都遺址在 1920 年未發掘以前，曾出燕宮畫瓦，瓦筒上印有“右宮駒”三字，爲杭州鄒氏所藏。又范縣劉軍山在鳳翔大鄭宮遺址，采集有秦代雙獲畫瓦，瓦筒上印有“瓦”字，此風在西漢初中期尤爲盛行。長陵鎮出土有“西神”筒瓦題字，字大如胡桃，爲瓦筒上文字最大的一種。西安漢城遺址附近，所出有“左宮”、“右宮”、“大癸”等種類（以上各瓦筒題字，皆見拙著《關中秦漢陶録》卷二，燕宮畫瓦未收入），《金泥石屑》卷下又著録有“太乙”一種。上述各瓦筒的瓦當，皆爲葵紋或云紋，其原因陶工以正面無文字，同時官府所燒各瓦，難以區分，故加左右宮殿名稱，或支干數目，便於識別。在西漢中期以後，此等作風漸已消失。其他也有文字瓦當，瓦筒上再印有小戳記者，如陝西省歷史博物館所藏“無極”瓦，筒上印有一“居”字。居爲宗正屬官居室令之省文，《漢書·百官表》，居室令武帝太初二年改爲保宮，此亦爲武帝以前之作品。至於板瓦上印有文字者，西漢初中期，印字多在裏面，後期皆在外面，余舊藏有“居室”

瓦、"更"字瓦、"右空"瓦、"楊"字瓦、"朔"字瓦。余所見有"延和元年"瓦,印字皆在裏面。他如蕭望之的"蕭將軍府"瓦,爲元帝時物。建平三年瓦、居攝二年都司空瓦、始建國四年保城都司空瓦、始建國天鳳四年保城都司空瓦等,無不打印在正面繩紋上(以上均見《關中秦漢陶録》卷二)。此次崇安漢城遺址所出筒瓦的印字,及板瓦在裏面印字,皆合於西漢初中期的作風。案《史記·東越傳》紀載:"閩越王無諸及越東海王搖者,其先皆越王勾踐之後也。……秦并天下,皆廢爲君長,以其地爲閩中郡。及諸侯畔秦,……無諸、搖率越人助漢。漢五年,復立無諸爲閩越王,工閩中故地,都東冶。孝惠三年,……立搖爲東海王,都東甌(徐廣注,東甌今之永寧)。……建元三年,……東甌請舉國徙中國,乃悉舉衆來處江淮之間。"無諸之後閩越王郢,爲漢所殺,乃立無諸之孫丑爲越繇王,漢又立郢之弟餘善爲東越王,與越繇王丑並處。後繇王居股以元封元年歸漢,武帝以"東越狹多阻,閩越悍數反復,詔軍吏皆將其民徙處江淮間,東越地遂虛"(《史記·東越傳》)。閩越史料大概如此。其餘散見在《漢書·武帝紀》,楊僕、朱買臣、嚴助等傳,以及《景武昭宣功臣表》中。東海王都東甌,在今浙江永嘉縣境,又最先降漢,與崇安漢城遺址,應無關涉。現在認爲無諸之後越繇王丑,或東越王餘善之宫殿建築,尚不能確定屬於誰者,但以筒瓦、板瓦之字體及作風來審定,皆爲西漢中期之物。

瓦當中文字可辨者,僅有"常樂萬歲"一種。按長樂萬歲瓦,西安地區出土甚少,錢坫《秦漢瓦當文字》著録一品,日照丁氏亦藏一品(文作長樂),洛陽東漢城遺址出過二品(文作長樂),與本瓦當作常樂者不同。《漢書·王莽傳》,改長安爲常安。餘如長生、長樂等字，亦無不改作常字。余所見有“常安鹿氏”瓦及“常生無極”瓦，皆爲王莽時物。其長樂改作常樂者，一見於蘇聯南西伯利亞巴坎城附近所出“天子千秋萬歲，常樂未央”瓦當，二見於地皇二年常樂衛士飯幘(見《簠齋吉金録》)，三見於始建國元年常樂大官漆盤(見《漢代漆器紀年銘文圖説》圖版四十)，四見於西安好漢廟出土王莽各錢範伴出之“常樂”圓石刻字(現存西北大學文物陳列室)。本瓦當正作常樂萬歲，亦可證明爲王莽時代作品。且樂字篆形作茉，與通常作樂字者不同。《居延漢簡釋文》一九〇頁有“第六隊長常茉詣官”、三九六頁有“□史長茉長茉輸將軍弩出入二月□”兩簡文。樂字皆寫作茉，與瓦當之作常茉相同。居延木簡絶大部分是西漢晚期之物，與王莽時代比較接近，因此樂字作茉，亦與本瓦當有相同之點。又按王莽在居攝時期，對於少數民族，招撫勞徠，夸張威德，東越當亦不在例外。此事獨不見於漢史，證之《十鐘山房印舉》舉二，六十頁，著録有“新越餘壇君”印。西安漢城遺址附近，曾同時聯出“越貿陽君”、“越青邑君”、“新越三陽君”三漢印。可以證明王莽在東越曾一度建立四個小君長。與本瓦當之用常樂萬歲正相符合。在廢城故墟上，重行建築或修葺宫殿，實屬可能之事，但不能斷定屬於四國中之某一君長所修建。又按《漢書》鄒陽諫吴王書云：“胡馬逐進窺於邯鄲，越水長沙，還舟青陽。”張晏注曰：“青陽地名，言胡爲趙難，越爲吴難，不可勝也。”鄒陽此數句文，本極難通，張晏在曹魏時，僅注青陽爲地名，亦不云青陽在某地，總是與越地相毗連的，王莽印之“越青邑君”，可能即鄒陽所稱之青陽也。“越貿陽君”，疑即鄮縣之省文。惟餘壇君疑即餘墠君，與餘善聲相近，疑即爲武帝時東越王餘善之後。

　　再此次所出河內工官弩機殘件，文爲"河內工官三十斤百五十□"十一字，三十斤爲重量，百五十□爲號碼，亦有研究之價值。《漢書·地理志》，河內郡懷縣有工官，懷縣爲河內郡治，故總稱爲河內工官。河內工官主要在造兵器。疑有一部分設在野王縣，製造漆器（見《太平御覽》所引《鹽鐵論·散不足篇》之野王紵器）。《簠齋吉金録》弩機類第十四，有河內工官弩機，第十五、第十六，有河內工官弩機零件，字細如蚊脚，文爲鏨刻，與本弩機形式完全相同。現傳世弩機，多爲東漢紀年，與王莽時代比較聯接，此物亦當爲西漢後期之物，與常樂富貴瓦當，有密切關係。

　　至於板瓦的文字，一似狼字。二爲結字，不見於字書。三上截已殘，只存下半貝字。四應爲圖字省文，與齊刀"齊之呑化"極相近。筒瓦上的文字，一爲裏字。二爲莫字。三爲橫字。四爲瘭字。五爲龍字。六爲居字。七爲會字。八爲馬□二字。九爲光字。十爲氣結二字，當爲人名，氣姓不見於姓書，與板瓦結字，當爲一人。十一爲胡字。上引兩瓦文字，共十五片。有陶工姓名，有單姓，有單名，或更有一部分地名，夾雜其中，今不可考。陶器上打字之印模，秦代用銅印，漢代用陶印，印形爲橛鈕，周季木氏藏有漢"咸里屈驕"陶印模是也。用陶印打成者，筆畫多粗肥，本瓦片亦係均用陶模所打印。秦代在陶器上打字，多用一印，分打雙行。漢代中期，則偶用密排行打印，全瓦皆滿，西安所出朔字瓦片如此，與空心磚打花紋手法相同，現崇安所出板瓦，亦有同此類型者。至於云紋瓦當圖案，以鏃形夾在云紋之中，及陰文云紋兩種，在其他地區，尚未有發現。

長沙馬王堆一號漢墓的若干問題考述

長沙馬王堆一號漢墓,從器物上的題字"軑侯家",封泥"軑侯家丞"及竹簡文字來觀察,屬於西漢初期,應爲長沙相軑侯利倉妻子之墓葬,實爲非常重要之發現。兹根據發掘簡報,對一些有關問題略加考證和論述,至於竹簡三百餘支,將來再作進一步研究,暫不論及。

一、軑侯世系、墓主人姓名的推測
及漢代保存尸體的記載

《史記·惠景間侯者年表》記:軑侯利倉,以長沙相侯七百戶,惠帝二年四月封,以吕后二年卒,受封共計八年。索隱:《漢書》作軑侯朱倉。今本《漢書》作黎朱倉,司馬貞在唐時所見,尚不稱爲黎朱倉,或係別本。予疑朱爲利字偏旁相似之脱文,黎字隸書或寫作梨,上半從利。今以《史》、《漢》兩本及司馬貞所見《漢書》別本稽合考之,利倉或作黎倉,朱字則爲衍文。太史公與惠帝時代相近,當以《史記》作利倉爲是。利姓在漢代極少見,與利幾皆爲西漢初期之列侯(利幾見《史記》高祖五年紀)。利倉當爲長沙王吳臣及吳回之相(長沙王吳芮都臨湘,即今長沙市),因

身任要職，故不就封軑國，家屬死亡，即在長沙埋葬。但嗣侯利豨等，可能至軑縣食邑居住。觀於《漢書》侯表，記宣帝元康四年利倉玄孫之子竟陵簪襄漢再紹封侯國，知利倉子孫由軑縣遷至竟陵占籍。本墓中所出竹簡，其字體雖用草隸書，其假借字，仍多沿用戰國楚書詭異之古文，正屬於西漢初期作品，因此認爲軑侯利倉妻子之墓，比較合理。

墓主人的姓名，是考證中首要問題。據簡報出有印章一件，陰文篆書"妾辛□"。盝頂，穿孔，繫絲帶，出土時軟如泥，質地不明。如整理工作人員審視無誤，則墓主人當爲辛姓，妾爲自謙之辭，吳興沈氏藏有"妾費沙印"，亦同此例。又據耳杯有"君幸食"、"君幸酒"兩題字，予疑君幸即墓主人之名，漢人以幸爲名者極多，如"周幸"、"袁幸"、"王幸置"、"王賜幸"等是也（見《漢印文字徵》第十）。匯合推斷，墓主人姓名，應爲"辛君幸"三字。至於耳杯上題字稱名，似出於軑侯本人之口氣，則墓主人之死亡，當在軑侯之先，其年代則在惠帝二年以後，呂后二年以前，倘死在軑侯之後，由嗣侯利豨題字，必加太夫人之尊稱（太夫人之稱見《漢書·蘇武傳》），不能直稱其名矣。

先秦兩漢人之尸體，保存完整，見於古籍記載者，例如《西京雜記》卷六（《西京雜記》成書在東漢末，所記各事，皆他書所不載），記廣川王去疾，在國內發掘古冢，略云：魏王子且渠冢甚淺狹，無棺柩，但有石床，廣六尺，長一丈，石屏風，床下悉是云母。床上兩尸，一男一女，皆年二十許，俱東首裸臥，無衣衾，肌膚顏色如生人，鬢髮齒爪亦如生人（又有晉靈公冢，尸猶不壞一條，晉冢似不得在廣川，恐有誤文，故不徵引）。魏王子且渠，應爲魏哀王之子,距廣川王發掘時約有二百餘年。又,《後漢書·劉盆子傳》略云:"乃復還發掘諸陵,取其寶貨,……所發,有玉匣殮者,率皆如生。"呂后等陵墓,距劉盆子發掘時,有二百年左右。又,《水經·湘水注》略云:"縣北有吳芮冢,廣逾六十八丈。郭頒《世語》云:魏黃初末,吳人發芮冢,取木於縣,立孫堅廟,見芮尸容貌衣服並如故。"長沙王吳芮墓,距曹魏黃初末年發掘時,有四百餘年(劉敬叔《異苑》亦有古尸保存之記載,恐不可據,現不引用)。綜合論之,古籍所記尸體保藏不壞者,最多三四百年不等,未有如今日發掘軑侯妻之尸體衣服,經過二千一百餘年之久,仍完整如新者。予疑利倉爲長沙王丞相,其保藏尸體之方法,可能受吳芮家傳之影響。古代傳説玉能寒尸,但滿城中山靖王劉勝夫婦墓,皆用金縷玉衣與玉匣相似,尸體朽敗無存,知傳説之不可信也。

二、棺椁制度和衣衾帛畫名稱

《禮記·檀弓上》曰:"天子之棺四重。"鄭注:"尚深邃也,諸公三重,諸侯再重,大夫一重,士不重。"《荀子·禮論篇》云:"故天子棺椁七重(原作十重,據王念孫校改),諸侯五重,大夫三重,士再重。"兩書所記完全不同。長沙砂子塘所出西漢墓葬,用兩棺兩椁(見《文物》1963年第2期),亦爲西漢列侯之墓,證以《檀弓》,則用周代天子之禮也。本墓用二棺四椁,證以《荀子》,則居於七重、五重之間,亦諸侯最高之禮。予疑此西漢初期制度,不受周代禮制之限制,并且法律隨時有變更。棺的内部髹朱漆,外棺黑漆地,上繪云氣紋,雲氣間綴以狩獵怪獸等紋。據《禮記·喪大記》，與君裏棺用朱色相同，惟不用緑色。但西漢帝王朱沙畫棺之定式，見於《漢書·董賢傳》："乃復以沙畫棺，四時之色，左蒼龍，右白虎，上著金銀日月，玉衣珠璧以棺，至尊無以加。"本墓僅畫龍虎相鬥搏圖案，不畫蒼龍白虎，可能是由於禮制所限，也可能和時代有關係，也許在西漢初年四神還不流行的緣故。又内棺四壁板和蓋板上貼鋪絨及羽毛貼花絹，作菱形紋，係在絹上貼金黄色、黑色等彩的羽毛而成。《禮記·喪大記》云："畫翣二，皆戴綏。"鄭注："蓋五采羽注於翣首。"翣類於後代的棺罩，不過周代是用五采的羽注於翣，本墓則用五采羽貼於棺内四周板上及蓋板上耳。王符《潛夫論·浮侈篇》云："計一棺之成，功將千萬夫，既其終用，重且萬斤，非大衆不能舉，非大車不能挽，東至樂浪，西至敦煌，萬里之中，相競用之。"王符所説，雖爲東漢厚葬風氣，證之先秦西漢，無不皆然。

　　本墓尸體，包裹各式衣著，約二十層，然後自頭至脚横繫絲帶九道，再在其上覆蓋泥銀黄紗絲綿袍一件，綉花絲綿袍一件。《禮記·檀弓》云："制絞衾。"《士喪禮》云："絞横三、縮一。"鄭注："所以收束衣服爲堅急者也，以布爲之。"現知本墓包裹者即爲衾，扎帶者即爲絞，惟周身九道，用絲帶不用麻布，此漢制不同於周制之點。又《禮記·喪大記》云："君錦衾，大夫縞衾，士緇衾，皆一，衣十有九稱。"上衣下裳爲一稱，本墓衾用絲質，衣約二十層，與《喪大記》數字相近。衣多至二十層，以禪衣爲主，裹絲綿者占少數，當亦沿用周制也。《喪大記》又記"上大夫陳衣於序東五十稱"，蓋在大殮之先陳列室中以示親友者，本墓出有整幅或不成幅絲帛約五十餘件，當是爲死者所備的衣料，其數相當於

《禮記》所述陳衣五十稱之比也。

《禮記·喪大記》云:"飾棺,君龍帷三池,振容,黼荒,火三列。"鄭注云:"飾棺者以華道路及壙中,不欲衆惡其親也。荒蒙也,在旁曰帷,在上曰荒,皆所以衣柳也。"又云:"黼荒緣邊爲黼文,畫荒緣邊爲雲氣。"又云:"大夫以上有褚以襯覆棺乃加帷荒於其上。"鄭注指出覆棺,不云覆椁,蓋先用以華道路,後乃取納於壙中。本墓所出覆棺之帛畫與上述《禮記》相合,應當名爲荒,上有雲氣紋,應當名爲畫荒。《鹽鐵論·散不足篇》云:"貧者畫荒衣袍,繒囊緹橐。"其名正作畫荒。因畫荒本爲貴族喪儀,當昭帝時,貧士亦仿效用之,故賢良文學提出譏議。荒字訓大訓廣,故本帛畫包括天地人三段。但帛畫下面不用褚襯,是漢儀不是周儀。又甘肅武威磨嘴子漢墓所出有幢幡一件,絲織,紅紫色,上有"姑臧西鄉閭道里壺子梁之"(里字原誤釋作里,今訂正)墨書,共十一字。兩旁還有繪畫,最上端兩角畫爲圓券,券內隱約有動物形。下部接續畫虎,再下全爲雲氣紋。下端已殘缺一部分,現存長二〇六、寬四五釐米,置於四號墓棺頂上(見《文物參考資料》1958年11期)。武威帛畫,與本墓所出,畫分三段,置放棺上,爲相同之處;但其中書一行死者籍貫姓名(壺子梁爲人名,西漢有壺遂,見《史記》自序,有壺充國,見《漢書·百官表》),爲相異之處。予謂武威墓葬中的帛畫,是合銘旌、畫荒爲一體。據《儀禮·士喪禮》所記銘旌形式,僅幅廣三寸,書銘於末。辦護喪事者,因銘旌太狹,故將兩種體制混合爲一種產物。又《禮記·喪服小記》云:"復與書銘,……男子稱名,婦人書姓與伯仲。"本墓帛畫,既不書姓,又不書伯仲,因此不能指爲即是銘旌。總而言之,本墓葬棺椁衣衾帛畫之制度,不純同於經傳所記,蓋在西漢初期,雜采周秦,參加漢制。叔孫通著有《禮器制度》,意或即是所定漢初貴族凶喪禮節。現在此書久佚,僅存夷槃數條。加以漢廷法令,屢有變革,因此與《續漢書·禮儀志》所載,出入很大。鄭康成爲東漢大儒,所注三禮,皆傳自杜鄭賈馬諸大師之遺説,據以考證本墓葬,反有互相稽合之作用。又《西京雜記》記元帝時畫工杜陵毛延壽善畫人物。安陵陳敞、新豐劉白、龔寬善畫牛馬飛鳥。下杜陽望、樊育亦善布色。本帛畫山水、鳥獸、人物、雲氣等象,分段悉備,是一人畫筆,即兼元帝時衆畫工之長,在我國藝術史上,涌現出絢爛光輝的一頁。

　　東周以來,紡織工業技術精巧,故齊有冠帶衣履天下之號,李斯亦稱阿縞之衣。秦漢時再從原有基礎上加以發展,絲織品的花紋,以《急就篇》最爲具體,絲織品的種類、顏色,以《説文》所記最爲完善。近百年出土的如"韓仁"錦、"新神靈廣成壽萬年"錦等等,數量品種,遠不如本墓之多。其價值見於文獻記載者,《御覽》八百十五引范子《計然書》:"能繡細文出齊,上價匹二萬,中萬,下五千也。"《御覽》八百十四引《計然書》:"白素出三輔,匹八百。"見於出土古物者,有任城亢父縑一匹,直六百十八。有黃毅系一斤,直三百五十。綃絲二斤,直四百三十四(見《居延漢簡釋文》卷二,五十一頁、六十頁),以上僅各舉一例。漢代繒帛四丈爲一匹(約合今二丈四尺),幅廣二尺二寸(約合今一尺三寸餘),似僅够做成人衣服一件。以齊國細文上價匹二萬計之,則二十件葬衣,即須四十萬錢。軑侯利倉之驕奢淫佚,對封户殘酷的剥削可以想見。

三、列侯食邑制度和家丞掌管封泥

《漢書·諸侯王表序》云："諸侯惟得衣食稅租,不與政事。"但食租與食稅爲二事,租爲田租,稅爲賦稅。西漢之初食稅,西漢中期以後則改食租。證之《史記·貨殖傳》云："封者食租稅,歲率戶二百,千戶之君則二十萬,朝覲聘享出其中。"此西漢初期列侯封邑食稅之證。又《漢書·溝洫志》云："是時武安侯田蚡爲丞相,其奉邑食鄃,鄃居河北,河決而南,則鄃無水災,邑收入多。"《匡衡傳》云："郡即復以四百頃付樂安國,衡遣從史之僮,收取所還田租穀千餘石入衡家。"此西漢中期以後列侯封邑食租之證。錢大昕在《廿二史考異》中,曾論匡衡食租有云："以此推之,列侯封戶雖有定數,要以封界之廣狹,定租入之多寡,不專以戶數爲定。"此論極確。對於列侯食稅,並未論及。太史公接近漢初,尚能以素封之收入,比擬列侯之食稅。軑侯利倉封於惠帝初年,其時當亦爲食稅制度。被割出之封戶,所應出之二百錢,係在算賦內扣算,抑係額外負擔,史無明文可考。軑侯封邑爲七百戶,每年收入爲一百四十千錢,匡衡封邑爲六百四十七戶,三年中即浮收租穀千餘石。軑侯稅收並不豐,而其妻厚葬奢靡如是,必如匡衡之巧取豪奪,不專以戶數爲限度。又必以長沙丞相的身份,徵發民工,服役墓地,有如周亞夫子"取庸苦之不予錢"等情事(見《史記·絳侯世家》),此漢初人民血淚史之一斑。又按:列侯食縣曰國,其令長改稱侯相,縣丞曰國丞,縣尉曰國尉。《十鐘山房印舉》舉二,五頁,有綏仁、金鄉、石山、征羌四國丞印。歙縣黃氏藏有同心國丞、主解國丞兩印。瞿氏《集古官印考》，有挏裴國尉、蔡陽國尉諸印是也。侯所食邑，亦置丞收稅，於邑上加侯字以別之。如《臨淄封泥文字目録》七頁，有祁侯邑丞、廣侯邑丞諸封泥是也（昔與亡友王獻唐論及侯國另置邑丞收稅一節，他無所見，或係漢初齊國之特例）。本墓所出有"右尉"封泥，當即軑國之右尉。漢制大縣始分左右尉，則軑縣當亦爲萬户以上之大縣也。

列侯屬官今可考者，據《漢書·百官公卿表》云：徹侯金印紫綬，避武帝諱曰通侯，或曰列侯，改所食國令長名相。又有家丞、門大夫、庶子。家丞掌雜務，門大夫掌警衛，庶子掌文書。《續漢書·百官志》云："（列侯）其家臣，置家丞、庶子各一人。……列侯舊有行人、洗馬、門大夫凡五官。中興以來，食邑千户以上，置家丞、庶子各一人，不滿千户，不置家丞。又悉省行人、洗馬、門大夫。"據此，西漢列侯屬官有家臣等五員，所記較漢表爲詳。此外又有舍人，見《史記·淮陰侯傳》（李斯爲文信侯吕不韋舍人）漢初設舍人，沿用秦制。有大行，見濰縣郭氏所藏"載國大行"封泥（載國即戴國）。大行令屬大鴻臚，與此無涉，應即《續漢書·百官志》所記行人之變名，所掌當爲應對賓客之事。以上所述，列侯屬官常置者有家丞等五員，不常置者有舍人一員。在五員之中，以家丞、庶子爲要職。降至曹魏時，曹操以武平二萬户列侯身份，開府自辟僚屬，尚有"庶子春華，家丞秋實"之語。在西漢初中期，列侯之家丞威權尤重，掌管封泥簽署，催收租稅（見《匡衡傳》），是其專職。本墓所出各陶器上，故皆打印有"軑侯家丞"封泥（長沙砂子塘漢墓所出封泥匣，有"家吏"印文，則是列侯屬官之總稱）。證之《史記·魏其武安侯傳》云："書奏上，而案尚書大行無遺詔,詔書獨藏魏其家,家丞封。"可見列侯家丞也職掌封泥,文獻與古物互證,是相符合的。

四、遺策在漢代與器疏名稱相近和葬品中缺少銅器問題

《儀禮·既夕禮》云:"凡將禮必請而後拜送,兄弟賵奠可也,所知則賵而不奠。知死者贈,知生者賻,書賵於方,若九若七若五,書遣於策。"鄭注:"方,板也,書賵奠賻贈之人名與其物於板,每板若九行,若七行,若五行。"又云:"策,簡也。遣,猶送也。謂所當藏物茵以下。"以今語譯之,寫於方者,爲喪禮之登記簿,寫於策者,爲隨葬品之清單。鄭注訓遣爲送,不作親友贈送禮物解,當作送葬雜物清單解。送葬者即隨葬也。鄭注訓策爲簡,亦與訓方爲板各有區別。1953年,長沙仰天湖楚墓出土竹簡四十三支,其最著者第一簡文云:"新智縷,楚智縷,皆有蔓足縷,新縷句。"另一簡文云:"市君之一促衣,繼純阿縞之緒,句"。兩簡皆注有王后所贈人名,是遣策兼用方板形式。本墓所出三百餘支,所記皆隨葬品,則純爲遣策性質。遣策之名係周制,在漢代是否仍用此名,則不可考。鄭康成注三禮,每以漢制況周制,對於遣策,獨未以漢制相比擬。予疑遣策之名在漢代與器疏名稱相近,《居延漢簡釋文》三九二頁有器疏,計開列有緩耳一,更於一,弓二,笴一,鉊一,至稱平各一,共計有四十二件什物。器疏雖爲生人所用,古人事死如事生,器疏之名,當亦可用。證之《漢書·原涉傳》,記涉爲友人家辦護喪事,"涉乃側席而坐,削櫝爲疏,具記衣

被棺木,下至飯含之物",曰疏,曰具記衣被棺木,當亦指器疏而言,非指購物單也。

　　本墓隨葬品中,只有銅鏡一件,並無大件銅器,爲值得注意的一點(不用金銀器,恐還有其他原因)。《漢書・諸侯王表序》云:"天子自有三河、東郡、潁川、南陽,自江陵以西至巴蜀,北自云中至隴西,與京師內史,凡十五郡。公主列侯頗邑其中。"據此,漢初郡國雖星羅棋布,而漢廷所掌握者,只有十五郡,彼時主要產銅之地,爲蜀郡鹽道及章郡丹陽,鹽道銅山在高惠時已否開采,尚未敢定,丹陽銅山則在吳王濞國內(漢鏡銘有"漢有嘉銅出丹陽"及"新有嘉銅出丹陽"二語,在西漢至王莽時期,丹陽始終爲產銅旺盛之區,東漢則轉移至朱提堂狼矣)。《史記・吳王濞傳》:"吳有豫章郡銅山,濞則招致天下亡命者,盜鑄錢,煮海水爲鹽,以故無賦。"(韋昭注以爲豫字衍文,當即秦章郡,其說是也,丹陽在宣城,秦時章郡包括宣城在內。)漢廷在高祖時,既無銅礦區,不得不改鑄莢錢,形小質薄。《漢書・食貨志》所謂"漢興,以爲秦錢重難用,更令民鑄莢錢,……米至石萬錢"是也。蓋秦錢重須要改革,非出於人民之要求,實由於缺銅之現狀。因此大量銅器,更不可能鑄造。現今能確指出高惠時所造的銅器,除廢丘鼎外,尚不多見(漢器中有列侯所造鐙錠,類皆嗣侯所造)。又《食貨志》記賈誼諫鑄錢疏,述銅歸於上有七福,其第五項云:"以作兵器,以假貴臣,多少有制,用別貴賤。"可證在文帝以前,貴臣需要銅器,貴臣手中並不蓄積銅材。因此本墓中並無銅器用以隨葬,而代之以大量漆器。漆器之價,高於銅器十倍(見《鹽鐵論・散不足篇》),知軑侯當日並非省費,很可能由於當地漆器工藝發達,軑侯家中縱有少數銅器，用以隨葬，顯示寒儉，故不若完全用華美的漆器代替。至於本墓葬出有銅鏡者，因銅鏡爲照面用具，漢初雖在銅料艱窘時，仍得部分鑄造。猶如唐初禁造銅佛像，代之以範泥，北宋時銅錢之外參用鐵錢，而鑄造銅鏡並未廢止也。

五、隨葬器物雜考

《禮記・喪大記》鄭注記天子之棺用梓。《漢書・霍光傳》載以梓木爲棺，柏木黃楊爲題湊，樅木爲外椁，兼采用三各木材。《續漢書・禮儀志》記東漢王公則以樟木爲棺椁。本墓據傳聞棺椁質料類似樟木，則已啓東漢之風。

死者在包裹衣衾上覆蓋有泥銀彩繪黃紗絲綿袍、綉花絹絲綿袍各一件，殮衣有泥金銀彩繪羅紗絲綿袍、泥銀黃地紗袍各一件。《周禮・天官・內司服》云：“掌王后之六服。”首曰褘衣。鄭注引鄭司農云：“褘衣，畫衣也。”畫衣情況，鄭注亦未詳。本墓所出蓋亦褘衣之類，但用泥金銀彩繪，在漢代古籍，尚無記載。陸游詩：“佳人袍畫金泥鳳。”至宋代尚沿用泥金畫衣之法。

絲織品中，有綉花手套、素羅手套、朱羅手套各一付。古有面衣，見《西京雜記》，耳衣見李廓《邊塞曲》，脛衣爲絝，見於《説文》，足衣爲襪，見於《釋名》。手套獨不見於古籍之記載。《陶齋藏石記》卷十三有北齊高僑爲妻王江妃造木板，背面臚列衣物單，有“故錦手衣一具”，手衣即手套，知在西漢初期，即有此物。

帛畫中段，有老婦女挂杖出行圖，當即爲墓主人。《禮記・王制》云：“五十杖於家。”雖指男子而言，倘女子亦通用此例，則墓主人年歲當在五十以上,這和湖南醫學院對尸體研究時所估計的年齡頗相吻合。

漆器僅有"軑侯家"及"君幸酒"等簡單題字,尚不用金銀扣飾,亦不刻鑄造年月和工人名的題字(樂浪耳杯題名始於昭帝始元二年,見《漢代紀年銘漆器圖說》六頁),與長沙楚墓所出耳杯相似,此爲西漢初期製作之特徵。又漆器之價,貴於銅器,《鹽鐵論·散不足篇》云:"夫一文杯得銅杯十,價賤而用不殊。"又云:"一杯棬用百人之力,一屏風就萬人之功。"本墓所出漆器如漆壺、漆奩等,彩繪極精,所費當又在百人以上之手工。

漆器中有漆匜一件,在兩周時,匜爲盥洗器,至漢初匜之形式即已改變。1957年西安白家口漢墓中,出有"西共竇氏銀匜"(現藏陝西省博物館)。其規格與本墓所出完全相同。其一端可以爲流,可以爲柄,不僅用以盥洗,兼可貯藏雜物。

漆奩盒內藏有假髮,假髮在古代名髢。《莊子·天地篇》:"禿而施髢。"《說文》髢本字作鬄。又盒內藏梳箆各一件,按:梳箆有各自爲物者,如本墓所出及敦煌木簡遺址、長沙黃泥坑漢墓所出是也(見1956年《文物》11期)。有梳箆合二件爲一物者,如《漢書·匈奴傳》之"比梳一"及《居延漢簡釋文》三七二頁之"疏比一具"是也。

本墓出木俑大小共一百六十二件,在長沙楚墓中亦曾出有木偶人。《漢書·武五子傳》云:"江充遂至太子宮掘蠱,得桐木人。"《鹽鐵論·散不足篇》云:"匹夫無貌領,桐人衣紈綈。"木俑應用桐木刻成,並穿有衣裳。此墓所出木俑,其衣確有長羅袍、繡花袍及泥銀彩繪袍者,與《鹽鐵論》所言正合。

供祭品水果有梨、棗、楊梅、瓜等物。謝惠連《祭古冢文》云："水中有甘蔗節及梅李核瓜瓣。"惠連所祭，亦當是漢墓，與本墓以水果充供正同。又各果及莧菜，俱爲初夏産品，本墓埋葬，應亦在其時。

隨葬器物有竽瑟各一件，《史記·蘇秦傳》載蘇秦説齊宣王曰："其民無不吹竽鼓瑟，彈琴擊筑。"漢鏡銘云："竽瑟侍兮心志事。"是以竽瑟爲隨葬品。竹器中有薰籠一件，《太平御覽》七百十一，引《方言》云："南楚江沔之間籠謂之篝，或謂之筊，陳楚宋魏之間謂之庸，若今薰籠是也。"又引劉向《別録》云："淮南王有《薰籠賦》。"現淮南王存有《屏風賦》，《薰籠賦》已佚，知薰籠之創作，在西漢初期。

又有大小竹扇二件。《小爾雅·廣服》："大扇謂之翣。"《禮記·少儀》："手無容不翣也。"鄭注："扇也。"《淮南子·説林訓》："披裘而以翣翼。"高誘注："扇也，楚人謂之翣也。"現出土之扇，形如厨刀，蓋扇初作時，取象形於門扇。《文選·班倢伃怨歌行》云："裁爲合歡扇，團團似明月。"據此竹扇之形式，當在西漢中晚期（或疑班倢伃詩爲後人所擬，其説非是。江文通《擬古》三十首，第一首即《擬班倢伃詠扇》，亦云紈扇如圓月）。

又有莞席四件。《説文》："莞，草也，可以作席。"《御覽》七百九引《計然萬物録》云："六尺藺席出河東，上價七十。蒲席出三輔，上價百。"（河東席爲藺草所編成。）《居延漢簡釋文》三九一頁："三尺五寸蒲復席青布緣二，直三百。"則席每件在西漢時平均約值百錢。漢宮所用，則爲青蒲席也（見《漢書·師丹傳》）。

在竹簍、竹筒中，以及東邊箱、南邊箱底，出有大量泥"半兩"

和“郢稱”兩種錢幣。漢代瘞錢之風氣，有用實物者，見於《漢書·張湯傳》。有用泥製者，長沙出泥半兩，面呈藤黃色（見《長沙古物聞見記》）。洛陽出大泉五十，面塗銀朱。本墓所出泥半兩，有大小兩種，大者如秦半兩，小者如莢錢。《漢書·食貨志》有“漢興以爲秦錢重難用，更令民鑄莢錢，……米至石萬錢”云云。惠帝時未鑄錢，當仍沿用莢錢，至呂后時始改鑄八銖錢，文帝另鑄四銖錢（文皆爲半兩）。現出泥錢，無八銖模型，本墓葬在惠帝時代又一旁證。至於郢爰、郢稱，本爲楚國金貨，在漢初楚地，可能屬於通行貨幣之一種，故泥幣亦取其象徵性也（楚金貨有郢、穎、陳、專四種爰金，數量最多者爲郢爰，郢稱又郢爰之別種）。

墓葬有應出而未見者，頭飾如釵簪之類（僅見耳環），而被帳（僅見帷幄）、碗、針、剪之類，皆未出土。又侯夫人有印，傳世有廣阿侯夫人印（見《金石索·金索》），蓋嗣侯用以傳家，故不入墓葬。

這座漢墓女尸體保存完好達兩千餘年之久，尚屬初次發現。隨葬品有千餘件之多，絲織品、漆器更是豐富多彩，對於研究西漢初手工業的發展，尤有重要之價值。我們偉大領袖毛主席指出：“只有農民和手工業工人是創造財富和創造文化的基本的階級。”上述珍貴遺物，出自漢初人民的精心創造，是當時勞動人民的智慧和血汗的結晶。

長沙發掘報告的幾點補正

本報告共分戰國、西漢前期、西漢後期、東漢四個時期墓葬發掘情況而寫成。附錄有木車模型、木船模型兩篇考證，叙次很爲分明；但在發掘以前，長沙地區出現的古物，用來比較參考的地方太少。對於考釋文字方面，也有許多可以商榷的，茲就個人意見，分列如下：

八十頁泥質冥錢原文略云：

（1）郢版　1式格内陽文，縱寫郢秒二字。　2式陽文橫印郢吊二字。　3式陽文橫印郢程二字。

（2）兩版　1式陶文印兩字。

（3）泥半兩錢　大小大約合於漢代的一寸，和文帝半兩差不多。

（4）泥餅金　模金一面凸起，另面平，凸起的一面有花紋。

按郢版一式格内所寫，當爲郢稱二字簡體。二式格内所寫，可能爲郢寽二字異文。三式格内當爲郢稱二字，本文誤釋作郢程。稱即後代之秤字，漢代尚未有此字。郢中之稱，可能與其他地區有所不同，故特標以地名。兩版爲半兩之省文。泥半兩《古泉匯》已著錄，爲洛陽出土，論其形式文字，皆與漢武帝所鑄半兩相似，與四銖半兩尚有不同。泥餅金似仍依《夢溪筆談》稱爲麟趾金爲宜。

八十三頁蟠螭紋鏡原文略云：

> 紐座邊兩弦紋之間，有銘文一周，文曰，愁思悲，願君忠君不説，相思願毋絶。

按願君忠當斷爲一句，君不説又爲一句。不説與不悦相同。第一句悲字不入韻，説絶兩字爲韻。相思願毋絶，亦見《漢鐃歌十八曲·上邪篇》，爲秦漢人之習俗語。此等鏡銘，與“君行卒，予志悲，秋風起，侍前希”相類似，余昔考證皆爲妻贈夫之辭。

一〇七頁陶器原文略云：

> 陶器上文字，有一類有些像人名，如翁中、翁小、黄大等。

按翁中翁小，當讀爲中瓮小瓮。非指人名而言。《説文》瓮，罌也，讀若翁。《説文》有讀如讀若之例，讀如者是比擬其音，讀若者是兼通其義。准此例翁與瓮字義相通，本陶器翁字，爲瓮字之假借無疑。

一〇七頁陶器原文略云：

> 陶器上文字一類是容量，有容五斗和容一石等字。

按西漢陶器上刻數字者，有兩種規律。一種是用器，墓主人生前所用，死後即取以隨葬。一種是殉葬器，僅象徵浮夸的數字而已。本陶文兩種是實用器，與西安漢城所出“安國十斗、謝民十一斗”陶瓮文字相似，其作用可以代替升斗，等於王侯自製之家量；象徵性所刻文字如洛陽燒溝漢墓群所出陶倉朱書某某萬石，西安漢城所出之一小酒罌上刻“汋一二石”是也。

一一〇頁銅鍪原文略云：

在口沿外側有銘文廿三字云：時文仲銅鍪一，容二斗，重六斤三兩，黃龍元年十月甲辰治。

按十月甲辰爲七月甲辰之誤釋。以長術考之，宣帝黃龍元年七月爲辛丑朔，本銘文七月甲辰，則爲七月四日。是年十月爲己巳朔，不得有甲辰（鄒漢勛、汪日楨、陳垣三家所推並同）。西漢人寫七字中畫微短，與十字區別往往不顯著。如南越甫木題字，端方及建德周氏所藏兩玉日晷，七字皆中畫微短，而居延全部木簡，除建武杂年一簡寫作杂字外，其餘七字，皆與十字形極相近。

——六頁 IV 式銅鏡原文略云：

昭明鏡內圈銘文，是內清質以昭明光而日月心忽乎雍塞而不泄。外圈銘文是絜清白事君志驩之合明假玄錫之澤恐日忘美之窠□之□願毋絕。

昭明鏡傳世之器已多，余曾綴合全文，共爲十二句，每句六字。各鏡銘有增減，有脫落。有因鏡圈內無餘地突然中斷者，各種情況不同，本文光而日月，應爲光象日月之誤釋。窠字爲窻字之誤釋，即悗字異體。《小校經閣金文》卷十七，九十二頁，金代仿漢華亭縣官鏡，及同書卷十六，三十三頁精白鏡等皆可證明（僅舉兩例）。

——六頁 V 式銅鏡原文略云：

其外一圈銘文，是湅沼銅華清而明；以之爲鏡宜文章……

按湅沼當作湅冶，恐被讀者誤爲鉛字。

——九頁銀印原文略云：

銀印章文字係劉驕二字，劉字係陽文，驕字係陰文。

　　按西漢長沙王名稱應分爲兩個階級。西漢初期，長沙王爲吳芮、吳臣父子等。景帝以後至西漢末期，則爲景帝子長沙定王發之一支，本報告西漢出土遺物，多屬於長沙定王發枝葉範圍以內。《漢書・王子侯表》，長沙定王有十五子，長沙頃王有四子，長沙孝王、長沙刺王各有二子，皆無劉驕之名。肯定驕爲某長沙王之子而未封侯者，其墓與長沙王后墓相近，當係子從母葬也。

　　一二〇頁漆盤原文略云：

　　　　漆盤書楊主家般四個字，四〇一號墓主人係劉驕，墓西邊不遠的長沙王后塚，亦曾出土有楊主家般字樣的漆盤，推測長沙王后姓楊，與劉驕有一定的關係。

　　按《漢書・匈奴傳》上云：“乃使劉敬奉宗室女翁主爲單于閼氏。”顏師古注：“諸王之女曰翁主。”《金石索》璽印之屬，有“王翁主尉”印，本文之楊主家盤，當作楊翁主家之盤解釋。楊主者稱從夫之姓，與王翁主尉印正同例。楊氏當爲長沙王女從夫之姓，而非長沙王后之姓。此盤可能平時存於母家，故長沙王后葬時，親族取以隨葬。

　　一二四頁木札原文略云：

　　　　木札長方形扁平，上端削去兩角，稍低處兩側各有一個三角形凹缺，正面光滑，有墨書“被絳函”三個字，推測係在凹處縛繩，並懸掛在箱函之上。

　　按木札墨書，應釋爲“被綺函”三字，本文誤釋爲“被絳函。”被絳二字，義無所取，若指爲絳色之被，似亦少見之倒置文例。當日木札，既懸掛在箱籠之上，其內必藏有被綺等衣物隨葬品。用衣被等實物殉葬，等於後代之焚冥衣。《説文》：“綺，脛衣

也,字亦作袴。"褲則爲後起之字,《居延漢簡釋文》三六七頁,
有"綺一兩"之記載共有兩處,皆作綺,不作袴,與《説文》正體
相同。夸字或寫作夻,本題字又變作夽,末筆向内轉彎,正與絳
字表示有區别。

望都漢墓壁畫題字通釋

自望都一號、二號漢墓清理以後,已出版者,有《望都漢墓壁畫》、《望都二號漢墓》兩報告,又有安志敏、林樹中、何直剛三同志的論文,先後在《考古》1957—1959年發表。林樹中同志推斷一號墓主人應爲漢浮陽侯孫程,時代約在東漢陽嘉元年之後。何直剛同志則定爲東漢初期浮陽侯劉歆墓葬,時代在永平之際。然與二號太原太守劉公墓墓形結構、隨葬器物無不相同,故一般人士對何說頗有討論之必要。我以爲墓主應爲由河南内調三公,或相當於公位。孫程官歷爵位,只有浮陽侯相合,其他皆不合;至孫程之養子孫壽,僅嗣浮陽侯爵,亦未見其有其他官職;若指爲劉歆之墓,恐距事實更遠。現以門下功曹、門下游徼、門下賊曹三吏相聯之名稱,及"人馬皆食太倉"、"戒火"等題字而論,完全與東漢石刻相同,屬於東漢後期作品,則毫無疑義。觀其題字,用筆俊逸,與孔宙、禮器等碑極相似,而與東漢初期《三老諱字忌日記》等隸法不同。現對全部畫象題字有關官名制度等通考於後。

一、人物畫象題字

門亭長、寺門卒

《續漢書・百官志》，司隸校尉屬吏有門亭長，主州正
門。又太守屬吏，正門有亭長一人。即本壁畫題字之門亭
長。寺門卒即府門卒，始見於《漢書・韓延壽傳》。又傳世
有"樂安太守麃君亭長"及"府門之卒"兩石人題字，爲太守
府門前之侍衛，與本題字完全符合。兩漢官署之名，或稱府，
或稱寺，性質相同，有時並無嚴格之區別。如丞相及三公均
稱府，御史大夫稱寺（見《漢舊儀》），三輔、太守、都尉、諸侯
相皆稱府，縣令長稱寺，此其大略也。

門下功曹、門下游徼、門下賊曹

兩漢州郡縣屬吏有門下之名，開始於西漢中期。門下掾
始見於《漢書・韓延壽傳》，門下督始見於《漢書・游俠萬章
傳》。門下之名雖建立，而門下之職守未確定。至東漢初
期，始有門下五吏之名。《續漢書・輿服志》："公卿以下至
縣三百石長，導從置門下五吏，賊曹、督盜賊、功曹，皆帶劍三
車導；主簿、主記，兩車爲從。"林樹中引用這條材料時，在斷
句上略有錯誤，何直剛則誤指門下五吏爲"賊曹、功曹、三
車、主簿、主記"五種名稱，其實"督盜賊"爲一吏之名，《考
古》編輯所加按語，我很同意。關於東漢公卿令長之屬吏，
冠之門下之名，與不冠以門下之名者，自來注解兩《漢書》
者，多未注意及之。門下五吏，在屬吏中應成爲另一系統之
政權組織，出則導車從，入則參機要，爲最親信之僚屬。《輿
服志》所舉五吏之名，賊曹與督盜賊皆主搜捕姦宄，功曹主
考核吏績，主簿主文書，主記史主錄記書，催期會。每吏只一
人。例如門下功曹爲一人，而普通功曹掾、功曹史以及功曹

書佐等，成爲一曹，則必有多人。《漢官儀》云："督郵、功曹，郡之極位。"《後漢書·黨錮傳》序云："汝南太守范孟博，南陽宗資主畫諾。"蓋指范滂爲本郡之功曹而言。可見功曹之職位，在州郡縣吏中已極尊榮，門下功曹則更超越一等。又《漢書·韓延壽傳》記延壽爲東郡太守，秋試時，功曹引車。《王尊傳》記尊爲東郡太守，河決時，惟主簿相從勿去。功曹與主簿，本爲太守最親信之吏，在西漢時，雖無門下之名，已有門下之實。東漢時，門下等於吏屬中之内廷，諸曹等於吏屬中之外廷。但《續漢書·輿服志》所記門下五吏之名，應爲東漢初期或中期制度，到後期則變化很大。主要爲門下功曹、門下游徼、門下賊曹三吏，次序排列，有條不紊。其他配以主簿，或門下史、主記史，成爲五吏或六吏。此處隨事需要，更可以增加門下某吏之名。上述情況，在東漢各碑陰題中，特別顯著。本畫象題字亦不例外。如《倉頡廟碑》有"衙門下功曹、衙門下游徼、衙門下賊曹"三題名；《武梁祠堂畫象》有"主簿、門下功曹、門下游徼、門下賊曹"及"游徼車、賊曹車、功曹車、主簿車、主記車"等題榜；《費鳳碑》（見《隸釋》卷九）有"門下功曹、門下史、主記史"三題名。上述東漢石刻門下五吏之題名，與《續漢志》所記相較，門下督盜賊變爲門下游徼，而前三吏之門下功曹、門下游徼、門下賊曹之次序，尤多謹嚴不亂。本畫象題字，主要亦爲門下功曹、門下游徼、門下賊曹、門下史、主簿、主記史六吏名稱，與東漢各刻相合，尤爲壁畫屬於東漢後期作品之確證（本段題字在西壁上部，應從右至左讀，《望部漢墓壁畫》由追鼓掾自左向右讀，門下功曹成爲最末之一人，實誤）。又《倉頡廟碑》有"故督盜賊"題名，《景君碑陰》有"門下督盜賊"題名，是在東漢後期，五吏中門下督盜賊之名稱，在州郡縣吏中，尚偶有存者。其餘因事需要，擴大門下之組織者，如《西狹頌》有"門下掾"題名，《曹全碑》有"門下祭酒、門下議曹"等題名，《韓敕修孔廟碑》（見《隸續》卷十二）有"魯相門下幹"題名，《景君碑陰》有"門下議史、門下書佐"等題名。是掾、史之外，可以兼及書佐、幹等小吏，在各郡縣中隨時增減，制度未必統一。

門下史

　　《費鳳碑》（見《隸釋》卷九）、《校官潘乾碑》皆有"門下史"之題名，與本壁畫正合。

追鼓掾

　　"追鼓"當爲"搥鼓"省文，此吏名不見於《續漢書》及《晉書》、《宋書》各百官志。《居延漢簡甲編》八十五頁有"鼓下卒十人"之記載，蓋當屬於追鼓掾者。西漢時，京兆府中設鼓，發讀詔書皆擊鼓，見《漢書·酷吏田延年傳》。寺門外有鼓，見《漢書·何並傳》。《後漢書·文苑禰衡傳》之鼓史，《世說新語》則作鼓吏，是宴會賓客時奏樂之吏，與此尚微有區別。

北□□下□□皆食太倉

　　全文大義是此下人馬，皆食太倉。太倉爲漢代太倉令，藏粟最多之處，比擬死者祿食不盡之意。在東漢石刻壁畫中共五見：一見於本壁畫題字，二見於望都二號墓壁畫題字，三見於安丘漢畫象石題字，四見於薌他君石祠堂題字（故宮博物院藏石），五見於河南白沙閔子騫等漢畫象石題字（見《石交錄》卷一）。惟白沙石刻作"此上人馬，皆食太倉，急如律令"，比上述四種，末尾增多一句。望都二號墓時代在光和五年，薌他石祠堂題字在永興二年。則寫此兩句者，皆爲東漢後期之作風，以此推斷，本壁畫亦當屬於東漢後期之又一確證。

仁恕掾

《漢官》（平津館輯本）云："河南尹屬吏有案獄仁恕三人。"《後漢書·魯恭傳》："河南尹袁安聞之，疑其不實，使仁恕掾肥親往廉之。"李賢注："仁恕掾主獄，屬河南尹，見《漢官儀》。"是案獄仁恕掾可以簡稱爲仁恕掾，本壁畫亦用簡稱，與《魯恭傳》合。此官惟河南尹有之，《漢官》及《漢官儀》皆有確切之記載，可以推斷本墓主是由河南拜三公，或相當於三公職位者。何直剛以爲東漢三公之掾屬，有數十名稱，安知無仁恕掾之名，恐失之於想象。

賊曹

兩漢州郡縣吏中，主管諸曹之吏，有掾有史，往往設史者不設掾，以身份論，掾在史之上。本壁畫泛言賊曹，是包括全曹而言，只畫賊曹史一人爲代表也。

辟車伍佰八人

《續漢書·輿服志》記載辟車前五百公八人，中二千石、二千石以下至二百石，遞減至二人。又云"黃綬武官伍佰（指二百石之武職吏），文官辟車鈴下侍閣……皆有程品"云云。依據《續漢志》理解，武官之侍衛名伍佰，文官則名辟車。《漢官儀》太常屬吏有辟車、騎吏、五百等員,分爲二名。
本壁畫題字則爲"辟車伍佰"四字聯文,蓋繁稱爲辟車伍佰,
簡稱爲伍佰,故又有用簡稱題"伍佰"者二榜。《輿服志》以
文武官分伍佰、辟車爲二名,其記載尚有問題。至於辟車伍
佰之名,各注家尚有未詳盡者。《漢書·鼂錯傳》募民實塞
下疏云:"使五家爲伍,伍有長,十長一里,里有假士,四里一
連,連有假五百。"服虔注:"五百,帥名也。"此"五百"二字之
始見。《後漢書·曹節傳》李賢注引韋昭《辨釋名》云:"五百
字本爲伍。伍,當也,伯,道也,使之導引當道陌中以驅除也。
案今俗呼行杖人爲五百也。"是由五百之帥名,演變爲驅除
走卒之名。蓋最初以管理士卒五百人而得名,猶漢官校尉以
下有千人之名也。又《周禮》條狼氏"掌執鞭以趨辟"。鄭
注:"趨而辟行人,若今卒辟車之爲也。"是辟車爲避車之省
文,行人看見辟車,即當趨而避路,更有八人揚威於車前。

門下小吏

《鄭季宣碑陰》、《君車漢石畫象》均有"門下小史"題名,
與本壁畫正合。

主薄、主記史

漢人書"主簿"皆作"主薄"。主簿、主記史,雖在門下五
吏之列,却不冠以"門下"字樣。此二吏在長官出行時爲從
車,主簿名次在前,主記史在後,與壁畫均合。《輿服志》僅
稱"主簿、主記",不稱爲"主記史"。漢碑中如《費鳳碑》、
《中部殘碑》皆稱爲"主記史",亦與壁畫相合。但主記有時
設主記掾,見《隸釋》卷五《張納碑陰》題名。

白事吏

此吏名不見於《續漢書·百官志》等，"白事"二字聯文，多見於魏、晉時六面印。

侍閤

《漢官儀》："太常駕四馬，主簿前車八乘，有鈴下、侍閤、辟車、騎吏、五百等員。"《續漢書·輿服志》："文官有辟車、鈴下、侍閤，門蘭部署，街里走卒，皆有程品。"侍閤之吏名，與本壁畫題字正合。兩漢人書"閤"字皆作"閤"，《漢書》中原有閤字，如公孫宏開東閤之類，皆被後人改作"閣"字。漢城天禄閤遺址所出"天禄閤"三字瓦當，亦正作"閤"。

小史、勉勞謝史

《景君碑陰》有"小史"題名。兩漢自丞相至縣令長官署，皆有小史。"勉勞謝史"非吏名，係描寫當時民衆向小史致謝勉勵慰勞之情況。"勞"字《望都漢墓壁畫》未釋，字形作"劳"，實勞字草隸書也。

二、墓主銘贊

嗟彼浮陽

目下一般人士，因銘贊中有"浮陽"字樣，大致定爲孫程墓葬。然按《後漢書·孫程傳》，安帝時爲中黃門，給事長樂宮。順帝初爲騎都尉，封浮陽侯。陽嘉元年拜奉車都尉，特進。卒贈車騎將軍。養子壽爲浮陽侯。中黃門與縣令相等，騎都尉、奉車都尉，皆不置屬吏。特進始於西漢晚期，沿至魏、晉、隋、唐，等於加官，皆不開府置僚屬。本壁畫的情況，是由河南尹入爲三公，所畫屬吏，多爲外官典制。若指爲孫程之墓葬，只有浮陽侯一點相合，其餘皆不合。若指爲孫程養子孫壽之墓，孫壽亦未嘗作過三公。所以墓主人姓名，仍暫以缺疑爲是。

何億掩忽

《孔宙碑》云："意載揚聲。"省"億"爲"意"。本壁畫以"意"作"億"，則爲假借字。

弟子一人

依漢碑陰例，弟子下當爲人名，此獨作一人，殊爲少見之例。

三、鳥獸畫題字

鶩、鷄，鷄候夜不失其信也

《楚辭·卜居》："寧與鷄鶩爭食乎？"與本壁畫鷄鶩聯畫之義相合。候夜不失其信，見《韓詩外傳》，謂鷄有五德，"守夜不失時，信也"。

麟子

《太平御覽》卷九〇七引《瑞應圖》曰："宋文帝元嘉二十五年，華林園養麈，生二百子。"本壁畫稱"麟子"，蓋乳麈之義。

羊酒

漢代羊酒二字連文。《史記·盧綰傳》"高祖、盧綰同日生，里中持羊酒賀兩家"，是也。

戒火

　　漢代陶井闌常有"東井""戒火"題字。本壁畫描繪戒
火,畫一瓦盆,上有花葉六莖,紅花綠葉,與井闌刻畫不同。
《本草》載景天,一名戒火,一名火母,主明目輕身。據此,則
瓦盆所畫爲景天,因又名戒火,取繪其象徵性也。

四、工匠游戲書字

作事甚快與衆異

　　此工匠游戲所寫,兼仿《急就章》句法。

主人大賢賀□日千

　　"賀"下應爲"客"字或"者"字。

酒肉日有師不愛手

　　此二句大義謂主人如日有酒肉相款待,工師即竭力操作
也。兩漢工匠自稱爲師,此例多見於銅鏡銘文、弩機題字及
碑刻中。

急就奇觚與衆異

　　漢人書《急就篇》,每喜書第一章開首數句,杭州鄒氏所
藏《急就章》草隸磚及敦煌、居延兩地木簡皆是也。

　　以上通考,不過就個人所見,加以詮釋,錯誤自屬難免,尚希
讀者加以指教和討論。

　　至於林樹中同志之論文,大體完善,惟引用史料,偶有誤斷句
讀,致生誤解之處。如論一號墓第三項引《後漢書·孫程傳》云:

"永建元年，程與張賢孟叔馬國等爲司隸校尉。"查原文爲"永建元年，程與張賢、孟叔、馬國等爲司隸校尉虞詡訟罪，懷表上殿，呵叱左右，帝怒，遂免程官"。傳文叙述孫程與張賢等四宦官聯名上表，訟司隸校尉虞詡之罪，咆哮殿廷，孫程因此免官。這段文字本甚分明，林氏斷句不妥，因而誤解爲孫程等四人先後皆爲司隸校尉。固屬宦官不能爲司隸，即便在例外官司隸，勢亦不能魚貫相聯，同任此官。又引《續漢書・輿服志》："侍閣門闌部署，街里走卒，皆有程品。"原文所舉文官之辟車、鈐下、侍閣爲三吏之名，"侍閣"二字，應屬上文。

何直剛同志之論文，除闡述新義外，兼駁林氏之説。何氏據《後漢書・劉植傳》，植從兄歆，光武時以功封浮陽侯，假定望都一號墓時代爲明帝永平五年至十二年，早於孫程一百餘年。然劉歆爲鉅鹿昌城人，二號墓太原太守劉公買地券明云爲中山蒲陰人。二劉籍貫且非一地。不僅墓室結構、隨葬器物，都屬於東漢後期風格也。

二號墓劉公買地券文"光和五年二月"下空三字，當爲"戊子朔"三字，周尊生同志已經指出，是正確的。乃何氏釋爲"二月六日若二十八日乙卯"，在漢代碑刻及地券中，記載朔日干支，從無此文例。又第三行"□（似墓字）中游徼、佰門卒史"，"佰門"即"柏門"，謂守墓柏之鬼卒史，爲地券中習見之術語。《望都二號漢墓》原釋文本不誤，何氏釋"卒史"二字爲"本其"，便不可通。

和林格爾東漢大墓壁畫題字考釋

一、人馬皆食太倉題字

本畫像前室下層題字，有"上郡屬國都尉西河長史吏人馬皆食太倉"及"繁陽縣吏人馬皆食太倉"二榜題字。按：太倉爲漢代太倉令藏粟最多之處，比譬死者食禄不盡，爲東漢石刻畫像中之習俗語。以余所知，共有五見，一見於薌他君石祠堂題字，二見於白沙所出丁蘭、邢渠等畫像題字，三見於望都壁畫一號墓題字，四見於望都壁畫二號墓題字，五見於安丘漢畫像石題字。合本墓題字，共有六見。大率皆作"此上人馬皆食太倉"。惟望都一號墓則作"此下囷圌皆食太倉"。白沙石刻在"此上人馬皆食太倉"下，又增加"急如律令"一句。本墓題字，則無"此上"二字，皆屬大同小異。在六刻之中，有紀年可考者，則薌他君石祠堂題字，刻於桓帝永興二年，望都壁畫二號墓繪於桓帝光和五年，蓋當時一種流行術語，時代屬於東漢後期，本墓壁畫亦可證明爲東漢後期之作品無疑。

二、屬吏題字

本壁畫前室下層，畫屬吏府舍，有功曹、尉曹、金曹、左倉曹、右倉曹、閣曹、塞曹、辭曹（原報告誤釋作辤曹，今訂正）等。屬吏題字，除習見史傳不再考證外，按：《續漢書·百官志》，叙三公所屬諸曹掾史，有辭曹主辭訟事，尉曹主卒徒轉運事。又叙太守都尉皆置諸曹掾史，本注曰，諸曹略如公府曹，無東西曹。本題字倉曹分爲左右曹，亦爲《續漢志》所未詳。塞曹之名獨不見於《續漢志》，《曹全碑》陰有塞曹史杜苗、吳產二人題名。《居延漢簡釋文》二七頁，有簡文略云“元始三年八月甲辰朔，丁巳，累虜候長祥，塞曹史並拜，再拜言肩水”云云。（肩水下當爲都尉府三字，今已殘缺。）塞曹史當爲管理邊塞屯戍之事，惟曹全官郃陽令，在中原地區，不知何以設有塞曹之職。又洪氏《三國職官表》云：“郡當戍邊者置塞曹掾，今可考者有帶方張政。”帶方縣屬遼東郡，曹魏之設塞曹掾，蓋沿用兩漢制度。

三、二桃殺三士等歷史故事題字

本墓壁畫中室除東壁外，其餘三面上部，均繪有封建統治階級宣揚提倡所謂聖賢義士孝子賢妻良母等歷史故事，共有八十餘則，皆爲經傳習見之人名。惟“孝孫父”三字，未題姓名。按：所畫當爲東漢原谷事。武梁祠畫像，亦有“孝孫”、“孝孫父”、“孝孫祖父”題字三榜，亦未題人名。先伯父星南先生著《武梁祠畫像題字考》（1947 年家印本），據《太平御覽》卷五百十九引《孝子傳》云："原谷者不知何許人，祖年老，父母厭患之，意欲棄之。谷年十五，涕泣苦諫，父母不從，乃作輿舁棄之。谷乃隨收輿歸，父謂之曰，爾焉用凶具，谷乃曰，恐後父老不能更作得，是以取之耳。父感悟愧懼，乃載祖歸侍養，克己自責，更成純孝，谷爲純孫。"余按：白沙漢石畫像，亦有"原谷親父"、"孝孫原谷"、"原谷泰父"題字三榜，足證先伯父之説，極爲正確。本題字次於"休屠胡"之後，休屠胡爲金日磾事。武梁祠畫像則與"趙腊"題字相聯次。趙腊事迹，見徐堅《初學記》卷十七及《御覽》卷四百十四，均引師覺受《孝子傳》，惟趙腊作趙徇，漢安帝時官至侍中，原谷既次於趙腊之後，當亦爲東漢中期人士，並可證明本壁畫爲東漢末期之作品。

四、□□少授諸先時舍題字

由中室西壁中部，一直連到北壁中部偏左，繪墓主人夫婦燕居圖。在燕居圖右上方，畫出一座院落，類似學府，有"□□少授諸先時舍"題字一榜。按：此爲墓主人未出仕之先，私學傳經之圖象。後室大莊園圖，則爲致仕之後，描寫大地主、大官僚奢侈生活之一種象徵。諸先當作諸位先生解，兩漢人對先生二字，或簡稱爲先，或單稱爲生。《史記·鼂錯傳》云："學申商刑名於軹張恢先所。"（《集解》引徐廣曰："先即先生。"）《漢書·梅福傳》云："叔孫先非不忠也。"《京房傳》亦引秦代有正先人名。不過兩漢稱先，不如稱生比例之普遍。本題字諸先，即指墓主人之弟子而言。(《漢舊儀》謂漢代博士稱先生，本題字只用此名，不拘此例。)東漢時私人講學風氣最盛，如馬融、賈逵、邊韶、鄭玄等人，其最著者。以此推斷，墓主人年少時，亦以私學傳經爲職業。東漢所謂"士大夫"階層，大率先以傳經相號召，沽名釣譽，然後博得舉孝廉，即進入仕途。現以熟在人口兩漢碑證之，《孔宙碑》云："治《嚴氏春秋》，舉孝廉，除郎中，都昌長。"《樊敏碑》云："治《春秋嚴氏經》，察孝除郎，永昌長史，遷宕渠令。"本墓主人亦由舉孝廉，拜郎中，遷西河長史，再遷繁陽令，其升轉官位，幾與樊敏完全相同。東漢舉孝廉之例，在二十萬人中始選出一人，由太守或州牧察舉，三年一舉，每次總額，約百人左近，班固《西都賦》所謂"舉百郡之廉孝"是也。定襄郡全郡人口，僅一萬三千餘人，似不應選出孝廉一人，意人口稀少之郡，或不拘此成例，被選舉者，大率豪強大族之子弟，墓主人之經歷，當不例外。

五、繁陽令官寺題字

中室繪繁陽縣官寺圖。兩漢官署，《漢官儀》記"丞相名府，御史大夫名寺"。外官太守都尉則稱府，縣令長則稱寺。樂安太守麃君府門之卒石刻像，《曹全碑》所記之開寺門，與兩《漢書》普遍所載，無一不合。予昔考望都壁畫門前畫像，稱寺門卒，不稱府門卒，但墓主人相當於三公職位，府寺二名，亦可通稱，並無嚴格之限制。繁陽縣屬魏郡，東漢時任縣令者，有陳球，見《後漢書》本傳。有楊尋，見《熹平三年繁陽令楊君碑》(《楊君碑》爲潼關四楊碑之一，其名久佚，茲具《通志·金石略》，稱爲楊尋)，合本墓主人則有三人。以一縣令身份，竟蒙璽書褒嘉，在兩漢則爲僅見之事。

　　本段畫像，又有"使君從繁陽遷度關時"及"使君□□從騎"、"夫人軿車從騎"、"輂車"各題字。按：武威張君墓出土銅馬，有"冀張君夫人輂車馬，將車奴一人，從婢一人"之刻字。《說文》："輂，大車駕馬也。"蓋男女通乘之大車。又《釋名・釋車》云："軿車，軿屏也，四面屏蔽，婦人所乘。"與本題字"夫人軿車從騎"正合。

結　語

　　本墓在 1972 年秋間初發現時，友人吳榮曾即以壁畫情形相告，並以"中渭橋"、"七女爲父報仇"兩題字事迹見詢，細檢古籍，皆不見有此紀載。或云爲墓主人之本事固未敢定，又有考墓主人應爲公箕稠者，亦未敢確定。現從人馬皆食太倉等題榜觀之，則屬於東漢桓靈時期墓葬，可以得出相對年代。

1974 年於西大新村

晉徐美人墓石考釋

晉徐美人墓石,於 1955 年洛陽發掘晉代墓葬群時出土。原拓本刊載在《考古學報》1957 年第一期。全文長達千言,完整無缺,與傳世荀岳墓碣,堪稱雙璧。美人之事迹,不但與《晉書》有異同,且與賈充妻宜城君郭槐墓石及賈充婿韓壽神道闕有聯繫,其中保存西晉之寶貴史料不少。刻石中別體字及脫落字亦不少,茲逐段考釋如次。

晉賈皇后乳母美人徐氏之銘。

美人諱義,城陽東武人也。其祖稱九族,出自海濱之窩。昔以鄉里荒亂,父母兄弟終亡,遂流離逬竄司川(州)河內之土,娉處(處下應脫寫士字)太原人徐氏爲婦。美人姿德邁縱文母,立身清絜,還矣(俟)伯姬,温雅閒閑,容容如也。居家里,治模範,過於仁夫,不下堂而睹四方。扶育群子,勖導孔明,教化猛於嚴父,恩覆誕於春陽。機神聰鑒,聞於遠近,接恤施惠,稱於四鄉,人咸宣歌,邑室是遵。

《晉書·地理志》,東武屬城陽郡,河內郡屬司州部,皆與墓石相合。

還矣伯姬,矣應爲擬字別體。

《漢書·外戚傳》,叙后妃名號十有四位。良人視八百石,美人視二千石，才人則爲倢伃以下之總稱。《漢書·藝文志》詩歌類，有《詔賜中山靖王子噲及孺子妾冰未央材人歌詩》四篇是也。《晉書》對於後宮婦官，略而未叙。沈約《宋書·后妃傳》序云："晉武帝采漢、魏之制，置貴嬪、夫人、貴人，是爲三夫人，位視三公。淑妃、淑媛、淑儀、修華、修容、修儀、婕好、容華、充華，是爲九嬪，位視九卿。其餘有美人、才人、中才人，爵視千石以下。"徐義由中才人升爲良人，由良人進號爲美人，官階與《宋書》叙述相合。但婦官有兩種性質，一爲屬於妃嬪類型，一爲屬於保傅類型，徐義之身份則屬於保傅之範疇。

晉故侍中行太子大保太宰魯武公賈公，平陽人也，公家門姓族，鮮于子孫。夫人宜城君郭，每產輒不全育。美人有精誠篤爽之志，規立福祚，不顧尊貴之門。以甘露三年歲在戊寅永保乳晉皇后，及故驃騎將軍南陽韓公夫人。美人乳侍在於嬰孩，抱撮養情若慈母，恩愛深重過其親。推燥居濕，不擇冰霜，貢美吐飡是將，寢不安枕，愛至貫腸。勛語未及，導示毗匡，不出閨閣，戲處庭堂，聲不外聞，顏不外彰。皇后天姿挺茂，英德休康。年十三，世祖武皇帝以賈公翼贊萬機，輔弼皇家。泰始六年，歲在庚寅，正月遣宗正卿泗濆子陳惶，聘爲東宮皇大子妃。

徐義所哺乳者，一爲賈充之長女賈皇后，二爲賈充之次女韓壽之妻，即賈后之妹。《晉書·賈充傳》略云："充字公閭，平陽襄陵人，魏豫州刺史逵之子。官至太保太宰，封魯公諡曰武公。"又云："充婦廣城君郭槐性妒忌。"郭槐先封廣城君，後改封宜城君，墓石稱宜城君，蓋用改封之號。

又按：洛陽出土晉宜城宣君郭槐墓石，元康六年立。叙述槐字嬡韶，爲城陽太守郭配之女。但《世説新語・賢嬡篇》作郭槐字玉璜，蓋一人兼有二字。

《三國志・魏書・韓暨傳》裴注引《楚國先賢傳》云：“韓暨次子繇，高陽太守，繇子洪，侍御史，洪子壽字德貞。”又引《晉諸公贊》曰：“壽能敦尚家風，性尤忠厚。早歷清職，惠帝踐阼，爲散騎常侍，遷河南尹。病卒，贈驃騎將軍。壽妻賈充女，充無後，以壽子謐爲嗣。”《晉書・賈充附賈謐傳》，謂壽以元康初卒，而《賈后傳》謂壽爲趙王倫所誅，恐非是。

又按：《八瓊室金石補正》卷九，十四頁，有韓壽神道題字，文爲“□故散騎常侍驃騎將軍南陽堵陽韓府君墓神道”等二十字。壽之歷官，與《三國志》裴注、《晉書・賈謐傳》，及本墓石，無不相合。

墓石文叙賈后年十三，以泰始六年歲在庚寅正月，册立爲皇太子妃。《晉書・賈皇后傳》作年十五，泰始八年二月辛卯，册立爲太子妃。兩處不同，當以墓石文爲正。或賈后以泰始六年先入宮教養，至八年始正式册爲太子妃，亦未可知。

《賈后傳》又云，賈后妹午，年十二，少太子一歲，猶不能勝衣，武帝因更聘賈后爲太子妃，據此徐義所哺乳賈充之次女名午，即韓壽之妻也。

宗正卿陳惶《晉書》無考。宗正卿自兩漢以來，皆由皇家宗室之人充任，曹魏時亦僅用曹氏族人，惟鄭袤曾一度兼攝此官，陳惶恐亦同此例。

本文“推燥居濕”以下，至“英德休康”十二句，皆用韻語。吐湌下似脱寫二字。勛語疑薰語之假借，謂薰陶匡輔之語。與上文勛導孔明詞句相似。

妃以妙年，託在妾庶之尊。美人隨侍東宮，官給衣裳，服竆，御者，見會處上，待禮若賓。有所論道，非美人不説。寢食非美（美下當脱人字）匪卧匪食。游觀非美人匪涉不行。技樂嘉音，非美人匪睹不看。潤洽之至，若父如親。

竆字當爲竂字別體，已開六朝人從宀之字與從穴之字互相混淆之弊。《字彙》：“竂音晚，引也。”此字在古籍中未見，服竆當作服引解，謂服食導引之方也。

太康三年五月廿四日，武皇帝發詔拜爲中才人，息烈司徒署軍謀掾。太熙元年四月廿二日，武皇帝薨。皇帝陛下踐阼，美人侍西宫（當爲宫字誤寫），轉爲良人。

《宋書·后妃傳》序云：“泰始元年省淑妃、昭華、中才人、充衣，復置修華、修儀、修容、才人、良人。”據此中才人省廢以後，始置良人之名，與墓石所述次序正相符合。

息烈者，徐義之子名烈也。漢晉以來，多稱子爲息，《漢孟璇碑》云：“武陽令之少息。”李密《陳情表》云：“晚有兒息。”皆是也。

軍謀掾之名，不見於《晉書·職官志》，三公之屬吏。《魏書·孫禮傳》，署軍謀掾，與墓石正合。蓋西晉初年三公府屬，多沿用曹魏之名稱。

《晉書·武帝紀》，以太熙元年四月己酉卒，據《二十史朔閏表》，太熙元年四月爲庚寅朔，己酉爲四月二十日，墓石誤書爲四月二十二日。

永平元年三月九日,故逆臣太傅楊駿,委以内援,舉兵圖
危社稷。楊太后呼賈皇后在側,視望雋候,陰爲不軌。於時
官人實懷湯火,懼不免豺狼之口,傾覆之禍,在於斯須。美人
設作虚辭,皇后得棄離元惡,駿伏罪誅。

《晉書·惠帝紀》,永平元年三月辛卯,誅太傅楊駿,是年三
月爲甲申朔,九日爲辛卯,與墓石正合。楊駿本傳云:駿字文長,
弘農華陰人,武帝以駿爲太尉、太子太傅。武帝臨薨,受寄託之
重。賈后誣以謀反誅之。《賈后傳》叙殺害楊駿時,有董猛參與
密謀,未涉及徐義事。

雋爲携字異文,謂携貳之人,伺候圖謀也。

聖上嘉感功勛,元康元年拜爲美人,賞絹千匹,賜御者廿
人,奉秩豐重,贈賜隆溢。皇后委以庶績之事,託以親尼
(昵),宰膳同於細御,寵遇殊持(特)。元康五年二月,皇帝
陛下中詔,以美人息烈爲太子千人督,抽擢榮覆,積累過分,
實受大晉魏魏(巍巍)之恩。

《晉書·職官志》,大子官屬,僅紀文吏,不紀武吏,故無千人
督之名,晉代三公及將軍府屬,有門下督、帳下督等官名,亦無千
人督之名。《善齋吉金録·璽印録》卷中,二十二頁,有千人督印
亦確爲魏晉時物。《(北)魏書·官氏志》第六品中,有千人督,爲
元魏早期官制,蓋因襲魏晉之制度。

美人以元康七年歲在丁巳七月寢疾,出還家宅自療治。
皇帝陛下,皇后慈仁矜愍,使黄門旦夕問誄(訊),遣殿中太
醫奉車都尉關中侯程據、劉璇等,就家瞻視,供給御藥,飲食
衆屬。皇后所噉珍奇異物,美人悉蒙(蒙下似脱賜字或賞

字)之。疾病彌年，增篤不損，厥華七十八，以八年歲在戊午，四月丁酉朔，廿有四日丙□，直平戌時喪殞。

《賈后傳》云："后遂荒淫放恣，與太醫令程據等亂彰内外。"又《御覽》六百九十四引《咸寧起居注》："大司馬(當爲太醫司馬之誤，文歙縣黄氏藏有"太醫司馬"印)程據上雉裘，武帝於前殿焚之。"程據事實可考如此。

元康八年四月爲丁酉朔，二十日當爲丙辰，墓石誤書爲二十四日丙□。直平者，謂建除日期中所值之平日也。與王莽量文戊辰直定，同一句例。

　　皇后追念號咷，不自堪勝，賜秘器衣服，使宫人女監宋端，臨親送殯，賜錢五百萬，絹布五百匹，供備喪事。皇帝陛下遣使者郎中趙旋，奉三牲(牲)祠。皇后遣兼私府丞、謁者、黄門中郎將成公苞，奉少牢祠於家(冢)堂墓次。九年二月五日祖載安措永即窈冥，子孫攀慕斷絶，永無瞻奉。嗚呼哀哉，遂作頌曰：

　　穆穆美人，邁德娥英，齊縱姜姒，登於紫庭。涉歷闈閨，二宫是經，侍側皇家，扶燡(將)順聲。啓悟識(纖)微，國政修明。慮制嚴威，美人惟聽。逞邇慕賴，宣歌馳名。當享無窮，永壽青青，昊天不吊，奄棄厥齡，神爽飛散，長幽冥冥。悠悠痛哉，千秋豈生。號咷割剥，崩碎五情。謹贊斯頌，終始索銘。

《漢書·百官公卿表》，私府長丞，屬於詹事，爲皇后官屬。成公苞人名無考，成公爲複姓，籍貫應爲東郡白馬人，見《晉書·文苑·成公綏傳》，及隋成公夫人墓志。

　　扶奬疑爲扶將之別體字，讖微應爲纖微之誤書，慮制嚴威者，謂賈后受制於楊太后之前，徐義深爲憂慮，因以虛辭脫賈后於難也。

東晉王興之墓志跋兼論及蘭亭序問題

一、關於東晉王興之墓志的補充

墓志起數句云:"君諱興之,字稚陋,琅玡臨沂都鄉南仁里。"《新唐書·宰相世系表》琅玡王氏云"王離二子元、威,元避秦亂,遷於琅玡,後徙臨沂,四世孫吉字子陽,漢諫大夫,始家皋虞,後徙臨沂都鄉南仁里"云云。北魏《王誦妻元貴妃墓志》首行云:"魏徐州琅玡郡臨沂縣都鄉南仁里,通直散騎常侍王誦妻元氏志銘。"又北魏《王紹墓志》亦云:"徐州琅玡郡臨沂縣都鄉南仁里人也。"三處所書琅玡王氏居臨沂縣鄉里之名稱,皆與《王興之墓志》相合。《新唐書·宰相世系表》雖多舛錯,此條確屬可信。東晉初南遷,過江各門閥,往往懷念故土,因此多仍書老籍貫以寄意。亦有新老兩籍貫並書者,例如劉宋《謝濤墓志》云:"宋故散騎常侍揚州丹楊郡秣陵縣西鄉顯安里,領豫州陳郡陽夏縣都鄉吉遷里謝濤字明遠。"(見《知不足齋叢書》刻本陶宗儀《古刻叢鈔》卅頁。)北魏《李彰墓志》亦云:"司州河南郡洛陽縣澄風鄉顯德里,領秦州隴西郡狄道縣都鄉和風里。"兩志皆先書現住新籍貫,以領字代表原住老籍貫,當時南北風氣,是一致的。本墓志僅書老籍貫,不書丹陽郡秣陵縣烏衣里或馬糞里的新籍貫,是在二種形式中采取一種。

　　王興之官征西大將軍行參軍、贛令,與王羲之爲從兄弟。現傳世羲之各帖中,有一札云"九月廿八日羲之頓首,昨者書想至,參軍近有慰阮光禄信,在耳? 許中郎家"云云。又有一札云"近書至也,得十八日爲慰,幣蒸比各可不(否),參軍轉差也"云云。(見嚴可均《全晉文》卷二十三。)羲之各書札中弟兄皆用官名相稱,如司州、建安、鄱陽之類,當是晉人習慣。上引兩札中之參軍,很可能即指王興之的行參軍。其它有一札涉及參軍者,則繫以姓。

　　墓志又云:"次子嗣之,出養第二伯。"南京文管會意見,據《晉書》,王彬長子名彭之,三子名彪之。另據《世說》,王彬有一子名翹之。據本墓志有興之,則王彬有四子,翹之或爲第二子,或另有一子無後而以嗣之繼承者。郭沫若氏直斷爲王彬有四子,翹之爲第二子。按:《南史·王準之傳》云:"王素字休業,王彬五世孫,高祖翹之,晉光禄大夫,曾祖望之,祖泰之,並不仕。"據此王翹之既有子名望之,有孫名泰之,則無需再撫養王嗣之爲子,知郭說之非是,則志文之第二伯今已佚名,而非翹之,并且可知王彬共有五子(長彭之、二佚名、三彪之、四興之、五翹之)。

　　墓志背面所刻興之妻宋氏和之志文,稱"命婦西河界休都鄉吉千里"。父名宋哲,弟名宋延之,《晉書》俱無傳。《新唐書·宰相世系表》:"宋義生昌,漢中尉,始居西河介休。"《後魏書·宋隱傳》云:"西河介休人。"與本志文籍貫均相合,知西河介休,爲宋氏世族聚居之地。

二、關於《蘭亭序》真僞問題的商榷

　　欲論《蘭亭序》真僞問題，當先論書體之變遷。鄙意自小篆以後，從西漢初起，即分兩個系統演變。一個系統由篆書變古隸書，再變成隸書、楷隸書，再變成純楷書。另一個系統，由隸書變爲草隸書，在西漢木簡可以看出蛻化痕迹。由草隸書變爲草書行書。今姑假定第一個系統屬於官府書體，取其莊嚴，用於寫經籍及金石刻文等。第二個系統，屬於民間書體，取其急就，用於公牘及往來書札等。到王羲之集民間書體之大成，雖已草書成熟，當時仍沿舊稱爲擅長草隸。然楷書從兩晉至南北朝，亦有兩種規格。由南京近出各晉代石刻，以及《爨寶子碑》、傳世各晉磚文，到劉宋《爨龍顔碑》、《劉懷民墓志》，皆用方筆，略帶隸意。而羲之於草書之外，亦兼長楷書，其所書《黃庭經》、《樂毅論》，獻之所書《洛神賦》，皆丰神俊逸，“如三河少年，風流自賞”。猶可諉爲出於後代之復刻。但現存晉升平二年《曹娥碑》墨迹，“雖非羲獻父子所書，出自晉人之手，當無疑義”。及南齊《吕超墓志》，與《黃庭經》、《樂毅論》，皆有共同之面貌。與《爨龍顔碑》等，雖屬同時，完全兩派。足證在楷書方面，當時亦有兩種不同之風度。在兩晉時，禁碑之例甚嚴，又從無以草書寫碑志的。因此晉代現存碑志，皆是采用官府書式，由楷隸變純楷書階段，與羲之用民間書體，兩相比較，筆法迥然不同，自易啓人疑竇。羲之既不曾留下一塊石刻，僅憑墨迹鈎模，刻來刻去，必然有失真之處，變謹嚴爲瀟灑之姿態，《蘭亭序》當亦不能例外。若因此即疑及《蘭亭序》

之根本僞造，似難成定讞。

《蘭亭序》在《世説新語》劉孝標注即已引出，稱爲《臨河序》，文既節括，末段與今本又復不同。鄙意孝標所據，疑采用流傳之《王羲之集》，原本仍在王氏子孫手中保存，孝標未必見到，故兩文有分歧之處。倘若後人作僞，僅就劉注所引，已足成文，何必再增加一段，多費一番筆墨周折。

《蘭亭序》現可見者有隋開皇十三年高熲監刻本，及開皇十八年兩鈎刻本。朱竹垞跋引周公謹《雲烟過眼録》云，“煬帝時有大業石本禊帖之流傳（見吳云《二百蘭亭齋金石記》）。開皇兩模本，雖不盡可靠，然《蘭亭考》卷六，引錢塘吳説語，有隋僧智永亦臨寫石刻間以章草之記載。知《蘭亭序》在陳末隋初即已盛行，亦係事實”。

《蘭亭序》文中，有塗改字，有添注字，獨於癸丑二字，結構極扁，似原寫時僅預留一字之空格，作僞者設想不能如此之故作疑陣。後之攬者，及每攬昔人興感之由兩“覽”字，皆以觀覽之“覽”，改作延攬之“攬”。“從手從木之字，在六朝人書寫確屬不分，但無以本字另加從手或從木之字者，皆不屬於假借及碑別字之範圍。”蓋羲之寫稿時，因避其曾祖王覽之諱而改。羲之各書札中，凡“正”字皆以端正之“正”，改作政治之“政”，亦因避祖父王正之諱而改，兩例正相符合，作僞者構思不能如此之精密。

郭氏肯定《蘭亭序》文與書寫，皆出於智永禪師所僞託。智永現存之草書，《如淳化閣帖》中所刻及《千字文》等，傳刻當有失真，不能與《蘭亭序》檢相同之字，作出比較。但我曾在長春友人處，見有敦煌所出智永禪師手寫佛經殘葉，通篇皆帶章草意味，末行有題字云："太建十一年比丘智永初寫一本。"又一行殘存"智永"二字，爲李木齋舊藏，確屬真本，其"永"、"年"、"初"三字，與"永和九年"、"暮春之初"兩句相較，書體、氣韻、結構，皆迥然不同。智永去唐初甚近，果如出於智永之僞託，唐初諸人，不能寶此燕石。知郭氏之説，恐有未然。特提出個人之見解，還須專家作字迹之鑒定。總之，晉人真迹，傳至唐時者，有真有僞，雙鈎填廓者亦復不少，必致有化古質爲嫵媚之流弊，並非出於完全之向壁虛造。誠如陶宏景與梁武帝論書，僅云鍾書難得，王書多出於識道人、任静所臨摹，不云臨摹並無所本，《蘭亭序》亦其一例也。

對《洛陽晉墓的發掘》與《南京近郊 六朝墓的清理》兩文的意見

1957 年《考古學報》第一期中《洛陽晉墓的發掘》(175 頁)，圖六標題爲"孫世蘭女墓志"，當有錯誤，應標爲"晉士孫松墓志"。

墓志原文略云：

> 晉前尚書郎北地傅宣故命婦，秦國士孫松字世蘭，翊軍府君之女……

案《晉書》卷四十七《傅玄傳》內附傳傅祗云：祗二子宣字世弘，趙王倫以爲相國掾尚書郎，太子中舍人，遷司徒西曹掾，去職，惠帝至長安，以宣爲左丞，不就，遷黃門郎，懷帝即位，又爲御史中丞，卒年四十九，無子以暢子沖爲嗣。墓志所稱傅宣前官尚書郎，完全與《晉書》相合。

士孫爲複姓。《後漢書》卷六十四《梁冀傳》注引摯虞《三輔決録》注曰："士孫奮，字景卿，少爲郡五官掾，起家得錢貲至一億七千萬，富聞京師而性儉吝。"從子瑞辟梁冀掾，奮送絹五匹。《後漢書》一〇二《董卓傳》説"王允與士孫瑞謀誅卓"。注引《三輔決録》云：瑞字君榮，扶風人，博達無不通，天子都許，追論瑞功，封子萌津亭侯，萌字文始，有才學，與王粲善，粲作詩贈萌。又案王粲贈士孫文始的四言詩，現載在《文選》卷二十三。

　　根據以上各史料，士孫爲扶風大姓，毫無疑問，與志文所稱"秦國"二字正合。報告文中以"秦國士"三字聯爲一氣，便不可通。

　　又案《晉書》卷三十八扶風爲司馬駿的封國。《晉書》卷十四《地理志》云：惠帝即位，改扶風爲秦國。故墓志不稱爲扶風士孫松，而改稱爲秦國士孫松，與《晉書》亦完全相合。

　　關於《南京近郊六朝墓的清理》（188頁）文化遺物。青瓷虎子器身右側書，"赤烏十四年，會稽上虞阤袤宜作"，上虞下兩字不能辨，想是製作者題名云。

　　案所謂不能辨的二字，是"師袁"二字，在原器上看得很清楚，師就是工人，漢代工人有自稱爲師者，多見於私人作坊所造的銅器及銅鏡，官工多稱爲工，似乎師的身份比工爲高。到了三國吳時，出土的會稽師鮑作明鏡，及大師陳世嚴作明鏡，皆自稱爲師（見日人駒井和愛《中國古鏡之研究》）。此青瓷虎子亦自稱爲師，不稱爲工，當是吳時風氣如此。

　　又《南京近郊六朝墓的清理》（189頁），江寧丁甲山第一號墓出土的鉛質地券。正面刻書："太康六年六月廿四日，吳故左郎中立節校尉，丹陽江寧，曹翊字永翔，年卅三亡……"案《三國吳志》，無《曹翊傳》，校尉的官職，從漢武帝至魏晉皆置諸校尉，杜氏《通典》及《歷代職官表》等書，不見有立節校尉官職，由此可見金石刻文，足補史志之缺。

　　案三國時官制，將軍以下有校尉，有都尉，皆比二千石。吳有立信校尉莊祐，見《晉書・武帝紀》。又有立信校尉杜契，見《茅山志》。（以上均見洪貽孫《三國職官表》所引。）立信官號，已與立節官號類型相似。又案符秦《廣武將軍碑》碑陰有立節將軍題名。《後魏書·官氏志》：立節將軍在從第三品下。立節校尉，當屬於立節將軍，立節將軍的官號，雖不見於《吳志》，但是在十六國後魏時尚沿用不廢。據此鉛券爲吳人創始的官號無疑。不是如報告中所云，立節校尉的官職，屬於無考的範圍。

　　以上各點，是我不成熟的意見，是否確當，還希望考古家多多加以研究。

對於南京西善橋南朝墓磚刻
竹林七賢圖的管見

一、七賢名次排列的先後

魏晉之際,竹林七賢姓名排列的先後,現知有三種不同的情況。一,見於《世說新語·任誕篇》云:"陳留阮籍,譙國嵇康,河內山濤三人年皆相比,康年少亞之。預此契者,沛國劉伶,陳留阮咸,河內向秀,琅邪王戎七人,常集於竹林之下,肆意酣暢,故此謂竹林七賢。"《晉書·嵇康傳》即用此文,删去"三人年皆相比,康年少亞之"兩句。陶淵明《聖賢群輔録》,叙述竹林七賢,名次完全與《世說·任誕篇》相同。後附按語云:"魏嘉平中,居河內山陽,共爲竹林之游。見《晉書》、《魏書》,袁宏、戴逵爲傳,孫統又爲贊。"(袁宏《七賢序》、《文選·五君詠》李善注,及《御覽》卷四百四十七,尚存有殘文,僅見阮山劉三人之事迹。戴逵《竹林七賢論》,多散見於《世說》劉孝標注中。)二,見於《晉書·嵇康傳》云:"所與神交者,惟陳留阮籍,河內山濤。豫其流者,河內向秀,沛國劉伶,籍兄子咸,琅邪王戎,遂爲竹林之游,世所謂竹林七賢也。"其事既詳載於《嵇康傳》,雖未明言七賢以誰爲首,實際確是以嵇康爲首。向秀又列在劉伶之前，與第一類型大同小異。三，見於此次南朝墓所出之磚刻竹林七賢圖，其名次首嵇康，次阮籍、山濤、王戎、向秀、劉伶、阮咸六人，與上述兩類型，異同很大。以陶淵明之按語觀之，引自兩史書，兩傳贊，與《世説》名次皆相同，可以推知在魏晉之間，多數依此排列。《世説》之名次，似以年歲相比分先後，本畫磚之名次，似以聲望高下分先後。又《文選》顔延之《五君詠》，首阮籍，次嵇康，次劉伶，次阮咸，次向秀。删除山王二人，其名次又與上述三者不同。南京博物院本墓報告中，認爲七賢以卒年分先後，與我之意見尚有不同。

二、嵇、阮、山、王四人的年歲有兩説不同

《晉書》列傳記嵇康以魏景元三年死，年四十歲。阮籍以魏景元四年死，年五十四歲。山濤以晉太康四年死，年七十九歲。王戎以晉永興二年死，年七十二歲。上推嵇康當生於魏黄初四年，阮籍生於漢建安十五年，山濤生於漢建安十年，王戎生於魏青龍二年。山濤比嵇康長十八歲，比阮籍長五歲（建安二十五年與黄初元年同爲一年），阮籍比嵇康長十三歲，阮籍比王戎長二十五歲，山濤比王戎長三十歲。此皆唐修《晉書》之紀載。但《世説·任誕篇》則云：“阮籍、嵇康、山濤三人年皆相比，康年少亞之。”所謂年皆相比，所謂年少亞之者，三人至多相差兩三歲，與《晉書》所記，懸殊很大，故《晉書·嵇康傳》，叙述竹林七賢，藍本於此，特將此二句删去，以免自相矛盾，實則兩説之中，現尚不能定其孰是。

三、向、劉、阮咸三人卒年皆在
西晉初中期的考查

本報告有云："向秀劉伶阮咸三人之卒年，看來也不會相去太遠，最遲當在東晉初。"這數語實有商榷之必要。向劉阮三人，雖無正式的卒年，應當皆在西晉武帝時期，至遲到惠帝初年。王戎在七賢中，年紀最少，年壽又高，故卒年屬於最後。《聖賢群輔錄》，記七賢竹林之游，在魏嘉平中。嘉平共六年，假若從嘉平三年起算，至東晉元帝建武元年，已六十七年，三人參加游宴時，至少二十餘歲，則三人壽必至九十以上，知其説不然矣。向秀之年，證之《世説·文學篇》云"初注《莊子》者數十家，莫能究其旨要。向秀於舊注外爲解義，妙析奇致，大暢玄風。唯《秋水》、《至樂》二篇，未竟而秀卒，秀子幼，義遂零落，然猶有別本。郭象者爲人薄行有雋才，見秀義不傳於世，遂竊以爲己有"云云。《晉書》郭象本傳云："永嘉末病卒。"以郭象竊莊之人，且卒於西晉之末，距秀之卒，當有一段時期。又《世説·賞譽篇》云："向秀子純、悌，並令淑有清流。"劉孝標注引《竹林七賢論》云："向純字長悌，位至侍中，向悌字叔遜，位至御史中丞，洛陽敗，純、悌出奔，爲賊所害。"向秀卒時，其子方幼，現已宦成名立，死於洛陽之難，則稽考向秀之死當在武帝之時。

劉伶之死，據《世説·任誕篇》劉孝標注引《竹林七賢論》云："阮籍與劉伶，共飲步兵厨中，並醉而死。"劉注駁云："此好事者爲之言，籍景中元卒，而劉伶泰始中猶在。"《晉書》本傳亦言："泰始中對策,盛言無爲之化,竟以壽終。"是劉伶之卒,應在武帝泰始之後也。

　　阮咸之死,《晉書》本傳叙"咸曉音律,以忤荀勖,左遷爲始平太守"。《世説·術解篇》略云:"荀勖善解音聲,時論謂之暗解,遂調律吕,正雅樂。阮咸妙賞,時謂神解。荀勖忌之,遂出阮爲始平太守。後有田父耕於野,得周時玉尺,荀試以校己所治鐘鼓金石絲竹,皆覺短一黍,於是服阮神識。"劉孝標注云:"阮咸因事左遷始平太守而病卒。後得地中古銅尺,荀勖校今尺短四分,方明咸果解音。"《晉書·律曆志》亦云:"會咸病卒,武帝以勖律與周漢器合,故施用之。"據劉注及晉志,阮咸官始平太守,不久即病卒,卒後方得周代銅尺,荀勖此事在太康時,則阮咸之卒,在晉武帝太康時期可知。綜上論述,本畫磚七賢之次序,不是以卒年先後而排列。

四、畫磚的藝術及其他問題

　　竹林之游,其地在河内山陽縣。倘欲圖繪七賢,在一般畫家,勢必琅玕圍繞,蒼翠成陰。乃本畫磚以垂柳、長鬆、銀杏等爲主要題材。最後僅畫闊葉竹兩株,用畫龍點睛之法,實高出尋常畫手想象之外。所畫皆爲曹魏嘉平時情況。如嵇康之琴,阮咸之阮,向秀之端坐沉思,皆表現出個人之特性。阮、王、山、劉四人,則主要在飲酒。畫山濤、王戎,體現其瀟灑出塵之想,削弱其富貴利達之態。蓋其時顏延年《五君詠》尚未出現,故對山、王二人,尚有相當之尊重。

畫磚畫王戎手執如意，據裴啓《語林》（馬氏《玉函山房輯佚書》本）云：“王戎以如意指林公云：何柱，汝憶搖櫓時否？何柱，林公小字也。”林公爲支道林。又《世説》記：“謝仁祖能作異舞，王公熟視謂客曰，使人思安豐。”因王戎封安豐侯也。本畫磚所畫王戎之手持如意，隱寓有指支道林之形勢。

本畫磚題字，劉伶作劉靈。據《文選・五君詠》李善注引袁宏《竹林名士傳》作劉靈爲建威參軍。又《文選》向秀《思舊賦》，李善注引藏榮緒《晉書》，亦作向秀劉靈之徒。但劉伶字伯倫，命名取義於黃帝時作樂之伶倫。古人名字多相適應，則作劉伶爲正字，作劉靈者爲假借字。

五、魏晉人對榮啓期之崇拜

榮啓期始見於《列子・天瑞篇》、《淮南子・齊俗訓》及《説苑・雜言篇》。《漢書・古今人表》又作榮聲期。魏晉以來人士，對榮啓期尤極推崇。《文選》嵇康《琴賦》云：“於是遁世之士，榮期綺季之疇。”康著《高士傳》，今已不傳，馬氏《玉函山房輯佚書》及嚴可均《全晉文》，皆有輯本。根據《御覽》五〇九卷所引，榮啓期之名，列在《高士傳》内。現存之皇甫謐《高士傳》，榮啓期與黔婁之名相聯次，蓋亦仿嵇傳之例。除此次報告中指出顧畫陶詩之外，如孫登有《榮啓期贊》，見《藝文類聚》卷三十六。陸雲有《榮啓期贊》，見《全晉文》一〇四卷。又裴啓字榮期，見裴氏《語林》輯本。范啓字榮期，見《世説・排調篇》。兩晉時人命名，多取義於榮啓期。綜合上述，在繪畫文藝作品方面，用榮啓期作題材者，在兩晉時最爲盛行。本畫像磚取以配合七賢，亦同此例。南北朝以來，此風漸減。至隋唐時尚鑄有"榮啓奇問，答曰孔夫子"之九字銘文銅鏡，則是企羨最後之尾聲。見《金石索·金索》鏡類，西安漢城在二十年前亦出一面，完全與《金石索》著錄者相同。至於本畫磚時代之推測，應爲東晉末期作品。不但榮啓期在東晉以後即少繪畫，即以題字而論，是由隸書向楷書過渡。"向上行第三十一"磚刻文字，用筆流麗，宛轉如游絲，極似二王風格。與劉宋《爨龍顏碑》、《劉懷民墓志》，純用方筆者不同。薄字及沙奸二磚，當爲陶工姓名，沙奸當讀如沙干，不當讀爲忠奸之奸。《漢書·劉澤傳》，田生以畫奸營陵侯澤，《史記》作干是也。

1961 年 2 月 5 日於西北大學新村

敦煌石室中魏倉慈手寫《佛説
五王》經卷的發現

曹魏敦煌太守倉慈手寫《佛説五王經》殘卷經文,存六十四行,自"是爲八苦也"句起,至經文結束"日日不倦"句止,每行存十七字至十九字不等。卷尾有題記三行,文云:"景初二年歲戊午九月十六日敦煌太守倉慈爲衆生供養,熏沐寫已。"連上經文,共六十七行。此經卷純楷書,硬黄紙,有直闌,出於敦煌石室,諸家皆未著録,初爲江西李木齋所藏,現歸於友人項城張伯駒先生處。至今春游長春,見於伯駒寓齋,驚爲秘笈。現刻《大藏經》中有此經文,與《孝子經》、《五母子經》相聯次。此卷前段所缺,約爲七百字左近,兹分校勘及考證各項試述如下:

一、經傳所寫與傳世經文的互校

第九行"頭可向産門",今本作"頭可下向産門",文理較勝。第二十行"何謂四大,地水火風",今本作"地大水大,火大風大"。"一大不調百病生",今本作"百一病生"。第二十一行"病同時作",今本作"四百四病,同時共作"。第二十八行"行人死之時,諸病俱作",今本作"人死之時四百四病,同時俱作"。第四十行

"勤苦求之不止，會遇得之"，今本作"勤苦求之不止，求之不止，會遇得之"，多重文一句。第四十三行"憂苦無量"，今本下有"不知死活何日"一句。第四十五行"遂成大怨，狹道相逢，兩刀相向，當爾之時"，今本作"遂成大怨，各自相避，隱匿無處，各磨刀錯箭，弩弓持杖，恐忽相見會遇，狹道相逢，張弓注箭，兩刀相向，不知勝負是誰，當爾之時……"較此卷多九句。第四十六行"實大苦"，今本作"實是大苦"，是字疑倉慈漏寫。第四十七行"短命者胎傷，百歲者夜消其半"，今本作"短命者，胞胎傷墮，長命者，與斯百歲"。第四十八行"餘五十年"，今本作"餘有五十年"。第五十一行"多諸愁憂"，今本作"多有諸愁憂"。又"天下欲亂時愁"，今本作"天下欲亂時亦愁"。第五十二行至五十三行"天水亦愁，大霜亦愁，大熱亦愁，多諸病痛亦愁，治生恐失亦愁，官調未輸亦愁"，今本作"天下大水亦愁，天下大霜亦愁，天下大熱亦愁，室家内外多諸病痛亦愁，持家財物治生恐失亦愁，官家百（應爲戶字誤文）調未輸亦愁，家人遭縣官事……"第五十六行"無有殯葬亦愁"，今本作"無有財物殯葬亦愁"。第五十九至六十三行云"爾五王真是大權菩薩，得聞化導，皆有善相，善哉善哉，時五王及諸群臣會中數千萬人，聞佛所説諸苦諦，心開意悟，即得須陀洹道，皆大歡喜，作禮而退，修諸功德，日日不倦"，今本作"爾時五王及諸群臣會中數千萬人，聞佛説苦諦，心開意悟，即得須陀洹道，皆大歡喜，作禮而去，四王俱白普安王，言大王真是大權菩薩，化導我等，令得道迹，大王之恩，我本觀諸宮殿，心情愛著，不能遠離，今睹宮殿，如視穢厠，無可樂者，即舍王位付弟，出家爲道，修諸功德，日日無倦"。此卷所寫本段，較今本異同很大。大抵寫本文字尚簡，今本從繁，僅憑寫本，文理亦自條暢。疑當時本有原譯本及修改譯本兩種，並非古今本之殊異。現存六朝石經，以陽曲風峪所刻《蓮華經》爲例，與今本異同之字絶少，因此可證倉慈所寫爲兩種譯本之一本。

二、倉慈事迹之考索

《三國魏志》列傳十六有《倉慈傳》，略云：慈字仁孝，淮南人也。太和中遷敦煌太守。郡在西陲，無太守二十年。又云：數年卒官，吏民悲感，如喪親戚。傳中又叙在敦煌時，有勸農、理訟、用過所送西域胡賈至洛陽等事。魏明帝太和計六年，經過青龍四年至寫經文之景初二年，雖有十二年，然自太和中葉至景初二年，距離約有八九年之久，與本文數年卒官之紀載正合。

三、經文多用當時之制度及口頭語

經文有云"官調未輸亦愁"，今本作"官家百（當作户字）調未輸亦愁"。按：《晉書・食貨志》叙曹操初平袁紹以定鄴都，令收田租畝粟四升，户絹二匹，綿二斤。又叙晉武帝平吴以後，制户調之式，丁男之户，歲輸絹三匹，綿三斤，女及次丁男爲户者半輸，其邊郡或三分之二，遠者三分之一。據晉志，户調之名萌芽於曹魏時，正式於晉武帝時，據經文户調之名稱，在曹魏時確已成立，極爲最重要之史料，此經文關於制度方面者也。經文又云："家人遭縣官事（此句據今本，寫本無），閉繫在獄。"兩漢人用縣官詞彙有三解，一指漢代帝王，二指漢代中央政府，三指縣令長，本經文則指縣令長而言。《齊民要術·種棗第三十二》，引《雜五行書》曰"舍南種棗九株，闕縣官，宜蠶桑"，所指亦爲縣令長。此經文關於當時口頭語方面者也（《佛説五母子經》云："死當入泰山地獄中。"漢代以泰山神主死人籙，亦係用當時之口頭語）。經文又云："會遇得之而作邊境令長。"此爲邊郡人譯出之口氣。又云："至春時耕作無有犁牛亦愁。"《晉書·食貨志》記皇甫隆爲敦煌太守，敦煌俗不作耬犁，及不知用水，人牛功力既費，而收穀更少，此又合於敦煌無犁牛之紀實。

四、譯經時代之推測

現存《大藏經》，此經前後之編次爲《孝子經》，注失譯人名。《佛説五王經》，注失譯人名，今附東晉録。《五母子經》，注吳月氏國居士支謙譯。《分別經》，注西晉三藏法師竺法護譯。《佛説越難經》，注西晉清信士聶承遠譯。《佛説羅云忍辱經》，注西晉沙門釋法炬譯。《大藏經》雖以《佛説五王經》附在東晉録，然編列在吳時支謙所譯《五母子經》之前，似又疑爲三國時譯品。今據此卷，可推知翻譯在曹魏時，且疑爲曹魏時敦煌人士所譯，或徑由倉慈之自譯及修潤亦未可知。

五、經文之意譯

上述全篇經文，多用當時之口頭語，顯係意譯，而非就梵文翻譯。《孝子經》、《五母子經》,亦同此類型。經文多用四字爲句,與東漢末至三國時期,文章氣息亦相似。其叙怨憎一段,完全摹寫當時游俠情形,尤經文之變體也。

六、我國楷書及傳世寫經當以此經爲最古

我國楷書,向推重鍾繇《薦季直表》爲最古,觀真賞齋法帖所摹,應非真本,然表文詞句古質,非後人所能僞爲,真迹似亦有所據。發掘之物,則首推魏甘露元年所寫《譬喻經》(見《書道》卷三。《書道》另印東漢殘佛經,則應爲西晉之物)。尚遲此二十年,其筆法正由隸變楷,有時尚帶隸筆,且出倉慈名人之手,尤爲可寶。無論從楷書開始來講,佛經之最古寫本來講,在文化上皆極有崇高之價值。

1964 年 10 月抄於西大新村

西安出土隋唐泥佛像通考

佛像用泥製,現所存者,始於北魏時。《尊古齋陶佛留真》(以下簡稱《陶佛留真》,卷上第一頁)著錄有孝昌元年造萬佛塔像,形式正方,範坐龕佛一尊。西安單灘,亦曾出北魏佛像百餘品,係立體式,製作不甚精緻。次則,如西魏大統八年扈鄭興所造泥佛像,正面繪三佛像,亦用坐龕式(同上書第二頁)。1954 年咸陽張底灣,發掘北周獨孤信墓,出有平面泥佛像一品,其作風完全與唐代善業泥相似。隋代雖偶有摹仿,傳世作品並不多見。至唐初,因缺乏銅材,主要用以鑄錢,次要用以鑄鏡;其它一切什器,能避免用銅者即不用銅。因此,佛教造像,除石刻外,多為泥造。亦為時代特殊之工藝品。其法先用淨水澄泥,再以細絹過濾,調勻顏色,和以膠水,鑄銅為範,由範成像(劉漢基曾獲有蘇常侍像銅範)。加以火候之鍛煉適宜,其精美往往優於石刻,論其時代多屬於初唐;繪畫書法,皆出於名手。其精者與褚遂良、薛稷二家最相近。余旅客西安,歷二十餘年,友人中如柯莘農、劉軍山、薛定大、沈次量、陳堯廷諸家,皆各有收藏,繽紛瓔珞,蔚為大觀。從前考古書中所記載,及外地學者所見聞,縱述鱗爪,頗不具體。茲擇自隋代迄唐中葉,有文字題記者,匯列八種,並略加考證,可以備系統研究隋唐泥像者之參考。

一、隋仁壽二年興福寺泥佛像

隋興福寺泥佛像,余所見共三品,皆同文同範。1.北京某氏藏;2.浙江餘杭褚德彝舊藏;3.黄伯川舊藏,在《陶佛留真》(卷上第四頁)已著録。文三行,每行六字,除去空格共十六字。文云:

仁壽二年興福

寺造少陵原下

眇行者□

眇行者下模糊之字,似爲婁字。出土之地,應在西安少陵原,但何時出土,尚不可考。現出西安南郊,中有一條大道,車馬往來,其右爲神禾原,左爲少陵原,雙峰夾峙,連綿十餘里不斷。少陵當作小陵解,在杜陵之旁,爲漢宣帝王后之陵,少陵原亦因此得名,宋敏求《長安志》(卷一〇)記修德坊西北隅有興福寺,注云:"本右領大將軍彭國公王君廓宅,貞觀八年爲文穆皇后追福,立爲宏福寺,神龍中改爲興福寺。"本佛像造於隋時,已有興福寺之名。實則宋氏所記,當爲唐代城内之寺,本像所記,當爲隋代城外之寺,名同實異,非一事也。

二、唐永徽比丘法津泥佛像

唐比丘法津泥佛像,泥色純青,清代道光末年,即有出土者。曾見葉東卿藏有一品,錦匣上有葉氏題記。1920年左右出土一大批,出土地點在西安城南約五十華里之白塔寺後院廢墟中,即隋唐時至相寺舊址。俗稱爲多寶佛像，正面有三層佛塔，上二層各坐一佛，下層則坐二佛，左右兩行各七佛。背面題記七行，每行七字，内有空格一字，共四十八字，出土共約百餘品，嗣後尚有陸續零星發現者，正面尚有施彩色者，背面亦有無題記者。文云：

> 大唐國至相寺比
> 丘法津從永徽元
> 年已來爲　國及
> 師僧父母法界蒼
> 生敬造多寶佛塔
> 八萬四千部流通
> 供養永爲銘記矣

（圖見《文物》1959 年第 8 期第 49 頁。）本像《陶佛留真》著録四品，羅振玉《金泥石屑》著銀一品，《善齋吉金録·造像類》著録一品，《國粹學報》（1911 年 5 月、9 月號）著録一品，闇公藏一品（曾見柯莘農氏藏拓中有此紙，邊角鈐闇公印記，不知姓），沈次量、吕勉復各藏一品，余亦藏殘缺者一品，又陝西省歷史博物館所藏一品，則爲 1954 年所續出，非大批同時所出。字體分兩種，一瘦勁似《李文墓志》，一峭厲似《孟法師碑》。各像文字，皆有些模糊，最精者當數闇公藏品爲第一。《長安志》僅記隋唐長安城内之寺，不記城外之寺。《陝西通志》及咸寧、長安兩《縣志》，皆不載唐代至相寺之名。按：陸增祥《金石續編》卷三，有王摩侯《舍利塔記》云：“大隋大業五年歲次己巳，正月己巳朔二十日，京兆郡大興縣御肅鄉（即御宿之同音字）便子谷（即楩梓谷之俗寫）至相道場（《隋書·百官志》煬帝時改佛寺爲道場，道觀爲玄壇），建立舍利佛塔，弟子王摩侯供養。"原名今仍在白塔寺中。陸氏跋云："按隋至相道場，亦名至相寺，即唐白塔寺也，在今長安城南五十里，唐爲信行禪師塔院，大曆中建白塔寺。"陸説是正確的。又按：王昶《金石萃編〔卷六二〕唐梁師亮墓志》云："即以萬歲通天二年三月六日，葬雍州城南終南山至相寺楩梓谷，信行禪師塔院之東。"《王居士磚塔銘》亦云，葬於終南山楩梓谷，當亦距至相寺不遠。據上所述至相寺之名稱，與本佛像完全符合。獨法津之名，不見於紀載，必爲當時之高僧，且必與信行禪師有相當之關係。

三、唐永徽比丘法律泥佛像

唐比丘法律泥佛像，與上述比丘法津泥佛像，同出在白塔寺後院之中。本像正面畫佛，完全與比丘法津相同。背面文六行，每行六字，除第六行短少一字外，實共三十五字。文云：

大堂國永徽年

五月至相寺比

丘法律爲師僧

父母造多保佛

一部供養及法

界衆生銘記

本像出土數量較少，《陶佛留真》著録有四品，李道生舊藏一品，字體略兼隸法，唐字作堂，亦同音之俗字。永徽年五月者，亦當爲永徽元年與法津泥佛像同時所作。在漢代陶工記年號，對於前此

未有之記年,可以只簡稱一字。時昔得"永三年"瓦片,知爲元帝
永光三年之物。又得有唐代筒瓦,僅"春廿九三月"五字,知爲開
元二十九年春明門之瓦(春下有一點,廿九下又有一點)。本像
永徽年亦爲永徽元年之省文,與上述兩類型,有相似之處。至於
法津與法律,分明爲二僧之名,應爲師兄弟。友人中或疑律爲津
字之誤寫,余未敢同意此説,觀於題記與書法均不相似也。此外
背面無題記之像,在正面佛座下,往往有細密小字,分兩種詞句,
有約十二行者,每行二字。文云:

> 大唐至相寺□□□永徽巳來造多寶
>
> 佛像八萬四千□□□

又有約十六行者,每行二字。文云:

> □□□巳□□□□□□國師僧父母
>
> 十萬本至相寺僧□師造多寶佛塔□萬□

上述塔下題字,極模糊難辨,集合多種,始能粗定釋文,大義與兩
背面題記語氣相似,不知屬於法津或法律所造。兩泥像既造有八
萬四千品之多,目下所出,僅及百分之一,倘在寺院周圍,稍事發
掘,收穫必多也。

四、唐蘇常侍造印度泥佛像

唐蘇常侍泥佛像,顏色分純青純紅兩種,形式分上圓下方及
長方兩種,文字分"蘇常侍普同等共作",及"蘇常侍等共作"兩
種。前者面積爲大,泥色限於青色;後者大小不一,泥色則兼青
紅。正面佛像,變化多端,背面文字,極爲工整。亦有無文字者,

但從泥色及圖像作風推斷,亦應爲蘇常侍所造。出土地點,多在西安南郊慈恩寺一帶。近年在這一帶的建築工程中,亦有出土。茲將十四字者一種,文分兩行,每行七字;十二字者一種,文分兩行,每行六字;及十二字者一種(圖見《文物》1959 年第 8 期第 50頁)。原文排列如下:

　　　印度佛像大唐蘇

　　　常侍普同等共作

　　(以上十四字)

　　　印度佛像大唐

　　　蘇常侍等共作

　　(以上十二字)

　　　大唐印度佛像

　　　蘇常侍等共作

　　(以上十二字)

正面佛像下或有小字十行,每行二字,文云"諸法從緣生,如來説是因,諸法從緣滅,大沙門所説"。此《法身偈》,原文在各像中,多屬模糊,現參照各像,始寫定全文如上。十四字者有兩範,皆正面有一坐佛二菩薩立像。十二字者,所見不同之形式有六範,正面皆一佛二夾侍菩薩。另有一種爲多寶佛像,分三層,上層一佛二菩薩坐像,中層三坐佛二夾侍立像,下層四佛。題記字體,分扁方及圓筆兩種,《陶佛留真》著録十四字者三品,李道生舊藏一品,西北大學文物室藏一品,比較稀少。十二字者《陶佛留真》著録十五品,陝西省歷史博物館藏八品,陳堯廷藏四品,沈次量藏二品,薛定夫藏一品,後歸於余,現存西北大學文物室。又濟南李植茎亦藏一品,係圓筆,亦極少見。惟十二字變文者,只出一品,舊爲馬仲良所藏,今不知流落何處。印度佛像之要點,可見深受玄奘、不空諸大師之影響。

蘇常侍泥佛像之發現,約始於清代光緒初年,吳清卿與陳簠齋尺牘中,已言及楊實齋爲代購唐印度佛像及漢“永三年”瓦。昔年在陳簠齋所藏叢拓中,亦曾見過一品。

蘇常侍爲何人,以前尚無考證。以余推斷,當爲楊思勖。《新唐書·宦者楊思勖傳》云:羅州石城人,本蘇氏,冒所養姓,少給事内侍省,玄宗討内難,擢左監門衛將軍云云。僅泛言給事内侍省,未言其官常侍。《舊唐書》本傳云:本姓蘇,羅州石城人,爲内宫楊氏所養,以閹從事内侍省,預討李多祚功,超拜銀青光禄大夫,行内常侍,開元十二年加驃騎大將軍,封虢國公,開元二十八年卒,年八十餘(以上略節括原文)。又按:《舊唐書·中宗紀》“神龍三年七月皇太子重俊,與羽林將軍李多祚等率羽林千騎兵三百餘人,誅武三思、武崇訓,遂引兵自肅章門斬關而入,帝惶懼登玄武樓”云云。楊思勖因神龍三年有討李多祚之功,始由内侍省散官,超拜銀青光禄大夫内常侍。本像題字稱蘇常侍,在中宗神龍三年以後之一二年間所造無疑。蓋不久,楊思勖又擢遷爲左監門衛將軍,其官内常侍之時間甚短,其考定造像之時間愈易。本傳《舊唐書》紀事,較《新唐書》爲詳,《通鑒》對於記李重俊討武三思事,與《舊唐書》相同,是正確的。又 1958 年夏間,西安東郊,出土楊思勖墓志,爲開元二十八年所刻(此石現存中國科學院考古研究所西安考古研究室)。志文略云:“公諱思勖字祐之,羅州石城人,其先扶風蘇氏。……中宗朝自七品拜銀青光禄大夫,加内常侍。"其餘歷官,與本傳大致相同,據此志文,與《舊唐書》更相符合。又按《金石萃編》卷七五,有"唐虢國公楊花臺銘",申屠液撰文,開元十二年十月八日刻。此石舊在西安書院門街花塔寺内,現已不存,楊思勖之奉佛,又可以得一旁證。至於思勖在中宗初拜銀青光禄大夫加内常侍,光禄大夫爲文散官,内常侍爲實授官,故本像僅稱常侍之官。在造像時仍用蘇姓,思勖改姓爲楊,又當在中宗以後矣。

五、唐善業泥佛像

唐善業泥造像,形式長方,上端略帶圭首,泥色有純青純紅兩種(純紅係在窑内火候之變化,與蘇常侍泥像在造時加調顏料者不同)。出土地點,僅在西安大慈恩寺内及寺門前兩溝道中,或在慈恩寺周圍一華里以内。最初發現者爲諸城劉燕庭,時在道光十九年秋間,在寺内最大者一品。鮑昌熙摹入《金石屑》卷三,爲善業泥著録之始。《陶佛留真》(卷上,第43頁)有吳清卿題跋云:"唐善業泥造像,出長安城南雁塔下,寺僧耕地,往往得之。劉燕庭方伯游雁塔時,拾得完者十餘種,殘者十餘種,爲前人所未見,曾作詩紀其事。余視學關中,亦得完像二,殘字八,此其一也。塔下有褚河南《聖教序碑》,疑此像亦唐太宗所造。"余昔年在慈恩寺僧能仁處,見兩殘塊,係寺内前院出土,與劉吳兩家之説皆合。本像背面題記三行,每行四字,共十二字(圖見《文物》1959年第9期第51頁),文云:

　　大唐善

　　　泥壓得眞

　　　如妙色身

正面佛像形狀不一，背面文字全同（只有一種壓字改作修字），但形式有大小，筆畫有粗細，顯然畫像書法、不出於一人之手，時代亦略有先後，唐代僧人圓寂後火葬，以骨灰和泥，範成佛像，藏於塔內，謂之“善業泥”。以字體論，多屬初唐時期，原文當作兩句讀，第一句五字，第二句七字。有誤讀作三句者，以“壓得眞”斷爲一句，便不可通。出土數量，較蘇常侍爲少，而僞品特多。此像初發現時，收藏家及古物商人，多指爲褚遂良書，以自夸身價，實則並無根據。以致《金石屑》除收善業泥像之外，另列有貞觀二年褚遂良所書之善業泥磚，則純爲僞作。又小雁塔市文物保管處存有殘善業泥一枚比一般文末尾多“禪法可視”四字。當時造像時，書者誤劃成十六格，故增加四字以補白，製法既不精，書法亦劣，蓋或常例也。

六、唐清明寺泥佛像

　　唐清明寺泥佛像，西安出土之地址未詳，亦屬於善業泥像類型。文四行，每行四字，共十六字，文云：

　　　大唐善業

　　　清明寺主

　　　比丘八正

　　　一切衆生

此像爲沈子培先生所藏，正面佛像，背面題字均極精。余在西安柯莘農處，曾見過朱拓本。歸沈氏後曾印於《國粹學報》，拓紙上有武曾任題跋。善業者爲善業泥之簡文，八正爲清明寺僧之名，造此像以度一切衆生也。從前人皆以此像文字不全，實則因限於字數，故覲質難通，乃完全無缺之品。清明寺不見於《長安志》。唐代各僧尼寺，有時改名，不見於記載甚多，不獨此寺爲然也。

七、唐元和台州令泥佛像

唐元和台州令泥佛像，在西安出土之地址未詳。文共兩行，第一行五字，第二行四字，共九字，文云：

　　元和十年台

　　州令造像

按：《新唐書·地理志》云：“台州臨海郡，上，本海州。武德四年以永嘉郡之臨海置。”屬縣有臨海、唐興、黃岩、樂安、寧海五縣。台州在唐時並非縣名，大義謂台州某縣令所造，且可定爲台州令使人在京師長安所造。西安出土唐泥小佛像，有僅長至市尺一寸五六分者，每出一批，多至百餘品，背面有文字絕少，與本像形式相合，可以證明最小之泥像，爲唐代中期之物。

八、唐大中泥佛像

唐大中二年泥佛像，西安南郊出土，舊爲李道生所藏。文四行。每行二字，共八字，文云：

　　大唐大中二年作像

像爲圓體,在唐泥各像中亦極少見。昔年見沈次量氏藏有大中二年瓷佛像,係立體式,與此爲一人所書,蓋同年所造,具有多種式樣也。

　　上列八種隋唐泥像,皆可以確定時代,眇行者爲隋仁壽二年,比丘法津、法律爲唐永徽元年,蘇常侍爲中宗神龍時,善業泥、清明寺,皆在高宗左右,均屬於初唐、盛唐時物。元和、大中兩像,均屬於中唐時物。其畫像、書法、塑型技藝,皆與時代相適合。到了晚唐,文化藝術,迴不如初唐中唐時期,此時所造泥像亦隨之而衰落。河北所出咸通泥像,是其明證。至於無字之佛像,有與蘇常侍畫佛形式、大小相侔者,亦爲蘇常侍所造,極小之品,則爲中唐時造,久居秦中者自能辨之。此外,沈次量氏藏有百佛像,背有梵文經一卷,可謂精湛絕倫。馬仲良氏藏有無字蘇常侍泥像,背有一鴿形,亦極佳妙。夏僑生氏藏有紅泥蘇常侍長方式像,赤如丹砂,衣裳面貌,纖悉畢見,若論泥像,此爲首選,所惜背面無題記,此像由僑生轉讓於關某,僅匆匆一見而已。

1962 年寫於西北大學新村

古器物文字叢考

一、西安高窑村出土西漢銅器銘考釋

1961 年 12 月西安西郊高窑村發現西漢銅器群,計出土有銘文的銅鑒 10 件、銅鼎 5 件(内 3 件帶蓋)、銅鍾 4 件、銅鈁和銅鋗各 1 件,共 21 器。另有無銘銅鍾 1 件,合共 22 件。案其銘文,皆西漢上林苑中之遺物。在坑中各器排列整齊,疑爲王莽兵敗時爲上林令所埋藏。各器紀年,開始於武帝天漢四年,迄至成帝鴻嘉三年,前後連綿 80 年之久。銅鑒爲西漢宫廷夏季冷藏食物之用,此次大批發現,尚屬創見,兹將諸器銘文考釋如下:

(一) 銅鑒十件

鑒,《説文》金部云:鑒,大盆也。又缶部云:缶,小口罌也。《方言》:甀罌也。《急就篇》云:缶甀盆盎瓮甖壺。據此則鑒與甀器形最相似。又《周禮·天官·凌人》云:春始治鑒。鄭注:鑒如甀大口以盛冰,置食物於中以禦温氣。孫詒讓氏正義云:據《説文》甀爲小口罌,則鑒爲大口罌矣。又云:鑒俗作鑒,《廣韻》去聲五十九陷云:鑒,大瓮似盆是也。春夏之時,食物得温氣則易敗,故用鑒盛冰,置食物於冰上以寒之也。《玉燭寶典》引干寶注云,

鑒，金器，盛飲食物以置冰室，使不茹餒也。綜上所述，與現今出
土銅鑒之情形，無一不合，知爲漢上林苑冷藏食物之用器。西漢
時水衡都尉治上林苑中，屬官有御羞、禁圃兩令丞，與少府之湯
官、大官令等，同主皇家之饘饍事宜，故上林亦需備有冷藏之器。
十器之中，紀載鑄造月份可考者，四月有兩器、五月有三器、六月
有兩器、九月有一器，鑄造於九月份者在數量中比例最少，尤爲因
適應時令需要而鼓鑄之一證。《西清古鑒》著録有周代冰鑒四
器，形式方圓不等，圓者已與漢器相接近。山西出土之攻吴王夫
差鑒，亦爲大型冷藏之用器，舊説謂大可容人疑爲浴器，恐非是。

　　9 號鑒銘中有豫章觀，《三輔黃圖》云：豫章觀，武帝造，在昆
明池中，亦曰昆明觀。《太平御覽》一百七十九引《漢宮殿名》曰：
長安有豫章觀、昆明觀。分豫章、昆明爲二觀之名，與《黃圖》之
説不同。又張衡《西京賦》云：“豫章珍館，揭焉中峙。”薛綜注：豫
章木名。是豫章觀又可稱爲豫章館矣。銘謂初元三年受東郡者，
謂銅器自東郡貢獻，由上林苑接受應用也。現出各器中，稱受東
郡者二、受東郡白馬宣房觀者一、受東郡東阿宫者一。《小校經
閣金文拓本》卷十一有上林共府鼎文云：“上林共府，初元三年受
琅玡，容一升，重斤二兩，工師駿（工師駿疑即李駿）造。”據此則
元帝在初元三年同時向東郡及琅玡郡徵調了一大批銅器，放在上
林苑中使用。第四百九十五者，當爲上林苑之編號。

　　3 號鑒爲陽朔四年五月工李駿造，《小校經閣金文拓本》卷十
一有上林鼎文云：“上林銅鼎容二斗，並重十六斤六兩，陽朔二年
三月，工李駿造五百，合第二百九十八。”上林鼎鑄於陽朔二年，
較 3 號鑒早二年，同爲李駿之作品。李駿當爲上林苑中鑄造銅器

之名工。

又 1 號、2 號、4 號、5 號、6 號諸鑒銘之工人題名中，楊政與楊放、左譚與左惲、周霸與周博，皆疑爲兄弟同時在官府作工師者，其身份則爲自由民。

(二)銅鼎五件

11 號鼎銘有："昆陽乘輿銅鏞一。"按：此鼎爲昆陽縣所出銅材，由陽翟令鑄造而貢獻於漢廷者。《漢書·地理志》，昆陽、陽翟二縣皆屬於潁川郡。鼎字繁文作"鏞"，亦見漢汝陰侯鼎(見《陶齋吉金錄》卷五)。漢代帝王服用之器，皆稱以乘輿字樣，南陵鍾亦稱大泉乘輿御水銅鍾(見《陶齋吉金錄》卷六)。見於漆器題字尤多。陽翟縣在西漢武帝以後，有時稱邑，蓋爲太后及公主之臨時封邑(《敦煌漢簡校文》七四頁云：戍卒潁川郡陽翟邑步利里公乘成貴年卅六。又一八三頁：陽翟邑東平里史明)。有時稱長，蓋因戶口有所減漢時仍少(《居延漢簡釋文》八七頁云：陽翟長猛)。東漢時仍稱爲陽翟令，見《後漢書·耿國傳》。本器之稱陽翟令，疑爲武帝末期之物。漢官皆試守一歲，然後真除(見《漢書》尹翁歸等傳)。佐爲佐史，工爲工師之稱。《地理志》潁川郡注，陽翟有工官，故昆陽令請陽翟令代爲敊鑄。三年之上不記年號，應屬於武帝末期之紀年。桂宮行鐙題二年少府造(見《小校經閣金文拓本》卷十一)，與此體例正同。《三輔黃圖》記桂宮武帝太初四年秋造，從前對漢器不記年號者，皆指爲武帝未有紀年以前之物，據此可以知其不然。在本器鑄造時，陽翟雖未有工官之名，但已有工官之實，陽翟之工官長丞，由陽翟令丞兼理，其下僅有佐工二名稱而已。

12號鼎銘："泰山宮鼎。"按：泰山宮，《漢書·地理志》在泰山郡下漏注，當爲武帝封泰山時所建築。以地名宮，與東阿宮同，皆不見於《地理志》注文。

又 14 號鼎銘中白馬宣房觀等三十五字先刻，上林宣曲宮及上林第九等十六字則爲後刻。該鼎原爲東郡白馬縣宣房觀所用，鑄於宣帝神爵三年，至元帝初元三年調至上林宣曲宮應用，相距已 14 年。《三輔黃圖》云：宣曲宮在昆明池西，孝宣帝曉音律，常於此度曲，因以爲名。《小校經閣金文拓本》卷十一有漢宣曲宮鼎，與此皆符合。又按《漢書·溝洫志》云：於是卒塞瓠子，築宮其上，名曰宣防（《石慶傳》亦稱宣房宮）。《武帝紀》云：元封二年四月，還祠泰山，至瓠子臨決河。服虔注云：瓠子，堤名也，在東郡白馬。但蘇林注云在鄄城以南，濮陽以北，廣百步，深五丈。宣房宮在東郡白馬縣，與服虔注正合，知蘇林注不確，惟此鼎稱爲宣房觀稍有不同。漢人隸書房、防二字，形最相近。《漢書》作宣防用本字，此鼎作宣房，係用假借字。卒史爲漢代百石少吏之稱，舍人當爲人名，《居延漢簡釋文》四〇〇頁，有□卒淮陽郡長平北莊里丁舍人三石弩一之簡文。又如《漢書·東方朔傳》之郭舍人，舍人乃其名而非官名，其官爲公車待詔。13 號鼎銘有"五十合第十一"。按：漢銅器銘文稱合者，謂統合計算，本器與陽朔二年鼎五百合第二百九十八之文同例。

15 號鼎銘中之工左惲，亦見鴻嘉二年上林鼎（見《貞松堂集古遺文》卷十三），與本器爲同年所造，左惲當爲上林苑中鑄銅之名工。

（三）銅鍾四件

17 號鍾銘之"南宮"，不見於《三輔黃圖》及《漢書》，漢人俗稱未央爲東宮，長樂爲西宮（見《田蚡傳》及孟康注），正式之名，則有北宮，與桂宮毗連（見《黃圖》卷二），未見南宮之稱（《漢書‧儒林傳》云：高祖見申公於南宮，此爲魯國之南宮，與本器無涉）。又《博物志》卷八云：漢西都時，南宮寢殿內，有醇儒王史威長死，葬銘曰，明明哲士，知存知亡，云云。《十鐘山房印舉》舉二有“南宮尚浴”印，白文交錯有邊闌，文字極古，皆與本器相符合。知西漢本有南宮之名，爲《黃圖》所失載。南宮既有尚浴府，即《漢舊儀》所稱五尚之一，現傳世亦有溫卧內者未央尚浴府行鐙（見《積古齋鐘鼎彝器款識》卷九）。則南宮之規模，亦相當宏大。南宮所在地，以今日出土遺址推測之，似亦在上林苑中。

18 號及 19 號兩鍾皆銘“九江共”三字，係陽文鑄款，另又有“上林”二字，則後來所補刻。《漢書‧地理志》云：九江郡秦置，高帝四年更名爲淮南國，武帝元狩元年復故。兩鍾最早爲武帝中晚期之物。

（四）銅鈁一件

鈁銘中之上林共府，亦見初元三年上林鼎，蓋爲供給宮廷服用器物之府庫。本器與 14 號鼎鑄造年月吏工題名均同。

（五）銅銷一件

銷銘中云：“上林昭臺厨銅銷。”按：《三輔黃圖》云昭臺宮在上林苑中，《漢書‧外戚傳》云宣帝霍皇后廢處昭臺宮。《小校經閣金文拓本》卷十三，有元康三年造昭臺宮銅扁壺，皆與本器相合。

綜上所述各器，可以説明以下問題：（一）鑒鏡二物，在漢代有嚴格之區分。説文訓鑒爲大盆，是解釋鑒之本義，又訓鑒諸可

以取明水於月，是解釋鑒另爲一義。二者名同實異。後人因習見
《考工記》鑒燧之劑之文，將鑒與鏡混爲一物。漢代鏡銘，皆云某
氏作鏡，不云某氏作鑒，漢人自稱本有顯著之區別。（二）漢代鹽
鐵置官，始於西漢初期，工官、服官等，在《漢書》未詳其開始年
代。據三年造之昆陽乘輿銅鼎銘，知當時陽翟工官尚未正式成
立，可定郡國工官之設最早在武帝末期。（三）漢代郡國貢獻方
物，不限於土產。此次發現九江共兩鍾，當爲九江太守所上供。
西漢銅礦，主要在丹陽，次在鹽道。九江地區並不出銅料，勢必采
購自其他郡國。形成《食貨志》所謂：諸官各自市相爭物以故騰
躍，而天下賦輸，或不償其僦費。又漢律載會稽郡獻藙一斗及獻
鮐醬三斗（見《説文》草、魚二部），此固定貢獻之方物。《禮記·
射義》鄭注：歲盡獻國事之書及計偕物也。正義：漢時謂郡國送
文書之使爲計吏，其貢獻之物，與計吏俱來，故謂之計偕物。現知
九江太守之所供，雖不限於土產，但屬於計偕物範圍之內。（四）
漢代宫廷常徵調郡國及郡國離宫別館之服用器具。例如豫章觀
銅鑒、武政銅鑒調自東郡，上林供府初元三年銅鈁調自東郡東阿
宫，上林宣曲宫鼎調自東郡白馬宣房觀，泰山宫鼎調自泰山郡泰
山宫，傳世之上林供府鼎調自琅玡郡。以元帝初元三年一次所調
爲最多。調入之地皆爲上林苑，被調之郡皆爲中原地區，此點亦
爲《漢舊儀》、《漢官儀》、《獨斷》諸書所未詳。（五）此次銅鑒所
記鑄造數字如楊放、周霸所造各 300 器，李駿、左譚所造各 240
器，黃通、周博所造各 84 器，楊政所造 10 器，統計共達 1258 器。
冷藏之銅器，爲用器之一部分，數字已相當龐大，鼎、鍾之類，亦必
相稱。可見漢代統治階級之窮侈極欲。

二、"寺工"、"無任"兩詞釋義

(一)寺工釋義

1959年長沙左家塘秦代木椁墓中,發現"四年相邦呂不□"、"寺工鱻丞□"的殘戈,與傳世"六年相邦呂不韋戈"鑿款文字相似。夏作銘同志根據《陶齋吉金録》著録"二年寺工龍(當爲鱻)"金角殘戈,考與呂戈爲同一時期、同一工人所造,是正確的。兹對於寺工問題,提出不成熟意見於下:

《敦煌漢簡校文》八頁有簡文云:"□刀一完,鼻緣刃麗,麗不砠砠,神爵四年繕。盾一完,神爵元年寺工造。"《小校經閣金文拓本》卷十一池陽宮鐙,有"上林寺工重三斤十□兩"(上字劉書未釋,在原拓本上很分明)之銘文。同書同卷永光鐙有"永光四年寺工弘"之題名。又《十鐘山房印舉》舉二有"寺工"陽文半通式印。寺工應係官工,諸漢器皆爲上林寺工所造。據《漢書·百官公卿表》,上林令屬於水衡都尉,水衡之官,設於武帝元鼎二年。上林苑令已見於《張釋之傳》,時在西漢文景時,應先屬於少府。上林苑興建於秦時,呂不韋戈之寺工,是否屬於上林之寺工,抑相國府中專職之寺工,現在尚不能肯定。又戈上方有"可"字,當爲編次之號碼,漢五銖錢範題字,有"第一可"及"第四遂"字樣,此戈用"可"字編號,與錢範題字正同。至於工之題名在丞之上,與漢代漆器題字亦完全相同。

(二)"無任"釋義

1958年河南省文化局文物工作隊在洛陽漢魏故城區調查,

搜集了東漢刑徒墓磚（見黄士斌《漢魏洛陽城刑徒墳場調查記》）。以前所出刑徒磚，以端方《陶齋藏磚記》著録最多，羅振玉《恒農磚録》次之。在磚銘中往往在罪犯姓名之上加“無任”二字。據《陶齋藏磚記》考證謂：無任二字，《宋書·庾登之傳》，謝晦爲撫軍將軍荆州刺史，請爲南郡太守，晦拒王師，欲使登之留守，登之不許，晦敗，登之以無任免罪，是則無任者，免罪之詞耳云云。以無任爲免罪，不確。

　　按《太平御覽》卷六百四十二引《鍾離意別傳》云：司徒侯霸，辟意署議曹掾，以詔書送無任徒三百餘人到河北。《後漢書·侯霸傳》以建武十三年官司徒，當爲東漢初年時事。又陶宗儀《古刻叢鈔》（《知不足齋叢書》本）四十五頁，記有鍾繇帖，中有：戎路兼行履險冒寒，臣以無任，不獲扈從，企佇懸情，無有寧舍云云。鍾繇字迹，縱爲摹本，表文則辭句古茂，決非僞託。《三國志·魏書·鍾繇傳》云：數年坐西曹掾魏諷謀反，策罷就第。事在建安末年，表文所云臣以無任，不獲扈從，當在此時。蓋無任當作因罪免官，無官可任解，在墓磚上表示爲官犯，與民犯有所區別。但無任一名詞，其中尚包含兩種性質，一種輕者爲禁錮家中，鍾繇與庾登之是也。一種重者更應調服役，鍾離意所送河北刑徒及洛陽刑徒是也。《鍾離意別傳》又説以詔書送往河北，更可證無任爲官犯。合前後出土各刑徒墓磚觀之，其年號開始於永平五年，迄止於建寧三年，中間經過 109 年之久，可見徵調罪人服役，是東漢長期存在之事。近人有謂此次調查所發現，起於元初二年，專爲造太學勞役而死者，似不確切。又各刑徒無復作一歲刑者，起於司空二年刑，至髡鉗五年刑，四年以上者最多，可證徵調者皆是刑期較長的官犯與民犯。又《庚登之傳》以無任免罪，大義謂不加以極刑，但罷廢而已，若依照《陶齋藏磚記》把無任單純解爲免罪，而各墓磚上仍列髡鉗及完城旦等刑名，足證並未免罪，可見無任與刑名是兩件事。

三、于豪亮先生《居延漢簡甲編補釋》的商榷

讀于豪亮先生《居延漢簡甲編補釋》（見《考古》1961 年 8 期），見萃馬、腸辟、棨戟等條，爲我所未詳，立說很爲精確，但其他各簡，尚有可商榷者，略述如下：

稷　西漢布稱稷者，有七稷布，見於《史記·景帝紀》及《居延漢簡釋文》三七二頁，《居延漢簡甲編》二二八三簡。有八稷布，見《釋文》五六一頁。有九稷布，見於《釋文》六九頁。有十稷布，見於《漢書·王莽傳下》。由七至十，品類銜接。無七稷以下及十稷以上之數字。于氏以爲《王莽傳》之十稷布爲七稷之誤字，余與之意見尚有不同。因在西漢時，七、十二字，字形相似。東漢初期建武十七年銅鍾及建武十七年五銖銅範，尚用此種寫法，東漢碑刻，則均寫作桼字，或作七字，與今體相同。班固成書已在章帝時，是否在漢書簡上，寫十稷布與七字字形相似，現尚未敢定。

此腹支滿　此腹四節不幸　于氏釋此腹爲胒腹省文，余則釋此腹爲牝腹省文，作腹澼解。四節不幸，當釋爲四節不舉。《居延漢簡釋文》五頁及二四二頁皆有此文。原簡上舉字亦甚明顯。又《流沙墜簡·戍役類》第四簡文云："戍卒杜充病頭痛，四節不

與（與爲擧字省文），不能。"可證四節不擧，爲當時之口頭語，四節指四肢而言。

藺席　按：《計然萬物録》云：六尺藺席（原文誤爲蘭字）出河東，上價七十；蒲席出三輔，上價百。（見茆氏《十種古逸書》本）此西漢時藺席産地及價值可考者，可補于説。

解何　于氏認爲解何即解除其任之意，非是。按解何二字，始見於《漢書·匡衡傳》，有"案故圖樂安鄉南，以平陵佰爲界，不足，故而以閩佰爲界，解何？"之語，顏師古注云：解何者以分解此時意猶今言分疏也。以今語譯之，就是"作如何解釋"。蓋西漢公牘中之習俗語。居延漢簡中有解何字樣者計八見，今擧四簡如下："□□通府去除虜燧百率九里，留行一時六分，定行五時，留遲三時日分，解何？"（見《居延漢簡釋文》一二三頁）"栈候正月盡六月折傷兵簿，出六石弩弓廿四付庫，庫受嗇夫久廿三石，空出一弓，解何？"（見《釋文》一八二頁）"虛積八日，解何？甚毋狀，檄到□。"（見《釋文》四五頁）"直少十，解何？"（見《釋文》二六七頁）簡中"解何"一詞皆爲長官用公牘責問屬吏之辭，與《匡衡傳》相符。

臧官物　對該簡全文，應句讀爲"二月戊寅，張掖太守福，庫丞承憙，兼行丞事，敢告張掖署都尉，護田校尉府卒人。謂縣律曰：臧官物非録者，以十月平賈。計案戍田卒受官袍衣物，貪利貴賈，貰乃貧困民，吏不禁止，滷益多，又不以時驗問"。此張掖太守禁止戍卒貰賣官物衣袍之教令也。縣律應爲縣官律之簡稱，但縣律之名，今已無考。吏民盜買官物，即犯臧罪，等於毀傷縣官財物，與本簡所云臧官物非録者亦合。縣官泛指朝廷之稱，見《漢書》霍光、田延年等傳。于氏以貧困民吏爲一句，與漢人習俗語不同，當時吏民二字連稱，並無顚倒稱爲民吏者。又“卒入”當爲“卒人”之誤釋。《論衡·謝短篇》云：兩郡移書曰敢告卒人，兩縣不言何解？其中卒人謂府門卒之人。在居延簡中之敢告卒人，《居延漢簡甲編》多誤爲卒入，非是。又《流沙墜簡考釋》烽燧類第四十四簡，有“敢告卒人”，與本簡符合。

　　絕費　于氏説四〇四簡“第七燧五石具弩一，絕費”。費從弗得聲，當是弼字，爲弸之本字，指弓檠而言。此簡是説五石具弩的檠已折斷。按：絕費蓋西漢人之習俗語，謂極損壞也，《後漢書·吳良傳》李賢注云絕猶極也。《廣雅·釋言》：費，耗也、損也。皆可參證。于説固可通，但轉失之迂曲。

出土文物叢考

建國以來，文物考古工作取得了巨大成績。看了一些文物和有關報導，十分興奮。僅就前涼金錯泥箭題字和武威東漢張君墓出土銅馬題字略加考證，以就正於諸同志。

一

前涼金錯泥箭係陝西省博物館 1966 年在西安收集到的①。箭上題字原文如下：

靈華紫閣服乘金錯泥箭

升平十三年十月涼中作部造

平章墅帥臣范晃督

臣綦毋務舍人臣史

融錯匠邢苟鑄匠王虜②

按：《急就篇》云："芬薰脂粉膏澤箭。"顏師古注："箭者本用竹箭，其後轉用金玉雜物。"顏氏解釋箭字，最爲明確。泥箭即盛紫泥之箭，《漢官儀》所謂天子璽書，用武都紫泥封。現箭内尚存

---

① 器物圖片見《文物》1972 年第 6 期《前涼金錯泥箭》第 37 頁"圖一"。
② 銘文摹本見《文物》1972 年第 6 期第 37 頁"圖二"。

有紫泥殘餘痕迹。

《太平御覽》卷一百七十五引《晉書》："張駿霸西河,於姑臧起謙光殿,畫以五色,飾以金玉,窮盡珍巧。四面各起一殿,東方曰宜陽青殿,南方曰朱陽赤殿,西方曰政德白殿,北方曰玄武黑殿,各同方色,各以時居之。"本題字之靈華紫閣,雖不見於史籍,但以四字命名,第三字用顏色字,與張駿所造四殿之名,完全相似。服謂服用,乘謂乘輿。乘輿見於《漢書·東方朔傳》,漢代漆器,有乘輿題字者尤多。張天錫當時雖奉東晉正朔,在其統治區域內其典章仍用帝王儀式。

中作部在漢晉官制無考,王莽有"左作貨泉"陶片,西漢又有"右作"封泥,中作當亦職守相同,或屬於中尚方令之屬官。中尚方在漢魏時主要造兵器,有時兼造一部分服用器。

平章殿名,《太平御覽》卷一百廿四引《十六國春秋》"前涼錄"説,張重華"七年……十一月薨於平章殿,年二十七"。與本題字正合。但殿帥官名,於史籍無考。

題名有綦毋務,綦毋復姓。王應麟氏《急就篇》,十六國時前趙有綦毋達,燕有綦毋滕,務獨無考。

十六國流傳之銅器,極爲稀見,故本泥笛甚可貴。

二

銅馬①係 1969 年出土於甘肅武威縣雷臺東漢張君墓②。銅

---

① 見《文物》1972 年第 2 期彩色圖版。
② 見《文物》1972 年第 2 期《甘肅武威雷臺東漢墓清理簡報》第 16 頁。

馬題字均在頸上,爲陰刻。現分別考證如下:

冀張君騎一匹,牽馬奴一人。

冀張君小車馬御奴一人。

冀張君夫人輦車馬,將車奴一人,從婢一人①。

　　　　按:冀爲張君之原籍。冀縣始置於秦代,在西漢時屬天
　　　水郡(見《續漢書·地理志》),在東漢時屬漢陽郡(見《續漢
　　　書·郡國志》)。廢於晉代。《元和郡縣圖志》云:"天水郡上
　　　邽縣城,本秦冀縣,隗囂稱西伯都此。"張君即今天水市人也。

守張掖長張君郎君阿郆騎馬一匹,牽馬奴一人。

守張掖長張君前夫人輦車馬,將車奴一人,從婢一人。

守張掖長張君後夫人輦車馬,將車奴一人,從婢二人②。

　　　　按:《漢官儀》云:"漢官皆試守一歲爲真。"本文守字,當
　　　作署官解。《續漢書·地理志》:"張掖縣屬武威郡。"張君蓋
　　　以冀縣人暫署張掖縣長者。據《嘉慶一統志》:漢張掖縣廢
　　　城,在今武威縣南。張君所官爲張掖縣長,與張掖郡無涉。

守左騎千人,張掖長張君騎馬一匹,牽馬奴一人。

守左騎千人,張掖長張君小車馬,御奴一人③。

　　　　按:《續漢書·郡國志》:武威郡,本注有左騎千人官。
　　　又張掖屬國,本注有左騎千人(左騎與千人分離,成爲二官
　　　名,當係後來刻本之誤),司馬官,千人官。此左騎千人官

----

① 　見《文物》1972 年第 2 期第 17 頁"第三組"。
② 　見《文物》1972 年第 2 期第 17 頁"第一組"。
③ 　見《文物》1972 年第 2 期第 17 頁"第二組"。

名,在郡屬僅武威郡有之,在屬國僅張掖屬國有之,皆不見於其他文獻。《漢印文字徵》第十,二頁,有"騎千人印",當即此官之初名,後來又分爲左右也。張君所官,應爲武威郡之左騎千人,蓋由武威郡張掖長升任者,當非張掖屬國之左騎千人也。

又按:千人官名,始於西漢初期,《漢書·灌夫傳》:"夫以千人與父俱也。"《漢官儀》叙邊郡太守。屬官有司馬、千人。《漢書·百官表》叙西域都護屬官有司馬、候、千人。居延都尉屬官,亦有千人及千人丞(見《居延漢簡釋文》二五頁及九一頁)。晉時改爲千人督(見晉徐美人墓石)。張君所任之左騎千人,其掌管則爲騎兵也。

綜合論斷,張君爲漢陽冀縣人,官武威郡張掖縣長,升任武威郡左騎千人官,很爲明顯。余昔考漢代官職上加守字之制度,署理有至三四年不轉正者,未必拘於一年之説。今觀張君前後兩官,皆加守字,所守似亦不止一年。

至於墓葬中出土龜鈕四銀印,文字雖模糊,每方皆有將軍二字,甚爲清晰。值得注意研究者,計有以下三點:一、兩漢公卿將軍所用印章,名爲金印、銀印,實則皆爲塗金塗銀,用純金銀者極爲少見。此印皆爲純銀質,且有四方之多,尤屬少見。二、兩漢以來一般不用真官印隨葬。亡友王獻唐昔寄余漢"合浦太守章"印本,係石質正刻。降至隋唐,改用陶質正刻,字亦放大。三、兩漢制度,縣令長不能帶將軍名號,與墓主人張君之身份不合。至六朝時官制漸濫,縣令長始均加有將軍名號,例如北齊岡山摩崖,有冠軍將軍父令王子椿題記是也。張君隨葬四將軍之銀印,或爲其先世之官職。又據《簡報》,墓葬中出土銅錢,有四出五銖錢六枚,此錢鑄於東漢靈帝中平三年,則墓葬相對年代,當在獻帝時期。

出土文物叢考（續）

　　1968 年 7 月至 9 月，我國文物考古工作者發掘了河北滿城西漢中山靖王劉勝及其妻子竇綰兩座大崖墓，出土隨葬的金、玉、銅、漆等器物有二千八百多件，這是過去從未有過的。關於發掘經過和器物介紹，已有專文報導①。我對其中幾種文物有一些見解，試分述如下。

一、酒令銅器（原稱爲銅骰）

　　過去發現的酒令銅器，以我所知所見，共有五處。例如《陶齋吉金録》卷七，十一頁，有彈丸文云："驕骰。一、二、三、四、五、六、七、八、九、十、十一、十二、十三、十四、十五、十六。骰、九、十、十一、十二。"共二十二面。又《奇觚室金文述》卷十一，二十八頁。《小校經閣金文》卷十三，七十七頁。《漢金文録》卷四，二十五頁。皆著録與此器大同小異的共有三種。彼時不知爲酒令，故或稱爲彈丸，或稱爲漢鞠，或稱爲博局。陶齋所藏一品爲二十二面，最多二十四面。其中有二面，面積比較大。在 1948 年，西安

---

①　《考古》1972 年第 1 期。

漢城内,又出一品,亦二十二面。面積較大的二面,一面是"驕
黠"二字,一面是"自飲"二字,始恍然爲漢代貴族宴飲時所用行
酒的酒令①。現寶縞墓中所出的酒令銅器,與我上述所知所見情
形,完全相同,可算是第六次發現。在十八面中,一面刻"酒來"
二字,對稱的一面刻"驕"字,與我從前所見的刻"自飲"與"驕"
字,大體相似,益可證明爲酒令用具無疑。驕字黠字,數見不鮮,
今又出於寶縞墓中,又似乎爲婦女專用的酒令。

至於寶縞墓中所出的一套數字銅錢,一套韻語銅錢,試作分
析如下:傳世的數字銅錢,就已發現的而論,由第一至第廿九。我
從前疑爲文帝時所鑄的法錢,用以權衡一般錢的輕重,現仍保留
此説。自來多以爲是秦錢,我獨定爲漢錢,因皆出於漢城周圍,不
出於咸陽,文字與秦半兩亦不相似②。此錢文有三種形式,一是
第幾,二是第幾重幾兩,三是第幾重幾銖。屬於第一類的,有第
一、第四、第七、第九、第十、第十一、第十三、第十六、第十七、第十
八、第十九、第廿三、第廿八、第廿九,共十四品。現寶縞墓中出土
的一套數字銅錢,由第一至第廿,與上述傳世的各錢情況亦完全
相同。疑爲在景、武帝時,法錢已廢而不用,因利用舊錢,改爲酒
令算籌。酒令銅器與數目字銅錢,當然有不可分割的關係,但酒
令銅器,最多二十四面,而歷來傳世的銅錢,有二十八的,有二十
九的,數字在酒令上既不適用,顯然有廢物利用的可能。

用酒令銅器的方法,今已失傳。或坐客每人執一錢,擲酒令
者看擲出的數字,與錢相符,即須飲酒。但漢城所出我親見的酒

① 《兩漢經濟史料論叢》139 頁。
② 同上書 125 頁。

令，“自飲”及“驕”字兩面均較寬廣，曾在桌上試擲數下，所出的皆是“自飲”與“驕”字俱多，擲酒令的人亦不能時時取義於罰酒。事隔二千餘年，我們所猜，亦等於射覆而已。

又韻語二十個銅錢，或用錢胚未刻之錢，或補鑄之錢。憶定海方氏所藏第十錢，背有陰文“逢賢”二字，疑當日亦爲四字韻語，分刻於兩錢的。至本韻語銅錢，有“起行酒”、“自飲止”等句，確與數字錢及酒令銅器有連帶關係。然酒令最多十八面，而兩種銅錢，由第一至第二十爲止，數目亦不相符合，如何聯繫，則又很難以常理推測。

又韻語最後兩句，爲“田田妻鄙，壽夫王母”。韻語全文，應爲中山王劉勝所自撰。妻鄙言妻子鄙陋，係自謙之辭，並以西王母比竇太后。劉勝有《聞樂對》，全篇皆用韻語。劉勝長於文詞，是其明證。《藝文志》詩賦家，有詔賜中山王子噲及孺子姜冰未央材人詩歌四篇，知劉勝家屬中，亦多解文字。

二、中山內府銅鋗

文云：“中山內府銅鋗一，容三斗，重七斤五兩，第廿五。卅四年四月郎中定市河東，賈八百廿。”共三十三字。西漢王國紀年，有僅用本國者，如趙廿二年上酬刻石。有兼用漢廷者，如五鳳二年，魯卅四年泮池刻石。本器亦只用中山王國紀年。西漢初中期，王國百官皆如漢朝。據《漢書·百官表》，郎中比三百石，無定員。《封泥考略》有“吳郎中印”封泥，正與相同。我從前據東漢延光四年壺，推斷漢代銅價每斤合六十錢。本器按六十錢一斤計數,則原料約占四百五十錢,餘爲製造手工費,大致仍是相近。又《小校經閣金文》卷十一,五十六頁,有湯官鼎,爲元康元年河東所造。又有河東銅官所造的四石弩機,"河東李從"、"河東馮久"所造的弩機。蓋河東有銅官(爲《漢書·地理志》所漏注),鑄造技術精巧,故劉勝派人前往購買。

又本器刻號係第四十五,假定一批所購銅鋗以五十具計之,則需價四萬二千,即四十二千。漢代米價通常每石百錢,即折合四百二十石米價。劉勝驕奢淫佚,僅在銅鋗一種方面,即可見到一斑。

三、中山祠祀封泥

據《漢書·百官表》,太常屬官有太祝令,景帝中六年更名祠祀,武帝太初二年更曰廟祀。本封泥即景帝中六年至武帝太初二年經過共四十一年之物。《齊魯封泥集存》有"齊祠祀印"。《漢印文字徵》卷一,四頁,有"沛祠祀長"印,皆與此相同。

四、"寶緰"兩面印

穿帶印一面爲"寶緰"二字,一面爲"寶君須"三字。《漢書·外戚傳》:"史皇孫王夫人,宣帝母也,名翁須。"《漢印文字徵》第九,四頁,有"時翁須印"。第十二、十三頁,有"范翁嫛印"。本印君須當爲君嫛省文,楚人謂姊曰嫛。

五、御褚飯盤

漆盤凡二器。其一云：“御褚飯盤，卅七年趙獻。”其二云：“御褚䚡中杯一，卅七年趙獻。”按《左襄三十年傳》：“取我衣冠而褚之。”杜注：“褚，畜也。”《一切經音義》引“褚”作“貯”，蓋褚貯二字，古本通用。《漢書·南粵傳》云：“上褚五十衣，中褚三十衣，下褚二十衣遺王。”顏師古注：“以綿裝衣曰褚。”裝與貯義亦相近。本題字御褚飯盤，謂御用貯飯之盤也。第二器御褚䚡中杯，疑静中之異文。《漢官儀》云“静室令秦官也”，又作静宫令，此官不見於《漢書·百官表》，本題字之静中，疑指飯盤存放在静室令官署之中。漢初王國百官皆如漢朝，故中山國亦得設静室令。

六、陶缸朱書題字

陶缸部分題字有云“黍上尊酒十五石”、“甘醪十五石”、“黍酒十一石”、“稻酒十一石”、“甘醪十石”等。漢代帝王賜上尊酒於大臣，有兩種作用：一是養老尊賢，見於《漢書·平當傳》；二是賜死之表示，見於《翟方進傳》云：“使尚書令賜君上尊酒十石，養牛一，君審處焉。方進即日自殺。”如淳引《漢儀注》“有天地大變，天下大過，皇帝使侍中持節，賜上尊酒十斛，牛一頭”云云。本陶文之上尊酒，則屬於劉勝自飲之美酒。

古物三考

一、西安南郊出土西漢銅鑒等二十二器通考

1961 年 12 月西安西郊阿房村，距昆明池遺址百步，發現西漢銅器群，經西安市文化局派人前往清理，出土者有銅鑒十件，銅鼎五件，銅鼎蓋一件，銅鍾五件，銅鈁、銅銷各一件，共計二十三件。有文字者計二十二件，按其銘文，皆上林苑中之用器。在土坑中排列整齊，疑王莽兵敗時，爲上林令所埋藏。各器紀年，開始於武帝天漢四年，迄至成帝鴻嘉三年，前後連綿 80 年之久。銅鑒爲西漢宮廷冷藏食物之用，此次發現，尚屬創見，茲分別匯考如下：

（一）銅鑒十件

1.上林豫章觀銅鑒，容五石，重九十九斤，初元三年受東郡。第四百九十五。（原編十二號）

按：《説文》金部云："鑒，大盆也。"又缶部云："瓮，小口罌也。"《方言》："甄罌也。"《急就篇》云："缶甄盆盎瓮罌壺。"據此則鑒與甄形最相似。又《周禮·天官·凌人》云："春始治鑒。"鄭注云："鑒如甄大口以盛冰，置食物於中以禦

温氣。”孫詒讓氏《正義》云：“據《說文》甄爲小口罌，則鑒爲大口罌矣。”又云：“鑒俗作䰜，《廣韻》去聲五十九陷云，䰜，大瓮似盆是也。春夏之時，食物得溫氣則易敗，故用鑒盛冰，置食物於冰上以寒之也。”又云：“《玉燭寶典》引干寶注云：鑒金器，盛飮食物以置冰室使不茹餒也。”綜上所述，與現今出土之銅鑒情形，無一不合，知爲西漢上林苑冷藏食物之用器無疑。西漢水衡都尉治上林苑中，屬官有御羞、禁圃兩令丞，與少府之湯官、太官，同爲主管皇室饎饍事宜，故上林亦需用冷藏之器具。十器之中，記載鑄造之月份，可考者四月有兩器，五月有三器，六月有兩器，九月有一器（九月鑄造者，僅有十枚，數量比例最少），尤爲適應時令需要鼓鑄之一證。《西清古鑒》著錄有周代冰鑒四（《歷代著錄吉金目》有兩器標題爲漢代，恐誤），形式方圓不等，圓者已與漢器相接近。山西出土之攻吳王夫差銅鑒，當以爲大型冷藏之用器，舊說指爲浴器恐非是。

又按：《三輔黃圖》云：“豫章觀武帝造，在昆明池中，亦曰昆明觀。”《御覽》一百七十九，引《漢宮殿名》曰：“長安有豫章觀、昆明觀。”分豫章、昆明爲二觀之名，與《黃圖》之說不同。張衡《西京賦》云：“豫章珍館，揭焉中峙。”是豫章觀又可稱爲豫章館。初元三年受東郡者，謂銅器自東郡貢獻，由上林苑接受備用也。現出各器中，稱受東郡者二，受東郡白馬宣房觀者一，受東郡東阿宮者一。《小校經閣金文》卷十一，五五頁，有上林共府鼎云：“上林共府，初元三年受琅玡，容一升重斤二兩，工師駿造。”（工師駿疑即李駿）據此元帝初元三年同時向東郡及琅玡郡,徵調一大批銅器,存放上林苑使用。第四百九十五者,爲上林苑之編號。

2.五石,重九十斤,初元三年受東郡。第六百六十。武政。(原編十四號)

> 按:疑武字,武政似爲點收人名。

3.上林銅鑒,容五石,重百卅斤,陽朔元年九月工楊政造十枚,第十。(原編二〇號)

4.上林銅鑒,容五石,重百廿一斤,陽朔四年五月工左譚造二百卅枚,第百六。(原編二一號)

5.上林銅鑒,容五石,重百卅四斤,陽朔四年五月工李駿造二百卅枚,第廿四。(原編十六號)

> 按:《小校經閣金文》卷十一,六十二頁,有上林鼎文云:
> "上林銅鼎容二斗,並重十六斤六兩,陽朔二年三月工李駿造五百,合第二百九十八。"上林鼎鑄於陽朔二年,較本器則早二年,同爲李駿之作品,李駿蓋爲上林苑中鑄造銅器之名工(上林苑有寺工及供府,皆當屬於水衡都尉上林令之範圍)。

6.上林銅鑒,容五石,重百廿五斤,陽朔四年五月工周博造二百卅枚,第八十二。(原編十七號)

7.上林銅鑒,容六石,重百卅三斤,鴻嘉二年六月工楊放造三百枚,第百卅一。(原編十八號)

8.上林銅鑒,容六石,重百卅二斤,鴻嘉二年六月工周霸造三百枚,第百五十八。(原編十九號)

9.上林銅鑒,容五石,重百卅二斤,鴻嘉三年四月工黃通造八十四枚,第卅三。(原編十三號)

10.上林銅鑒,容五石,重百五斤,鴻嘉三年四月工周博造八十四枚,第十四。(原編十五號)。

　　按:工人題名中,楊政與楊放,左譚與左惲,周霸與周博,皆疑爲兄弟同時在官府作工師者,其身份皆爲自由民。

　(二)銅鼎五件

11.昆陽乘輿銅鏞一,有蓋,容十斗,並重六十六斤。三年陽翟守令當時,守丞千秋、佐樂,工國造。(原編一號)

　　按:此鼎爲昆陽縣所出銅材,託由陽翟令鑄造貢獻於漢廷者。《漢書‧地理志》,昆陽、陽翟二縣,皆屬潁川郡。鼎字繁文作鏞,亦見漢汝陰侯鼎(見《陶齋吉金録》卷五,二十百)。漢代帝王服用之器,皆稱以乘輿字樣,南陵鍾亦稱南陵大泉乘輿御水銅鍾(見《陶齋吉金録》卷六,四至五頁)。見於漆器題字尤多。與《獨斷》及《東方朔傳》所稱之乘輿均相符合。陽翟縣在西漢武帝以後,有時稱邑,蓋爲太后公主之臨時封邑(《敦煌漢簡校文》七四頁云:戍卒潁川郡陽翟邑步利公乘成賁年卅六。一八三頁云:陽翟邑東平里史明)。有時稱長,蓋因戶口有所減少(見《居延漢簡釋文》八七頁云:陽翟長猛)。東漢時仍稱爲陽翟令(見《後漢書‧耿國傳》)。本器之稱陽翟令,疑爲武帝末期之物。陽翟守令、守丞,皆暫署之官。漢官皆試守一歲,然後真除,見《漢書‧尹翁歸傳》。佐爲佐史,工爲工師之稱。《地理志》潁川郡注陽翟有工官,故昆陽令倩陽翟令代爲鑄造。三年之上,不紀年號,應屬於武帝末期之紀年。桂宮行鐙,題二年少府造(見《小校經閣金文》卷十一,八十七頁),與此體例相同。《三輔黃圖》記桂宮武帝未有紀年以前之物。據此知其不然。又按:樂浪所出漆器,主管工官文官吏,有護工卒史,工官長丞、掾、令史、佐、嗇夫等題字(樂浪漆器紀年,開始於昭帝始元二年)。在本器鑄造時,陽翟雖未有工官之名,但已有工官之實,陽翟之工官長丞,由陽翟令丞兼理,其不僅有佐工二名稱,組織極爲簡單。

12.泰山宮鼎容一石,具蓋並重六十二斤二兩,甘露三年工王意造,第百一十六。(原編五號)

　　按:泰山宮,《漢書·地理志》於泰山郡漏注,當爲武帝封泰山時所建築,以地名宮,與東阿宮,弘農宮銅鼎黃縣丁氏藏,未著録。

13.上林宣曲宮初元三年受東郡。白馬宣房觀鼎,容五斗,重十九斤六兩,神爵三年卒史舍人,工光造第十五,第五百一十一。上林第九。(文在蓋)(原編三號)

　　按:此鼎原爲東郡白馬縣宣房觀所用,鑄於宣帝神爵三年。至元帝初元三年調至上林宣曲宮應用,相距有十四年。白馬宣房觀以下三十五字先刻。上林宣曲以下十二字,及鼎蓋上林第九四字,均爲後刻。《三輔黃圖》云:"宣曲宮在昆明池西,孝宣帝曉音律,常於此度曲,因以爲名。"《小校經閣金文》卷十一,四二頁,有漢宣曲鼎,當爲宣曲宮所造,與本器均合。

　　又按:《漢書·溝洫志》云:"於是卒塞瓠子,築宮其上,

名曰宣防。"(《石慶傳》孟康注亦稱宣房宫)《武帝紀》云:
"元封二年四月還祠泰山,至瓠子臨決河。"服虔注云:"瓠
子,堤名也,在東郡白馬。"蘇林注云:"在鄄城以南,濮陽以
北,廣百步,深五丈。"宣房宫在東郡白馬縣,本器與服虔注
正合,知蘇林注亦確。惟稱爲宣房觀稍有不同。《漢書》作
宣防,本器作宣房,漢人隸書,防房二字,形最相近(房字作
防,見《仙人唐公房碑》),《漢書》用本字,本器則用假借字。
卒史爲漢代百石少吏之名,舍人當爲人名。《居延漢簡釋
文》四〇〇頁,有"□卒淮陽郡長平北莊里丁舍人三石弩一"
之簡史。余昔年考定《東方朔傳》之郭舍人,非官名(郭舍人
本官爲公車待詔),今徵於漢簡及本器而益可信(漢代銅器、
漆器題名,官名下例著人名,從無兩官名連稱之下,不著人名
之例)。

14.上林銅鼎容一石,並重六十斤,鴻嘉二年六月工李音
造五十,合第十一。(原編二號)

　　按:漢銅器稱合者,謂統合計算。本器與陽朔二年上林
鼎五百合第二百九十八之文同例(見上文五號)。

15.上林銅鼎容三斗,並重廿四斤,鴻嘉二年六月工左惲
造二百,合第五。上林第百七十二。(原編四號)

　　按:左惲人名,亦見於鴻嘉二年上林鼎(見《貞松堂集古
遺文》卷十三,十三頁)。與本器爲同年所造,左惲與李駿,
當皆爲上林苑中鑄銅之名工。

　　(三)銅鍾四件

16.南宫鍾容十斗,重五十一斤,天漢四年造。(原編七

號）

　　按：南宮之名，不見於《三輔黃圖》、《漢書》等書，漢人俗
稱未央爲西宮，長樂爲東宮（見《田蚡傳》及孟康注）。固定
之名，則有北宮，與桂宜毗連（見《黃圖》卷二），未見南宮之
名（《漢書・儒林傳》記高祖見申公於南宮，此爲魯國之南
宮，與本器無涉）。又按：《博物志》卷七云“漢西都時南宮寢
殿，内有醇儒王史威長死，葬銘曰，明明哲士，知存知亡”云
云。《十鐘山房印舉》舉二，四十五頁，有“南宮尚浴”印，白
文有邊闌，文字極古，它屬於西漢早期文字，皆與本器相合。
知西漢本有南宮之名，爲《黃圖》所失載，南宮既有尚浴府，
當與《漢官儀》所稱五尚相似。現傳世有溫卧内者未央尚浴
府行鐙（見阮氏《積古齋鐘鼎款識》卷九，二十九頁），則南宮
之規模，亦相當闊大。南宮所在地，以今日出土地址推測之，
似亦在上林苑中。

17. 上林。（原編六號）

18. 九江共。上林。（原編十號）

19. 九江共。上林。（原編十一號）

　　按：兩鍾九江共三字，皆陽文鑄款。上林二字，則後來所
補刻。《漢書・地理志》：“九江郡秦置，高帝四年更名爲淮
南國，武帝元狩元年復故。”兩鍾最早爲武帝中期之物。

（四）銅鈁一件

20. 上林共府，初元三年受東郡。東阿宮鈁，容四斗，重廿
一斤，神爵三年卒史舍人，工光造第一。（原編八號）

　　按：上林共府，亦見初元三年上林鼎（見上文一號）。蓋

爲供給宮廷服用器物之府庫。本器與十三號銅鼎,鑄造年代
吏工題名均相同。

(五) 銅銷一件

21.上林昭臺厨銅銷,容一石,重廿斤,宮。第七百廿六。
(原編九號)

　　　按:《三輔黄圖》云:"昭臺在上林苑中,孝宣霍皇后立五
　　年,廢處昭臺宮。"《小校經閣金文》卷十三,五十五頁,有昭
　　臺銅扁(扁下原刻應脱壺字),元康三年造,與本器相合。

(六) 銅鼎蓋一件

22.第廿六。(原編號同)

　　　按:此朱沙題字在鼎蓋上,合無字銅鍾一件,統共二十
　　三件。

　　綜上所述各器,可以解決漢史上及考古方面幾個問題。一、
鑒、鏡二物,在漢代有嚴格之區分,《説文》訓鑒爲大盆,是解釋鑒
之本義。又訓鑒諸可以取明水於月(《周禮・秋官・司烜氏》,以
鑒取明水於月。鄭注云:鑒鏡屬於水者,世謂之方諸)。是解釋
鑒別爲一義,二者名同實異。後人因習熟考工鑒燧之劑一語,將
鑒與鏡混爲一物。漢代鏡銘,皆云某氏作鏡,不云某氏作鑒,觀於
漢人自稱,本有顯著之區別。再加以出土者多照面之鏡,少藏冰
之鑒,尤令人概念易於模糊。今銅鑒既發現有十件之多,使學者
了然於鑒鏡之各別。二、漢代鹽鐵置官,始於西漢初期,鐵官則因
秦制,工官、服官等,在《漢書》未詳其開始年代。現據三年造之
昆國乘輿銅鼎,彼時陽翟工官,尚未正式成立,可定郡國工官之
設,最早應在武帝末期。三、西漢貢獻方物,不限於土產。此次發

現九江共銅鍾二器，當爲九江太守所供。西漢銅礦，主要在丹陽，次在鹽道，九江並不出銅料，勢必采購自其他地區，故形成《食貨志》所記，"諸官各自市相爭，物以故騰躍，而天下賦輸，或不償其費也"。又漢律載會稽郡獻藙一斗，及獻鮐醬三斗（見《説文》草部、魚部）。此固定貢獻之方物。《禮記・射義》鄭注："歲盡獻國事之書及計偕物也。"《正義》："漢時謂郡國送文書之使爲計吏，其貢獻之物，與計吏俱來，故謂之計偕物。"現知九江太守之所供，雖不限於土産，但亦屬於計偕物範圍之内。四、漢代宮廷常常徵調郡國及郡國離宮別館之服用器具，例如豫章觀銅鑒、武政銅鑒，則調自東郡。上林供府初元三年銅釸，則調自東郡東阿宮。上林宣曲宮鼎，則調自東郡白馬宣房觀。泰山宮鼎則調自泰山郡泰山宮。傳世之上林供府鼎，則調自琅玡郡。以元帝初元三年一次所調爲最多，調入之地，皆在上林苑，被調之郡，皆爲中原地區，此點爲《漢舊儀》、《漢官儀》、《獨斷》諸書所未詳。五、西漢圓壺，皆爲圓底，此次九江供圓壺兩件，壺底獨爲六角形。從前有發現此類形式者，一般考古家皆認爲東漢後期之物，現知在西漢中期，已有此作風。六、漢代統治階級之窮侈極欲，《漢舊儀》記少府佽飛令，每年冬間，具繒繳弋射鳧雁之屬十萬頭，付交太官。又記少府屬官之湯官令、太官令，各有奴婢三千人，從事烹飪工作，此次銅鑒所記鑄造數字，尤爲具體。楊放、周霸所造各三百器。李駿、左譚、周博所造，各二百四十器。黃通、周博所造，各八十四器。楊政十器，統計共一千四百九十八器，已發現者，僅爲十器，冷藏之器具，爲用器之一部分，數字已相當龐大，鼎鍾之類，亦必稱是，以人民之脂膏，供皇室之享受，取之盡錙銖，用之如泥沙。無怪乎成帝時引起不斷的農民起義，隱伏西漢政權顛覆之危機。此次全部銅器二十三器所發現的新史料，對於研究漢史參考之價值極大。

二、北京懷柔城北東漢墓葬發現吾陽成磚文釋義

北京市文物工作隊，於 1960 年在北京懷柔城北，發掘東周兩漢墓葬，其中東漢時期墓葬，出土有磚刻一方，共十九字。文詞古奧，試斷句讀如下：

　　　吾陽成，八千萬，不爲孝廉。河東，公府掾史，五曹，治

細繹其詞句，似爲墓志之濫觴，且語氣似爲自撰之文，定爲東漢時桓靈時代作品。全文皆用主詞，無助詞。大義是"我姓陽成的，家產雖有八千萬，卻不做孝廉。我是河東郡人，曾做過三公府的屬吏，周歷過五曹，並做過州治中從事等職"。蓋陽成君未曾舉過孝廉，用激烈之詞，揭露當時選舉之政以賄成。陽成君家產未必即有八千萬，賄選孝廉，未必即需要八千萬，顯示極端之憤慨，此爲東漢後期選政貪污的重要新史料，與唐代魏邈墓志記"以賄援俱絕，故不登進士第"，兩語有同等價值，茲逐句試作分解如下：

吾陽成

　　按：陽城，複姓，見《廣韻》。《古璽文字徵》第十三，四頁，有"陽城飴"等五印，皆作陽城。而《漢印文字徵》第十四，九頁，有"陽成終"、"陽成信"、"陽成齒"三印。《十六金

符齋印譜》,有"陽成嬰"印。在兩漢時代,皆作陽成,無作陽城者,與本磚之作陽成正合。《史記·惠景間侯表》,梧侯陽成延,以建築長安城功受封。《漢書·高惠功臣表》,則作陽城延,當爲後代傳鈔改易之字。城成二字,古雖通用,然在陽成姓氏上,自戰國到兩漢,經過演變,區別則很嚴(或説本磚文,姓陽名成,義雖可通,與余見解不同)。

八千萬

按:《十鐘山房印舉》吉語八,三十頁,有"日利八千萬"及"八千萬"兩漢印。西安漢城,又出土有"予夏八千萬"印。此等印皆爲橛鈕長條式。兩漢時以家產有八千萬(漢代十千爲一萬),即稱巨富,爲當時之習俗語,與本磚文亦相符合(磚文萬字刻畫時略有歧筆,類似無字)。

不爲孝廉

按:東漢時舉孝廉,出身最爲重要,與唐代進士科相等。二十萬人之中,才選舉一人。許氏鏡銘云:"作吏高遷車生耳,郡舉孝廉州博士。"(見《金石索·金索六》)蓋孝廉由郡太守,博士由州刺史推選。被選者皆爲士族地主,寒族因此無進身之望。現存東漢各碑刻,墓主人大半皆由孝廉出身,内拜郎中,外任縣令,當時政治之制度如此。官僚互護,濫竽充數,左雄曾限以年四十歲方準舉孝廉。桓靈時童謠,有"舉秀才,不知書,舉孝廉,父別居"之諺。《抱朴子》在父別居之下,又多"寒素清白濁如泥,高第良將怯如黽"兩句。但尚未言及以重賂賄選者,本磚文正可以補史之不足。

河東

按：河東爲陽成君之籍貫。《隸續》卷十二《太尉劉寬碑陰》有蒲反陽成忠含題名。《魯峻碑陰》有門生河東蒲反陽成□文智題名。《續漢書·郡國志》，蒲坂屬河東郡，足證陽成爲河東之大族無疑。《劉寬碑陰》所書爲縣名，本磚文則爲郡名，二者實際相同。

公府掾史

按漢代三公府之屬吏，統稱爲公府掾、公府史。《漢書·陳遵傳》云：“公府掾史，率皆羸車小馬，不上鮮明。”此公府掾史四字之始見（此節承友人冉昭德先生見告）。《太平御覽》四百九十六引邯鄲淳《笑林》說“桓帝時有人辟公府掾者，倩人作奏記文，人不能爲之”。又云“府公大驚，不答而罷歸”。《晉書·張協傳》：“協與載齊名，辟公府掾。”《文獻通考》四十八引《漢書》注云：“公府掾比古元士三命者也。”今本《漢書》無此文，當爲張晏、晉灼等人之注，據此公府掾之名至魏晉時已成爲三公府屬吏之普遍名稱。又《金石萃編·吳一》，《九真太守谷朗碑》云：“公府君之孫，郎中君之子。”公府亦即公府掾之簡稱。三公府每曹有掾，掾之下有史，故公府掾史爲漢代人連稱之習俗語。

五曹

按：五曹之名，始見於《漢書·藝文志》縱橫家，有《五曹官制》五篇。原注，“漢制，似賈誼所條”，其內容不詳，此五曹二字之始見。《晉書·職官志》云：“漢代侍御史所掌凡有五曹，一曰令曹、二曰印曹、三曰供曹、四曰尉馬曹、五曰乘曹。”此東漢侍御史所屬之五曹也。北周甄鸞撰有《五曹算經》，一曰田曹、二曰兵曹、三曰集曹、四曰倉曹、五曰金曹（見王應麟《小學紺珠》），此南北朝時五曹之名稱也。皆與本磚文之五曹不合。陽成君蓋爲任三公府屬吏時，曾周歷五曹也。《續漢書‧百官志》："太尉，公一人。叙掾屬有西曹主府史署用，東曹主二千石長吏遷除及軍吏，户曹主民户祠祀農桑，奏曹主奏議事，辭曹主辭訟事，法曹主郵驛科程事，尉曹主卒徒轉送事，賊曹主盜賊事，決曹主罪法事，兵曹主兵事，金曹主貨幣鹽鐵事，倉曹主倉穀事。"凡十二曹。又云："郡吏略如公府，無西東二曹。"但郡中有功曹（見《漢官儀》云，督郵功曹，郡之極位。僅舉一例）、議曹（見《漢書‧龔遂傳》）、集曹（見《隸續》五，《巴郡太守張納碑陰》）等掾史，皆爲《續漢志》叙三公府掾屬所未載。司馬彪蓋約略言之耳。本磚文所稱之五曹，指任公府掾史時，在十二曹之中，曾經歷五曹，磚文未詳言五曹，現亦不能逐一區分。

治……

　　按：本磚文應爲兩方，現時只發現一方，治下疑爲中從事等字。《續漢書‧百官志》："州屬吏有治中從事。"亦可簡稱爲治中，此叙陽成君由公府掾改任本州治中從事之職。《後漢書‧趙岐傳》，臨終時命刻圓石，題"漢有逸人，姓趙名嘉"等句。晉初安平王司馬孚卒時亦仿其例爲遺令。《西京雜記》，記杜鄴作志，四字爲句。《博物志》亦記漢南宮有王史威長志石，《隸釋》載有范伯皮墓磚文，雖皆無墓志之名，實際已與墓志相似。本磚文皆與上述形式相同，但另一方面有關於東漢末期選舉孝廉情況，則尤爲可貴。

三、秦漢咸里陶器通考

由西安至咸陽一帶，常出土有咸里題字陶器，出於西安地區的數量很少，絕大部分出於咸陽窰店附近。吳子苾藏有咸□沽酒瓦罌（就拓墨觀之，原器應爲繭形壺）及咸亭右里殘陶片，余得有兩舊拓本，此兩器《攗古録》石文皆未著録。據此則咸里諸陶器，在清代道光末年，已有發現。1955 年中國科學院考古所，在西安郭家灘半坡村戰國墓葬中，發掘出咸里□嘉陶尊一件，據此有咸里題字的陶器，從戰國末期已經開始。1961 年，陝西省考古所，又在咸陽故城遺址内的灘毛村，發掘出有大批咸里題字的各種類型陶器。與從前傳世各器，互相參證，可以分爲五小類。一爲咸陽，二爲咸里，三爲咸陽亭，四爲咸亭某里，五爲咸原。皆從戰國末期到西漢初中期之物，西漢晚期的尚不多見。每器所打印記，地名兼有人名，表示爲私人作坊所造，區別於官府手工業的作品。各器中有紀年的，只有元平元年咸里周子才陶盒一件，咸里部分所造陶器，由戰國末期，至西漢昭帝元平元年，連綿約有一百五六十年之譜，時間很長。作坊的主人亦不一姓，但以郿姓爲最多（郿字以下皆省寫作屈）。蓋爲楚國的没落貴族，在西漢初徙居關中以後，皆以製陶爲業，這一點也是西京的掌故舊聞。兹以余所見咸里各器，通考如下：

(一) 咸陽陶器題字

咸陽安欽殘陶片　　見《夢庵藏陶》。

咸陽巨禹陶瓷　陝西省考古所咸陽審家溝發掘。

（二）咸里陶器題字

咸里□嘉陶尊　科學院考古所半坡村發掘。

咸里彴辰陶鼎蓋　舊爲余藏，現已散失，見拙著《關中秦漢陶録》卷一。

咸里蒲奇陶尊　舊藏西北大學歷史系文物陳列室，現藏北京歷史博物館，見《陶録》一。（余另見一陶盤，與此同文同範。）

咸里高昌陶鼎　舊爲余藏，現贈存西大文物陳列室，見《陶録》一。

咸里闍晐殘陶片　白集武舊藏，見《陶録》一。

咸里直章繭形陶壺　舊爲余藏，現已散失，見《陶録》一。

咸里郃夫陶尊　現藏陝西省歷史博物館，見《續陶録》。

咸里沙壯井圈　現藏陝西省歷史博物館。

元平元年咸里周子才陶盒　李道生舊藏。又陶蓋二器，一吳興沈氏藏，二藏家未詳，均見《陶録》一。

咸里屈驕陶印模　周季木舊藏，未收入《季木藏陶》，見《續陶録》。

咸里屈垍陶印模　高薇垣舊藏，見《續陶録》，及高氏所著《印郵》。

咸里相園陶印模　見《十鐘山房印舉》，舉二。

咸里屈夸陶盆　陝西省考古所咸陽灘毛村發掘。

咸里屈舉陶瓮　同上。

咸里屈致陶瓮　同上。

咸里屈專陶瓮　同上。

咸里屈貝陶瓮　同上。

咸里屈就陶瓮　同上。

咸里旨繚陶瓮　同上。

咸里屈臺陶瓮　同上。

咸里白公繭形陶壺　同上。

咸里屈長繭形陶壺　同上。

咸里屈富繭形陶壺　同上。

咸里商若陶罐　同上。

咸里闇成陶罐　同上。

咸里桓戎陶甀　同上。

咸里屈新陶甀　同上。

咸里于市陶片　同上。

咸里屈壯陶鬲　同上。

咸里中□陶盆　同上。

咸里屈尻陶墊　同上。

咸里屈角陶墊　同上。

咸里屈果陶墊　同上。

咸里牛□陶瓮　陝西省考古所咸陽審家溝采集。

咸□沽酒瓦罌　吴子苾舊藏,未著録。

咸屈小穎陶鬲　現藏陝西省考古所,因印文限於四字,當爲咸里簡稱。

(三)咸陽亭陶器題字

咸陽亭久陶瓮　見《陶録》一。

(四)咸亭兼里名陶器題字

咸亭右里道器陶片　吴子苾舊藏,未著録。

　　咸亭完里丹器陶鼎　　現藏西大文物陳列室,見《陶録》一,又見二鼎,同範,未著録。

　　咸亭當柳恚器陶壺蓋　　劉軍山舊藏,見《陶録》一。

　　咸亭沙壽□陶井圈　　陝西省考古所咸陽灘毛村發掘。

　　咸亭屈里□器陶盆　　同上。

　　咸亭平匯陶鼎　　白祚舊藏,見《陶録》一。

(五)咸原陶器題字

　　咸原少嬰陶片　　陝西省歷史博物館藏,見《續陶録》。

　　以上列舉,共四十六器,重複之器,不計算在内。稱咸陽者爲縣名,稱咸里者爲里名,稱咸陽亭者,爲縣名兼亭名,稱咸亭某里者爲亭名兼里名,稱咸原者爲原名。從上述五類中,總括可分爲三大類。一咸陽縣名類(包括咸陽亭),二咸里里名類(包括單稱咸字),三咸亭兼里名類(包括亭下當爲里名,因限於六字關係,未標明里名),咸原只出一片,不再分類。在這三大類之中,分成三個系統。咸陽與咸里,開始於戰國末期,是同時並有的。咸亭兼里名者,以文字及發掘地層推測之,則時代略後,開始於西漢文景時期。咸陽各器。雖起於戰國末期,結束於何時,則不可知,然以咸陽亭久大陶瓮而論,則爲漢器無疑。咸里,各器,開始於戰國,結束於西漢中期(可能更晚一些),有元平元年周子才陶盒紀年的確證。咸亭兼里名各器,興起雖較後,結束可能亦在武昭時期。三種私人的工廠,開設地區既不同,時代又不一致,同時各自燒造,並非更相迭代。不過咸里陶廠,時間延綿最長,則是肯定的。秦代咸陽縣,西漢更名渭城。余意西漢人民不甚習用所改縣名,故仍循舊名,稱爲咸陽。而咸亭咸里等名,故皆繫以咸字。

《漢書・食貨志》有東郭咸陽，其取名亦是從當時習慣，因此咸陽亭久陶瓮，決不能斷爲秦器。

咸里題字各器，經過時間很長，已如上述。凡有屈姓陶工所造各器，則皆爲西漢初期之物。《漢書・婁敬傳》云："臣願陛下徙齊諸田，楚昭、屈、景，燕、趙、韓、魏後，及豪俠名家，且實關中。上曰善，乃使劉敬徙所言關中十餘萬口。"《高祖本紀》："九年十一月，徙齊楚大族昭氏、屈氏、景氏、懷氏、田氏五姓關中，與利田宅。"顏師古注《婁敬傳》云："今高陵、櫟陽諸田，華陰、好畤諸景，及三輔諸屈懷尚多，皆此時所徙。"（今日關中地區，屈景二姓，爲數仍多）據此屈姓陶工題字，上限爲高祖末期的作品。

咸里題字各器中，亦不少武帝時作品。如咸里直章繭形陶壺，直爲人名，章爲印章（余男見肥充國章陶壺題字，以章爲印，與此同例）。武帝太初元年，始改爲五字印章。又如咸里屈驕陶印模，其命名當取義於《穀梁成二年傳》云："今之屈向之驕也。"《穀梁傳》在武帝時始盛行，瑕丘江公以治《穀梁》爲博士。至於咸亭平匯陶鼎，《漢書・平當傳》云："父以訾百萬，自下邑徙平陵。"河南濬縣出土《唐偃師縣令蒲州刺史平真客碑》云："韓哀侯子婼，七世孫漢中太守戩，以良家遷右扶風，戩孫當爲丞相。"叙述世系比《漢書》爲詳，蓋出於平氏家牒。關中之有平姓，亦爲昭帝時事。陝西省考古所發掘又有田字陶瓮，亦當爲西漢初徙關中諸田後代所造無疑。咸亭當爲亭名之一，西大文物陳列室，藏有盩亭陶壺。陝省歷史博物館藏有杜亭大陶瓮，則爲盩厔，杜陵兩縣所造，與咸亭體例正同。又咸亭完里，咸亭沙壽里，咸里屈里，則皆以完、沙、屈三姓居此而得名。

　　在三大類中，陶工有姓氏者（西漢陶工，僅具姓名，不自稱爲工，與戰國時作風不同），約爲三十五器，計有安、巨、屈、彭、蒲、高、鄭、沙、周、相、旨、白、商、闇、桓、于、中（讀如仲）、牛、平十九姓。而屈姓所造，計有十七器，占總數百分之五十。屈字皆寫作郿，從屈加邑，猶漢代丙字或作邴。但《漢印文字徵》第八，十九頁，有屈開、屈伯公、屈如意三印，皆作屈不作郿。漢人辭賦，有涉及屈原者，亦皆作屈不作郿。蓋時代、地區寫法之風氣不同。屈姓先居於咸里，後乃在咸亭中自成一里，稱爲屈里，見於咸亭屈里陶盆，足證屈姓子孫之繁衍。在兩漢古籍中，從無屈姓之事迹，楚國同時徙來之昭景二姓，亦復如此，不比田氏姓本姓，及改稱之第五姓，有聞於兩漢。屈姓既造陶時間很久，然在陝西考古所這次發掘之一大批各種陶器，皆屬於上起秦代，下迄西漢初期之物。

　　各陶工姓氏，有極少見的，如闇姓凡二見，彭姓一見，均不見於姓書。巨姓與漢印大利巨倩相同（見《漢印文字徵》第十二，十三頁。巨鬲余定爲人姓名，似不應作造巨大之陶鬲解，因陶鬲在此時已將爲淘汰的陶器）。鄭姓《續通志》卷八十六《毛族略》云："完見《姓苑》，明代完彥文官南豐縣丞。"據陶器知西漢時已有此姓，從完加邑，猶屈作郿耳。屈小穎當爲字，與其他各器稱名者不同。咸原少嬰，當爲小罌之假借字，是表示器名，而非人名，各陶器一般所用陶印模，戰國至秦時期，銅陶兼用。漢代則純用陶質。而咸陽咸里諸器，無論在秦漢時，則皆用陶印，形式爲橛鈕，咸里屈驕陶印，是其明證。其他如秦瓦量一字一打者，傳世則有兼字銅印，漢初如真上牢陶瓮等雙印並打者，亦用銅印，仍沿秦法，比較極爲少見。

　　此外在研究歷史方面，解決一個爭論的問題，漢沿秦制，縣之下有鄉，鄉下有亭，亭下有里，在《漢書》及《漢舊儀》、《漢官儀》等書中本很明確。但漢代户籍，只寫縣名與里名，不寫亭名，《漢書》敍高祖爲沛豐邑中陽里人，敍路温舒爲鉅鹿東里人，也是如此，六朝墓志只寫縣鄉里名，不寫亭名。如王紹墓志稱琅玡都鄉南仁里，鞠彦云墓志稱黄縣都鄉石羊里之類。實因敍列太繁，故減寫亭名。因此有人創説亭在兩漢縣制組織中，成爲另一個系統，不屬於鄉。現以咸亭兼稱某里各陶器證之，兩名聯書在一器之中，分明亭與里互相聯繫，有不可分割之確證。並非在行政上爲另一個系統，其説不攻自破矣。

　　　　　　　　　　　　1962 年 1 月 30 日於西大新村

考古叢録

一、漢昭陽宮銅鏡

此鏡1941年西安漢城未央宮遺址劉家寨出土，銘文八字：
"昭陽鏡成，宜佳人兮。"陽成二字爲韻，佳兮二字爲韻，書法篆隸
相間，尤爲特色。銅色極爲精煉，蓋爲漢成帝時昭陽宮之遺物。
昭陽宮爲趙昭儀所居，在明末時，曾出"倢伃妾趙"鳥篆的玉印。
明代爲項墨林所藏，清初歸於李竹懶，後展轉歸於龔定庵，最後爲
濰縣陳簠齋所得，確爲趙飛燕所用之印。此鏡僅紀昭陽宮之名，
爲昭陽侍女所用，或趙飛燕姊妹所用，現尚未敢確定。

二、漢韓王孫子母印

此子母套印，1945年西安漢城永興堡出土，母印爲"韓王孫
印"四字，子印爲"曹承誼"三字，吳興沈氏藏。初出土時，子印銹
結牢固，不能抽出，經水漬十餘日始能展開。印文伏罷紐，滿身塗
金，製作精美，余考爲西漢武帝時倖臣韓嫣之遺物，韓嫣字王孫，
爲漢初韓王信之曾孫，弓高侯韓頹當之孫，官上大夫，事迹具《漢

書》佞幸本傳。子印曹承誼,疑爲其妻之名,果如此説,則韓嫣夫婦的合印,更爲可貴。依照子母印文的慣例,母印鑄姓名,子印鑄姓字。或不用姓,改用臣某某字樣,皆是一名一字,爲一人所用。惟此印係兩人合用,在子母印中尚屬創見之品。

三、石刻磚文中發現的漢代經學問題

(一)漢元和《公羊》草隸磚經與傳連。

1925 年,西安西南鄉,曾出漢代草隸磚一大批,共三十餘方。有元和年號及《公羊傳》文的兩塊,歸三原于氏。第一品文云:"元和二年,七(原文脱月字)廿二日,長安男子張。"共計十三字。第二品寫《公羊》隱元年傳文,文分六行,文云:"元年春王正月。元年者何,君之始年也。春者何,歲之始也。王者孰胃,胃文王也。曷爲先言王而後正月,王之正月也。何言乎王正月,大一統也。"本磚文所寫,其特點是經傳相聯。磚文第一句,元年春王正月,是《春秋》經文,元年者何以下等句,是《公羊傳》文。按:孔穎達《詩正義》云:"漢初爲傳訓者,皆與經别,故蔡邕石經《公羊》殘碑無經。何休解詁,亦但釋傳,分經附傳,大抵漢後人爲之。"故《漢書·藝文志》載有《春秋公羊經》,與《公羊傳》有區别。清儒多謂《春秋》三傳,漢以前皆經與傳離,漢以後始經與傳合。《左氏》經傳相聯,則始於杜預。《公羊》則始於東漢以後,《穀梁》則始於范寧。今以本磚文證之,分明經傳相聯,與石經《公羊》殘碑經傳相離不同。足見兩種形式,在漢代皆可通用,此清儒解經所未知者。至於《公羊傳》在漢時有嚴彭祖、顔安樂兩本,本磚文所寫應爲嚴氏本,詳說見《關中秦漢陶録》提要篇中,兹不再贅。

(二)漢熹平石經有《樂經》的附刻。

開封關益齋氏,出示有漢熹平石經《樂經》一塊殘石,文字兩面刻極精。石經在文獻紀載上,從未有《樂經》之説,或爲《禮經·樂記》附刻的注解亦未可知。猶之石經《論語》殘石刻有包咸章句的摘文,亦同此例,兹將原文照録如後,以廣多聞。

正面八行

　　三重編　三重編　三重編　三重編鐘　三重編鐘　三重編鐘　三重編鐘　三重編鐘

背面十行

　　編鐘小變徵　編鐘小徵均　編鐘小羽　編鐘下變　相次初中　商均南呂第　均應鐘第　徵均泰族第　均姑洗第官均

又李亮工藏石經拓本中,有"少宮、少商、少角、少變、□徵、□羽"一石,每行二字。李云:"是《樂記》否? 未詳。"與關氏所藏同一類型。特殘缺更甚耳(原拓現藏小雁塔文物管理處)。

(三)漢代太學受經的次第。

《藝術叢編》專門名家卷二,著録有漢建初殘墓磚兩塊,第一塊爲山東圖書館所藏,似即山東省出土。又《廣倉磚録》卷一,二至三頁,著録同文的三塊,皆吳窓齋所藏,綜合計五塊,同文同範,應當出於一墓,内容叙述墓主人在太學受業傳經的次第,及受經的年歲,雖甚殘缺,却頗關要點,原文照録如下(磚文上下文字均殘損):

　　入太學受《禮》,十六受《詩》,十七受

　　十九受《春秋》,以建初元年孟夏

　　昧爽□年六月廿六日

　　依據磚文，能研究出下列各問題來。一、知漢代太學傳授《五經》，以《禮》爲最重，故列爲第一。次爲《詩》，再次爲《易》與《書》，最後則爲《春秋》。二、每年受一經，五年即可完畢，與班固《漢書·藝文志》所説"古之學者耕且養，三年而通一藝，三十而《五經》立"數語，進度完全不同。三、漢代博士傳經，僅傳一經，以磚文來看，似先必須學習普通科，然後再轉入專門科。四、在《漢書·儒林傳》中，及漢碑文中，每云通某經，或某氏章句，對於博通《五經》，則不提及，以磚文來看，由太學出身者必須博通《五經》。五、私人授學，是否亦如太學一樣，先必須講習《五經》。六、磚文之《春秋》，當指《春秋經》而言，不言某氏傳，足證有僅習《春秋經》的。七、此爲東漢中期之太學受經次第，與東漢末期情况，是否相同，頗難定論。

四、漢代羌族文化的發現

　　1953 年 3 月，鄂縣黄堆鄉出土陶器二十餘件，爲鄉區農民零星撿得，並非出於一處，送交陝西省歷史博物館保存，内有羌字陶瓮，最顯示突出的價值。陶器高市尺一尺四寸，口徑四寸八分，文一字在腹部，羌字篆書甚大，經余研究結果，定爲是羌族的作品，並證明羌族文化與漢族文化是完全相同的。羌族的陶器，不能運輸至漢代内地銷售，必然是漢人任護羌校尉的官或其屬吏由羌地携回的。本器陶色純青，胎質厚重，頸至腹部有弦紋兩道，都是西漢陶器的形式。西漢陶器上文字，余昔區分爲三個階段，高祖至文景爲第一個階段,文字是用小銅印或陶印打成的,並肩打兩印共三印,字體非常謹嚴。武帝爲第二個階段,文字寬博而豐腴,字形特大。武帝以後至王莽爲第三個階段,文字工巧而妍麗。武帝階段中,文字有刻的,有打印的,有先刻後燒的,方式最多。本陶器是屬於第三種類型。在陶器作成以後,趁泥坯未乾硬之時,用刀刻畫成字,因此四邊筆畫露出隆起的狀態。羌字上半是草隸式,下半仍是篆書,不是隸體。基於上述種種推測,定爲武帝時羌族人民的作品。不但文字是摹仿漢代的,形式亦與漢代無異。《後漢書·西羌傳》,叙述羌的種類甚多,皆爲秦厲公時無弋爰劍之後,子孫分別各自爲族,有越巂、廣漢、武都等名,先零羌尤著。武帝時漢遣將軍李息、郎中令徐自爲將兵十萬人擊平之。始置護羌校尉。西漢時征羌的經過,詳見於趙充國、辛武賢及馮奉世等傳。陶器文僅一羌字,雖不能定爲何種羌名,但是在護羌校尉設官的文化交流,應無疑義。前後《漢書》對於羌族的風俗習慣,僅略爲叙述,對於文字有無,更未提及。現從地下材料的發現,了解羌族在西漢中期已有如此之高度文化,真屬令人讚嘆。又内蒙古平地泉行政區,察右後旗塞烏拉山,二蘭虎溝地方,匈奴古墓群中,發現殉葬的陶壺一具,高十九點五釐米,腹徑十五釐米,形式兩耳特高,與内郡不同,可能是匈奴仿漢式自造的陶器。(見1956 年《文物參考資料》第十一期《文物工作報導》。)可見漢代匈奴與羌族,皆能仿製内郡的陶器。

五、東魏北齊三陶硯

從前好古之士,往往用秦漢磚瓦雕琢爲硯,號爲古硯,並非原來作品。如銅雀瓦硯，香姜瓦硯，幾乎無一真者。余在西安歷年所見古硯，以夏僑生所收圓陶硯，最爲渾樸，是秦漢以上物。次則余得有漢陶硯，四足，上方開有硯池，池中刻一魚形，也是稀見之品。唐硯極多，皆是殉葬品，形狀下有兩足，前俯後仰，陶質不一致。此外最可貴者，是東魏至北齊三瓦硯。

（一）東魏武定七年硯。

1954 年西安白鹿原唐墓中出土，現存陝西文管會。與下列天保五年硯，皆斧形字印在底面，此硯文七字分二行："武定七年爲廟造。"旁畫人首鳥身的佛像。

（二）北齊天保五年硯。

1946 年西安南郊出土，爲瞿姓所得，售於白集武。文八字分二行："大齊天保五年造此。"上畫寶相花紋。

（三）北齊天保八年硯。

1945 年西安南郊出土，爲劉漢基所得。上刻蓮花紋，下有"天保八年造"五字，與《歷史參考圖譜》所摹興和磚完全相同。

上述三陶硯，皆出於西安，其原因是北齊人被北周并滅後，携帶入關，死後用以殉葬的（三硯之中以天保五年硯，風字式文字最爲精絕）。西安常出北齊年號的文物，皆同此例。又西安常出唐代陶鈴，極爲堅固精美，余所見有大小二品，文云"大唐開元丙午造"七字，兩鈴皆同文，大者爲吳興周夢坡氏所藏，小者爲吳興沈次量氏所藏，開元無丙午，疑爲假設的支干，與漢代五月丙午所造神鈎，正同一例。

六、蘭州所見的隋唐敦煌寫經三卷

敦煌經卷,蘭州人家收藏不少,余於 1948 年在蘭,山子石街周姓,秘藏晉人所寫佛經有三四卷,六朝至唐有百餘卷,外人知者甚少。兹將有紀年題記的三種,照錄如下,以爲研究敦煌學的一助。

(一)《照明經》題記

《照明經》一卷　開皇十年九月十日定州望都縣劉思貴(一行)静志寺空暹初校(二行)僧德深二校(三行)僧智明三校(四行)典司功史劉威(五行)司功參軍事符昊(六行)

(二)《蓮華經》題記

《妙法蓮華經》一卷　大周聖曆元年歲次乙未四月戊寅(一行)朔廿一日戊戌弟子薛崇徽奉爲(二行)尊長敬造(三行)

(三)《十戒經》跋語

大唐天寶十載,歲次辛卯,正月乙酉朔,廿六日庚戌,敦煌郡敦煌縣神沙鄉(一行)陽沙里男生,清信弟子索栖岳,載三十一歲。但爲宍人無識,既受納(二行)有形,形染六情,一染動之,弊穢或於所見,昧於所著,世務因緣,以次而(三行)發。招引罪垢,歷世彌積,輪迴於三界,漂泊而忘返,流轉於五道,長倫(四行)而不悟。伏聞天尊大聖,演説十戒十四持身之品,依法修行,可以超升(五行)三界,位極上清。栖岳性雖愚昧,願求奉受,謹賫法信,今詣三洞(六行)法師

中岳先生馬，奉受十戒十四持身之品，修行供養，永爲（七行）身寶。僭盟負約，長夜地獄，不敢蒙原。（八行）

三卷之中，以《蓮華經》楷法最佳，《十戒經》跋語中，宍字爲肉之古寫。或爲惑字，倫爲淪字之別字。又唐玄宗在開元時，不諱年字，到了天寶三年，不稱年，改稱載。《十戒經》跋語所謂清信弟子索栖岳載三十一歲，即作年三十一歲解。與敦煌所出户籍各卷册，人名下皆稱“載幾歲”，無不相同（《唐户籍簿叢輯》，見《食貨》半月刊第四卷一至十二期）。但玄宗寫年作載，只限於紀年的幾年，及人名年幾歲的年字，其它文辭中所用年字，並不改作載字，足證改年字爲載字，是有局限性的。而肅宗至德年號亦稱幾載，與玄宗天寶相同，到了乾符又恢復稱爲幾年了。

七、隋唐陶版印刷術

我國印刷術，在秦代已經萌芽，山東鄒縣出土的秦代瓦量，上印始皇二十六年詔書，共四十字，以每方四字的陶印，共用十方，在陶器上打印連綴成文，等於宋代畢昇發明活字版的濫觴。《隋書·經籍志》經部目録，列有漢熹平一字石經，及曹魏正始三字石經，當是必係根據石刻墨拓本著録，這就是木刻印刷的先聲。敦煌石室所出高昌國“延昌三十四年甲寅，家有惡狗，行人慎之”的揭帖。又有宋太平興國五年翻雕隋本的《大隋永陀羅尼本經》，上面左有“施主李和順”一行，右有“王文沼雕板”一行。隋代印刷原本，雖不可見，但雕板印刷術開始於隋代，是可依據的。然自石刻墨拓本之後，到木刻印刷本之前，中間必有一段演變，這是我所需要談的陶版印刷術。

（一）符籙陶版。　1920年長安西北鄉出土，白祚舊藏，現已亡佚。陽文正刻有"斬邪退位將軍長"七字，第二行有敕令符文一道，審其筆迹，爲初唐物。

（二）惟運是佳陶版。　1930年左右，長安南郊出土，現存西北大學歷史系文物陳列室。陽文反刻"惟運是佳"四字，雖無年月，以"運是"二字，用筆均帶隸法，及精細堅硬紅泥的陶質而論，均合於隋末唐初的標準。

上述第一種陶版，陽文正刻，必是用於拓墨。第二種陶版，陽文反刻，必是用於印刷。蓋其時石刻拓墨不普遍，木刻印刷才開始，所以陶版在演變過程中，也發生主要的作用。可以看出我國印刷術悠久的歷史，及偉大勞動人民創作的成績。符版文字粗拙，係就陶塊淺雕，出自陶工之手。而惟運是佳陶版，筆姿挺秀，與隋墓志書法極相似。四邊微窪，中間隆起，邊角皆有花紋藻飾，文字由範成而非刀刻。意必先刻正文模範，再打印成反文陶版，因必須用反文，始可以印刷，與木刻反文一樣。至於最早的符文，始見於漢朱書陶瓶（西大文物陳列室藏），是東漢末期物。其次是葛洪《抱朴子》書中所載的符文有多種，然皆是符篆式，不用敕令字樣。此符版上的敕令符文，已與後代形式相近。但後代敕令符，皆是一道孤立，字體甚大，此符文隱在第二行下端，這一點微有不同。又惟運是佳四字，疑當日貼於門壁間的，其作用如宋代的春帖子，明代的春聯，清代人家門口所貼的五福臨門及五世其昌一樣，此又從陶版中看出符文及春帖演進的情況。

八、唐代藝術家程修己墓志

西安碑林藏有唐代大藝術家程修己墓志，一般人多不注意，因志文模糊，屬於晚唐時代作品，字體又不精，所以知音更少。此志出土已久，《古志石華》、《金石續編》、《八瓊室金石補正》，皆已著録，兹特略述如下：

程修己墓志，唐咸通四年刻，鄉貢進士温憲撰，修己之子程進思書，程再思篆蓋。温憲是唐代詩家温庭筠之子，可算是名父之子，這篇墓志文，《全唐文》中不載，墓志中叙述程修己在藝術上成就地方，摘録出來，引起大家注意。

墓志原文云："上（文宗）又令作竹障數十幅，既成因自爲詩，命翰林學士陳夷行等和之，盛傳於世。"

又云："丞相衛國公，聞有客藏右軍帖三幅，衛公購以千金，公曰：此修己給彼而爲，非真也，因以水濡紙，扶起果有公之姓字。"

又云："其爲桃杏百卉，蜂蝶蟬雀，造物者不能争其妙。"又云："公嘗云，周侈傷其峻（周昉）、張□□其淡（張萱），盡之其爲韓乎。"又曰："吳玄象似幽恙，楊若痿人强起（楊庭光），許若市中鬻食（許琨）。"（按此段修己評論唐代的畫家）又云："大中初詞人李商隱，每從公游，以爲清言玄味，可雪緇垢。憲嚴君有盛名於世，亦朝夕與公申莫逆之契。"又云："憲嘗爲詠蛺蝶詩，公稱其句，因作竹映杏花，畫三蝶相從，以寫其思。"按：修己事迹，不見於張彦遠《歷代名畫記》及《圖畫見聞志》各書。惟見於米景元

《唐朝名畫録》及夏文彥《圖繪寶鑒》。《名畫録》云："周昉任越
州刺史，修己師事之，凡二十年，盡得其妙。"今驗志文，對周所
畫，頗有微詞，或自夸其青出於藍，或非其親受業弟子。《名畫
録》所記修己畫竹嶂事，畫《毛詩》草木鳥獸圖事，皆與墓志相同。
修己兼工寫真人物、鞍馬花卉、草木、鳥獸、古賢士女、真仙佛像、
山水竹石，較志文爲詳。修己所評唐代諸畫家，如周昉、張萱、韓
幹皆長安人。昉、萱以人物名，韓幹以畫馬名。吳道子善畫鬼神，
楊庭光與道子齊名，善寫仙佛，許琨開元中以畫人物名，皆見於張
彥遠《歷代名畫記》。修己評論一代畫家，僅推重韓幹，其餘皆有
貶詞，因修己能畫的類型甚多，故能作出深刻的結論。一代藝人，
湮没不彰，所以有表揚揭出之必要。又《南部新書》甲云："太和
中程修己以書進見，嘗舉孝廉，故文皇待之彌厚。會春暮内殿賞
牡丹花，上頗爲詩，因問修己曰：'今京邑人傳牡丹詩，誰爲首
出？'對曰：'中書舍人李正封詩"天香夜染衣，國色朝酣酒"。'時
楊妃侍上妝臺前，飲以一紫金盞酒，則正封之詩可見矣。"亦可以
備參考。

又西安碑林，在 1952 年擴充爲陝西省歷史博物館，碑林原有
石刻部分，仍保存不動。新發現的石刻，則陳列館内，有許多珍貴
的魏隋墓志，外省人士，多不知道。如 1953 年咸陽張底灣發掘周
唐墓群，出現的有北周獨孤信墓志，及北周譙國夫人步陸孤氏墓
志，最爲傑出。獨孤信爲北周的名人，而步陸孤墓志，文爲庾信所
撰，載《庾開府集》中，尤爲可貴。1954 年在灞橋郭家灘發掘出隋
司農卿姬威墓志，姬威《隋書》無傳，爲元公妻姬夫人之兄，又見
於王伯厚《姓氏急就篇》姬氏。此外如賀知章撰文的楊執一墓

志,張説撰文的馮潘州墓志,白居易撰文的唐會王墓志,皆是有價值的。白居易張説的文,皆各載本集,文字與石本異同很少,惟賀知章文爲《全唐文》所不載,人多不注意,余便在此略附提及。

九、西北大學校園發現的唐代大量窖錢

西北大學於 1955 年 3 月 30 日,校園西北角,因取土發現錢幣一大窖。長約二米,寬高均約一米,距地面約半米。錢皆貫穿,南北向安置,穿繩淡黄色,觸手即朽,無一寸完者,全部重量,約市斤一萬斤左右。後送至陝西文管會保管,内中最多數是開元通寶錢,次多是乾元重寶小平錢,而漢五銖、隋五銖、王莽貨泉三種,則占少數。按:《文獻通考》卷八略云:"唐武德四年,鑄開元通寶錢,每十錢重一兩,一千重六斤四兩。"又云:"乾封元年改鑄乾封泉寶,以一當舊錢之十,逾年而舊錢多廢。明年以商賈不通,米帛踴貴,復行開元通寶錢,天下皆鑄之。"又云:"肅宗乾元元年,户部侍郎第五琦,以國用不足,幣重貨輕,乃請鑄乾元重寶錢,徑一寸,每緡重十斤,以一當十,與開元通寶參用。及琦爲相,又鑄重輪乾元錢,一當五十,每緡重十二斤,與三品錢並行。"又云:"代宗即位,乾元重寶錢,以一當二,重輪錢以一當三,凡三日而大小錢皆以一當一。自第五琦更鑄,犯法者日數百,州縣不能禁止,至是人皆便之。其後民間乾元、重輪二錢鑄爲器,不復出矣。"根據上述綜合推斷,本窖當爲唐代宗時私人所埋藏的,其理由一是在代宗時開元通寶及乾元、重輪三品,皆以一當一,本窖所藏皆是各種錢,雜穿在一貫中,若是肅宗時,乾元重寶一錢,當開元通寶十錢,埋藏者則不應將開元乾元兩錢,均混在一貫之内,無所區别。
二是乾元重寶在代宗末年,已改鑄銅器,不復出用,本窖即有大批
乾元重寶,知必在代宗初年所埋藏。另外也有值得研究的兩點,
一是本窖中獨無乾封泉寶錢,因此錢發行時以一當十,或在代宗
時已完全禁用。二是本窖所出,完全是乾元重寶小品錢,不見一
個乾元重輪大品錢,或者是乾元重輪錢,比乾元重寶爲重,代宗時
既皆同樣價值,人民將重輪大品收藏不肯用,或改鑄銅器的原因。
又按:董方立所繪唐城圖,現西北大學校址方位,相當於唐代益壽
坊,是唐人的住宅區,有人疑爲是唐代的銅庫遺址,殊不可信。無
論漢唐宋明的錢,如此大量的發現,算是第一次紀録,也是可重
視的。

十、《德九存陶》跋

《德九存陶》八册,不分卷,不計頁。所收陶器約四百餘件,
正面爲陶文原拓,背面板心上分四闌,爲"時代"、"定名"、"釋
文"、"備考",但皆空白不著一字。封面背面,有"唐河方氏鑒藏"
六字,知德九爲方姓。又有丙寅年安陽馬吉樟序,知此書在 1926
年出版。我曾以方德九之名,詢問關益齋氏,關知其人,不知其
書,此書現藏西北大學圖書館,各考古書皆未著録,可稱罕見之
本。此書拓戰國陶文七册,秦漢至晉代陶文一册,所藏如"陳猷
立事左陶"、"左敀紹遷尚畢里季罷"等陶文,均屬至精之品。但
間有僞品夾雜其中,如"延光四年二月九日健造永銘"佛像是也。
全部陶文,多有與日人《夢庵藏陶》相同的,疑方氏身後售與日人

者。晉陶中有瓦片，文爲"削永昌元年"五字草隸書，永昌爲東晉元帝年號。河南境内，在東晉時得時失。因憶及河南曾出瓦削一大批，爲關益齋氏所購，後贈與文素松，文因印成《瓦削文字譜》，與本書所録各瓦削文字，筆勢完全相同，知爲一時之物。文氏自題爲漢代瓦削，當時即覺牽强太甚，是未能確斷其年代。現從永昌元年這一瓦片看來，知爲東晉物了。

考古炳燭談

一、漢上林榮宮銅方爐考

1969 年西安東郊延興門村,出土漢銅方炭爐,並承灰盤一具。文云:"上林榮宮初元三年受弘農宮銅方爐。廣尺,長二尺,下有承灰盤,重三十六斤。甘露二年工常緒造,守屬順臨第二。"共四十二字,文分兩次刻,"上林榮宮初元三年受"九字,爲第二次補刻。以下三十三字,爲第一次原刻。蓋此器本爲弘農郡弘農宮所鑄造,至初元三年調至上林榮宮使用者。1961 年 10 月西安高窰村出土二十二件銅鑑,亦多繫初元三年,由東郡白馬宣房觀、東郡東阿宮調至上林苑使用者,與本爐同年調入,情況完全相同。《漢書·地理志》弘農郡下未注有弘農宮之名。憶亡友王獻唐曾寄贈黃縣丁氏所藏弘農宮鼎蓋拓本一紙,與本器正相類合。又調入之上林榮宮,亦不見於《三輔黃圖》等古籍。按:《薛氏鐘鼎款識》卷二十,一頁,著録有上林榮宮鐙。文云:"上林榮宮銅雁足鐙,下有盤,並重六斤,黃龍元年民工李常造第四,第二百卅。"與本器同爲宣帝時造,同爲上林榮宮所用之物。西漢上林苑範圍極廣,現出土在東郊延興門村,可能爲上林苑的起點。

銘文中之守屬順。守屬爲西漢低級官吏之名，始見於《漢書·王尊傳》云："除補書佐，署守屬監獄。"漢宮皆試守一歲爲真，此獨不作署官解。丁孚漢宮，僅記有屬之吏名，無守屬之名。實際屬與守屬，應分爲二吏之名。《王尊傳》稱爲署守屬監獄，不稱爲守屬監獄，果以守字作署官解，班固敘事時，加一署字反爲贅文。

二、西漢平都犂斛考

此斛爲傳世銅器，天津文管會所藏。器外有刻銘三處，文云："元年十月甲午，平都戎丞糾、倉亥、佐葵犂斛"、"容三升少半少，重二斤十五兩"、"平都"。按：此爲武帝末期平都令光，在平都試驗代田法成功後，令戎丞糾等所造之量器。證之《漢書·食貨志》云："武帝末年，悔征伐之事，乃封丞相車千秋爲富民侯。……以趙過爲搜粟都尉，過能爲代田，一畝三甽，歲代處。……其耕耘下種田器，皆有便巧，率十二夫爲田一井一屋，故畝五頃，用耦犂二牛三人，一歲之收，常過縵田畝一斛以上，善者倍之。"又云："故平都令光，教過以人挽犂，過奏光以爲丞，教民相與庸挽犂。"本銘文犂斛二字，雖不見於漢代古籍，但在《食貨志》中所云之耦犂，及常過縵田畝一斛以上，文氣極爲聯貫，尤其與志文所云之平都令光，教過以人挽犂，無一不合。

平都令光，史佚其姓，官至搜粟都尉丞，《百官表》敘搜粟都尉，亦無丞之官名。本銘文戎丞之名，亦不見於其他文獻。蓋趙過當時行代田法，在三輔推及邊郡，所用人力，皆以戎田卒爲主也。

代田法之推行，《漢書·食貨志》僅泛言在武帝末期，究屬開始於何年，爲《漢書》所未詳。據《漢書·恩澤侯表》，車千秋以征和四年六月丁巳，封爲富民侯。趙過能爲代田法，叙述在封詔之中，其法開始於征和四年六月以前可知。《百官表》後元二年三月乙卯搜粟都尉桑弘羊爲御史大夫，趙過之官搜粟都尉，在後元二年以前更可知。再考之居延漢簡（見《釋文》三二二頁）用代田法最先一簡，爲征和四年十一月二十八日。由京師傳其法至居延，當有一段時期，則代田法創始於征和初年，似無疑義。本銘文之元年，屬於征和元年之可能性最大。

本銘文元年之上，不繫以年號，在西漢中期，原有此例。桂宮行鐙，題二年少府造（見《小校經閣金文》卷十一，八十七頁）。《三輔黃圖》記桂宮武帝太初四年造。西安高窖村所出銅鑒二十二件中之昆陽鼎云：“三年陽翟守令當時，守丞千秋，佐樂，工國造。”全部銅器，皆武帝末期至成帝初期之物，與本銘文之僅稱元年體例正同。從前對漢器不記年號者，皆指爲武帝未有紀年以前之物，今則知其不然矣。且西漢銅器各銘文，在文景以前，只記容量重量，武帝以來，始記掾史之名，仍用秦代制度也。

三、漢雁門太守鮮于璜碑考

此碑爲東漢延熹八年鮮于璜之孫鮮于魴等所立。碑陰載鮮于璜之世系極詳。今可考者，只有鮮于蕭一人。證之王應麟《姓氏急就篇》，叙鮮于氏云：“後漢有鮮于妄人，鮮于輔、衷、銀。”今以碑互證，鮮于麟即鮮于璜之次子，麟字景公，官郡五官掾、功曹、守令（守令謂曾署縣令，見《張遷碑陰》）、幽州別駕。碑文作麟，《姓氏急就篇》作輔，兩字古本通用。

碑文敘鮮于璜其先祖出於箕子之苗裔，未詳爲何郡縣人。但碑文有"升而上聞，上郡太守王府君察孝，除郡中，遷度遼右軍司馬"等話。東漢舉孝廉，例由本郡太守推舉，班固《東都賦》所謂舉百郡之孝廉是也。漢許氏鏡銘亦云："郡舉孝廉州博士。"皆其明證。據此鮮于璜爲上郡人無疑。璜次子鮮于輔官幽州別駕，疑即家於漁陽，故今日此碑出於天津地區也。

碑文又記鮮于璜爲謁者君之曾孫。碑陰則記膠東相鮮于弘次子諱操字仲經，郡孝，官灌謁者。據《續漢書·百官志》，光祿勛屬官，有給事謁者四百石，其灌謁者，郎中比三百石。初爲灌謁者，滿歲爲給事謁者。荀綽《晉書·百官表》注曰："漢皆用孝廉年五十威儀嚴格能賓者爲之。"按：灌謁者西漢無此官名，當開始于東漢初年，膠東相鮮于弘應爲西漢末期人，鮮于操當爲東漢初期人無疑。

四、西漢宮殿名稱考佚

西漢的宮殿名稱，除已見《漢書》、《三輔黃圖》、《兩都賦》、《兩京賦》、《三輔舊事》及《長安志》、《雍錄》以外，茲從漢銅器及瓦當中，考索佚名，匯列如下：

承安宮　承安宮銅鼎，甘露元年造，見阮氏《積古齋鐘鼎款識》。

齊安宫　齊安宫薰爐，神爵四年造，見阮氏《積古齋鐘鼎款識》。

苦宫　苦宫行燭錠，始元二年刻，見《奇觚室金文述》。

長安下領宫　長安下領宫高鐙，神爵元年造，見《金文續編》。

臨虞宫　臨虞宫銅鐙，元延元年造，見《愙齋集古録》。

成山宫　成山宫渠斗，神爵四年造，見《小校經閣金文》。

步高宫　步高宫高鐙，見《愙齋集古録》。

榮宫　上林榮宫雁足鐙，見《薛氏鐘鼎款識》。

奉山宫　奉山宫行鐙，見《清儀閣金石文字》。

則寺初宫　則寺初宫瓦，見《陝西金石志》，予亦藏殘片，存下半初宫二字，疑爲王莽時物。

梁宫　梁宫瓦爲予所藏，未央鄉出土。

章門觀　章門觀監封泥，爲予舊藏。《三輔黄圖》云："西出南頭第一門名章門，又曰章城門。"觀蓋鄰於章門，故有此稱。

林華觀　林華觀行鐙，五鳳二年造，見《薛氏鐘鼎款識》。

其在三輔境内或其他巡幸地方者：

蒲坂迎光宫　蒲坂迎光宫銅鼎蓋，見《小校經閣金文》。

蒲坂首山宫　首山宫銅燈，永始四年造，見《薛氏鐘鼎款識》。

辇車宫　辇車宫鼎，見《愙齋集古録》。

安邑共厨宫　共厨宫銅鼎，見《小校經閣金文》。

蓮勺宫　蓮勺宫鼎盤，見《薛氏鐘鼎款識》。

蓮西宫　蓮西宫薰爐，拓本。

美陽高泉宮　高泉宮共廚銅鼎蓋，見《小校經閣金文》。

熒陽宮　熒陽宮小鐔，見《金文續編》。

召陵宮　召陵宮瓦，見《秦漢瓦當文字》。予昔考爲王莽時物。

扶荔宮　今在韓城芝川鎮。《三輔黃圖》僅云在三輔境內。

秦代宮殿，漢代猶存，見諸銅器、瓦當者，則有平陽宮，見雍平陽宮鼎蓋（《小校經閣金文》）。橐泉宮，見橐泉宮鼎蓋，又見橐泉宮銅鐙，元康二年造（同上）及橐泉宮瓦當（《秦漢瓦當文字》）。羽陽宮，見羽陽千歲瓦（同上）。棫陽宮，見棫陽宮瓦（《陝西金石志》）。蘭池宮，見蘭池宮瓦當（《秦漢瓦當文字》）及《漢書·楊僕傳》鐃歌十八曲。此皆秦宮漢茸。仍保留不廢，亦《黃圖》等所未詳也。

後　記[*]

陳直先生（1901—1980），江蘇鎮江人，是中國當代著名的考古學家和歷史學家。生前著作甚豐，除名著《漢書新證》、《史記新證》、《居延漢簡研究》、《兩漢經濟史料論叢》、《摹廬叢著》、《三輔黃圖校證》以外，尚有近百萬字的文、史、考古方面的論文和專著。這些研究成果，有的發表於全國有關刊物上，有的尚未發表。爲給讀者提供方便，讓陳直先生的研究成果發揮其應有作用，也爲了紀念這位在學術界辛勤耙耕、碩果纍纍的一代學人，在天津古籍出版社的支持下，這裏將陳直先生已印行專著以外的主要著作（包括已發表的和未發表的）匯集在一起，題爲《文史考古論叢》刊行。

本書搜集的論著主要包括三個方面的内容：一是文學，二是史學，三是考古學的研究。學術界的多數同志都知道陳直先生是考古學家、歷史學家，很少人知道他在文學方面也有很深的造詣。陳直先生不僅工於詩詞，而且對古詩的研究也具有獨到見解。由於家學淵源，他二十六歲的時候，即著《楚辭拾遺》一卷，被當時的大東書局收入《楚辭四種》一書，與洪興祖、戴震等鴻儒碩學之

＊　按：此爲天津古籍出版社 1988 年初版後記。

作並列。這裏收録的《楚辭解要》，乃是在三十餘年後的 1958 年，在早年著作的基礎上，補充大量新資料改寫而成。此外，本書還收録了陳直先生對《漢鏡歌十八曲》、張衡《四愁》詩、孔融《離合》詩以及爲一般人所忽視的鏡銘上的文學遺産的研究。這方面的著述雖數量不多，但可窺出作者的功力深厚，在研究方法上獨辟蹊徑，於古典文學遺産的研究頗有參考價值。

　　陳直先生在秦漢史和秦漢考古方面的建樹，早已爲國内外學術界公認。除其傳世之作《史記新證》、《漢書新證》、《兩漢經濟史料論叢》等書外，這裏收録的一些論述也早已成爲治秦漢史及秦漢考古者的圭臬之作，如對《史記》的研究論文，皆爲《史記》研究家之必讀篇目，而其論點與資料則爲許多論著所引用。陳直先生一生以相當大的精力治秦漢簡牘，特别是居延和敦煌漢簡，其著述亦有百萬字以上。這裏收録的是天津古籍出版社即將出版的《居延漢簡研究》一書以外的論文。這些論文多發前人之所未發，堪稱名著。陳直先生的考古著作涉及範圍很廣，除木簡外，舉凡有關古器物、古文字、古遺址和遺迹，如封泥、陶器、銅器、刻石、壁畫、佛經、佛像等等，無不在陳直先生的研究視野之内。因此，這裏收的有關考古方面的論文也相當雜，而正是從這"雜"中，看出先生知識之博大精深。其中雖然多係短文，有的僅數百字，但却是不刊之論。如《漢晉少數民族所用印文通考》及對古文字、古器物考證的一些論文，至今仍爲對這方面研究的唯一著述。有些還是從未發表過的手稿，相信它們的發表對學術研究是會有好處的。

　　本書就是力圖按照上述文學、史學、考古三個方面分類編輯

的。而這樣分類也無法十分嚴格。因爲陳直先生治學方法的重
要特點就是"通"。先生自幼治小學，通古文字。五歲識字開始
就以《漢書》爲課本，十二歲以後每二年通讀《漢書》一遍，後又治
金石，旁及封泥、瓦當，於書法、字畫亦深究其理。因此，陳直先生
的研究乃融古文字學、古器物學、考古學和古文獻資料於一爐，真
正達到貫通的程度。從本書所收的論文中，陳先生將文獻資料與
考古資料十分恰當地結合起來，就是在文學的研究作品中，亦采
用此法，形成獨具一格的治學特點。而這種特點也就使本書在編
輯時只能按文稿的内容大體分類來編排，請讀者根據各人的需要
而閱讀。

　　當這部凝聚著陳直先生一生在學術領域中各個方面成果的
著作問世之際，有必要向今天的讀者——尤其是青年學者説明：
陳直先生的一生是相當坎坷的，他是在長期的逆境中堅持不懈的
奮鬥，才成爲著作等身，蜚聲中外的學者的。他雖出身於家學淵
源的書香門第，却因家道中落而失去上大學的機會；他雖自幼酷
愛文史，又曾受乾嘉之學的訓練，却不得不在少年時代就去當學
徒糊口；他雖在 20 年代即有學術專著發表，却在解放前的幾十年
中，只能在銀行中謀生。所以，他的大半生很少有條件——錢、時
間——去研究學術。只是在解放後，當他已至"知命"之年，才開
始一生學術研究的黄金時代。從 1950 年至 1966 年"文革"前夕，
尤其是由 1954 年至 1965 年這十年間，是陳直先生學術生涯最輝
煌的時期。他一生所寫的三四百萬字著作，有百分之八十是在這
期間產生的。這個時期陳直先生平均每二年寫出一本專著、二十
餘篇論文。此外還擔負著繁重的授課、講學和社會工作。至於

1966年以後的十年"文革"中,陳直先生的遭遇,人們是可想而知的。"文革"之後,陳先生雖幸存下來,然而已年近八十,又加上沉重的家庭負擔,使他除了整理舊稿和培養研究生外,已無力再寫出新的著作了。所以我們今天看到包括本書在内的陳直先生的著作,多是在十幾年内寫出的。因此,在閱讀陳直先生著作之時,除了可以從中吸取有益的知識外,作者的毅力、辛勤耕耘的精神,也不能不令人肅然起敬。

陳直先生畢竟是老一輩學者,在研究方法和掌握的資料方面不可避免地受到一些局限。對此,當然不能苛求。就在這老一輩學者中,先生的道德風範、知識文章皆堪爲一代學人。斯人去矣,斯風猶存。

本書在確定了編選方針和基本選目之後,具體的搜集、整理、編輯工作,主要由周天游同志承擔。周天游同志是陳直先生在世時最後一個請教者,在他們剛剛結束學術問題討論後不久,陳直先生就躺在床上悄然離開了人世。陳先生指導青年一貫認真誠懇,有問必答,毫無保留,真正做到"鞠躬盡瘁,死而後已"。由周天游同志負責本書的整理、出版事宜,當是很有意義的。

林劍鳴

1984年11月20日於西北大學歷史系秦漢史研究室